纪念石川馨诞辰100周年

质量管理入门

品質管理入門

【原书第3版】

[日]石川馨◎著

刘灯宝◎译

机械工业出版社
CHINA MACHINE PRESS

《质量管理入门》（原书第 3 版）对于之前的版本增补了很多的内容，虽历经 20 多年，其根本技法和理念却没有变化。书中详述了质量管理的基本概念、在质量管理当中使用的统计方法、管理图的绘制和使用方法、对工程的分析研究和管理、质量保证和对质量的检查以及在全公司推行质量管理的要领。这是一本上到企业最高级领导、下到一线员工都需要阅读的质量管理基础读物。

图书在版编目（CIP）数据

质量管理入门：原书第 3 版/（日）石川馨著；刘灯宝译. —北京：机械工业出版社，2016.7（2024.8 重印）
ISBN 978-7-111-53948-3

Ⅰ. ①质…　Ⅱ. ①石…　②刘…　Ⅲ. ①质量管理　Ⅳ. ①F273.2

中国版本图书馆 CIP 数据核字（2016）第 121431 号

机械工业出版社（北京市百万庄大街 22 号　邮政编码 100037）
策划编辑：廖　岩　　　　责任编辑：廖　岩
责任校对：舒　莹　　　　责任印制：张　博
三河市国英印务有限公司印刷
2024 年 8 月第 1 版第 14 次印刷
170mm×242mm · 25 印张 · 366 千字
标准书号：ISBN 978-7-111-53948-3
定价：89.00 元

凡购本书，如有缺页、倒页、脱页，由本社发行部调换
电话服务　　　　　　　　　　网络服务
服务咨询热线：（010）88361066　机工官网：www.cmpbook.com
读者购书热线：（010）68326294　机工官博：weibo.com/cmp1952
（010）88379203　金书网：www.golden-book.com
封面无防伪标均为盗版　　　教育服务网：www.cmpedu.com

译 者 序

本书是日本石川馨教授1989年出版的第3版《质量管理入门》的中译本。

可惜石川馨教授于1989年因病去世，我们再也看不到第4版了。

我曾得到石川馨教授的指导和帮助，一直很怀念先生，愿石川先生安息！

我已在1993年把该书译成中文，置于家中已有20年之久。很遗憾由于一些原因，没能及时联络出版。

该书日文第3版出版至今已经过去了20余年，其间质量管理技术有了很大的进步和发展，但我认为其根本技法和理念是不变的。

在日本，质量管理（quality control，QC）的叫法被改为质量经营（quality management）已有多年，“QC小组活动”也被改为“小集团改善活动”。这些叫法如今又都发生了许多新的变化。

相对于前几版，石川馨教授在第3版中增补了不少内容。这些都是石川馨教授多年来实践经验的总结，是非常宝贵的财富，很多地方都值得我们学习和参考，这正是出版第3版的价值所在。

该书至今在日本仍是一本畅销书，是质量管理专业的基础教材之一。

本书在出版过程中得到了机械工业出版社经济与管理分社谢小梅社长、丁思檬编辑等同志的全力支持，以及梁红霞等同志在稿件整理方面的帮助，对此我向他们表示诚挚的谢意！

本书在出版过程中还得到了日本科学技术联盟国际关系室的协助，在此一并表示感谢。

2015年恰逢石川馨先生100周年诞辰，谨以此书作为对石川馨先生的纪念。

刘灯宝

2014年12月

序　言

自 1949 年正式实施质量管理以来，已经过去了大约 40 年。其间日本质量管理的方法发生了很大的变化。从一开始的统计质量管理（statistical quality control，SQC）和统计过程控制（statistical process control，SPC）发展到订货管理的 QC（1960 年）、新产品开发的 QC（1961 年）、营业部门的 QC、流通机构的 QC，乃至更进一步的建筑业的 QC 和服务业的 QC。此间 QC 的名称也从 SQC 到全面质量管理（total quality control，TQC）、全公司质量管理（company wide quality control，CWQC），发展到当前包含订货和流通企业的集团质量管理（group wide quality control，GWQC）。

本书第 1 版发行于 1955 年（昭和 29 年），第 2 版发行于 1965 年（昭和 39 年）。至今总计印刷了约 100 次。

虽然期间也作过细小的修改，但是由于内容和运营方法的变化，旧版本已颇显落伍，所以我决定出版时隔很久的修订版。又因为基本原理没有发生变化，所以只是在书中添加了新的内容和注意事项等。在这个过程中，本书不知不觉地变成了超出 400 页的入门书籍。要想推进质量管理，首先就要使包括社长（公司最高领导）在内的全体从业人员理解什么是 QC，更详细地说，就是什么是 SQC、SPC、TQC、CWQC 和 GWQC。为此，就需要依次地去理解什么是质量、质量保证方法、统计思想、管理和改善方法。本书以实用和通俗易懂的方式阐述了以上内容。另外，本书省略了日益普及的利用计算机进行统计计算的方法。与此相关的问题，请参考其他书籍。我在本书中侧重介绍笔算方法的原因是：在现场，特别是在服务产业，需要使用笔算来进行分析和管理。同时根据我自己的经验，在使用计算机计算之前有必要体验一下用笔算来分析数据。

本书建议的使用方法是：对于公司的最高级领导、部长、有关行政人员和班组长来说，大约花 2 天时间仔细学习第 1～2 章；对于年轻的部长、科长、主任和技术人员来说，花 6～8 天时间来学习全书；另外面向大学生进行教育时，因为大学生不熟悉现场的情况，所以可结合现场的例子分两个学期学习。

通过本书学习 QC 之后，一定要予以实践并采取措施。对于 QC，不仅要掌握学问和理论，更要取得实际的效果，实践是唯一的办法。如果只是看了本书，可能会说“哎呀，不是很平常的事吗”。是的，没错。但以往在企业内外，总有应该做的事情没有被做，或是做得不成系统。所以，可以说“所谓 QC 就是大家有组织、有系统地做应该做的事情”。

机械行业在开始实施 QC 的时候就相对滞后了一些。而到建筑行业和服务行业开始实施 QC 的时候，也有过认为自己的产业不同而实施不起来的声音。可是一旦实施起来，其基本原理、原则几乎都是相同的。说产业不同，只不过是不想实施的借口而已。

我希望大家能把本书的内容逐行逐句地透彻理解后付诸实施，以此来迎接当前开放经济的时代。

“QC 始于教育，终于教育。”

最后，在本书出版之际，我衷心感谢自初版以来，一直给予帮助的日科技连出版社的人们。

石川馨

1988 年 10 月

目　　录

第 1 章

质量管理是什么

1.1 什么是质量管理

公司产品和服务好坏的责任在于经营者。

以日本为例，厂、处、科和工段生产的产品质量，责任在于作为负责人的厂长、处长、科长和工段长身上。

技术人员和行政技术人员的任务，就是为社会提供最实惠的产品，制定标准并合理修改标准。

质量管理，不仅仅是学习统计学，也不只是绘制管理图而已。

我认为，日本质量管理的目的是：首先，大量出口物美价廉的产品，加强日本的经济基础。最终，牢固建立工业技术，输出大量技术，确立将来的经济基础。从企业角度来说，是把利益合理地分配给消费者、从业者和经营者；从国家角度来说，是提高人民的生活水平；从世界角度来说，是提高人类的生活水平。

1.1.1 质量管理的定义

根据日本工业标准质量管理术语 JIS Z 8101-1981，质量管理的定义是：“经济地生产出符合购买者质量要求的物品或是服务方法的体系。

质量管理有时也缩写为 QC。

又因为近代质量管理采用的是统计手段，所以有时特指统计质量管理（statistical quality control，SQC）。

企业有效实施质量管理，需要市场调查、研究、开发、产品规划、设计、生产准备、购买、订货、制造、检查、销售及售后服务、财务、人事、教育等部门的全阶段活动，需要经营者、管理者、监督者、作业者的全员参与和合作。这种质量管理方式叫作全公司的质量管理（company-wide quality control，CWQC），或全面质量管理（total quality control，TQC）。”

质量管理是有关经营的一种新思想。以下是作者的定义。

“质量管理是开发、设计、生产、销售和维护使顾客感到最经济、最实用和最满意的高质量产品和服务。为了达到这个目的，要协同经营、总公司、制造、工厂、设计、技术、研究、计划、调查、事务、经理、资料、仓库、供销、营业、总务、人事、劳动和管理等部门。总之，整个企业都要同心协力，建立一个适合各部门共同努力的组织，进行标准化和有效实施。实施质量管理需要有效运用包括新的统计方法在内的各种技术、标准、规章制度、电子计算机、自动控制、设备管理、测量管理、运筹学（operation research，OR，也叫运用研究）、工业工程（industrial engineering，IE，也叫经营管理工程）和市场调查（market research，MR）等所有方法。”

因为要想真正地实施质量管理，需要集结全公司的所有力量，所以这种质量管理也被称为全公司的质量管理。

要想实施全公司的质量管理（TQC=CWQC），需要全面管理以下事项：

（1）全部门参加。各部门的负责人（部门长）要带头实施，同时各部门要主动和有关部门取得联络并实施。

（2）全员参加。包括会长、社长、公司领导、部科长、干部、QC 小组（QC circle）、班长、组长、作业人员、推销员、兼职工作者（part timer）在内的全体人员，即每个人都参与实施 QC。

（3）全面实施。为了生产出消费者和社会欢迎且愿意购买的产品，以质量（Q）第一为宗旨的同时，还要综合管理成本（C：售价、利润）、数量、交货期（D：生产量、推销量、存库量）、安全和社会（S）。所以也叫作全面质量管理。

所谓集团质量管理（group-wide quality control，GWQC），是指不仅是本公司，还包括订货机构（供货方）、流通机构（卖方）和关联公司，以集团形式实施的 QC 和 TQC 活动。

它与质量保证的关系是，质量管理是为了对消费者和使用者的质量保证而采取的行动。质量管理的目的和精髓是质量保证。

现在为了便于外国人的理解，大家经常使用 CWQC 一词，但本书也使用 TQC 一词。在日本，TQC 和 CWQC 正如日本工业标准（JIS）所规定的那样，完全是同义词。

［参考］图 1-1 解释了 TQC 各层次的含义。

如图所示，TQC 的概念是指开发、管理和保证产品和服务的质量。这一概念是 TQC 的精髓（图中的中心环）。但是当你知道什么是好的质量和更广义的质量的时候，如什么是好的公司，什么是好董事和好部长，什么是好的营业部、好的人事部、好的工厂、好的研究所，什么是好推销员、好班组长、好的订货、好的商店等，就可以提升所有方面的质量，这种质管理（图中的环）被称为 TQC。更进一步，把所有工作进行 QC 式管理（图外侧的环），即循环推动 PDCA（见 1.5 节）的公司，叫作 TQC 的公司。

以什么立场定义采纳 TQC，需要根据公司的素质和最高级领导的方针自主决定。所以最高级领导在引进 TQC 时，要明确宣布本公司是以什么目的、根据什么样的 TQC 定义开始推进的。但是，不能忘记 TQC 的精髓，即质量第一、质量保证、新产品开发的 QC。另外，作为 TQC 的一环，QC 小组活动开始于 1962 年。有关这个问题，请参考 1.10 节（图 1-19）。

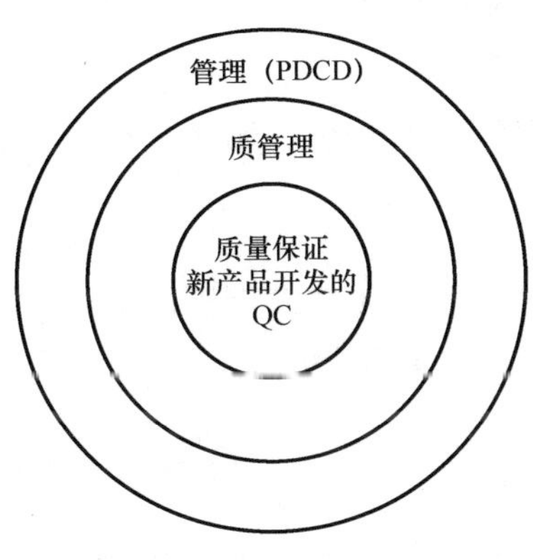

图 1-1　TQC 的定义

1.1.2　质量管理的格言

（1）有关 QC 和 TQC

① 有效实施质量管理是所有产业都应该做的事情，只要坚持下去就能

获得更大的收获，这在日本和世界已得到证明。（1.2 节）

② 质量管理的基本原则适用于所有产业。

③ 只要从事产品销售和服务，就需要长期进行质量管理。

④ 质量管理是否适用于所有企业？不止，所有企业都应实施质量管理。

⑤ 如果实施质量管理，那么消费者、从业人员（包括经营者）、股东乃至社会都能从中受益。

⑥ 所谓新的质量管理是经营的一场思想革命。

⑦ 如果最高级领导的方针（top policy）不明确，质量管理就不会获得进展。

⑧ 不实施质量管理，企业就会消失。（1950 年，1.2 节）

⑨ 文化程度越高，生产程度越现代化，质量管理就越重要。

⑩ 贸易自由化要靠质量管理。（1960 年贸易自由化之际，1.2 节）

⑪ 如何让不想饮水的马再去饮水呢？

⑫ 未食而厌，不知其味，更谈不上营养。吃了觉得美味，才会因觉得滋味鲜美而好好咀嚼，从而获得营养。这个营养就是质量管理。

⑬ 实施质量管理，必须对从社长（企业最高级领导）到每一个作业人员进行不断的教育。

⑭ 如果大家对质量管理有误解，那么只会失败，只有正确理解质量管理才会获得成功。

⑮ 质量管理是全体职工、所有部门的工作。如果全员、所有部门都共同努力，那么就一定能成功。

⑯ 质量管理是团体赛，质量管理只靠个人搞不起来，应该依靠团队或合作体制来进行。

⑰ 质量管理从新产品规划开始，到消费者为止。

⑱ 质量管理涉及营业、订货管理、材料、销售（GWQC）。

⑲ 从全公司的质量管理（TQC、CWQC）走向集团的质量管理（GWQC）。

⑳ TQC 不是像盘尼西林那样的速效药，而是像中药那样需要长期服

用才能逐步见效、改善企业素质的药。（1.2 节）

㉑ 不见效果的 QC 不是 QC，要进行 MMK（赚钱、赚钱、赚得不知怎么好）的质量管理。（4.13 节）

㉒ 做 QC 需要像真正做事业一样才行。（4.13 节）

㉓ 我们的公司是如此糟糕的吗？（社长诊断）（7.11 节）

㉔ 下一道工序是顾客。（1950 年，1.4.1 节、1.6.1 节、6.2 节）

㉕ 如果最高级领导（一把手或二把手）不能真正理解质量管理，不能亲自到最前线来推进质量管理，就不会获得效果。

㉖ 经营者有责任确定评价质量的方法和基准。（1.4.4 节）

㉗ 如果不能做好部科长的思想工作，那么就不能推进质量管理。

（2）教育、人、组织

① QC 始于教育终于教育。（1.5.2 节、1.6.7 节）

② 教育要和公司一样永续经营下去。（7.3 节）

③ 教而不会，是教育方法不好造成的。（1.5.2 节）

④ 实施质量管理就需要清洗全体员工的大脑。

⑤ 如果文化提高了，精神年龄就会变得年轻。（1.6.7 节）

⑥ 只会使用部下的管理者（技术人员）顶多算半个管理者。会使用上司和其他部门的管理者——能使他们按自己的意愿行动——才算一个完全的管理者（技术人员）。

⑦ 委任一个人做事，如果能激发他的积极性，就能发挥他的能力。（1.6.7 节）

⑧ 比起发表自己的意见，聆听别人的话更为重要。（4.7.2 节）

⑨ 能够“信任他人”，是管理的前提，是性善说的管理。

⑩ 如果不去评价人的成功，而只去（官僚式地）严厉指责失败，那么人是不能成长的，也不会出现新产品、新技术。失败是成功之本。（1.6.7 节）

⑪ 第一线的人最了解事实。但是他们的判断有掺入偏见的可能性。

⑫ 在某工作现场发生问题的时候，工作现场的责任是 1/3 或 1/5，其

余 2/3 或是 4/5 是工作现场之外的责任。（1.13 节）

⑬ 不要责备部下不负责任，而应由上司来担负责任。（1.6.7 节）

⑭ 如果是性恶说式的管理，成本就会很高，大家都会变得不愉快，会产生管理的重复。

⑮ 不要总是说不能干的理由，而应该积极地考虑如何才能干好。（1.2 节，1.7.4 节）

⑯ 不要说因为忙而不能实施 TQC，因为如果实施 TQC 就会变得不忙。

⑰ 没有自主性的人是婴儿。

⑱ 质量管理需要有组织地合理化。

⑲ 所谓组织，就是明确责任和权力。所谓组织，不一定是建立科和班组。权力可以委托，但责任不能委托。（1.5.2 节）

⑳ 实施质量管理，可以明确生产和管理，确立技术部门，确立真正的技术，能输出技术。

㉑ 一个工程技术人员必须是一个经济学家。（1.1.4 节）

㉒ 研究人员、技术人员、设计人员应该谦虚些。（4.7.1 节、7.4 节）

㉓ 做与技术人员赞成的事情相反的事就会发现改进空间。（4.13 节）

㉔ 故步自封会阻碍进步。（4.7.1 节）

㉕ 企图抢先立功的人，反而会产生危害。

（3）消费者

① 消费者给予我们工作。

② 制造产品要站在购买者的立场。从卖方市场走向买方市场。

③ 消费者是皇帝，但是盲目的皇帝很多。因此而进行的正确教育就是推销者的任务，因为消费者的商品知识不足。（7.7 节）

④ 消费者不是被人随便愚弄的人。（6.3 节）

⑤ 点心的味道，自己吃了虽然觉得好，但消费者不一定觉得好。

⑥ 忍气吞声不道德。

⑦ 买便宜货要吃亏。

⑧ 买新产品的要吃亏。

⑨ 不买新产品。（6.3 节）

⑩ 日本的 QC 从女性开始。

（4）质量及质量保证

① 循环推动质量的 PDCA，不断地提高质量。（1.6.1 节）

② 合理的质量设计才是 QC 的第一步。

③ 了解消费者的期望是质量的第一步。

④ 了解消费者期望的产品是质量管理的第一步。

⑤ 全数检查好像等于在说我们的产品中有不良品。

⑥ 把重点放在检查上的质量管理是旧式的质量管理。

⑦ 质量需要在工程中“制造”进去。（1.3 节、1.5.2 节）

⑧ 质量需要在设计和工程中“制造”进去，而不是检查出来的。（1.3 节、1.5.2 节、6.7 节）

⑨ 没有质量保证的质量管理不能算是质量管理。（6.15 节）

⑩ 质量保证是 TQC 的目的，是精髓。（1.3 节、6.1 节、6.15 节）

⑪ 质量保证是生产者（卖方、制造部门、工作现场）的责任，而不是买方和检查部门的责任。（1.6.1 节、6.1 节）

⑫ 不考虑价格就不能对质量进行定义。

⑬ 开始质量管理时，会有很多问题和顾客意见。（1.4.4 节）

⑭ 因为发生问题时上司会生气，所以问题就会被隐藏。（1.4.4 节）

⑮ 丧失信用仅需要 1 天，但是要取得信用却需要 10 年。（6.4 节）

⑯ 贵公司准备了几年的补给产品，从事售后服务吗？（1.6.2 节）

⑰ 全生命周期供给！（1.6.2 节、6.1 节、6.4 节）

（5）设计和新产品开发

① 成功推出新产品是一种企业素质。（1.6.2 节）

② 能够根据预定期限完成新开发产品的正式投产，顺利实现直通率和生产量，顺利扩大销售量，并且没有消费者的不满和投诉，就可以说明企业的 TQC 是正常的。（1.6.2 节）

③ 如果一个公司能够成功开发每项新产品，并且消费者也认为“该公司的新产品可以放心愉悦地购买”，那么该公司的质量管理是正常的。

④ 要开发“走先手”的新产品。“走后手”的新产品等于模仿产品。

⑤ 要站在使用者的角度进行设计。（7.4 节）

⑥ 不要说“没有想到有这种使用方式”的话。（7.4 节）

⑦ 应该对使用条件进行周密的研究之后，再进行设计。（7.4 节）

⑧ 设计作业应以多品种少批量的生产方式来进行 QC。（7.4 节）

⑨ 要推进设计的标准化及标准零部件。（7.4 节）

⑩ 要绘制出直通率 100%，无须调整就能生产出零部件的图纸。（7.4 节）

⑪ 要打破设计者是艺术家、不搞设计就不是技术人员的想法和个人英雄主义的想法。

⑫ 不知道如何制造，就不能搞好设计。（4.7.5 节）

⑬ 不考虑生产方式的设计不是设计。（7.4 节）

⑭ 因为是绘图阶段，所以容易产生错误、增加零部件种类。要把设计工数减到 1/5（这与编写软件相同）。（7.4 节）

⑮ 决定公差要采用统计方法，决定安全率也要采用统计方法。（7.4 节）

⑯ 试制品和图纸是否一致？（1.6.2 节）

⑰ 不考虑成本的设计不是设计。（7.4 节）

⑱ 如果能有相同的性能和可靠性，就尽可能采用低成本的材料（价值分析）。（7.4 节）

⑲ 早一点排除差错是新产品开发成功的要领。（1.6.2 节）

（6）标准化

① 没有需求、目的不明确的标准化容易成为走形式的标准化。（7.3 节）

② 不能提高效果的标准是走形式的标准，要制定能提高效果的标准。

③ 编制标准后，如果 6 个月都没有修改，则说明没有使用标准。（1.5.2 节、5.4.3 节、5.4.6 节、7.3 节）

④ 标准没有修改意味着技术的进步终止了。

⑤ 标准化不仅是为了质量管理，制定标准更是为了提高经营，使全体

职员都能够心情舒畅地工作。

⑥“无法制定标准，要依靠熟练”，就好像等于在说“我们这里没有技术”。

⑦ 实行标准化后就可以进行授权，经营者和干部就有时间去考虑和研究他们最大的任务：将来的计划和方针。

⑧ 质量管理能够揭示一切真相。QC 能从企业中消除虚假。

⑨ 标准化是技术人员的任务。在我国缺少行政技术人员。

⑩ 技术标准化之后，要在公司内有组织地积累技术。（1.5.2 节、5.4.3 节）

⑪ 进行标准化时，应尽可能让有关人员都参与。人的本性是会遵守由自己编制的标准和规定。（1.5.2 节）

⑫ 标准化的目的是为了授权。（1.5.2 节）

⑬ QC 计划和标准化工作要和建厂计划同时开始。

⑭ 如果马马虎虎地看待产品标准，马马虎虎地看待原材料标准，马马虎虎地看待公差，那么测量设备和化学分析也会是不可靠的。

⑮ 不知道要生产什么样的产品就盲目生产。（1.4.4 节）

⑯ 如果你的产品符合标准，你就放心了吗？（1.4.2 节）

⑰ 如果你的产品符合标准，是否还会有顾客意见呢？（1.4.2 节）

⑱ 在标准以外的项目，是否会有顾客意见呢？

⑲ 作业标准和管理图是表里一体的工具方法。

（7）管理、工程管理

① 只有进行工程管理，才能明确现场的实际情况，从而使工程发挥最大效果、确立技术、提高技术、实现工程和设计。（1.5.2 节）

② 工程达到受控状态，才能发挥工程的最大效果。

③ 只有充分进行管理，才能实现大幅度的改善。（4.1 节）

④ 不进行管理的公司和工厂，工程一定不处于受控状态。

⑤ 管理要全面进行才行。QCDS（1.4.2 节、1.5.1 节）

⑥ 要循环推动所有工作的质的 PDCA。

⑦ 要管理所有工作的工程。

⑧ 要对所有工作循环推动 PDCA。

⑨ 想管理自然就被改善，想改善自然就知道管理的重要性。（1.7.1 节）

⑩ 不要混淆检查和管理（工程管理）。（1.5.2 节、5.2 节、5.3.1 节）

⑪ 管理和改善是车的两个轮子。（1.7.1 节）

⑫ 管理和改善的差异。（5.2 节）

⑬ 原因和结果的区别。（5.2.1 节）

⑭ 不要混淆目的和手段。（1.9 节）

⑮ 我们这里没有问题，我们这里有很多问题，这些都是不知道什么是重要问题的证据。（4.3.1 节）

⑯ 不可能存在没有方针、目标和目的的管理。（7.12 节）

⑰ 决定了经营方针，标准化才有进展，才能进行管理。

⑱ 有管理者的地方就必定有方针。（1.5.2 节）

⑲ 正确的方针是根据正确的信息建立起来的。

⑳ 方针和计划是否具体？是否给出了评价的尺度？（7.12 节）

㉑ 方针展开和传达的方法是否正确？（7.12 节）

㉒ 上司的方针和部下的方针的结合是否充分？是否贯穿到了最基层？

㉓ 方针是否彻底贯彻到最基层？

㉔ 方针是否愈向下就愈具体化？

㉕ 如何“早敲石桥过河”？（1.5.2 节、4.2.2 节）

㉖ 重要的问题只占少数，没有价值的问题大量存在。（1.4.4 节、1.5.2 节、2.6 节）

㉗ 对工作（工程）造成影响较大的原因只有 2～3 个。

㉘ 我们需要活用专业技术、统计技术、管理技术等手段，管理作为目的的质量，推进能提高效果的 TQC 才行。（1.8 节）

㉙ 没有专业技术就无法进行标准化，也无法进行管理。

㉚ 要做“走先手”的管理。（1.5.2 节）

㉛ 要明确由谁检查什么。

㉜ 管理图和图表是应该由各级领导观测和使用的工具。

㉝ 无检查的管理才是理想的管理。

㉞ 管理的宽度是 100 人。1 人可以管理 100 人（如管弦乐团的指挥者）。（1.5.2 节）

㉟ 不检查计划、命令和处理措施的结果是松懈的管理。

㊱ 要经常考虑采取措施。没有措施，只能玩一场趣味游戏。

㊲ 如果经常因同样原因发生事故，就不能说是进行了管理。

㊳ 不要混淆异常原因的消除、调节和调整。（1.5.2 节、5.2 节）

㊴ 比起消除现象，要把重点放在消除原因上，更进一步的是消除根本原因和防止再发。

㊵ 人是容易犯错误的生物。不能指责部下的错误。

㊶ 一般工作现场的人失败时，最基层的人的责任是 1/5～1/4，管理者的责任是 3/4～4/5。（1.5.2 节）

（8）分析、改善

① 如果不进行充分分析，而且没有充分的技术知识，那么改善和标准化都不会做好，也不可能实现好的管理，更绘制不好为了管理而使用的管理图。（4.1 节、4.6.1 节）

② 没有专业技术，就实现不了好的 QC。寻找要因的原动力是研究、技术和技能（经验、熟练）。技术则是采用 QC 式的质量分析和工程分析，活用统计方法能迅速提升技术。（1.8 节、4.7.1 节）

③ 不进行工程分析，就实现不了好的标准化，也实现不了好的管理。

④ 如果认为没有问题，就会停止进步，甚至是退步。（1.7.1 节）

⑤ 如果不理解问题点和目的的意义，就不能解决问题。（4.4 节）

⑥ 如果知道了问题点和目的，那么问题的一半就算解决了。（4.4 节）

⑦ 决定重要问题之后，要由大家集中解决。

⑧ 技术人员要挑战一年如何赚 1 亿日元以上的问题。（1987 年）

⑨ 失去信心是改善之敌、进步之敌。

⑩ 比起考虑原因，首先要抓实体。把握现状是 QC 的第一步。

⑪ 没有充分的工程分析，就进行不了好的工程管理。（5.1 节）

⑫ 不能使用管理图，就无法掌握工程的真正技术，无法进行工程分析。（4.1 节）

（9）数据与统计方法

① 不知道统计方法，就实现不了好的质量管理。
② 变异在所有工作中都存在。
③ 管理的基础是正确的数据、正确的信息。要消灭假数据。
④ 数据是为了使用、为了采取措施而获取的，不能伴随采取措施的数据需要停止收集。
⑤ 统计方法是今后技术人员的常识。
⑥ 靠专业技术和经验的研究等于乘坐轿子走东海道㊀。与此相反，如果使用统计方法，那么如同乘新干线走东海道一样。
⑦ 没有统计技术就制定不出好的标准，也实施不了好的管理。
⑧ 公司中 95%的问题能以简单的统计方法解决。
⑨ 使用帕累托图和特性要因图就能解决大部分的问题。
⑩ 不很好地进行分层就不能进行好的管理，也不能进行分析。
⑪ 工作现场出现假数据的责任在于上级。

（10）管理图、工程能力

① 质量管理始于管理图而终于管理图。
② 管理图不是为检查人而使用的，而是为了帮助操作者本人的工作，为了做好其工作而使用的。（5.6.2 节）
③ 根据管理就能决定预测性和可靠性。（6.5 节）
④ 统计的受控状态才是可靠性的基本问题。（1.6.5 节）
⑤ 工程能力（质量）研究是质量管理的基础。（4.7.6 节）
⑥ 不了解工程能力却硬要实施质量管理，行吗？（4.7.6 节）
⑦ 不了解工程能力却硬要设计，行吗？（4.7.6 节、5.2 节、7.4 节）
⑧ 不了解工程能力却硬要制定原材料标准，行吗？
⑨ 有效落实工程能力研究，其效用最大可提升约 10 倍。（1.6.4 节）

㊀ 东海道是指现在日本东京到京都的路程。——译者注

（11）QC 小组

① 只有班组长甚至是作业人员也对工程负有责任的时候，质量管理才能成功。

② 实施 QC 小组活动如果不能作为 TQC 的一环，就不能实现 QC 小组活动永久性地活性化。

③ 进行 QC 小组活动就等于进行 TQC。（误解）（1.1.3 节、1.10 节）

④ 认为所谓 QC 运动就是 QC 小组活动。（误解）（1.1.3 节、1.10 节）

⑤ 认为 QC 小组活动就是劳务管理。（误解）（1.10 节）

⑥ QC 小组活动和 QC 工作组（QC Team，攻关团队）是不同的活动。（4.5.2 节）

（12）营销及其他

① 营销是 TQC 的入口也是出口。（1.6.2 节、7.7 节）

② 如果营销不采用 QC 式的概念，那么公司就得不到发展。

③ 从营销部门提出了几件真正的新产品开发提案并获得成功呢？（1.6.2 节）

④ 认为营销和 TQC 无关，所以不知道 TQC 和 QC。

⑤ 如果只是廉价出售的话，就不需要营销，要靠质量来出售。（7.7 节）

⑥ 推销员是绝对不能使用“绝对安全”等词语的。（6.6 节）

⑦ 如果进行真正的成本管理，那么质量管理的效果就会不断提高。

⑧ 如果质量管理实施得好的话，成本管理就会成为质量管理。

⑨ 不更改生产计划的公司是实施管理好的公司。

⑩ 实施质量管理就能实施好数量管理，数量管理实施好了质量管理也就能做好。不掌握真正的数字，怎能实施好质量管理？

⑪ 在引进新的机器、设备前，要发挥现有设备的最大能力。（1.6.4 节）

⑫ 要发挥旧机器、设备的能力（从质及量的方面），就需要使用 TQC。（1.6.4 节）

⑬ 使用不好的材料而生产出好的产品才是技术。（5.2.1 节）

⑭ 什么是好的推销员？

1.1.3 对质量管理及 TQC 的误解

对质量管理及 TQC 的误解有如下几种。

× 质量管理就是严格检查。

× 质量管理就是实施标准化。

× 质量管理就是绘制管理图。

× 质量管理就是统计学。

× 质量管理就是学习高深的学问。

× 质量管理让检查科实施就行。

× 质量管理是质量管理科实施的事情。

× 质量管理让工厂实施就行。

× 质量管理只在现场实施就行。

× 质量管理和行政部门无关。

× 质量管理是花钱的事。

× 现在赚着钱，不需要搞什么质量管理。

× 实施 QC 小组活动就等于实施 TQC 了。

× 所谓 QC 运动就是 QC 小组活动。

× 只进行 QC 小组活动就行了。

× 我们的公司不需要进行 QC 小组活动。

× 质量管理与我无关。

1.1.4 全公司质量管理的效果

整个公司正式推进质量管理时，会有哪些效果呢？以下列举一些在日本已被证明的事实。

① 能提高质量（狭义），减少不良品。

② 能使质量变得平均、顾客意见减少。

③ 提高产品可靠性，提高顾客对产品的信心，能够给予顾客信赖感。

④ 降低成本。

⑤ 能以高价格卖出产品。

⑥ 确立质量保证体制，能取得消费者和客户的信任。

⑦ 解决顾客意见的速度变快，能有效防止再发。

⑧ 消耗定额变小，附加价值生产效率提升。

⑨ 增加生产量，能建立合理的生产计划。

⑩ 消除无用的作业，减少返工，提高效率。

⑪ 确立技术，并能把技术人员作为真正意义上的技术人员合理使用，因而能提高技术。令使用人员的方法，特别是使用技术人员的方法变得合理。

⑫ 检查、试验费用减少。

⑬ 原料供应者、订货方、消费者之间的合同合理化。

⑭ 扩大销路。

⑮ 能使公司内的各组织之间的关系、信息采集顺利进行。

⑯ 能加快研究速度，而且效果显著。

⑰ 对研究能进行合理的投资。

⑱ 尊重人性，培养人才，创建明朗的工作现场。

⑲ 能挖掘人才，因而能发挥人的能力。

⑳ 改善人际关系，加强部门间的沟通。

㉑ 产生共同语言，促进互相沟通。

㉒ 实现组织整体合理化。提高部（处）、科、主任和班组长的工作效率。

㉓ 能迅速有效地取得市场信息。

㉔ 加速和提升新产品开发，能生产出世界最高质量的产品。

㉕ 能使人家坦率地谈话。

㉖ 能使会议顺利地进行。

㉗ 合理和战略性地实现装置和设备的修理和增设。

㉘ 集结全公司的力量，建立合作体制。

㉙ 加快决策速度，有效落实方针展开、目标管理。

㉚ 能改善企业的素质。

㉛ 能成为可信赖的企业。

㉜ 全部门理解变异的概念，因而能活用 QC 手法。

㉝ 从公司、工厂消除虚假的数据。

公司经营实现方方面面的合理化，并获得效果。消费者、从业人员（包括经营者）和股东都能获益。

抵制质量管理的情况仍然出乎所料地普遍存在。不过也有这样的比喻："不吃布丁就不能知道它的滋味。"

质量管理只有经营者对产品质量感到有责任、把质量管理作为企业方针提出，中层干部、有关技术人员、行政人员、作业人员，甚至是订货部门、流通机构、关联公司都能齐心协力并成为一个整体来实施，才能获得成功。如果只有一部分技术人员在工厂的某个角落里学习统计方法，那是不能取得成功的。为此，经营者和干部的理解、热情和领导，以及随之而来的行动是很重要的。

要想齐心协力成为一个整体来推进质量管理，需要搞好人际关系，即建立全企业的合作体制是一个必要条件。

1.2 质量管理的历史和现状

战后日本产业界曾陷于混乱状态，新的质量管理像刮起了春风一样，对产业的合理化产生了很大的效果，从而促进日本企业在经营方式和组织等方面掀起了一次产业革命。

从效果来看，在日本有许多公司由于推行 TQC 和 QC 小组活动，取得了巨大的利益，降低了成本，节省了能源。对于中小型企业也有帮助，例如，包括公司最高级领导在内只有 15 人的某公司，采用了这种方法，制造出了其他公司望尘莫及的低成本的优秀产品。事实证明，这种方法适用于任何产业且都能取得效果。

经营者和技术人员都常说："我们从来都十分注意质量，所以不搞那么麻烦的事，我们这里的产品也没有问题。"假如你不实施质量管理和 TQC，而你的竞争对手却开始实施，那么你肯定要在这场竞争中输掉。特别是在容易受社会经济环境影响、经营基础较差的日本产业中，如果不引进这种方法来进行经营的合理化，那么就会因为成本高和产品无信用而被产业界淘汰。请铭记此句格言："不实施质量管理，公司就会从电话簿上消失。"

1.2.1　统计质量管理

在质量管理中，因为统计学非常有用，而且经常被使用，因此质量管理也叫作统计质量管理（statistical quality control，SQC）。

第一次接触统计学的人，特别是经营者和有关行政人员，他们一开始可能会很害怕。但如果从使用的角度考虑，只要理解了统计思想，那么只要具有小学程度的算术能力，即只要会加减乘除，就能使用统计方法（手段）。当然统计学本身也在发展之中，是非常难的学科，但是 QC 七种工具（常用工具）实际上已在各产业中被作业人员、班组长、女性职员、兼职人员等广泛地使用着。

新统计学，除了管理用的管理图、实验设计、抽样检查法等之外，还在诸如舆论调查、生活调查、农作物的收获量调查、税收调查、市场调查（market research，marketing research，MR）及运筹学（operations research，OR，作战研究）——生产计划、运输计划、库存管理、设备管理和经营研究等社会各领域被广泛使用。

虽然统计学很重要，但更重要的还是理解质量管理的思想，并确切地实行这个方法。

新的质量管理是 1924 年美国贝尔电话研究所休哈特博士发明的管理图（control chart）和其他统计方法在工业上的应用和测量技术发展的结果，它于 1930 年在美国首先开始。休哈特博士的名著《生产的质量经济控制》（*Economic Control of Quality of Manufactured Product*）于 1931 年出版。其后传到英国，并在英美两国得到发展。可是它在各产业部门的正式运用还是在第二次世界大战即将开始之时。当时美国采取的是准战时体制，制订战时增产计划时关注的是生产大量物美价廉的东西。这一点是和战时日本的旧军部和官僚所说的不怕价高、只要量多的不科学的做法是鲜明的对照。

因此，美国把经过长期研究在一些工厂获得实施效果且使用简单的管理图引进军工部门，作为经营管理的工具使用，并在 1941—1942 年公布将质量管理的做法作为战时的标准。这就是有名的 Z1.1～Z1.3 标准。

Z1.1　质量管理指南（Guide for Quality Control）（1941）

Z1.2　用于数据分析的管理图法（Control Chart Method of Analyzing Data）（1941）

Z1.3　生产工程中用于质量管理的管理图法（Control Chart Method of Controlling Quality During Production）（1942），美国标准协会（American Standards Association）

其结果是，美国战时的生产在数量、质量和经济各方面都保持了良好的状态，获得了巨大的效果。甚至可以说，第二次世界大战的胜负是由于质量管理和新的统计学的运用而决定的。这些方法在各种作战研究中都被使用，在原子弹的制造方面更是不用说了。甚至还有战时研究出来的某一统计方法，因为获得了很大的效果，以至于直到德国投降以前，这个方法一直作为军事机密不予发表的说法。

1.2.2　在欧美的发展

战后，从战时生产改为和平时期生产模式的美国产业界，把取得效果的质量管理广泛引进到生产中。它具有消费者所要求的质量，能够进行经济性生产，且充分保证供应，使美国顺利地转向和平时期的生产工作。

这样在 1946 年设立了美国质量管理协会（American Society for Quality Control，ASQC）。在 1958 年前后，西方电气公司（Western Electric Co.）的艾伦镇（AllenTown）工厂，一个有 3 000 名职工的工厂，绘制了大约 5 000 张管理图。伊士曼·柯达（Eastman Kodak）公司彩色胶卷部大约有 5 000 名职工的工厂，总共绘制了包括销售管理使用在内的 3 500 张管理图，获得非常大的效果。另外，开始时还是进行狭义的质量管理的美国，最近也逐步改变为广义的了。也就是说，在银行、航空公司和百货公司也都开始了质量管理，而且向供货方引进质量管理的趋势也很盛行。同时，生产企业正向全面质量管理、全公司质量管理的方向发展。

另一方面，由于英国是新统计学的发源地，所以对质量管理的研究开始较早。1935 年，E.S.皮尔森（E.S.Pearson）等人关于质量管理的著作曾被当作英国标准得以采用，并产生了英国标准 B.S.600。其后，又原封不动地引入美国的 Z1 标准作为英国标准 B.S.1008 采用。此外，还有很多关于质量管理的标准及实践活动。

其他如法国、瑞士、捷克斯洛伐克、瑞典、意大利和德国等欧洲各国，不约而同地也采用了统计质量管理。欧洲各国自 1953 年以来，从美国聘请质量管理的指导人员，正式开始了质量管理的实施，并于 1965 年设立了欧洲质量管理组织（European Organization for Quality Control，EOQC）。

1.2.3　向日本的引进

再来说说日本，日本在战前就已经引入了如前所述的英国标准，战时曾发表其译本。而且一部分数学家已经开始研究，正准备在一些部门中实施的时候，因遇到停战而未能实现。另一方面，一些学者对新统计学也进行了研究，其研究水平已经达到了世界水平。但因引入方法是从数学观点出发的，所以给人一种很难的感觉，故未能获得普及。战后日本逐步认识到这个方法在美国获得了很大成功。特别是联合国军进驻日本之后，由于当时日本的电话通信几乎不能发挥应有的作用，使民众感到非常不便。为了改变通信设备的质量差且质量参差不齐的问题，日本向通信设备的生产企业提出了实施质量管理的提案，这是 1946 年 5 月的事。作为管理方式，日本从战前就在一些地方采用了旧式的（当时是近代式的）泰勒（Taylor）方式。

1946 年日本设立了民间团体机构——日本科学技术联盟(JUSE)。1949 年，来自大学、产业界、政府的有志之士聚在一起在 JUSE 成立了 QC 研究组，开始了质量管理的研究和向日本的启蒙普及。QC 研究组旨在独立于政府推进 QC，使日本的企业合理化，提高当时被称为“便宜而质量差”的日本产品的质量，并向世界出口该组织的会员企业制造的日本产品。JUSE 从 1949 年开设了第一届质量管理基础讲座（basic course，BC，每月 3 天×12 个月=36 天）。

另一方面，日本于 1950 年施行了基于工业标准化法的 JIS 标识制度。根据这个制度，要想使用 JIS 标志，就需要实施统计质量管理，而进行质量保证是必要条件。在日本，几乎是同时开始推进工业标准化和 QC 的，我认为这是好事情。

1950 年，JUSE 从美国邀请戴明博士（Dr.W.E.Deming），面向最高级领导、部科长、技术人员举办了 QC 讲习会。戴明博士的讲课深入浅出，又因为当时博士捐赠了讲义的版税，所以就以此为基础于 1951 年创设了戴明奖。该奖对日本 QC 的推进做出了巨大的贡献。

但是日本的 QC 在开始时存在着各种问题。第一，因为太过于强调统计方法，给大家造成了 QC 和 SQC 是很难的事情的误解。第二，因为强调标准化，形成了形式主义 QC 的倾向。第三，最高级领导和部科长很难热心实施 QC。

于是 1954 年邀请朱兰博士（Dr.J.M.Juran），以最高的领导、部科长为对象进行了专题研究会，这样终于使作为经营工具的 QC 开始发挥作用，开始了从 SQC 向 TQC 时代的过渡，从而推进了全部门参加、全员参加的 TQC（CWQC）。

为了面向工作现场推行 QC，1956 年日本短波无线电广播开始了专门面向班组长的 QC 教育无线电广播讲座。后来在 NHK（日本广播协会）的无线电广播和电视节目上还对此展开了讨论。1960 年发行了《面向班组长的质量管理讲义》。此外，1962 年 4 月发行《现场 QC》杂志（该杂志已从《现场 QC》更名为《QC 小组》）的同时，命名 QC 小组，开始了工作现场的小集团活动。现在世界各国都在模仿日本推行作为 TQC 一环的 QC 小组活动。

1.2.4 日本的质量管理

再来说说我最近思考的事。虽然物理、化学、数学、机械工程、电气工程等是全球通用的，可是像质量管理这样的带有“管理”一词的学科，因为社会的背景不同，并且牵涉到人的问题，把欧美式的质量管理的做法原封不动引用到日本是困难的。因而在这里提出了要开发适合日本的日本式质量管理的问题。欧美和日本社会背景的差异见表 1-1。

表 1-1　日本和欧美社会的背景的差异

	欧美	日本
1. 专业主义（Professionalism）	强	弱
2. 组织	管理部门强	纵向/垂直社会
3. 工会	偏重于按职业	偏重于按企业
4. 泰勒（Taylor）方式	强	弱
5. 大学专业的人才	强	不强
6. 工资制度	效率工资	年功序列
7. 专业率	高、临时休业	低、终身雇用制
8. 文字	标音	汉字是象形、表意
9. 教育	根据国家而不同	特别热衷
10. 民族	有多民族的国家	单一民族
11. 宗教	基督教	佛教，儒教
12. 与订货方的关系比率	敌人：50%～60%	朋友：70%
13. 资本主义	旧式	民主
14. 政府统治	根据国家而不同	不太强

在 1968 年箱根召开的质量管理研究会上，我们将日本相对于欧美质量管理的差异总结为以下 6 项。这里说的是特征和差异，所以有优点，也有缺点。

1）全公司的质量管理：全部门参加的 QC，全员参加的 QC，全面质量管理。

2）热衷于质量管理的教育和训练。

3）QC 小组活动。

4）QC 诊断：戴明奖实施奖和社长诊断。

5）统计方法的活用．QC 七种工具（QC 常用工具）的普及和高级手法的活用。

6）全国性质量管理推进运动：质量月、各种 QC 大会、QC 小组本部。

在此期间，日本战后物资不足的卖方市场转变为买方市场，日本的产业获得了发展。同时由于从 1960 年开始的政府的贸易自由化政策，QC 变得愈来愈重要了。当时我们提出了“为了应对贸易自由化就需要运用质量管理”的口号，推进了依靠 QC 制造出能出口到海外的高质量和低成本的产品，以跟上贸易自由化的活动。结果取得了成功。因此，日本才能像今天这样，能生产出向全世界出口的、质量世界第一的产品。

加上随后的发展，我们又在1987年整理出日本TQC的如下10项特征。

1）由经营者主导的全部门、全员参加的QC活动。

2）彻底推行经营中的质量（品质）优先。

3）方针展开及其管理。

4）QC的诊断及其活用。

5）从规划、开发直到销售、服务的质量保证活动。

6）QC小组活动。

7）QC的教育与训练。

8）QC手法的开发与活用。

9）从制造业向其他行业的扩大。

10）QC的全国性的推进活动。

另外，日本于1970年设立了从1950年前后就提出要成立的日本质量管理学会（Japanese Society for Quality Control，JSQC）。美国质量管理学会（American Society for Quality Control，ASQC）是专业性质的学会，但是JSQC是学术性质的学会。

质量管理不是一时的流行。只要企业在出售产品和服务，质量管理就应该永久持续地实施下去。我经常说，所谓TQC是把应该做的事情做扎实。而且TQC不像盘尼西林那样的速效药，而是像中药那样，需要长期服用才会慢慢见效果，是改善企业素质的药。质量管理是所有产业都应该实施的事情，只有这样才可以获得很大的效果，这在日本已被证明。

另外，还有人说，我的企业、我的工厂无论怎样都不适用质量管理。这是因为他们不理解质量管理的真正含义。如前所述，在日本，它在所有产业，包括工业、建设业、第三产业都同样适用，而且其适用的可能性和效果已经得到证明。

因此，问题在于是否有实施质量管理的意志和能力。“在能实施质量管理之前的阶段”这类说法是根本不成立的。不要去议论不能实施质量管理的理由，而应该要从发展的角度议论如何才能实施质量管理。

此外，最近世界上的很多国家都认为日本质量管理的做法是有益的。

因此，很多企业都在学习和借鉴，以求适用于自己。

1.3　质量保证的演进

TQC 的精髓是质量保证。

保证质量的方法有多种。

1）依靠检查（全数检查，抽样检查，核对检查，巡回检查，自主检查）。

2）依靠工程（工程管理，工程能力研究，自主管理）。

3）依靠新产品开发工程；等等。

特别是为了保证作为质量保证的一环的可靠性，也需要切实地进行 2）和 3）才行。

从第二次世界大战以后，质量保证的做法（见 1.6.1~1.6.2 节，第 6 章）才有了如下所述的进步[㊀]。

1.3.1　关注检查的质量保证

出现不良品和缺陷时，需要通过检查把它们消除掉。可是尽管存在不良品和缺陷，但至今还有连出厂检查都不实行的企业。这种企业是没有良心的/不够格的企业——这么说也不算过分。

质量保证从历史上看，是从切实进行检查开始的。不了解 QC 的人一提到 QC 就依然误解为是严格进行检查罢了。但是这个看法有很多错误。

1）在检查中必定有检查错误，进行全数检查也不能使不良率成为零。

2）检查员是降低生产效率的多余的人。

3）制造部门的人容易认为经过检查就可以了。但是，“质量保证的责任在于生产者与制造部门”。

4）检查部门的数据因为没有分层或是反馈滞后，在工程管理和工程分析时会经常不起作用。

5）统计抽样检查不能保证实现低不良率，如 0.01%，百万分之一的不

㊀『品質』Vo1.10(1980)，No.4，pp. 205～213，あるいは石川：『日本的品質管制』（4 章 4 節）日科技連出版社（1981）。

良率（PPM 保证）。

6）统计抽样检查不适用的项目很多，如破坏检查、可靠性、复杂的组装产品、材料等。

7）发现不良品和缺陷也只是增加废品、修理和调整工作量。

8）生产速度变快时，就需要检查的自动化。

9）很容易变成只有检查部门在做 QC。

当然，只要有不良品和缺陷，就需要进行检查，但是依赖于检查的 QC 也不能完全保证质量，同时会提高成本。

1.3.2 关注工程管理的质量保证

在日本，从 1949 年开始推进 QC 后不久，就进入了所谓的希望通过扎实的管理工程生产出优质产品的第二阶段。于是提出了“要通过工程制造质量”的口号。在质量改进的同时，问题也在减少，生产效率和可靠性也开始提高了。但是，只靠这些实现质量保证是不充分的。即，设计得不好和选错了原材料的产品，无论怎样实施工程管理也不能实现质量保证和广义的可靠性保证。

1.3.3 关注新产品开发的质量保证（见 1.6.2 节）

于是从 20 世纪 50 年代后期，日本进入了在新产品开发中进行质量保证的第三阶段。这样就变成“质量需要在设计和工程中制造进去”的情况。即在新产品规划、设计、试制的各阶段，通过确切的评价，把广义的可靠性，从 QC 角度进行研究和甄选。这样的话，就需要企业的所有部门及全员都参加 QC 和质量保证。

在以上所述的情况和社会背景的差异下，通过良好协作的全公司质量管理的推进，QC 才取得了很好的成果。因为长期持续的努力，使很多的日本产品，以世界第一的质量且合适的价格出口到世界。

当然，工程管理即关注新产品开发的质量保证也是绝对需要的。而且，当出现不良品和缺陷时，的确是需要进行确切的检查和排除。

1.4　什么是质量

我认为要想理解统计质量管理的思想，就要把它分成统计——管理等一个一个词，把这些词的意思充分理解后，再组合起来就好理解了。因此，在这里首先一个一个词地来说明它们的意思。

英文 quality 这个词在日本译成“质量”，这是非常好的名词。1958 年我曾调查美国的质量管理。从美国看到的情况来说，美国对 quality 这个词的解释根据企业的不同而有所不同。例如，在美国银行（Bank of America），是为了管理分公司或贷款单位的质量或决定方针的质量而进行 QC；在联合航空公司（United Air Line），因为属于服务行业，所以是为了服务的质量的管理而进行 SQC；还有在贝尔系统（Bell System）和通用电气（General Electric），是有效地进行着从设计直到消费者为止的 QC。

因此，质量管理这个词是不仅指产品的质量（quality of product）的管理，更广义地也可以说成是经营的质量管理。而且，只有这样考虑推行 QC 才能获得成功。但是，这对于资源匮乏而需要依靠贸易来维持生存的日本来说，在推行 QC 时需要首先考虑产品的质量，并且是消费者愿意购买的质量。

再者，有关质量的问题常与产品的种类相联系，如一般消费资料、耐用消费资料、工业用物资等，即质量因生产资料的不同而不同。然而，任何行业的任何产品都存在这种情况。

因此，我在这里以硬质量为中心来做叙述。但是，对服务等软质量也几乎以同样的思想来考虑。下面所述的质量思想，在工业及第三产业的场合都基本适用。

1.4.1　让消费者满足的质量

生产质量好的产品，往往被误解为是生产最好的产品。我们在 QC 中所考虑的问题是设计、生产、推销（销售）能让消费者真正满意的产品。这就意味着，生产者利用企业现有的实际能力，如生产技术、工程能力等，同时考虑满足消费者的经济条件和其他能力及购买目的，在这种条件下生产出最好的产品。

[**例 1**] 性能非常好的价值 10 万日元的照相机和普通家庭使用的 2 万日元的照相机相比，您喜欢购买哪一种呢?

[**例 2**] 用优质的纸张印成的 1 000 日元一张的报纸和同样内容的用普通纸印成的 100 日元一张的报纸，您是买哪一种呢?

从上述例子可知，狭义的质量不管怎么好，如果价钱贵，就会没有人买。相反的，不管怎么便宜，如果是只能照出模糊图像的照相机，也是不会有人买的。我们是根据自己的需求和收入来决定购买的产品。在最近消费多样化和信息透明化的情况下，决定针对哪一个消费层，确定何种新产品规划，质量设计和新产品开发，以及选定研究课题的阶段都是特别重要的。

对生产者或公司来说，不管怎样糊弄糊弄只要卖出去就行等类似的想法，是战争时期的配给式的理念和旧式的商业主义的想法，这在文化进步的民主主义时代是行不通的。至少要用长远的眼光来考虑企业。如果考虑了企业的市场性和寿命，那么就要从以往的卖方市场的观念转向买方市场的观念，即必须考虑到企业的实力，转变到以消费者为中心的观念，这一点是很重要的。

（1）质量的四个方面

考虑到为消费者提供好的质量，我们应该计划、生产、销售什么质量的产品呢？针对这个问题，需要从如下四个方面去考虑，从而综合规划、设计和管理质量。

1）Q：狭义的质量特性。

性能、纯度、强度、尺寸、公差、外观、可靠性、寿命、不良率、返修率、直通率、包装法等。

2）C：和成本、价格（利润）有关的特性（成本管理、利润管理）。

收获率、消耗定额、损耗、生产效率、原材料费、不良率、缺陷、量度、成本、销售价、利润等。

3）D：和量、交货期有关的特性（量管理）。

生产量、销售量、因调整生产造成的损耗、库存量、消费量、交货期、生产计划的变更等，抓不住数量就搞不了质量管理。

4）S：产品出厂以后的问题，产品的跟踪（follow up）特性。

安全性、环境、公害、产品责任（product liability，PL）、产品责任预防（product liability prevention，PLP）、补偿期间、保证期间、事前服务及售后服务、产品的互换性、补给产品、修理的难易、说明书、检查维修方法、误操作对策、使用方法的宣传、可靠性、寿命、寿命的定义、包装方法、贮藏方法、使用期限、搬运方法、对顾客意见的调查和处理（显性及潜在顾客意见）、市场调查、消费者的不满和要求、下一道工程的调查和反馈、采取措施、公害、安全等社会性的质量等。

我们希望能购买售后服务好、产品的均匀性好、有互换性的、寿命长的产品。几天、几个月就坏掉的寿命短的产品是不能购买的。如果说明书写得让外行人也能看懂，甚至是妇女和儿童都能看懂，那么顾客的意见就会减少。宣传味道很浓的说明书，以及不是技术人员就不易看懂的说明书，消费者是不会看的。有没有因为消费者使用不当而造成的顾客意见呢？是否说明了使用条件和使用方法的有关注意事项呢？是否有因为包装不好而造成损坏、损伤以及寿命缩短的情况呢？虽然包装也是很重要的质量，但是否存在受到包装外形、颜色的约束而忘记产品本质性的质量和性能的情况呢？

（2）顾客意见

市场调查等收集顾客意见的措施也是重要的。以往我们是把产品销售出去就不管了，可是为了生产消费者所期望的产品，调查销售之后消费者对本公司产品及竞品的体验也是必要的。

顾客意见的英文是 claim，是提出要求的意思。如果顾客获得的产品比合同所规定的差，出现发生故障的情况，就会提出赔偿损失、更换新品等要求。多数场合下这些要求与金钱有关。所以，有关营业人员对顾客意见的处理态度就是减价或更换新品。在日本的 QC 中，顾客意见的含义非常宽泛，是指消费者发生不满、诉苦的情况。用英语来说本应是不满（complain）的情况。但是，因为顾客意见的字眼已经普及化了，所以在这里是作为广义的 claim 的意思来使用。

旧式的企业对顾客意见尽可能地努力去掩饰。但在实施质量管理的公司，却需要努力去收集顾客意见、诉苦和不满（显性顾客意见及潜在顾客意见），进一步使潜在顾客意见、诉苦和不满进行显性化，去聆听顾客之声。在正式开始实施质量管理时，这些不满会被显性化，一般来说诉苦会激增（见 4.3.4 节）。这是营业部门质量管理的一项重要任务。有关顾客意见的处理问题，将在 6.14 节详细讲述。主要分为以下两个方面。

1）公司外处理——关注满足消费者、速度、诚实性、防止差错再发。

2）公司内处理——关注防止差错再发、经理处理、对顾客有意见的产品的处理。

如果把重点放在防止再发上，那么从满足消费者要求的意义上来说，该公司的质量将会逐步提高。这就意味着根据顾客意见或市场调查的信息反馈进行质量的重新设计、工程管理和检查的重新研究，从而致力于管理环的顺利转动，改善质量。

如果不进行这方面的工作，就会造成设计、技术、现场、检查等部门自以为是，结果将出现不重视消费者或不知道不重视消费者的情况，从而造成产品逐渐滞销的情况。

（3）戴明环

在新产品计划和质量设计的时候，综合考虑以上所述的四个方面的情况是特别重要的。如图 1-2 所示，首先决定应该实现什么质量，进行组织分工，制定工作的技术标准；其次是根据这些标准进行生产和销售。对已销售的产品，调查消费者是怎么想的、进一步还需要什么。根据这个结果，再进一步重新设计质量和标准。如此这样不断地提高着质量，继续进行下一步的生产。

环的强度是取决于环中最薄弱的环节。这样，我们就能站在管理的角度、对质量的想法及责任感的基础上，始终生产出合乎消费者要求的产品，不断地进行改善，一步一步前进。这就是从某些方面看的质量管理的根本理念。因为这个想法是 1950 年戴明博士介绍给日本的，所以叫作戴明环

（Deming Circle）或是环。但戴明博士指出，“因为这是休哈特（Shewhart）博士的想法，所以应该叫休哈特环才对”。

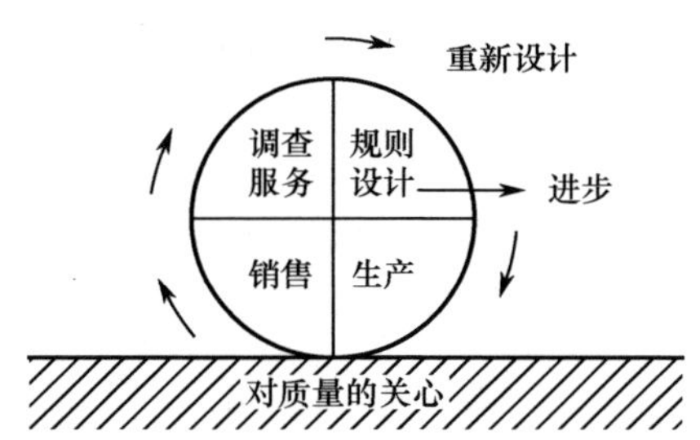

图 1-2 质量的管理的想法：戴明环

（4）下一道工序是顾客

以往，在公司内部发生事情时，你是否把属于自己的问题都搁在旁边或是隐藏起来，把责任都推给别人呢？如果是这样的话，到什么时候也是解决不了问题的。

以上介绍的是公司的情况。但质量管理无论是在公司内，还是在工厂内都完全一样。如果在工厂内有几个工序，那么对某一个工序来说，下一道工序就是消费者（顾客），前一道工序就是生产者。而且假如把下一道工序当作消费者考虑，并且充分听取他的要求，同他商量，那么就能消除公司内部的纠纷和本位主义。例如，在钢铁厂中，炼钢部门对轧钢部门来说是生产者，对炼铁部门来说就是消费者。因此，就有责任制造出能满足下一道工序轧钢部门质量要求的产品。所以就有责任请他们统计调查，钢的质量对产品有什么样的影响，并以坦率的心情去听取他们的要求，而且有责任互相商量，并满足他们的要求。面对上一道工序的炼铁部门和废铁部门，炼钢部门有责任很好地分析自己的工序，调查生铁和废铁对钢的质量有什么影响，制定合理的质量标准，并把结果提供给上一道工序，提出合理的要求。毫无疑问，各工序间的这些要求应该考虑经济性和技术条件。以往在日本的很多工厂里，大家不大清楚上一道工序所要求的质量。或者即使知道这些要求，也往往不是要求太严就是要求太松。因此，就常常会造成各工序之间互相争吵或是背后议论的情况。如果把产品送到下一道工序之后，能调查它的使用结果，并能很好地互相沟通、互相协作，那么就能消除这类纠纷，工厂内的各工序间的工作也能顺利进行。

以这种方式来考虑，从流通机构、维修服务、营业、销售开始，到成品仓储、包装、制造工程、原料仓储、设计、研究、开发、资材部门直到消费者为止的一线就是质量管理的一线部门，因此需要掌握和管理这些部门职责范围内的质量水准。

再接着考虑总公司和工厂管理部门，其任务的大约 1/3 是一般管理部门的工作，2/3 是对一线生产部门（设计、采购、制造及营业部门等）的服务工作。所以，作为服务管理部门，任务也要面向下一道工序，即一线生产部门才行。

从公司最高级领导到作业人员，从营业到资材部门为止的全体职员，不管一线部门还是管理部门都要具备如前所述的质量意识。而且在公司内部，要从本部门考虑谁是自己的顾客，以及能满足其何种需求。如果这样实施的话，就能打破本位主义，并且仅凭这一点就能够提高质量。这时就能说，质量管理的基础已基本建立起来了。

（5）QC=经营管理

以上所说的质量管理，广义上说是经营管理的一种思想。第二次世界大战后，在经营管理科学化的名义下，企业引进了各种方法，但这些都是零散的引进。在 1948—1950 年，正值日本引进新 QC 之际，当时美国的 QC 仍被解释为狭义的 QC。但我们把 QC 引进日本时，把它解释为广义的 QC。这样，在经营主体不健全的日本企业中，为了综合应用零散引进的科学管理方法，以“QC=经营管理”的立场，把重点放在如前所述的四个综合的问题上。通过 QC 来改善企业的素质，并推动 SQC、TQC 及 QC 小组活动。

在开始实施 QC 时，会遭到一部分人反对，综合引进、成功实施 QC 的公司都会有这样的经历。再者，最近不仅是欧美各国，全世界的国家都在努力引进日本的 TQC、CWQC、QC 小组活动。

管理应该综合地进行才行。

1.4.2　真正的质量特性和代用特性

［**例 1**］A 公司的推销员在争取订货时说："我们厂的产品标准是这样的，你们购买产品的使用目的是什么？除了这个标准外，是否还有别的要求？"以这种方式提问并争取订货之后，顾客意见减少了一半。

［**例 2**］B 化学公司生产的产品中，虽然是同样的成分，同样的纯度，但由于批号不同而出现了体验不好的产品。

［**例 3**］某造纸公司的顾客有这样的意见，印刷报纸用的卷筒纸虽然符合日本工业标准 JIS 的标准，但把它放到轮转机上就常常断裂；而另一公司的卷筒纸的某些特性虽然不符合 JIS 标准，但顾客没有提出（断裂的）意见。

［**例 4**］是否存在符合了公差但制造出了不良品，而没有符合公差却制造出了好产品的情况呢？

以上的例子说明了产品标准或原材料标准及公差所采取的代用特性和数值与消费者真正要求的不能匹配的情况。另外，对这些数值的取值大小也决定得太马虎。

例如，从上述印刷报纸用的卷筒纸的案例得知，消费者真正需求的质量特性之一是放到轮转机上不断裂。由此可知，抗拉强度等代用特性是真正的特性。把这种关系用特性要因图表示即图 1-3。

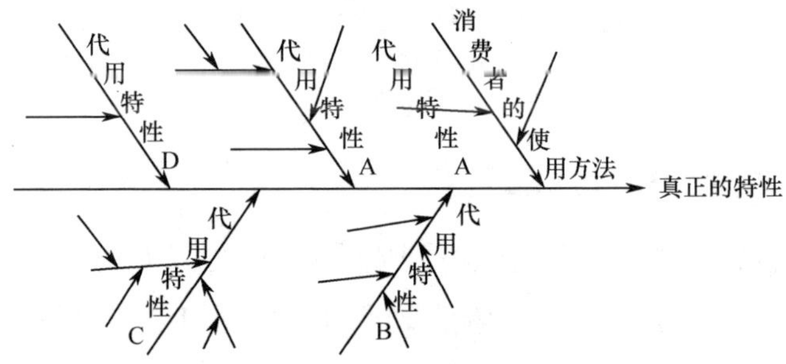

图 1-3　真正的质量特性和代用特性之间的关系、质量分析

真正的质量特性不是技术人员说了算，而是首先需要了解顾客的声音。

［**例 1**］印刷报纸用的卷筒纸：在印刷工程中，纸不断裂，印刷墨水不浸透到反面等等。

［**例 2**］小汽车：外形好看，容易驾驶，加速性好，坐着舒服，节省燃料，拥有高速稳定性，不发生故障等等。

我们要抓住消费者期望的真正特性，同时要从技术角度和统计角度掌握好它和代用特性之间的关系。否则不管你是对代用特性做出了多好的设计，制定了多好的产品标准，进行了多么严格的检查也将导致产生顾客意见的结果。这里的质量特性含义更广一些。再者，在以往的标准中，没有关注可靠性的情况较多。但是，在我们的工作中，对其的特性的检查比较困难或不可能检查的场合较多。因此，就有必要掌握好与真正特性密切关联的代用特性、造成较大影响的代用特性和产品使用方法等。这被称为质量分析或是质量展开。为此，就有必要做好如下事情。

1）了解消费者如何使用产品、如何让消费者正确使用产品。

2）要抓住使用时真正特性和代用特性之间的关系。这里把它称为质量分析、广义的产品研究。我们通过研究美国的质量管理发现，即使是在完全不知道统计质量管理的企业中，也能很好地进行产品研究和质量管理。而反观日本的质量管理，虽然很懂得统计的手法，但对产品研究却不够深入，而且未进行质量管理的地方较多。所以出现了只凭借设计人员和董事的兴趣来进行产品设计，并且是为了检查而检查——不是站在消费者立场而做的检查——的情况。为了改善这种状况，不仅要进行生产研究，还要更进一步在质量分析和产品研究上下功夫，并且有必要加强与消费者之间的合作研究。

1.4.3　质量分析和产品研究

只关注纯粹的质量特性是做不到质量设计、工程管理、检查和质量保证的。于是，质量特性要使用特性要因图（见图 1-2）或是质量展开表等来具体有序地进行分析。通过分析才能具体地进行设计、管理和质量保证。活用特性要因图或质量展开表进行质量分析和明确代用特性的质量是很重要的事情。但是只采用这些图表又非常危险——需要和工程分析一样，以事实来进行确认。因此，产品研究和试制品的实用试验就变得很重要。如果不通过这些实验作好确认，那么就会出现遗漏必要的代用特性或是过于严格地制定不必要的代用特性等情况。

一般来说，产品研究需要花费大量的时间和金钱，但是如果要实施QC，就必须进行产品研究。于是在日本 QC 实施好的企业往往与使用者和消费者一起协商并进行合作实验，因此获得了很多的成功。

1.4.4　明确质量的定义

如上节所述，即使通过质量分析决定了真正的质量或代用质量特性，还有可能在对质量特性的理解、重要度或决定数值的方法上存在问题。极端地来说，现在很多工厂往往还不知道想做什么样的产品就开始进行生产了。

仍然从上述角度来看，包括应该强烈反映消费者要求的 JIS 在内，在各种国家标准及ISO和IEC等国际标准中，也存在着不少很不合理的情况。因此，虽然需要参考 JIS 或其他标准，但是需要注意把这些标准当作生产目标本身就存在不少不合理的事情。

（1）保证单位

像灯泡或是电视机那样，能一个一个数的东西——被称为单位体——对消费者来说，单位体的质量好才算是好。与此对比，像电线、纱、纺织品、纸和钢板的成分和强度、化学制品或矿石类的成分等具有连续性数据的产品，以及粉末、粉块等混合物来说，应该用什么单位来考虑质量呢？如果不决定这个单位量（保证单位），那么质量的数值的意义就是模糊的。

例如，电线电阻的问题，是 100 米的平均值还是 10 米的平均值呢？还是取出任一段的 1 毫米长的电线都要有一定电阻值呢？究竟把多长电线的质量作为单位来进行保证呢？

又如，从煤的发热量来说，所谓保证有 6 500 卡的质量标准是意味着什么呢？是否是指在 1 个月内进货的煤的平均卡，还是说一货车的煤的平均卡，或是说各包的平均卡，或是说每一粒煤都要保证有 6 500 卡呢？再者，所谓一批是怎么定的？也都不太明确。

再如对钢材的强度来说，以往试验片大小的强度是否能作为其产品的代用特性使用？换句话来说，需要重新研究试验片，确定试验片的大小（保证单位）。

因为不清楚究竟以什么作为保证单位，所以交货和收货的双方、检验官和企业之间很容易产生各种各样的纠纷。

（2）质量的评价方法、数量比

如果不把质量进行数量化，那么就不能明确质量的定义。因此，就需要尽可能设法和注意研究质量的测量方法。特别是，真正的特性多以消费者的语言来表示，很多特性不容易测量，需要多方面考虑测量方法，因此多数情况下不得不依赖感官检查。又如，伤痕、灰尘、颜色、声音、嗅、味、触觉等需要靠五官来判断的特性，或是服务质量等需要靠人感觉的特性是很不容易数量化的。但是，质量的测量方法也像物理和化学测量方法一样取得了不断的进步。准备标准试料、配备评选成员、识别顺序方法、开展市场调查和进行感官检查等，都通过统计分析取得了巨大的进步。建议大家学习这些内容。又如在做感官检查时，不能使用标准样品，而需要使用极限样品。哪辆车是好车，哪家店是好店，哪个女人是好女人等问题，通常需要感官检查来进行判断。所以质量分析需要研究测量方法和综合性的价值判断方法。

这种不容易测量的问题，只要少许投资就能实现数量化。但是因为经营者或是上级领导未提供测量方法，因而出现大量不良品和顾客意见。如果实施好了数量化，这些就会成为企业重要的技术诀窍（know how），质量管理也能搞好。因此，从根本上来说，经营者有明确质量评价方法和基准的责任。

另外，还需要明确抽样方法和测量方法。质量的定义，多数场合下是指明确保证单位，决定抽样方法和测量方法。反过来说，如果没有决定抽样方法和测量方法，那么多数情况下就不知道指的是什么质量。例如，决定了保证单位时，也会决定为了保证应该采用什么抽样方法和测量方法。

如果不能明确抽样方法和测量方法，就不能下质量的定义。公差的问题，也有和这相似的地方。

［**例 1**］你的产品的质量，如照相机、汽车、构思等的质量评价方法决定好了没有？

［**例 2**］所有的产品都有瑕疵，你决定好了你的产品可以容许有多少瑕疵了吗？

［**例 3**］你单位的公差是否把产品内的离散性（包括公差、抽样和测量误差）和产品间、批次间的分开考虑？这样就可以了吗？10.00±0.01±0.05±0.01 毫米（三重公差）。

［**例 4**］设计值考虑抽样误差和测量误差了吗？这和检查的判定值之间的关系如何？

（3）向前看的质量和向后看的质量

没有缺陷的产品也不一定能卖出去。产品需要有特长，有卖点，也就是比其他公司产品优越的地方，如好用、使用舒适等。成为了特长的质量叫向前看的质量（也叫作魅力质量）。与此相反，有缺点的质量叫向后看的质量（也叫作当然质量）。作为产品，没有不良品和缺陷是当然的事情，所以把它叫作当然质量。没有不良品和缺陷是必要条件，但不是充分条件，没有消费者需要的卖点的产品依然卖不出去。所以把向前看的质量叫作魅力质量，要在新产品规划书中明确说明向前看的质量。

［**例**］很多地方都生产小汽车。你的小汽车有什么突出特长，能够让什么样的消费者购买呢？

（4）决定质量特性的重要度、质量的加权

产品的质量特性至少有 20～30 种，多则可达几百种。多数不懂 QC 的人会说，哪一个质量特性都重要。如果是这样的话，就会出现价格变得很高的产品，或者变成没有什么特征的不完整的产品。所以对向前看的质量也好，对向后看的质量也好，要把质量特性分为重（A）、轻（B）、微（C）三类或是至少分为重（A）、轻（B）两类去考虑才行。对向后看的质量，可能需要更详细地分成四类，例如，可考虑分成：致命缺点（和生命、危险有关的缺点）、重缺点（给性能带来较大影响的缺点）、轻缺点和微缺点。在向前看的质量当中，成为重要卖点的特性最重要。

根据经验，我认为最多分为三类，一般产品分成两类就可以。对于分类比例的问题，应遵从帕累托原则，通常我们推荐按照图 1-4 的比例进行分类。对产品尺寸等特性也是相同的原则，对重要的尺寸应注上“A”的记号。

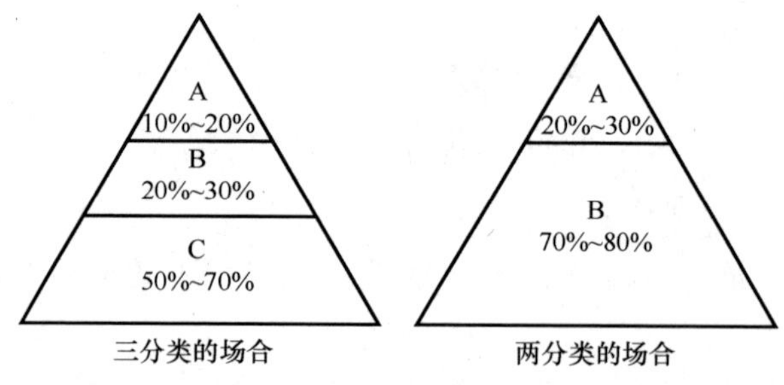

图 1-4　质量特性的重要度分类

如果是向后看的质量的 A 特性（重要特性），需要把不良率变成零；如果是向前看的质量的 A 特性，需要把特征予以明确说明。对向后看的质量的 C 特性，如微小的伤痕等，可以稍微有一些。即 A 特性要严格管理，但 C 特性可以略微放松一些。如果不能明确区分这一点，那么就会出现拼命去管理 C 特性，结果放松了 A 特性，因而就会发生重大赔偿的情况。

再者，质量特性，特别是对真正的质量特性来说，会出现相对立的特性。例如，提升 A 特性，B 特性就会变坏。又如提升全部特性就会变成价格很高的产品。如图 1-5a 所示那样，牺牲一部分特性，突出卖点，就会使产品得到消费者的喜欢。可是需要注意，如果像图 1-5b 那样，想把全部特性都变好就会变成没有特征的不完整的产品或服务。

（5）明确不良品与缺陷的定义，潜在不良品的显性化

如果不同人和部门对不良品与缺陷的定义和称呼不同，就会产生麻烦。因而要考虑统一定义的问题，主要有以下四点。

1）统一不良品与缺陷的定义：要统一经营、设计、制造和检查等各部门之间的定义和名称。还要明确厂家和使用方的语言和使用方法的差异。

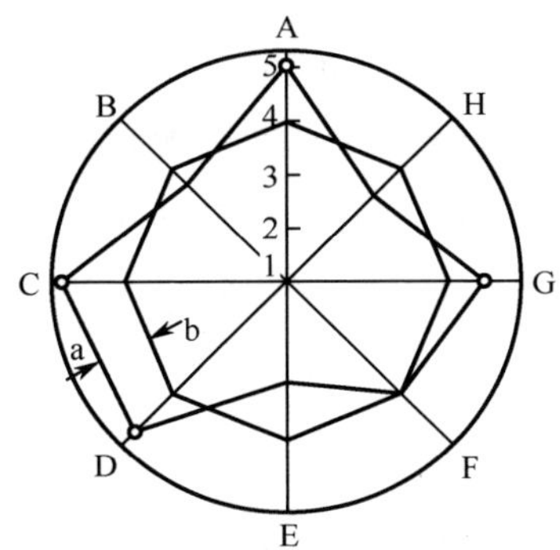

图 1-5　有卖点的商品和没有卖点的商品：质量的雷达图
○记号：卖点；a：有缺点，但有特征、有卖点的商品；
b：想把所有的质量都搞好，因而是不完整的没有特征的商品

［**例 1**］在玻璃上有小伤痕，这算是缺陷吗，是不良品么？合格品的下限如何？如果用这样的二等品来盖房子，那么是否能盖一座很便宜的好房子？

［**例 2**］这个产品的尺寸超出图纸公差，可是能使用，所以算是合格品吗？

［**注**］以往，英语把缺陷说成 defect，把不良品说成 defective。但是因为英语的这种说法在法律上与（PL）发生关联，容易造成误解，所以在 ISO 标准和美国标准里，把 defect 更改为 nonconformity，defective 更改为 non conforming unit。这两个词意味着虽然不符合标准，但不是缺陷或是缺陷产品的意思。在日语中则分别叫作不足和不良品，因而不易招来误解，所以在 JIS 中没有更改。

关于不良品、不良率、不足、不足率、不合格和不合格率等用语的定义请参考 2.3 节。

2）直通率：在装配产业中，如果装配得好的话，完全不进行调整、手工加工（修正）就能发挥产品性能的产品的比率。因为完全不进行调整或手工加工就能直接通过检验，所以叫作直通率。手工加工率或是调整率应该作为不良率考虑才行。一般来说，直通率好的产品在以后也不会发生故障、可靠性较高。所以在装配产业中，为了提高直通率，切实进行质量分析、工程分析和相应的管理是非常重要的。

3）潜在不良品的显性化：以往没有进行 QC 的企业只是把变成废铁和废品的东西称作不良品，但如 1）、2）中所述，手工加工品、不做调整就不行的产品、让步放行（特别采用）品都是不良品，还有一些被隐藏的不良品。在开始进行 QC 的时候，需要明确全部潜在的不良品，并进行显性化才行（见 4.3.4 节）。

4）让步放行：稍微超出标准和公差的产品，经特别采用而使用的情况叫作让步放行。所谓让步放行是指虽然在原材料检查、中间检查或出厂检查时被确定为不合格，但特别采用后成为合格品的情况。在实施 QC 的场合也会由于各种原因存在让步放行的情况。

标准或公差等是以数值来表示的，但是也有稍微超出这个数值也对使用无关紧要的情况。其理由如下。

① 没有充分研究标准或公差，而且决定得过于严格，超过了需要。

② 确定了某数值的公差，但稍微超出了这个数值就马上不能用，从理论上也是说不通的。

此外，经常也有使用让步放行的原料对质量和成本没有什么影响的情况。

但是，也有因为使用了不符合标准的东西，对其产品或是批次采取特别处理，进行追踪调查和确认结果、性能和可靠性变化的情况。

① 假如始终对结果不造成坏影响的话，就研究进一步稍微放松标准和公差的事情。

② 如果出现坏的影响的话，要特别切实进行后一道工程的管理和检查。

该场合需要重点明确下述两项基准的事情。①取得谁的许可进行让步放行？②可以把让步放行规定到什么范围？

采取让步放行的场合的注意事项将在 6.14.3 节详细叙述。

（6）统计的质量：要把质量当作分布来考虑

作为消费者，当然希望每个产品的质量都是好的。但是在考虑某一产品的质量时，生产者也好，消费者也好，最终不是考虑每一个产品的质量，而是把几十个或几百个产品的总体质量当作问题对象来考虑的。例如，考虑每天生产的几万个被销售的灯泡的寿命时，假如存在 100～2 000 小时和 900～1 100 小时两种情况，那么一般的消费者会认为碰到大约 100 小时的就不合算，所以会购买像后者那样离散比较少的产品。另外，从产品的互换性这一点来考虑，假如在多数产品中存在离散性，那么消费者就会感到麻烦。消费者期望的产品是整体质量分布均匀的产品。然而，因为影响我们工作的原因有很多种，因此，我们生产不出完全没有离散性的产品，只能生产出以某种程度分布的产品。这就是工程能力。

因而，质量管理就是决定好生产的产品总体的质量标准，并把它在全公司范围内进行管理，在现场观测具有这个分布的产品并策划管理工程。

此外，把消费者的要求，作为总体的质量和具有分布的质量来考虑，决定应该做什么才是质量管理的第一步。综合考虑市场调查和以往的技术知识、工厂的技术水平以及工程能力，从而以统计的思想和方法来决定具有合理宽度的质量。过去大多数标准和使用说明书，对分布的想法认识不足，要么太严，要么太松。

统计的质量不是固定的，而是必定有一个宽度。而且会根据技术和经济情况不同，以及工程能力的进步产生变动。标准也不是一经决定就一成不变的，而是要经常修改的东西。

（7）有关质量的四种定义的区别

以往企业内的质量标准往往定义得很模糊。需要从统计角度考虑分布、离散性、误差和公司内的责任及权限，并有必要分为如下四种情况加以考虑：

1）给予工程的质量标准　　质量标准　　制造部门承担

2）给予研究、技术部门的质量目标　　质量目标　　研究、技术部门承担

3）给予消费者的保证承诺　　保证承诺　　营业部门承担

4）给予检查部门的检查判定基准　　检查标准　　检查部门承担

这个分类方法主要考虑了企业内的职责和权限。给予工程的质量标准是，考虑现场的工程能力，按照作业标准进行作业。换一句话说，就是考

虑在良好的管理状态下能达到的质量水准，同时还是考虑公司的方针后决定的，应该被称为质量标准。管理质量标准是制造部门的责任。在该标准下，如果生产出少数超出标准的产品，不是生产人员的责任，而是提供了具有如此工程能力的机器和设备的经营者的责任。（但是，因为质量保证是由生产人员进行的，所以把通过检查排除不良品的责任放在制造部门。）

所谓给予技术部门的质量目标，就是向研究及负责技术的部门提出消费者的要求及其他调查结果，并根据这些要求和结果确定公司的产品计划。这种方针下决定的属于目标性质的东西就是改进技术的对象。现在在日本，制造部门和 QC 小组也承担防止再发和现场改善的责任，所以具有革新内容的质量改善是技术部门的责任，而循序渐进的较小的质量改善是制造部门的责任。

给予消费者保证承诺是不言而喻的事。但从组织上来说，这是营业人员应该给予消费者的明示的质量水平。也可称为质量标准或是商品样本（catalog）标准。但是，实际上如图 1-6 的（A）所示的那样，也有把平均值当作保证承诺进行夸大宣传的地方。如果是这样的话，必然会引发顾客意见。

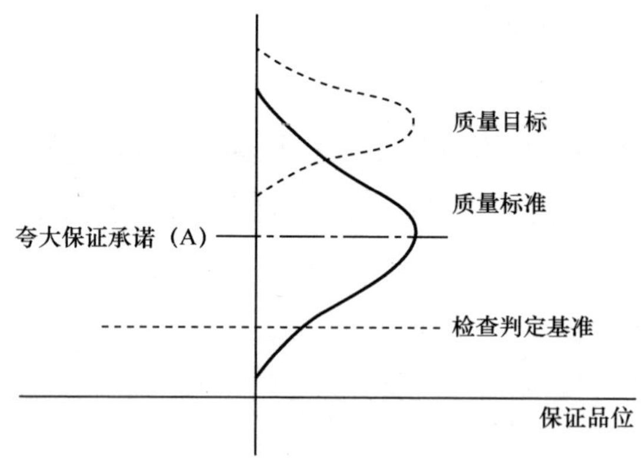

图 1-6　四种质量的水准

检查判定基准，顾名思义是检查部门所使用的值。在抽样检查或是全数检查的场合，因为经常存在着抽样、测量和试验误差，所以它的测量基准一般来说都要比保证承诺的水准要高些才行。以上四种质量水准相互之间是有关系的，但却互不相同。把这种关系用图表示时，即如图 1-6 所示。

重新反省一下以往含糊不清的、被称为质量标准或公司标准的含义，是质量管理的第一步。特别是对机电行业来说，所谓设计值和图纸公差在 1）～4）的四种质量水准中是属于哪一种呢？虽然这是根据怎样使用设计值的情况而变化的，可是从公司内部来说，如果不明确它的定义，将不可能进行设计。

（8）设计质量和实际质量

设计质量和实际质量是朱兰最先提出的，是 quality of design 和 quality of conformance（也被称为符合性质量，制成品质量）的汉译。所谓设计质量就是指公司本身所提出的质量，要想提高这个质量，一般要提高成本。所谓实际质量就是指设计质量即作为公司的指标提出的质量，和实际制造出来的产品质量之间的差异。如果提高了这个质量，使它接近设计质量，一般来说不良品就会减少，成本就会降低，生产效率就会提高。区别这一概念是非常重要的（见图 1-7）。

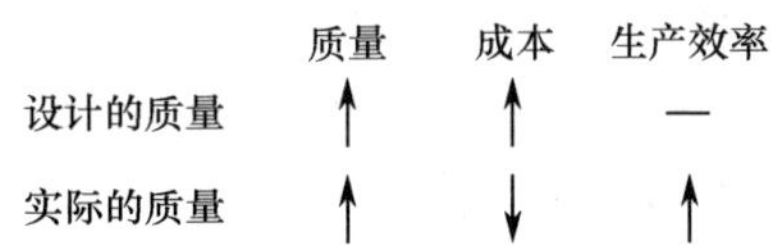

图 1-7　质量和成本、生产效率的关系

如果设计质量是在没有充分考虑工程能力的情况下进行的，就会造成各种混乱，因此需要特别注意。

1.4.5　什么是好的质量，什么是好的产品

虽然决定质量需要考虑以上所述的各种情况，但归根到底还是决定什么是长期畅销的产品或服务的质量的事情。简单来说，就是决定符合消费者要求（需要或欲望），具有适当价格和适当质量的产品或是服务，但是这样说太模糊了。

当然，对向后看的质量来说，不良品、缺陷或是 ppm 不良率（百万分之一）趋近零是基本条件，但最终还是取决于包括向前看的质量在内，加

权之后进行的综合评价。用一句话来说，是成为综合的取得平衡的有特长的质量。以往对此提出了多种计算方式，可这些都只是计算游戏而已。实际上，在某一基本条件下，符合作为对象的消费者的要求，使消费者感兴趣和觉得有趣味，并在适当时期推出产品，就能获得成功。该场合与其说是综合评价，还不如说是按照帕累托原则，具有 1～3 个优秀质量特性的产品是成功的。但是，新产品的成功率往往被认为只有 5%，甚至是 1%的水平，所以这是个非常难的问题。

关于质量的问题，除上述之外还有各种名词和说法。例如，新产品开发程序的质量等，但在这里予以省略。

最后关于质量问题叙述几点注意事项。

1）消费者所要求的质量和使用条件根据国家和时代的不同而变化，而且具有多样化和不断提升的特点。所以对于公司来说，要不断地收集信息，预先考虑需要和期望，努力提高质量才行。质量是无止境的。

2）新产品开发时的最大问题是说服公司内的“敌人”。在新产品规划书中要证明其规划是有益的，而且有能说服对象的事实资料。

3）进行世界上独一无二的、全新的新产品开发时，有必要采取能促使新产品的成长曲线急剧上升的措施。

1.5 什么是管理

1.5.1 旧有的管理想法

当质量管理引进到日本时，最令人头疼的是，管理类的语言使用得十分混乱，而且所谓管理的思想在各现场和各公司中没有得到明确认识，同时管理的思想也几乎从未在组织中得以考虑。管理图及其他统计方法，只有与这里所讲的管理思想，以及公司和工厂给予的管理职责和权限结合在一起，才能发挥它的效果。

用简单的话来说，所谓管理就是“检查工作是否按照所指示的方针、命令、计划和标准进行；如果发现与计划等有脱节的情况，能很好地采取纠正措施和防止再发的行动，使其顺利地按照计划实行”。

然而，过去的做法是，如像“物美价廉”“降低成本”“要搞好质量”“不要出不良品”等（念经式的）命令，按社长→董事→总公司部长→厂长→科长→主任→工段长→作业者的路径，以命令的方式隧道式地传达下去，并且有时会遇到隧道弯曲或堵塞的时候。如果命令贯彻不彻底，那么就无法启动管理。

这样的隧道式的命令，加上“要好好干”等指示性的命令，只是鼓舞精神的做法。我把这叫作精神式的管理，大和魂式的管理，鞭打式的管理。当然，精神对于人也是非常重要的。可是只靠精神是搞不好管理的。

管理方式从来都是百花齐放的，但之所以未能搞好是由以下可能的原因造成的。

1）用语混乱，既有管理、管制、编制、经营的词汇，在英语中也有 control、management、administration 等各种用语，由于国家和人的不同，其语言的定义、感情和意思也有微妙的差异。在 QC 的场合，是因为有人说成了质量管理，所以在决定 JIS 用语的时候，采用了管理这个词。

2）抽象的管理理论多，只讲了理论。

3）有些人认为管理就是管教人的事。

4）没有充分研究逐步达成目标的手段。只是使用单纯的隧道式命令，经常遇见隧道堵塞或是弯曲的情况。

5）以往不知道有使用统计方法的分析方法和管理方法。

6）只有公司经理、班组长、具体负责人了解，而缺少向全员进行教育的行动。

7）只热衷于推行小而难的方法，没有从全局和综合的角度来进行管理。

8）本位主义强，部门之间存在壁垒，沟通不好。

9）结果好就行的想法过于严重，因而没有充分考虑操作方法和工程。

10）只是口头上的精神管理和维持现状，在嘴上说“不再重复二次”，但是根本没有去做具体的防止再发的对策。

在质量管理中也同样地发生着以上事情，例如，非系统地从各部门发出“要降低成本”“要提高质量”等互相矛盾的命令，这样就搞不好管理。

管理应该是综合的管理。如果管理是非系统、本位主义或是各部门相互竞争的管理，工作就会做不好。

1.5.2 管理的想法与实施

作为科学的管理，从前有计划—实施—看（plan-do-see）的说法，但这不适合日本人。因为把 see 这一词理解为看，容易学成干了之后只是眺望的情况。在日本一般采用循环推动的戴明环（见图 1-8），即计划—实施—检查—采取措施（plan-do-check-action，PDCA）的环。但是这样还不够充分，我的建议是像图 1-9 那样，采用六个阶段的推进方法以获得成功。即

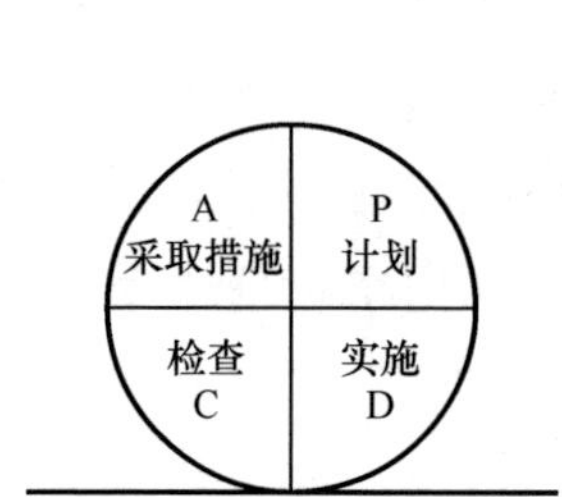

图 1-8 管理的环（四个阶段）

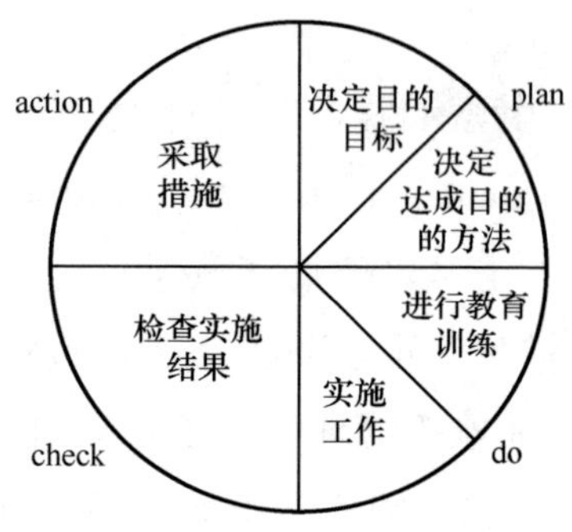

图 1-9 管理的六个阶段

1）决定目的 } plan
2）决定达成目的的方法
3）进行教育训练 } do
4）实施
5）做检查 } check
6）采取修正措施 } action
7）重新检查采取修正措施后结果的好坏

这就是科学管理和 QC 式的考虑程序。

（1）决定目的、目标←方针←信息、调查

如果不明确目的，就不能进行管理。如果目的和方针是想到什么就做

什么，或是经常变化的，也不能进行管理。例如，如果对设计或工程管理不决定好质量标准，而对研究和技术管理不决定好质量目标，就不能进行管理。下面介绍决定目的时的一般注意事项。

1）目的是根据方针来决定的。不言而喻，经营者提出的方针是最重要的。部长、厂长、科长、主任、班组长要根据这个方针展开工作，明确各自的责任和权限范围，以及做事的方式。在带“长”的地方必定有方针。而且这些方针应该是从社长到班组长贯彻到底才行。然而在实际过程中，包括社长、三等董事、工人董事、领班董事和挂名董事在内，很多人没有方针或是即便有也是非常抽象的方针。没有方针，就无法开始管理。各个“长”要有决定方针的勇气和责任感。在方针中要明确目的和行动的基准。

2）决定方针必须要有根据。没有根据的方针，换句话说像“我是这么以为的，所以跟着我来”等这类方针，我叫它大和魂式的方针，这样做也有成功的情况，但是存在很大的危险和失败概率。

为此，就需要公司内外的信息，如市场调查，消费者、外部公司、国外情况的调查，公司内的技术、研究能力、工程能力、原材料情况等。需要把这些信息迅速分层收集并综合分析。目前在日本很少有公司能掌握这种决定方针的信息和资料，而且这些信息也不能在必要的时期被送到必要的部门。

同时也没有进行综合分析的机构。对这些分析来说，帕累托图、频数分布、图表、管理图、OR 都是非常有用的方法。

提供信息并进行分析是管理部门的一项任务。而且可能的话最好提出几个方案，以此为基础，根据各个方针来具体决定目的和目标。当然，100%翔实的信息是没有的，因此可收集 70%或 80%的信息，考虑失败的概率之后，由领导来决断并付诸实施。可以说，尽可能多地收集这些信息，决策才会更科学。也就是“如何尽快敲着石桥过河”的问题。所谓感觉，虽然误差较大，但也有经验性的成功概率。

从社长直到班组长，这些带有“长”字的人首先需要思考一下，确定自己的方针需要获得什么样的信息。

3）要综合地决定方针。所谓综合的方针就是指在几个方针之间不能有矛盾或不能分散提出方针的意思。在日本，总公司没有综合判断的机能，而且因为本位主义严重，各部门分散提出方针的情况很多。我把这种公司叫作八头式的公司（多中心的公司）。如果是这样的话，提出多少方针也无法进行管理。

4）要有重点地进行才行。应该根据帕累托原则“重要的问题是少数，无价值的问题是多数”来考虑，如果列出 10 或 20 个项目的话，就不明确哪一个是重点，因此也就没有重点。有时只列出了临时注意到的事项，这不能算是方针。实际上，与突然发生的问题相比较，在大家已经习惯性地认为是没有希望了的地方往往存在着真正重要的问题。重要方针以 2～3 个项目为好，最多也要控制在 5 个项目以内。其他的作为日常管理项目就行。

5）目的和目标要具体，应该尽可能规定和公示期限。只是抽象的“物美价廉”或是“好，省，快”等的方针是不大有用的。当然作为公司的基本方针来说，这样抽象的精神方针也是可以的，但同时再加上具体的，如“把 1～3 月作为基准，要在 4～9 月把不良率减少一半”“从明年 3 月开始把价格 2 万日元左右的业余快拍照相机每月出售 2 万台”等用数值（测量方法、最低值和目标值）表示的方针会更好。这就是管理特性。

另外，目标值需要区别好必达目标和努力目标。

6）方针分为如下两种（见表 1-3）。

① 方法论的方针。

② 目的的方针。

例如，前者推进“标准化的推广”“责任和权限的明确化”“管理图的灵活运用”“确实实施作业标准”等手段，即方法的做法。后者推进如“到 12 月为止，A 产品的不良率要减少一半”“把产品 B 的成本用 6 个月的时间降低 20%”等，即明示出目标。

对于 QC 来说，往往采用方法论的方针的情况较多。在引进 QC 的初期，这也是必要的。可是实际上要想获得提升 QC 的效果，需要有更具体的实际问题作为目的，把 QCDS[㊀]作为中心目的的方针。

㊀ QCDS：Q-quality（质量）；C-cost（成本）；D-delivery（交货期）；S-safety（安全）。——译者注

7）方针要有一贯性而且越往下级就越要细分，并且要具体地分解下去才行（方针展开，目标展开）。

8）方针不能以部门或组织作为中心来决定，而是要以目的、题点作为中心来决定，并且由工作组或让各部门来承担。

9）毫无疑问，目的和方针要按期、按年发布，但在制定时要从长期方针、长期计划的角度来考虑。

10）目的和方针需写成文件并广泛下发。

把以上情况综合起来就是，方针、目的、目标的基本精神需要用文字表示出来，具体的目标需要用数值表示出来。只有文字或是只有数值都是不充分的。

（2）决定达到目的的方法≈准化←技术、事务技术

只指示目的、目标而不确定为达到这个目的、目标的方法，如只指示质量目标或成本目标，而不确定为了达到这个目标的方法或每一个人应该做什么，那么就会造成随便怎么做都行的不利局面。这样就成为如前所述的大和魂式的管理、鞭打式的管理，是搞不好工作的。因此要制定达到目的的方法，全体从业人员应该怎样做、做什么才好，即公司经营的规则。也就是说应该编制作业规程、技术标准、设计标准、职务规定等广义的标准。为了使这个想法明确并具体化，我才提出特性要因图的方案。对标准化工作，狭义地说有统一化的意思，可是在这里有广泛性的意思。

编制这个标准前进行改进的就是技术，事务技术的工作，也是 QC 小组活动的一项工作。这个标准一般来说是经营公司所必需的，而不是只为了质量管理而编制的。它对任何管理都是需要的。

关于标准化的详细情况在第 5 章中讲述，这里只是把重点放在工程管理上，只谈几个问题点。

工程管理的工作包括工程设计、编制 QC 工程图、工程分析、编制标准和修改标准。

1）应该针对原因编制标准（特别是技术、作业标准）。应做好先手的管理。

为此，需要区别原因和结果（目的）并活用特性要因图（因果图）（见图 1-10）。特性要因图是集合技术、生产、设计、检查的有关人员及班组长和作业人员，活用所谓的头脑风暴法（brain storming）等方法，把知识集合起来而编制的图表。以此为中心，利用专业技术、经验、统计方法等，就可以实现先手的标准化。出现问题反馈而进行的应急的处置叫作后手管理。在工程管理的场合，比起后手管理来说，先手管理更为重要。

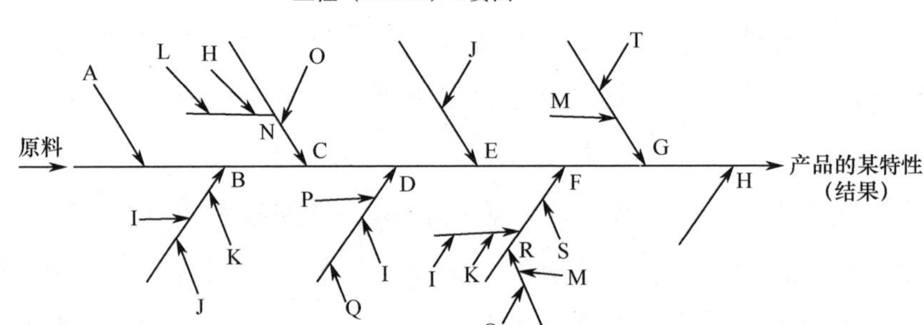

图 1-10　特性要因图

［注］影响工程的原因有无数种，一般叫原因，可是在质量管理中我们把提出的原因叫作要因。有关特性要因图的做法将在 4.7.4 节讲述。

2）决定如何控制工程中的要因。也就是说要具体地确定真正重要的原因。

根据目的可以产生多种分散的原因。如果把这些原因全部都进行控制，则对目的的实现来说是不经济的。我们针对多种原因通常都遵循帕累托原则。因此，我们需要研究所提出的原因，从中找出真正的要因并进行标准化，那么一定能提高效率。

要找出这些要因，必须掌握工程的专业技术知识，充分观察工作现场的实际状况，还要具备使用统计方法进行工程分析的能力才行。从这个意义上说，今后的技术人员应该把统计方法作为必备技能，像物理、化学、电气等专业技术一样地掌握才行。大部分（约 95%）的问题采用 QC 七种工具，即用帕累托图、直方图、图表及特性要因图等就能解决。所以包括社长在内、一直到 QC 小组成员的全体从业人员都要掌握统计思想和 QC

七种工具才行。

3）标准化是为了委托权限而进行的。权限应该委托，但责任是不能委托的。为此，就需要把例外的事、异常情况预先进行标准化，也就是形成管理标准。

当工程中发生了异常情况时，需要决定好：谁应该做什么事情（职责）；可以做到什么程度（权限）；应该接受谁的指示等。委托了权限以后就不要下命令。

4）要明确目的（特性）之后进行编制。

5）进行标准化的时候，尽可能要让有关人员参加。人们会遵守自己编制的标准和规定。

6）人是会犯错误的动物。不能责备部下的错误。要依靠大家考虑防止事故发生的措施，从而保证即使犯了错误，也不会出现问题。

7）标准没有修改，是标准没有得到使用的证据。

8）标准要编写成文件，建立好原账簿，注明修改的历史，要重视组织技术的积累。依靠这种方法，就能确立技术和实现进步，因而也能输出技术。

9）标准之间是不能有矛盾的。

（3）进行教育、训练

上级领导有教育部下的责任。

即使制定出标准或标准之类的文件，如果只是简单地下发，部下是不会去看的。即使看了也因为只是文字的东西，会了解得不完整而且也不能理解其真正的意思。即使理解，多数情况下也不能实行。过去日本人，特别是官僚的人在决定标准和法律时会很严格，但却往往不重视遵守。也很少有遵守决定了的事情的习惯和气氛，反倒有随便加以破坏而感到自豪的人。于是就需要教育和训练。特别是因为 QC 是经营的一种思想革命；因此，要想实施 QC 就需要改变从社长到每个作业人员的全体职工的认识。因此，也可以说“QC 是始于教育而终于教育”。

企业中的教育和训练可分为三种类型：集中教育；上级领导通过工作来教育和训练部下；下决心向部下授权。

以上三种类型的重要程度各为1/3。不是只有集中教育才是教育。

另外，我们把管理分为性善说的管理和性恶说的管理。所谓性恶说的管理是，因为“人性本恶”，因此不知什么时候可能要做出坏事，所以要用严格的检查方法。如果是这样的话，大家都不能愉快地工作，为了管理或检查需要花费时间和间接费用，增加了成本，成为不知道为何进行管理的事态。过去的中央集权式的管理往往容易成为性恶说的管理。

我认为必须进行性善说的管理。因为“人性本善”，所以通过进行教育、改变认识就能充分工作。根据工作内容不同做检查，当然是必要的。因此，要说理想的管理，那就是不要检查的管理，或者是自己来管理自己的一种状态，即自主管理。一般来说，如果进行教育的话，管理的范围就能扩大，也能大量地委托权限。不进行教育的话，由一个人来管理和监督一个人也不能达到目的，工作也不会轻松。不管怎样，教育是绝对必要的，不管建立多么好的组织，如果组织人员不进步的话，要想取得企业的进步是不可能的。日本的企业应该给予教育更多的投资才行。我们应该像交响乐的指挥者那样，由1个人管理100人。

另外，教育的过程也能使领导自己很好地理解标准。同时也让领导容易发现标准中不容易做到的地方、不完备的地方和缺陷等。

进行充分的教育，形成整个企业成员都能遵守标准的氛围，是上级领导和管理者的重要任务。这种通过充分教育搞好管理的做法叫作性善说的管理。同时，重新研究作业标准和规定是否合适也是必要的。借口说是自己的秘密等而不进行教育的话，是不可能做好工作的。不进行教育而老是责备人家，那就没有当管理者的资格。

综上所述，对于教育、训练的基本想法就是开始实施QC小组活动的一个根据。且在教育方法的研究和教育效果的判定中，统计方法也是非常有用的。

（4）工作的实施

（5）检查实施的结果

检查工作是否按照方针、目标以及按照指示进行。如果只是发出命令，只进行教育的话，那么作为管理者来说不能说是尽到了责任，也要检查调查工作是否顺利地进行着。不用说是命令和标准，即便是人和设备也不是完美无缺的，因此不管怎样“性善”也会出现错误或故障，也会有误解的情况。因此经营者、管理者、监督者要根据需要检查工作是否顺利进行，同时使工作能按照方针、按照指示顺利地进行才行。

带“长”字的人有责任考虑和实施在什么地方、什么时候，检查什么，用什么进行检查。同时，如果大家都理解了管理并学会了管理的话，就能由自己来管理自己了，也就进入自主管理的状态了。

作为管理者来说，如果工作在顺利地进行，是可以放置不管的。但工作不顺利时，或发生例外时，就需要采取措施。也就是要进行管理就需要考虑有例外，需要检查与判断是否有例外发生。

在管理工作（工程）的场合，需要根据特性要因图（见图 1-11），采用下述两种方法做检查。

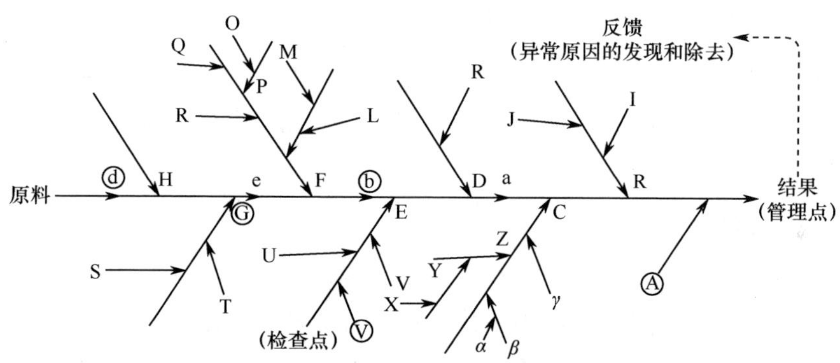

图 1-11　管理的模型

1）检查要因

到工作现场去巡视，是否所有的事情都按照方针和标准进行着，如巡视工作方法、生产准备和其他测量等。这些主要是基层管理人员的工作。

巡视工作现场的一个目的是检查工作现场是否按照指示和标准在工作。如检查原材料、设备、测量设备、自动控制、工模夹具和作业等是否合适。对工程管理来说，就是到工作现场去看看要因是否都被很好地控制着。但是在该场合，假如没有方针、指示、标准，那么与什么做比较以及要检查什么就不明确。同时在作检查时，如果不预先考虑好重点检查事项，编制检查表并根据检查表进行检查，那么到工作现场去也只不过是等于无目的地散步而已。

检查的重点（check point）也常常叫作检查点。要因检查是下级管理者的责任，上级管理者不要对此做太细小的检查。总想检查太细小的事情的董事和部长，应该叫做工人董事和工人部长。作为部长和董事，检查太细小的事情会花费太多的时间。他们只需检查在 2）中所述的结果，从而腾出时间考虑将来的事情（见 5.5.1 节）。

在我们的工程中，原因有无数种。但是存在下述情况。

① 用作业标准等来控制的东西，只不过是原因中的一部分，而且连这一部分也不能 100%正确地控制。

② 能看到的工作现场，无论从时间上说，还是从地点上说，也只不过是工作现场中的一部分而已。

因此，我们只是重点巡视一下工作现场是不充分的。但如果完整地去做全部要因的检查，却需要花很大的工夫。因此，可采用下述的另一个方法。

2）用结果来做检查

这里的结果指工作结果。例如，根据观察狭义的质量、生产量、消耗定额、成本等的变化情况来检查工作和工程是否顺利进行。这就是说，看了结果之后，把信息反馈到工程中发现工作的异常和工程或经营的异常，从而考虑消除异常原因的管理工程和经营的做法。可以通过特性要因图去考虑其中的关系。表示出来就是图 1-10 那样的情况。

用结果来做检查时，有以下几点注意事项。

① 这是用检查结果管理工程和经营，而不是为了检查结果。例如，用质量来管理工作，能管理好工程和经营，自然就能制造出物美价廉的东西。即就质量管理来说，是“在工程中造就质量”，这是质量管理的基本的想法之一。如果抱着管理质量、检查质量的想法，就变成了旧式的质量管理，因而就要失败。在成本管理中，如果把管

理成本这件事作为重点，大多是要失败的。如果是这样，那么搞成本计算就没有多大意义了。“不要把检查和管理混同起来。”用质量的结果对物、批次采取措施是检查。用质量的结果对工作、工程、经营采取措施就是管理（工程管理）。

② 我们要经常考虑，如何用工作结果中的哪一个特性，即用什么做检查是最好的。在 TQC 中一般把这个叫作管理特性或是管理点（见 5.5.1 节）。在管理大纲中，社长、部长、厂长、科长、主任、班组长、作业人员决定各自的管理点，应该多考虑用什么检查就能完成自己的管理任务。

检查的对象不一定只限于质量，还有成本、生产量、消耗定额、销售量、人事、安全以及其他各种各样的东西。如果能很好地撒开这张管理网，那么就能放心从容地进行好管理。这个管理特性有根据方针来决定的，也有根据日常业务来决定的。一般来说，科长以上至社长的管理点是 20～50 个项目，主任以下的有 5～20 个项目。

针对质量来选择的特性，就是质量特性。请注意，本书是把管理特性和质量特性区分使用的。

③ 结果必然存在离散性。常有人认为，因为是用一样的原料、一样的设备、由同一个人来生产，所以就应该能生产出完全一样的东西。但这是非常大的错误。例如，如果成品率稍微降低了，没有统计意识的人就会发出指责。如果这样，从工作现场只能带来虚假的数据。如前所述，影响我们工作结果的原因有无数种，而且我们不是把这些都 100%地掌握了。因此，按照标准进行工作的方式也令其结果（质量、生产量、成品率等）必定产生离散性，出现具有分布的结果。

因此，如果想了解工作和工程中是否发生异常情况，需要站在分布发生了什么变化的角度来进行判断。也就是说，应该用统计的方法进行判断和管理才行。能给我们指示出例外的情况，即指示出结果和分布是否有变化的情况的，就是有一对控制界限的管理图（见图 1-12）。利用这种管理图我们就能更客观和容易地进行判断。当然没有界限的图表也有用，可是管理图相对好用些。把当作结果的质量特征画在管理图上进行管理，就是用质量来进行工程管理。

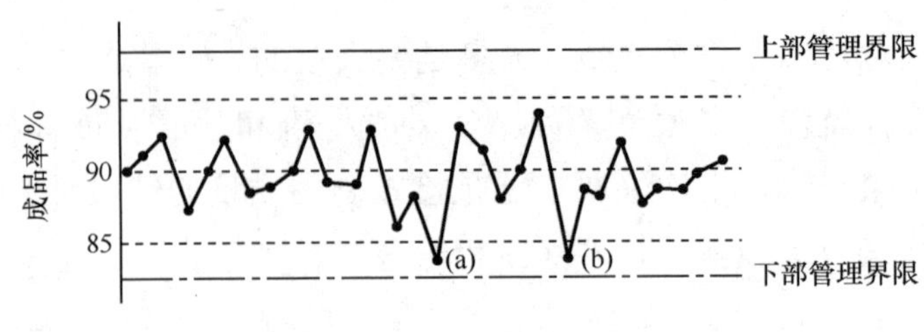

图 1-12　控制图的例子

常有人把管理图叫作质量管理图，但我反对这样叫。因为除了生产量、成本、成品率，其他相当于检查点的特性值都可以在管理图上标点，而且对质量管理以外的其他管理也能适用，所以使用这个用语是不适当的。

因此，各级管理负责人使用管理图就能很容易地执行自己的管理职责。管理图和图表是应该由各级管理者观测使用的图表。但是管理图只能表示出异常的存在而不能表示出其原因的所在。我们需要找出异常原因之后，把它消除掉才行。图 1-12 表示的是处于受控状态的管理图的一个例子。平均成品率在 90%时，像 a 点和 b 点那样出现 83.5%的成品率的数值时，你会责备部下么？工作现场像平常一样地工作着，但也会出现这样的数据。

④ 在用结果来检查和进行工程管理时，如在 2.1 节中所述的那样需要明确批次的历史、数据的历史。换句话说，充分地分层（见 4.3.2 节）是必要条件。即要做到能够知道这个产品是用什么原料、什么机器、由谁在什么时候做的。否则就不能查找出原因。不很好地进行分层，就不能进行好的管理和分析。过去的检查数据之所以不能用于管理，是因为不能明确这些数据的历史所致的。

⑤ 信息应尽可能迅速、准确、适时地反馈给适当的人。例如，为了使检查的数据用于管理，首先应该把按批次分层的检查结果通知给现场才行。

如上所述的各种检查需要管理人员和监督者考虑各自的职责和权限，并使他们有责任去考虑。他们是否需要和质量管理的负责人进行商量？应该需要，但重要的是要由自己来考虑。

（6）采取措施

如果通过检查只是发现工作进行得不顺利或是有什么异常是没有用

的。要找出其原因，要采取相应措施消除这些原因，从而使工程和作业顺利地进行才行。这时，主要目的不仅是消除这样的现象，而且更重要的是消除其原因和根本原因。

要想按照标准做工作，就需要有包括作业标准在内的一系列标准。教育大家很好地按照标准去做工作，是管理者的责任。但是，不按照标准工作或是出现奇怪的结果不一定都是部下的责任。像日本这样标准不齐备、没有遵守标准的气氛、职责和权限不清的场合，其原因大部分属于以下所述的情况之一。

① 本人不注意或缺乏按照标准做工作的意识。

② 没有充分教育和训练标准或是对标准有误解。

③ 由于标准不齐备，不能照标准去做，工作不好做且容易错，需要很熟练才行。

这是包括作业人员在内的第一线人员的责任，可是②和③是应该由上级管理人员采取措施才能解决的问题。一般来说工作现场人员发生失败时，基层人员的责任是 1/5～1/4，管理者的责任是 3/4～4/5。因此，对于没有按照标准做工作的情况，就需要采取下述①～⑤中的任何一项措施。只是大声叫喊或责备人不能算是措施，这也是好的管理人员做的事。

① 按照标准让大家试试看，并且还要好好地进行研究。

② 进行再教育。

反省在对部下的指导方法和教育方法中是否存在不合适和不充分的地方，之后还需要进行再教育。认为已经教育过了，所以就应该会做的想法是行不通的。多数情况下，员工不按标准做、教而不懂是教育方法不好的结果。再者如果教了几次仍做不好或是总是不小心而经常做错，就要采取以下措施。

③ 采取防止做错的对策或调换工作岗位。考虑岗位的适宜性。

④ 修订标准。

在日本，就有说“用这样的标准怎么能进行作业”“标准那样编会编得不好”的情况。不能照标准去做多数是因为提供的标准方法不好。

所以，就需要活用 QC 小组活动，把现场第一线的人编入工作组，或听取其意见，或收集信息进行分析，或进行充分的观察，或进行工厂实验等，采取各种修订标准的措施。日本的 TQC 很重视防止再发措施。

⑤ 变更目的、目标。

也有搞错目的和标准的情况。在这种情况下需要充分收集信息，重新反省一下目的和标准是否正确。

上述项目中①～④主要是班组长的责任。另外，把①～⑤的措施从另一个角度进行分类时，可分为下面两种。

a）立刻采取能按照指示做工作的措施。

b）采取使今后不再重新犯同样错误的措施。

①属于 a）的措施，②～⑤则属于 b）的措施。在 TQC 中特别重视 b）的防止再发措施。没有防止再发措施，就不能说是已经做好了真正的管理体制。没有 a）的措施，工程就不能保持受控状态，没有 b）的措施就没有工程的进步。当然 a）是一线的工作，但 b）是 QC 小组、管理部门或是管理者的工作。

不能搞错异常原因的消除和调节、调整：在工程结果中如果发现异常的情况，就需要发现和消除引起异常的原因；不寻找异常原因而对其他原因进行应急的变化以得到好的结果，这就是调节。

[例] 在干燥工程中制出了水分异常多的东西。如果是因为原料的水分高而造成的话，就要消除被称为“原料的水分”的异常原因才行。不考虑原料的水分的原因而采取提高干燥温度的应急措施的做法就是调节。不消除异常原因，工程就不容易稳定。

一般来说，有异常情况但原因不明的情况很多。这意味着，本应该由上级管理者做的事，他们不但没有去做反而立即生气，或是本来做不到的事却无理地下命令去做，或是其公司的管理意识没有渗透到基层，说明存在管理体制不充分、技术未确立、责任和权限不清楚的情况。为了消除这种现象，应该使所有有关人员都理解上述管理思想，同心协力彻底地追求其根本原因，研究采取措施的方法。

（7）检查采取措施后的结果

采取措施以后，采取措施的人或是他的上级有责任再去检查所采取的措施是否正确。采取措施之后不要把它搁置起来不管，一定要检查所采取的措施是否合适。这样才算是完成了管理的责任。管理图在这里也有用。

这是管理的基本想法，并应如图 1-13 中箭头所示那样进行循环管理。

在以上的场合，如果明确以质量为目的的管理，那么就是质量管理。

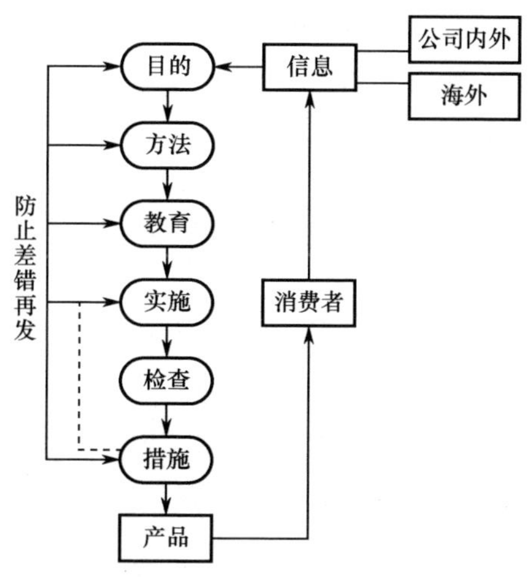

图 1-13　管理的基本内涵

并且，如果在各阶段能活用统计方法，就能进行好管理。这就是统计的管理。针对产品进行的管理就是统计质量管理（SQC）。

由上述可知，为了管理质量，我们需要在所有方面都活用统计方法。

如果进行 SQC 和 TQC，消费者、从业人员、股东都能受益，这样自然就能实现三方面的利益分配。

1.5.3　防止再发的实施与常态化

防止再发说起来容易做起来难，所以在这里再多说说。在 TQC 中常提及防止再发的是管理和质量保证（新产品开发中的问题和顾客意见）的场合。在工程管理中就是防止异常再发，也就是所谓的常态化。在新产品开发中就是防止故障和顾客意见再发。

以往被称为防止再发的对策有下列三种：

1）消除现象（×）。

2）消除要因（○）。

3）消除根本原因（◎）。

其中 1）是应急对策而不是防止再发对策。2）是普通的防止再发对策，只靠该对策仍然存在再发的可能性。3）消除根本原因是把 2）水平展开后延伸到经营系统和重要标准类的修订为止的对策。

采用 TQC 进行管理时，是把重点放在防止异常原因再发和常态化上。

所谓防止要因再发的意思是指使其要因不再发生，所以如图 1-14 所示那样是指工作和工程逐步变好的意思。

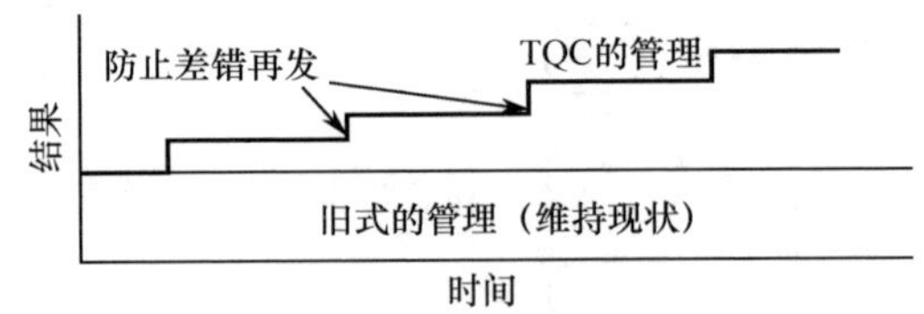

图 1-14　TQC 的管理和旧式的管理

所以，我们在 TQC 中所说的管理虽然是消极，但是在每一次发现异常原因的时候都采取防止再发的对策，进行持续不断的一点一滴的改善，而不是维持现状。

以上所述的事情说起来很容易，但是实际上无法充分寻找真正的原因和根本要因，往往只能进行应急措施的对策和调节。甚至也会有“好了伤疤忘了疼”以及被搁置掉的情况发生。因此，不能仅靠现场人员，需要管理者、监督者、技术人员持之以恒地去追求防止再发的对策才行。

1.6　如何管理质量

管理质量而保证质量的就是 QC 的目的。详细情况在第 4～6 章讲述。这里只是简单地列举介绍。如在 1.3 节中讲述的质量保证的进展一样，从新产品计划开始的新产品开发中制造包括可靠性的质量，切实进行下一道的工程管理、更进一步的检查，这样 TQC 式地去进行质量保证。

但是，在开始实施质量管理的时候是与此相反的。首先暂时进行确切的检查，不给消费者造成麻烦；其次是确切地进行工程管理；最后建立包括新产品开发阶段的质量保证体制。

在实施 QC 时需要进行 5M（见图 1-15）——人，材料、零件，机器、装置，方法、技术，测量、试验——的管理。在所有这些场合活用统计方法就是 SQC。

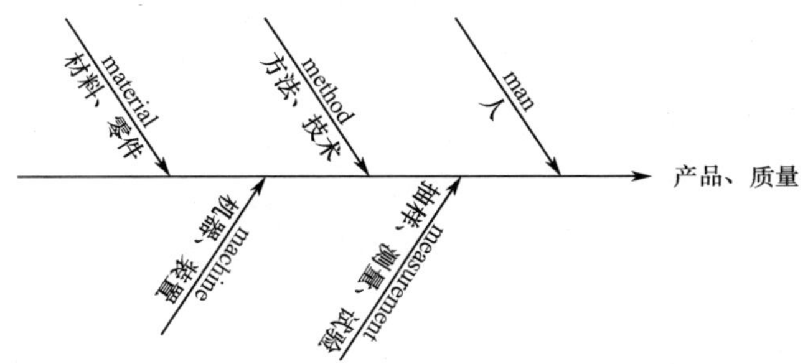

图 1-15　制造产品质量 5M

1.6.1　质量管理与质量保证的基本

因为质量管理的精髓是质量保证，所以在这里讲述一下其基本态度。

1）消费者导向。

2）质量第一主义。

3）包括最高级领导在内的全体从业人员都要特别关心质量。

4）循环推进质量的 PDCA，不断地提高质量（见图 1-2）。

5）质量保证是生产者（卖方、制造部门、现场）的责任，不是买方、检查部门的责任。

6）从硬（产品）的质量，走向软（服务、工作、人员、部门、经营、企业、集团、社会、环境）的质量。

1.6.2　质量保证体系

作为企业，要想生产产品（服务）、销售产品，那么就要计划和设计应该生产什么样的质量，而且还要设计生产它的工程才行。现在是新产品开发的国际竞争时代。而且需要平衡消费者的要求及关联企业的企业集团的各种能力，特别是工程能力才行；所以需要同时进行研究。这就需要进行全公司的 QC 和集团的质量管理（GWQC）。由此，企业能力就能获得很大的提高。

（1）新产品的分类和定义

质量保证体系是由新产品开发而引起的，所以有必要首先切实做好产品的定义和分类。

a）在世界上完全没有的新产品。

a′）在日本完全没有的新产品。

b）在自己的公司里没有，但在其他公司里有的新产品。

b′）类似新产品。

c）现有产品的大改型。

d）现有产品的小改型。

e）订货产品。

从 a）到哪一项可叫作新产品呢？特别是 d）能叫新产品吗？在 e）的订货生产中，根据对方的要求，稍微变化了标准的产品，是不可能叫作新产品的吧？这些之间的区别是很难明确的。但是，作为企业来说，有必要明确这些定义。

新产品销售额及利润额的方针和管理是：决定好把几年之内的产品叫作新产品（1 年、3 年、5 年），去管理新产品销售量比率和利润率。

为了明确什么样的新产品才算是成功的，有必要编制（2）中所述的开发各阶段的定义和用语，以及新产品开发的管理规定等。

根据新产品 a～e 的不同类型，其开发程序的简化上也是有差别的，但如果能够制定完善全新产品 a）的开发程序，其他的相应程序就可省略。

另外，在订货生产、多品种少量生产的时候，也需要几乎同样地去考虑。

有各种新产品的分类方法，但也有根据是否有技术和销售渠道的像表 1-2 那样的分类。该场合就有必要按照 a、b、c、d 的顺序慎重地进行研究。

表 1-2　新产品的一种分类方法

技术 / 销售渠道	有	无
有	d	c
无	b	a

（2）质量保证体系

图 1-16 表示质量保证体系。

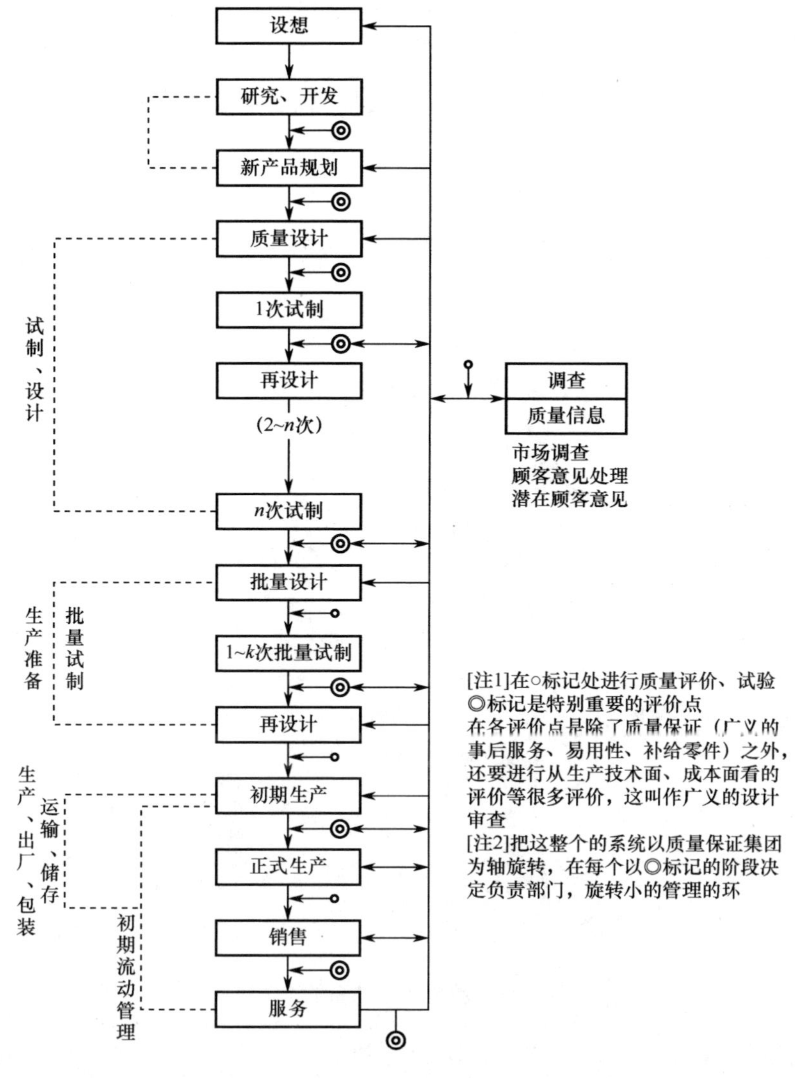

图 1-16　质量保证体系

1）图 1-16 的体系看似简单，但是在各企业里要绘制成能知道在哪一个阶段，由哪一个部门，以什么样的会议形式，做什么，由谁决定了就进入下一个阶段的体系图。

2）质量保证体系图是为了统一全公司的思想而编制的东西，只编制这种框架和体系图，是搞不成质量保证的。

包括企业最高级领导的质量方针在内，在各阶段由谁应该做什么，特别是为了进行质量保证应该进行什么样的调查，以什么样的条件进行什么样的试验等事情，要用 QC 式的观念和数据分析、质量分析及实验进行决定才行。即使是简单的产品，试验项目也有 300 项，复杂产品可能会有 2 000～10 000 个项目。

3）把这个阶段大致进行分段，就像图 1-17 那样，一般可分为七个阶段。但应像在图中所示的那样，在每一阶段决定好分支中心（Subcenter，SC），推动新产品开发，循环推进 PDCA。

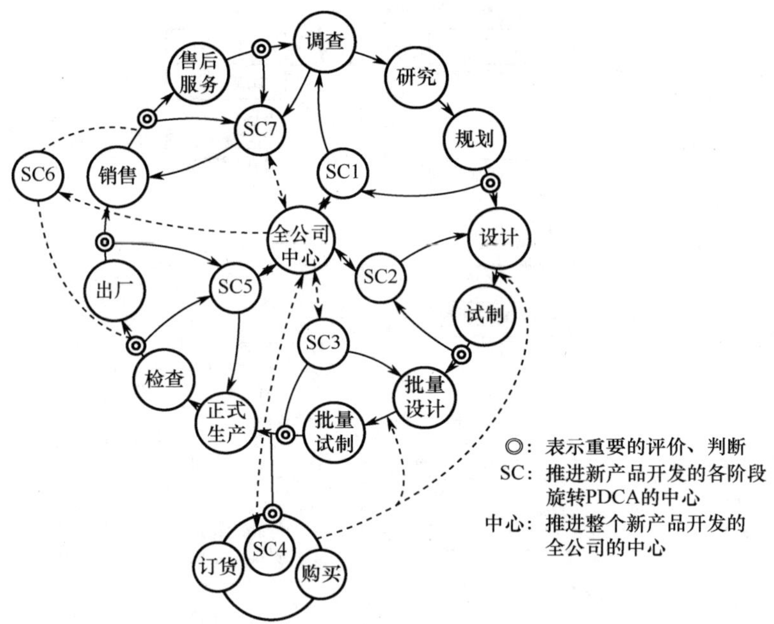

图 1-17　质量保证体系的 PDCA

以全公司的中心为中心，循环推进新产品开发的 PDCA，以此促进新产品开发和防止再发。

4）阶段之间的移动，例如，从规划阶段向设计试制阶段，从设计试制阶段向批量试制阶段移动时，要对能否移动到下一个阶段的重要的质量、成本和交货期等进行评价和判断。

5）对于质量保证的评价和试验要安排在尽可能早的阶段，如在新产品规划、第一次试制阶段，由营业、研究、开发、设计、生产技术、制造、购买、订货、售后服务等部门的人员参加，把问题点彻底找出来才行。

下面讲述各阶段应该进行的重要事项。

（3）规划阶段（阶段 1）

新产品规划书的编制：瞄准哪些消费者、销售价格和成本、销售量（按月，总计，寿命周期）、质量（用消费者的语言描述，重要性的排序）、销售时机。

调查事项：市场信息（消费的需求、不满、诉苦），技术信息（先进技术的积累，工程能力、生产能力、研究、设计、技术能力的有无），人员能力、财务能力、销售渠道（销售能力、服务能力）能力的有无，资材订购能力的有无。

不只是要以国内的观念，而且要以国际的观念进行以上调查研究和分析，这样有必要附上支持新产品规划书的信息。要能够说服公司内的人、特别是公司最高领导相信新产品能够卖出去。

企业有适宜新产品开发和不适宜新产品开发的两种体制。

（4）设计、试制阶段（阶段 2）

新产品开发规划书，目标质量（用技术人员的语言、质量分析、代用质量特性、重要性的排序），目标成本，工程设计，QC 工程图 I，根据 QA 要求进行的试验项目、方法、条件等决定。即设计、研究、试制的管理。

为此，需要调查、研究开发、检讨如下的事项。

产品研究，试用、使用方法的研究，新产品的评价、试验方法的研究，实用试验，和使用者的协同实验，可靠性试验，服务性。

代用质量特征的选定：试验、检查方式的研究，QC 工程图 I 的编制。

设计审查（design review，DR）。

外观设计、包装，试验、市场，销售方式，流通机构，研究。

设计标准、设计技术标准。

要一直反复进行设计试制工作，直到把以上这些条件满足到某种程度为止。1 次试制品要制造三个以上，从营业、服务、性能、生产技术、生产等所有方面进行研究，彻底找出不合适的地方。

（5）批量试制阶段（阶段 3）

QC 工程图Ⅱ，各种标准的编制：产品、中间产品、原材料标准，技术标准，作业标准，工程管理标准，设备标准，设备管理标准，工模夹具的准备及其管理标准，测量设备及测量管理标准，包装标准，运输标准，接收原材料、中间、最终、出厂等阶段的检查标准。

为此，要在开始批量试制之前，最迟也在完成以前做好以下各项目的决定：

标准消耗定额，标准成本等成本管理方式。

数量（生产量、库存量、销售量）管理方式。

销售方式，流通机构的建立（包括服务）。

有关销售的手册的准备：样本、使用说明书、销售手册、补给产品表、服务手册、顾客意见处理规定等。

教育与训练：制造人员，营业服务人员，订货人员。

试销。

确认下列各个项目之后，进入到下一步的正式生产中去：

要考虑为什么进行批量试制？

在批量试制中，产品的离散性如何？

产品的互换性是否没有问题？

直通率是百分之几？

工模夹具、测量设备和检查方法等在正式生产中的使用率是百分之几？

（6）购买、订购阶段（阶段 4）

见 1.6.3 节。

（7）生产阶段（阶段 5）

是否能搞好生产，这是支配企业生命的重要问题。但是能否搞好新产品的开端，则取决于是否搞好了直到阶段 4 为止的源流管理的问题。当然之后的工程管理及其改善的责任在于制造部门和工作现场。要想确实做好这个事情，就需要决定好以上各个项目，进行教育和训练，更进一步通过 QC 工作组和 QC 小组活动进行管理改善，和检查部门共同努力去完成质量保证（见 1.5.2 节及第 4 章）。

（8）销售阶段（阶段 6）

不管制造和提供了多少产品和服务，如果不被消费者喜欢，那么就没有什么用。为此，要把适合消费者的要求和需要的东西，在销售以前做好准备。

为此，就需要建立和改善（5）中所述的营业标准。特别是有关推销人员和销售人员需要注意以下事项。

1）要很好地理解 TQC、QC 和 QC 小组活动的思想；

2）要很好地理解消费者的要求、需要、欲望、潜在的顾客意见；

3）要很好地掌握商品及售后服务的知识和技术；

4）不要靠降价来销售商品和服务，而是要靠质量来销售，即销售额和利润率的管理；

5）不是计算金额，而是要管理按不同产品种类的销售量、库存量、不良库存，及时交付率、交付率、短缺率、库存率等，即销售量的管理。

（9）售后服务、调查阶段（阶段 7）

产品卖出去就算完了的做法绝对不是 QC 式的做法。

怎样拼命地进行质量保证？如果不进行包括消费产品维护在内的售后服务，定期检查和修理，消费者的投诉处理，消费者的不满和对将来的希望、需要和欲望的调查等，那就是不充分的质量保证。而且，新产品的规划和现有产品的设计变更、售后服务体系的建立等，以及实施质量保证体制的管理和改善都是很重要的。但是，要想建立全国性或世界性的质量保证，则需要长期的努力、调查和经验积累。

我不太喜欢“销售部门”这样的划分。这是因为他们往往只把阶段 6 的销售当作工作，而不切实进行阶段 7 的工作。所谓营业部门就是把阶段 6 和阶段 7 的工作放在一起的称谓。阶段 7 的活动的一部分在欧美变成了所谓市场调查的其他工作，但是我认为在日本把它们合在一起称为“营业”为妥。

（10）总结：质量保证的推进

如此，经常循环推进质量的 PDCA 就是 TQC 的一个特征。

对以上所述的从阶段 1 到阶段 7 的事项，以各个分中心（见图 1-17 的 SC）为中心，进行按阶段的新产品开发的时序推进和质量保证及成本管理，从而更进一步以各 SC 的信息为依据，在全公司范围推进新产品开发。

下面讲述该场合的注意事项。

1）重要的是向下一个阶段推进时的决心（图 1-16 中的◎标记）。例如，是否可以从试制设计的阶段 2 进入批量试制的阶段 3？从质量保证、成本、易制造性等角度观测之后，进行切实的评价，提交到由最高级领导主持的新产品会议上，决定是否重新做一次试制或是可以进入批量试制和生产准备。

2）以该阶段所有工作进度完成后向下一个阶段推进为原则，但实际上存在遗留未解决部分的可能。这时需要明确这个部分是否有未解决的事情之后才能推进到下一阶段。

3）每一个阶段都要和作为基本的新产品规划书进行比较，研究是否满足了要求才行。当然，每一次都要重新确认现在的新产品规划书是否可行。

4）如前所述，在每个阶段都要研究试验目的、试验方法和试验条件，并根据失败和顾客意见进行适当的修改和补充。如此就形成了企业的技术积累，以及企业的重要的技术秘密。切实进行好这样的技术积累的基础工作才能快速生产出有充分质量保证的新产品。

5）把以上所述的事情，提交新产品会议及质量保证的各职能委员会进行研究。在经常明确好各部门的责任和权限的同时，也进行好组织的改善。

1.6.3　原材料与采购管理

在日本的制造业，平均起来制造成本的 70%是公司外部购入产生的。所以，如果做不好原材料、产品购入、订购关系的管理，那么质量保证、降低成本、交货期管理也都无从谈起。

如果原材料和产品不好，就制造不出具有可靠性的好产品。但是，使用尽可能坏的原材料来制造出好的产品才是技术。

下面列举了原材料和采购管理的重点。

1）买方和卖方的质量管理 10 原则（见 7.5 节）。

2）订购和购买的长期基本方针。

3）原材料、产品标准，接收检查标准，库存管理标准（just in time 准时制生产方式，按批次分层化和均一化）。

4）区分内、外制造。

5）供应商的选定和培育，专业厂家的培育，TQC 教育。

6）合同，合同书（资金、罚金）。

7）供应商和协同实验。

8）确立集团的质量保证体制，确立无检查购入体制。

9）订货方式和库存管理，订货方式的分层，缩短新产品的投产时间，准时制生产方式。

1.6.4　设备管理

如果不在工程设计的同时对设备、机器、装置、模子、夹具等进行设计、设置、准备和管理，那么就造不出好产品。

随着自动化、机器人化的发展，装置工业化也在发展。所以进行相关学习。最近几乎没有大量生产的工业，大部分是多品种少量生产。因此，在推进标准化的同时，需要增强设备的适应性。

下面列举了实施设备管理工程中重要的事项。

1）设备的设计、选定和设置。

2）使用设备管理标准。

3）工程和机械能力研究：调查和改善，动的、静的，统计的，生产线平衡。

4）设备管理方式的进步。

① 坏了就修。

② 不损坏设备的准备。预防维修（preventive maintenance，PM），寿命检查，更换时间，寿命（可靠性）分布情况，寿命的数据和履历簿，防止再发。

③ 能保持工程能力的管理。

5）交换设备：偿还成本式的设备交换，技术陈旧化的设备交换。

1.6.5 作业方法及标准化

对于作业方法的管理，在 1.5.2 节（2）中做了介绍。另外，有关作业标准、技术标准等标准化的问题在 5.4 节中做了介绍，所以请参考各节。

1.6.6 测量管理

没有正确的测量、试验就不能提供正确的数据。下面列举在测量管理中重要的项目。

1）误差论，误差管理。

2）测量设备、工模夹具、分析方法的选定和管理。

3）抽样方法和测量方法的管理。

4）检验、检查、校正测量设备只不过是修理有问题的测量设备而已，这些不是测量设备管理，而只是检查。保证测量设备的正常使用、保证检验测量设备的不良率为零才是测量设备管理。

5）使测量数据在某一误差范围内，能够令人信任地去测量就是测量管理。

1.6.7 人员教育

规划、设计、生产、销售质量的是人，购买商品和服务之后使用的也是人。在自动化、机器人化、计算机化、办公机械化发展的情况下，使用这些设备的也是人。正如自古以来常被说成是“企业是人”一样，日本的 TQC 之所以搞得好是因为通过全部门参加、全员参加及 QC 小组活动，使每个人的能力得到了发挥，人性得到了尊重，人和人之间的关系搞得好的缘故。

人的欲望多种多样，包括：想保持人生的喜悦，想成为有能力的人，想和人搞好关系，想成为被爱戴的人，想保持荣誉，想给人影响等。进而，人的喜悦也有多种，包括：金钱的满足感的喜悦，完成了工作的喜悦，被人承认的喜悦，人成长的喜悦等。但是，要满足这些欲望和喜悦只有实施 TQC 才行。

工作现场应该成为尊重人性的地方。关于什么是人性，可能哲学界有各种说法，但作为技术工作者，我们简单地认为人和动物及机械的不同点在于以下两点，从此推进 TQC 和 QC 小组活动。

第一点是每个人都有自主性，以自己的意志，以自发的、积极的思想来工作。按照上级命令和指示去做，完全和机械一样。如果这样的话，只能说是勉强地去做而已。如果用老的泰勒方式，把人当机械来使用的话，如卓别林的电影《摩登时代》（*Modern Times*）中的那样，人就变成对工作感到厌倦的机器，变成勉强去做工作的机器。如果是这样的话，就不能制造出好的质量的产品和服务。

人性的第二点是用脑去做工作。在做工作的时候，如果带着疑问而经常考虑的话，就能想出好主意，也会产生很多好的提案，能做出创造性的新产品开发和新技术开发。热心实施 TQC 及 QC 小组活动的企业中好的提案会更多，每人每年的提案数开始时可以是 12 件（每月 1 件），进一步可增长为 50 件（每周 1 件），对提案的采纳率也提高为 60%甚至 70%以上。

这种能发挥人性、全员用脑的经营方式就是 TQC 和 QC 小组活动的一个重要理念。

但是，只靠这样的经营模式，人是不会变好的。如果人不变好的话，好的产品和服务都无法实现。

为此，就要对从社长到最基层的作业者、销售员、兼取工作者，更进一步直到订货及流通机构等相关公司的人都进行教育和训练才行，可以参考 1.5.2 节（3）。

人经常变化，而且新人也会进来；所以我说“QC 是始于教育终于教育”的。只要还在销售着产品和服务，那么质量管理就应该是永久实施的活动，所以 QC 教育和训练与商业景气与否无关，要坚持不懈地进行下去才行。

为此，就需要关注如下项目。

1）需要教育和训练：在欧美只进行训练的公司较多。

2）教育和训练的方法。

① 集合教育。

② 由上级教育和训练部下。

③ 委托权限。

④ 相互启发：

公司内：委员会、讨论会、报告会。

公司外：QC 大会、QC 小组大会、QC 小组交流会、讲习会，等等。

⑤ 自我启发，自主学习。

3）有关人事安排的长期教育计划：组织改组，面向教育的人事考核，安排轮岗，多能工化。

4）组织：责任和权限，授权与报告和检查，生产线和管理部门，服务、干部和一般干部，本人的希望，人事变动，人才提拔，地位和报酬，职务和身份，岗位考核、依能上岗、按劳分配。

5）人的评价和性格：偏差值、入学考试、毕业成绩、进厂考试的成绩是不能全信的。根据本人的努力、上级的做法、教育和训练，表现会有很大变化。将考核表和自行申报活用，综合考量创造性的方法、提案制度、自主性和积极性、领导力。

6）能发挥人的能力的人事项目。

1.7　质量及工程的改善

1.7.1　管理和改善的想法和前提条件

所谓管理就是充分发挥现有能力保持现状、防止各种问题再发，一点一滴地去做改善的事情，而不仅是维持现状。所谓改善是积极地去提高能力。所以管理和改善看起来是不同的工作。在欧美国家，两者被看成是不同的工作，由不同的人从事不同的任务去实现。这种关系用一句话说明如下：

“想管理自然就能改善，想改善自然就能理解管理的重要性。”

即管理和改善好像是车子的两个轮子，如果不能让两个轮子都顺利地转动，那么车子就不能很好地前进。

改善是积极找出问题点并使它变好的工作。改善分为两种，即身边的改善和正式的、重点性的改善。所谓身边的改善是指，在各工作现场积极地寻找身边的问题点，并一个一个地使它变好的工作。例如，活用 QC 小组活动，在工作现场的创造性做法，或是根据提案制度所进行的改善等。因为没有相应意思的英语词汇，所以有人把日语的 KAIZEN 当作英语来使用，或者可以说成持续性的改善（continuous improvement）。

与此相对，正式的、重点的改善是打破现状的、企业重点关注的、技术改革式的改善，需要研究、开发和设备投资。这个改善的英语单词是 improvement，是由项目工作组（project team）、工作组（task force）、QC 工作组（QC team）或是管理部门进行的改善。可是原来认为是重点性的改善的问题，一旦集中群众的智慧来解决时，就会意外地发觉它属于身边的改善。把以上所述的维持现状、管理、身边的改善、重点的改善、打破现状的关系用图来表示就是图 1-18。

改善 { 1．身边的改善
　　　 2．重点的改善

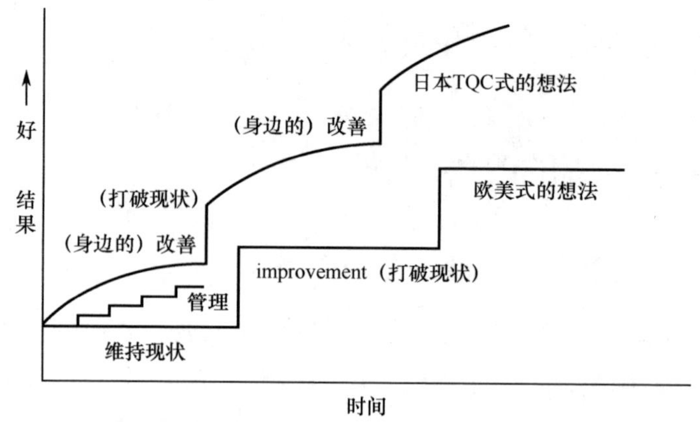

图 1-18　管理和改善的想法（参考图 1-14）

虽然在第 4 章有详细讲述，但在这里需要指出的是实施改善有如下三个基础条件。

1）企业最高领导引领打破现状，彰显开拓精神，提出具体的方针、目标，并提供支援，创造不怕失败，不生气的氛围。

2）使企业具有整体性的开拓精神、打破现状的氛围。根据企业的不同，有的可实现大量的新产品开发和新技术开发，有的则不容易出现。官僚式的“出头的椽子先烂”“多干多错，少干少错，不干不错”氛围的企业是不行的。要让全员都具有自主的、自发的问题意识，创造包括部科长在内的全员都不怕失败、不生气的氛围。在这种氛围中，成功是 5%的求之不得的事，即失败是 95%以上的正常的事。我喜欢《哥伦布竖鸡蛋》这个故事，能做到不一定能想到。

3）能迅速应对外部刺激的企业体制。对经济是否景气，包括贸易摩擦在内的国际环境的变化，国际、国内同行业及不同行业其他公司的变化，顾问诊断、戴明奖审查或是戴明奖委员会的诊断，企业都能马上应对，有能采取措施的体制。这些虽然都是被动的应对，但人是有弱点的，没有外界的刺激就很不容易调动起来。更差一些的公司则不想接受刺激，也感受不到刺激，或是感受到了也不采取任何措施。

总而言之，在整个公司内全员都持有问题意识、打破现状和改善的意识，并发扬和活用该意识，经过持续不断的改善获得进步。认为没有问题，就会停止进步，就要后退。这些都是人的状态和想法，是人的问题。

1.7.2　改善的步骤

下面介绍改善的步骤。

1）把握现状，发现问题点的调查和分析。

2）决定问题点和目标。

3）改善组织的构建和职责（QC 工作组、QC 小组），以及活动计划的立案。

4）把握现状。

5）工程分析。

6）编制实施方案。

7）实施。

8）确认结果。

9）防止再发的对策、标准化、常态化。

10）管理的固化。

11）遗留的问题点和反省。

12）今后的计划。

以上也可以说是问题点的发现和解决的步骤。

1.7.3　对问题点的调查和分析

如果发现了真正的问题点，问题的一半就解决了。没有进行充分管理，就不能发现问题点，就会踌躇不决。为了发现问题点，有如下调查和分析的要点。

1）调查的任务涉及管理部门和生产部门。发现任务、决定任务的是各级干部。全体职工都有调查的任务，要让他们都有作为调查员的思想准备。全员都有问题意识，自主地、积极地提出问题。

2）要确实把握现状的真面貌。例如，要很好地了解现场，了解真实的工程能力。

3）必须要有用于把握现状、决定方针、发现问题的资料。以往几乎没有这方面的资料（分层的数据、频数分布、帕累托图、管理图）。

4）利用群众的智慧（全体有关人员提出的意见、提案制度、头脑风暴法）。

5）在收益计划明确的场合，要给出能够发现较大收益问题的期限。

6）要保持收集调查资料，进行分析，从综合立场发现问题点的相关任务部门。但是，资料的提供由各部门进行，决定由部门负责人进行。

7）信息是否被扭曲了？是否有偏差？重要信息是否中断了？是正确的信息吗？

1.7.4 问题点、目标值和期限的确定

1）确定问题点的决定方法和评价方法。其权限根据公司不同而不能一概而论，但原则上在部门负责人处。要对其进行公布。

2）管理部门要抓住几个较大有关改善的问题，进行费用、效果和收益的估计，编制方案，根据部门方针来做决定。但是，要广泛听取意见。要活用成本计算数据和帕累托图。

3）要区别慢性问题和突发问题。不要只考虑突发问题。从经济角度来说，在以往不抱希望的慢性问题中，存在很多经济上的大问题。

4）最大的问题由全公司性的协作来解决。为此，需要针对各个课题决定好各部门的作用，而不是采用由各科来决定改善课题的方法。

5）对人、质量、成本、量等问题，把改善的期限和目标尽可能用数量表示，从而体现方针。

6）改善所需要的经费（调查研究费和采取措施所需要的费用）要尽可能编入预算。

7）在研究解决的可能性之后做出决定，这当然是必要的事情。可是如果只关注它，就会忽略大的问题，从而发生过于追求细节的危险。因此，绝不能忽略可能性。

8）遵循帕累托原则，要减少重要改善问题的数量。重要问题太多就不是重要问题了。

9）决定好用什么作检查和评价。

以上就是在决定问题的时候需要留意的项目。这里需要注意的是，比起去考虑不能搞的理由，要去考虑怎么样才能搞好。

有关解决和改善问题的详细情况请参考第 4 章。

1.8　SQC、TQC 与技术

我们以往对技术和技术人员这类词的使用非常含糊。但如果把广义的技术人员分为下面三种来考虑就比较容易理解：科学家（scientist）；工程师（engineer）；技工（technician）。

所谓科学家是辛勤研究基础科学的人们。

所谓技工是善于操作机器、善于搞装配工作的像老师傅那样的人。以往在很多工厂中配备的所谓技术人员多属于这一类。

所谓工程师，就是能将科学经济合理地加以应用的人，能进行新产品试制和新技术开发的人。现在在日本所谓的工程师中，科学家和技工多，而真正的工程师少，他们的工作甚至被说成是模仿技术。因而，这就阻碍着日本工业的真正技术的发展。

SQC 和 TQC 与研究和技术之间的关系，简单说明如下。

没有专业技术就搞不好 QC。寻找原因的原动力是研究、技术和技能（经验、熟练）。但是技术需要活用 S（统计方法）、运用 QC 式的观念进行质量分析和工程分析才能迅速地上升。

我们应该灵活运用专业技术、统计方法、管理手段来管理作为目的的质量，应该推进能获得效果的统计质量管理才行。

对于技术，我们使用了各种用词，如制造工程（product engineering）、设计工程（design engineering）、工艺工程（process engineering）、生产工程（production engineering）、工业工程（industrial engineering，IE，又称管理工程、经营管理工程）、销售工程（sales engineering）和服务工程（service engineering）等，不胜枚举。在这里我们从 QC 的角度，把研究和技术分成三类来考虑。

（1）生产研究和技术（制造产品和服务的研究）

包括产品和服务的设计试制、工程设计、生产技术、生产准备、工程管理方式、工程分析、工模、夹具、工程自动化、计算机化等，总而言之是制造产品和服务的研究和技术。日本对生产研究和技术的思考十分投入，又由于工程分析，这方面得到了迅速的发展。

（2）产品研究和技术（使用产品和服务的研究）

包括产品和服务的规划，质量评价方法、使用方法和条件，质量分析、真正的质量特性和代用特性，顾客意见和不满的分析，协同实验，检验方法、试验方法和其条件（包括可靠性），检查方法，开发新用途等。不实际使用产品就不能感知质量。特别是对质量保证、可靠性的检验，需要在新产品开发的工程中进行才行。在质量管理中，产品研究和技术非常重要，虽然我们长年来一直强调这一点，但是至今还是不够充分，其技术的积累也很不充分。

（3）服务（销售）研究和技术

这是指消费者的使用目的、需要、要求和欲望，使用方法的说明和指导，售后服务、修理和其质量保证，售前服务，消费者的需要和欲望的调查，市场信息的接收和分析，有关上述问题的资料、手册等。虽然现在上述技术比以前好得多了，但是营业工作者如今还不具备那样的技术，也没有想去提高技术。极端的场合是连商品知识都不充分具备。

由于实施 SQC 和 TQC，日本的很多产品都成了世界第一。而出口到全世界的同时，上述三种技术也得到了巨大的进步。可是不懂 SQC 和 TQC 的人会产生搞 QC 就不能体现创造性或是技术的进步就会停止等误解。但是实际上只要采用 SQC 和 TQC，技术就能进步。最近急速增加的日本的技术输出也证明了这一点，这样，本人开始搞 QC 时的心愿在逐步实现着（见 6.1 节）。

但是这些技术还很不充分，又因为各方面进步幅度很大，所以有必要实施 TQC，更进一步提高技术。

1.9 经营的目的与手段

要区别经营的目的和手段才行。

我是这样理解企业经营的（见表 1-3）。因为我们处于人的社会之中，所以经营最终是为了人的幸福。狭义地考虑，是为了让和企业有关的人，包括最高级领导在内的全体从业人员、消费者、股东幸福；进一步广义地说，是为了使与公司相关的人幸福。为了完成这个目的，就像已在 1.4.1 节中所述的那样，我们把质量（Q），利益、成本、价格（C），量、交货期（D），社会的质量、安全（S）作为二次目的，并对这些进行管理。我把这种 QCDS 的管理叫作目的的管理。

表 1-3　经营的目的和手段

手段 ＼ 目的	人							
	质量（Q）		利益、成本价格（C）		量、交货期（D）		社会、安全（S）	
物理学 化学 电气 机械 教学 ⋮ 研究、开发 调查、市场调查 产品技术 设计 生产技术 标准化 IE 资产管理 供应方管理 设备管理 计测管理 工模夹具管理 自动控制 计算机 信息管理 统计方法 运筹学 检查 教育 ⋮								

为了完成这个目的，就有很多手段、方法（表 1-3 纵项的栏）。我们想活用这些手段来完成一次、二次目的。可是人经常拘泥于手段而容易忘掉目的。例如，把数学、统计的方法、标准化、计算机当作目的，产生了目的和手段的混乱。要注意，不要被手段玩弄。

明确好目的之后，就要活用所有的手段以实现目的，这就是狭义的质量管理。

总而言之，为了管理好质量，我们应该采取利用所有手段的态度，要经常综合考虑和结合各种管理与手段。从表 1-3 中可知，QC 和所有的管理有着密切的关系，所以不能只靠 QC 单腿行走，其他的管理也要和 QC 并行推进才行。

1.10 QC 小组活动

QC 小组活动是我们于 1962 年在日本正式开始推行的活动。因为这个活动是符合人性的活动，进行得非常成功，所以现在在世界上已有 50 个以上的国家和地区开始效仿。因此就有认为 QC 小组活动就是 TQC、提起 QC 活动和 QC 运动就认为是 QC 小组活动的误解，并且持这种误解的人很多。从本书的主旨而言，不能用很多的篇幅来介绍 QC 小组活动，所以请用参考书㊀学习。

（1）QC 小组活动

所谓 QC 小组是指在同一个工作现场中自主进行质量管理活动的小集团（group）。这个小集团作为全公司的质量管理（TQC）活动的一环，进行自我启发和相互启发，活用 QC 手法，由全员参加，持续不断地实现工作现场的管理和改善。

（2）QC 小组活动的基本理念

作为全公司质量管理活动的一环进行的 QC 小组活动的基本理念如下。

㊀ QC サークル本部編：『QC サークル綱領』,『QC サークル活動軍營の基本』，日本科学技術連盟發行，日科技連出版社銷售. 石川馨：『日本的品質管制』第 8 章，日科技連出版社。その他多数か日科技連出版社から出版されている。

1）发挥人的能力，引出无限的可能性。

2）尊重人性，创造有生活意义的阳光的工作现场。

3）寄予企业体制以改善。

（3）TQC 和 QC 小组活动之间的关系

QC 小组活动是我们实施 TQC 之后，为了切实进行工作现场第一线的 QC 而开始的活动，是 TQC 的一部分，而不是全部。在制造业的场合，TQC 中 QC 小组活动的比重大约是 1/4 或 1/5（新产品开发的 QC，集团的质量管理 GWQC 等比它还重要）。在第三产业，因为最基层的人和消费者直接接触的机会很多，所以小组活动的比重就稍微大些，将会达到大约 1/3。

把 TQC 和 QC 小组活动之间的关系用模型表示，就会是图 1-19 所示的那样。

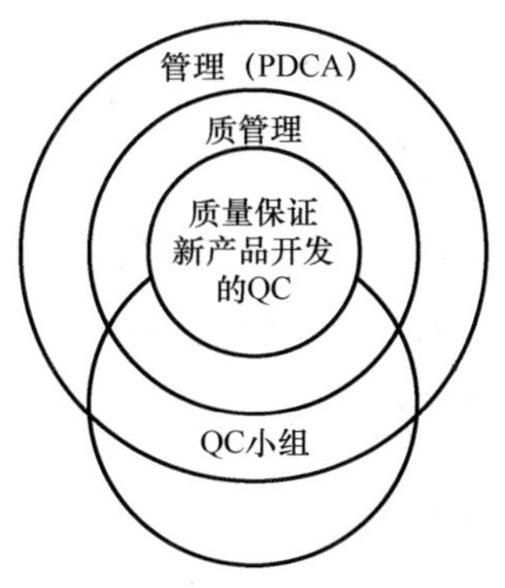

图 1-19　TQC 和 QC 小组活动之间的关系

（4）误解和注意事项

在 QC 小组活动中，存在 1.1.2 和 1.1.3 节中所述的误解，以下予以明确。

1）QC 小组活动是 TQC 的一部分，是作为其一个环节的活动。

2）从历史上说，日本是开始了 TQC 之后才开始 QC 小组活动的。这是原则，但是在中小型企业和第三产业中，从 QC 小组活动开始也行。可是如果不在 2～3 年之后开始进行 TQC，那么 QC 小组活动也要失败。

3）QC 小组活动是符合人性的自主性的活动。所以，其最高级领导、中层干部、管理干部不能从上而下地、着急地去实施，要慢慢地去推进。

4）不能说因为是自主的活动，领导者特别是最高级领导、中层干部就把其活动放任掉。QC 小组活动的盛衰是最高级领导、中层干部对 TQC 和 QC 小组活动的态度的一面镜子。领导者的态度和激励策略非常重要。

5）QC 小组活动不单单是个精神运动。进行 QC 方法的教育训练，是个科学性的活动，需要永久持续进行下去才行。

6）QC 小组活动和 QC 工作组活动是不同的活动（见 4.5.2 节）。在海外，对日本的 QC 小组活动也有下述那样的误解和混乱，在日本也有对此不清楚的人。

① 日本产品之所以好是因为有 QC 小组活动的缘故。

② 能进行 QC 小组活动是因为日本劳动者的素质好。

这两项不能说是错误的，但不止这些原因。

③ 把 QC 小组活动看作是劳务管理的一种。以这样的理解来引进 QC 小组活动的公司在日本也是注定要失败的。

④ 因为把 QC 小组称为 Q 小组，所以缩写就成了 QC，因而和质量管理的缩写 QC 混淆。

⑤ 对自主性的误解。认为召集志愿者组成小集体就是 QC 小组，而没有努力使同一工作现场的人自主地、全员地去参加 QC 小组。

1.11 TQC 的导入和推进

本书如开篇时所叙说的那样，以实施 TQC 的人为对象，所以在这里只做简单的介绍。如果想详细了解，请参考其他的书籍。

（1）引进 TQC 的目的

引进目的因企业而不同，且不仅限于一个，但追求以下目的的居多。

1）企业的素质改善。

2）凝聚公司的综合力量，全员参加，确立协作体制。

3）消费者、顾客的信用，确立促进质量的体制。

4）瞄准世界最高的质量。为此而进行新产品开发。

5）确保收益，确立能应对低成长和变化的经营。

6）尊重人性、培养人才、从业人员的幸福、阳光的工作现场、向新时代的转变。

引进 TQC 的动机有：公司总经理交替，向下一代的交替准备，创立若干年纪念，贸易自由化、资本自由化、贸易摩擦、石油危机、日元升值等外部情况变化的对策，不景气的对策，比其他公司落后了等。

本来，质量管理应该是任何时候都持续进行的工作，所以应该是在有收益的时候开始。但遗憾的是有些企业是在发生困难之后，以“救命稻草”似的心情来开始的，这是很遗憾的事情。

（2）引进的时候应该实施的事情

下面列举在引进时应该实施的项目。

1）最高级领导正确理解 TQC 和 QC 小组的本质，统一思想。

2）由公司总经理进行引进 TQC 的宣言。

3）学习成功企业，聘请讲师召开讲演会等。

4）直属社长的管理部门设置 TQC 推进部门，研究推进方法。

5）最高级领导、部科长、管理干部、一般人员等按不同的阶层实施 TQC 教育。

6）编制 TQC 推进计划并推进。

7）由公司总经理进行 QC 诊断。

1.12 各部门推进 TQC 的方法

按各部门推进 TQC，基本上来说，是各部门在部门负责人的领导下自主地推进才行。有必要的话，按部门决定 TQC 推进干部，向部门的全体人员进行教育、训练，决定方针，并按如下方式推行。

（1）要想管理公司的产品和服务的质量，生产部门应该做一些事情，如新产品规划、研究开发、设计、试制与生产准备、购买与订货、制造、检查、营业。生产部门以外的管理部门，如人事、总务、技术、调查、仓库等部门考虑为了管理质量应该做什么样的服务、协作并进行相关的实际活动。

（2）质管理研究，在明确所谓各部门业务的好的质量是什么之后，进行的质量管理。

（3）管理在 1.5.2 节讲述的和各部门有关联的业务。要根据管理的方法来进行管理。

（4）统计管理就是把各部门的业务统计性地进行分析、改善和管理。也就是说，要考虑如何使用统计方法和管理图等。在能使用的地方都要活用统计方法。例如，在说起人事部门的质量管理时，就马上想到人事部门绘制管理图的情形，这是对质量管理的误解。

一般说来，提出手段之后再考虑在什么地方使用该手段是不能获得效果的。例如，学会了统计方法、管理图和运筹学，才去想哪些地方能用到，这种做法是不行的。

与此相反，如果明确了目的（质量、利益、交货期等）和问题点（见 1.9 节），研究为了解决这个问题应活用什么方法，并采用相应的做法，就能获得比上述的情况好的效果。特别是在生产部门以外的 QC 活动中，这一点是非常重要的。

1.13 质量诊断和 QC 诊断及 TQC 诊断

在引进或推进质量管理的场合，诊断其实施状况、推进方法的好坏、存在什么样的问题以及如何进行反省，从各种意义上来讲都是必要的。以下对质量诊断和 QC 诊断予以简单说明（详细情况请参考 7.10、7.11 节）。

（1）质量诊断

所谓质量诊断是指判断产品和服务质量好坏的工作。从公司内或市场中取样品，进行各种试验，检查质量本身，这样来诊断是否获得了消费者的满意。对存在的不足和缺点进行改正，同时也提升了卖点。即通过循环推进 PDCA 提高硬及软质量本身，诊断的目的是提高质量。

（2）QC 诊断和 TQC 诊断

质量管理诊断（quality control audit，QC 诊断）和诊断质量本身的质量诊断不同，是使质量进步的工程。所以，整个企业的质量管理，有的涉及面更广泛，是直到供货商和零售商为止的质量管理和质量保证体系的工作。更进一步，TQC 诊断要比 QC 诊断范围更广泛，是以质量为中心的经营管理的全部，不仅包括质量保证，还包括对 TQC、方针管理、按机能的管理、研究开发、供货商及流通机构管理、QC 小组活动的诊断工作。当然，因为 QC 变成了 TQC，所以公司内的诊断可把全部诊断都说成是 TQC 诊断。

我们通过诊断质量管理、在工程中使质量进步、订货管理、顾客意见的处理、在新产品开发阶段进行质量保证，判断质量管理系统及其实施状况的好坏、采取防止再发措施。也就是说，诊断 QC 的实施循环推进了 PDCA。为此，也要依靠公司内外人员的诊断，特别是由社长诊断。

公司外人员的诊断，也包括购入者从该企业购入时对其质量和可靠性保证的判断。

社长的 QC 诊断，不是利用公司最高级领导的权力揭发恶事或是暴露缺陷等，而是像医生诊断病人、预防病疾病并及早治愈那样。因此，应该由大家协作指出不足的地方，从而使组织获益。所以，公司内的不足的地方、丑事被公布出来的时候，公司的最高级领导社长是绝对不能生气发火，而且受诊的一方也应该像面对医生的问诊那样，把不好的地方明明确确、老老实实地讲出来才行。

1.14　经营者对于 TQC 的作用

在 TQC 中，经营者，特别是最高级领导的作用是很重要的。可以说，最高级领导中的一、二把手的领导和态度决定 TQC、QC、QC 小组活动的成败。所以，经营者要做下述的事情。

1）学习有关质量管理、TQC、QC 小组活动的知识，调查实际进行情况，充分理解其基本原理。

2）考虑自己公司的素质，考虑以什么样的立场对待 TQC，明确引进 TQC 的方针，做引进宣言。

3）由最高级领导对质量及 QC、TQC 主动推进。为此而设立作以社长的管理部门为核心的 TQC 推进组织，编制推进计划。

4）进行为了实施 QC 所必需的教育，制定能与此很好结合起来的人员配置、组织计划等长期计划。

5）对有关质量及 QC，收集信息，决定质量方面的重点方针。要提出质量优先、质量第一的基本方针，站在国际的视野上，具体地决定长期的质量目标。

6）要建立质量保证体系。

7）检查质量及 QC、TQC、QC 小组活动是否按照方针、计划进行，并采取措施（重点管理、日常管理、社长诊断）。

8）必要的话，建立具备各种机能的管理体制。

部科长以下的领导也要遵照这个要求去做。

第 2 章

统计思想和简易统计方法

2.1 在质量管理中使用的统计方法

我是从 1948 年（昭和 23 年）开始学习统计方法的，当时就认为用数据来判断事物的人应该掌握统计的思想和方法。统计方法不仅在质量管理领域，而且在经营领域得到了广泛普及，取得了巨大的成果。根据各种经验和结果，在进行统计方法教育的时候，应从以下几个方面考虑。

1）统计思想（见 2.2 节）。

2）统计理论。

3）统计方法的应用（初级、中级、高级）。

因为统计思想非常必要，所以应实施全员教育，使全员掌握统计思想。在学习的初级阶段可不教授统计理论，在中级阶段稍微教一些入门性质的内容，在高级阶段再稍微多教一些，如此由浅及深。因为企业和社会人员不需要成为统计学专家，他们只要能够巧妙地把统计方法作为一种应用工具就行。正如一般作业人员在工厂使用测量器具时，并不需要知道测量理论，只要知道使用方法就能充分运用；但是制订测量设备计划的人员则需要知道一些测量理论；而研究、开发、设计测量器具的人员，则一定要学习测量理论才行；掌握统计理论的情况也是一样。有人在开始学习统计方法的时候，总是想去学习统计理论，而外行人一旦着迷于统计理论，往往就会半途而废。他们要么忘了学习的目的是把统计方法作为一种工具，要么是还不能正确使用统计工具时被统计理论和方法彻底搞晕，这是需要特别注意的。

（1）统计方法

统计学和统计方法当前仍在迅速发展，但在推进质量管理和经营管理的时候，我们并不需要知道其全部内容。如果教得太多，反而会出现问题。所以要根据不同对象，以及考虑工作现场的实际状况，有针对性地进行初级、中级和高级教育。本书只讲述初级和中级的部分，有关其他内容可学习一些专业书籍。

初级的教育对象是从最高层领导、中层干部到基层员工为止的全体从业人员。

1）帕累托图（排列图，见 2.6 节）。

2）特性要因图（严格地说不算是统计方法）。

3）分层的思想（见各章）。

4）检查表（见 2.7 节）。

5）直方图，频数分布（见 2.5、2.12、2.13 节）。

6）散点图（见 2.9、4.22 节）（相关、回归的想法）。

7）图表及管理图（参考 2.7 节、第 3 章）。

上述七种 QC 工具（常用工具）的共同特点是以图表形式呈现，通过目视就能了解。就像弁庆使用七种能在战斗中获胜的武器一样，如果运用好这七种 QC 工具，就能解决工厂现场中 95%的问题。

讲授这七种工具的时候，如果一次讲完全部工具，则显得太多。所以开始时应先从 1）帕累托图教到 4）检查表，或是教到 5）直方图为止。在掌握这些工具后，如果想继续学习，再去教其他更高级的工具，这样才能取得好的效果。

要防止一开始就教很多方法的做法。

中级的教育对象是指一般技术人员及年轻的工作现场的主任这一层干部。除掌握初级方法之外，还要掌握以下方法。

1）统计量的分布，统计假设检验。

2）由抽样进行的推论，统计的误差分析，变异的可加性。

3）统计抽样检验。

4）二项概率纸的用法。

5）实验设计法入门（包括区组设计正交表的简单用法、方差分析法）。

6）简单的相关、回归分析。

7）简单的可靠性检验方法。

8）简单的感官检查方法。

希望成为技术人员的人应掌握上述方法。但是由于对象不同，以上八个项目视情况可省略其中几个。若能熟练应用以上方法，就能成为正式的技术人员，并解决很多问题。

高级的教育对象是指一些特殊的技术人员。部分质量管理技术人员除了需掌握初、中级方法外，还需要掌握以下方法。

1）高级的实验设计法。

2）多变量分析。

3）高级的可靠性检验方法。

4）高级的感官检查方法。

5）时序分析法。运筹学（operation research，OR）

6）其他方法。

针对特殊人员，可结合需要进行以上方法的教育，进而结合计算机进行教育和训练。

（2）*在何处灵活运用统计方法*

在日本实行的 TQC 中，统计方法在各个部门得到了广泛的应用，且公司的所有层次都在灵活地应用。这是世界第一位的，也是很多日本产品占领世界的一个很重要的原因。

即，初级统计方法结合专业技术在全部门、全阶层广泛使用；而高级统计方法结合电子计算机和专业技术应用于各种分析，并取得成果。

另外，仅靠统计方法并没有什么用处，只有结合具体工作的理论、技术、经验等专业技术的灵活应用才能取得较大的成果。

在质量管理及经营管理中，以下领域都可以应用统计方法。

1）调查：市场调查，测量方法的调查。

2）方针、目标的决定。

3）分析和改善：工程分析和质量分析。

4）管理：工程管理、工作管理、经营管理。

5）质量保证和检验：质量保证（包括可靠性保证），统计抽样检验，检验的管理。

2.2 统计思想

近年来，统计学有了很大的发展，并且仍在不断发展着。统计学是很复杂的学问，但我们在进行质量管理时，并不需要知道它的理论，只要理解它的使用方法和思想就可以了，至少也要理解它的思想才行。不理解基本思想而热衷于理论和方法只能是数学和公式的游戏。

本节主要从质量管理及一般企业应用统计方法的角度来讲述统计思想。

2.2.1 关于统计思想

对于统计思想，首先要理解以下四个方面内容。

1）我们工作的结果一定存在着变异，带有某种波动。

影响我们的工作、工程结果的原因几乎有无限多种，而且还有抽样误差和测量、试验、调查等的误差，所以数据一定存在变异，因而工作、工程结果也存在着变异，而工作、工程结果的变异服从某种分布。

例如，在工程管理的场合，工程结果一定服从某种分布，所以判断工程时必须考虑其分布状况。

2）关于误差的基本思想。

在社会、企业的数据中存在“脏”的数据、异常值和假数据。

3）在采集数据的时候，一定要有明确的目的，即是为了采取某种措施。

这是指应根据目的去采集正确的数据，进行统计分析后，再采取相应的措施。近代统计学在某种角度上也被说成是行动的学问。

4）分层的基本思想。

这是指把所有的事物分层后再进行考虑，分层后再采集数据，分层后再进行分析。一般来说，数据的总和与平均值失去了数据在变异方面的信息。把一个个原始的数据进行各种分层后，就会了解其中变异的现象和要因。

本节主要将对上述 1）和 3）做讲解。

（1）采集数据的目的→行动

既然是采集数据，就必定有其目的。观测数据后，就应该能确定采取某种行动。换句话说，无用的数据就不必采集。采集数据的目的，通常应该是下列中的某一项。

1）分析用、调查用。

2）管理用：

① 决定方针用。

② 调节用。

③ 检查用。

3）检查用

例如，采集数据是为了根据温度调节阀门或是调查产品的质量；检查设计和运行是否正常；或是根据质量、销售金额、利润率等来检查企业是否运营良好等目的。可是，当前在日本的企业和工厂中，采集数据的目的不明确、采集数据后没有相应措施的情况非常普遍。所采集的数据大部分都是为了心理安慰、保存历史资料、编制决算和检查。

首先，应该反省一下采集所有这些数据的目的。我们不是为了采集数据而采集数据，而是为了使用，为了采取相应的措施。这是统计思想的第一步。只要理解了这一点，采集数据的方法就会完全改变。常见的情况是采集了过多超出需要的数据，好像是在寻求安慰似的。应当考虑责任和权限，尽可能中止采集过细的数据。

这样，在各个部门采集数据时，要充分考虑信息网络及反馈系统、考虑活用数据和采取措施，这也需要和报告制度配合起来考虑才行。

（2）数据、样本、总体和目的之间的关系

我们采集数据并不是为获得有关样本的知识而对样本采取措施，而是为了获得有关总体的知识而对总体采取措施。

我们从产品或半成品中抽取一部分作为样本进行测量的目的是什么呢？

1)为的是了解一批产品的整体情况并采取相应措施而对所抽取的样本进行测量或试验，而不是为了获得所抽取的这个样本的知识，这是不言而喻的事。

2）即使对一批产品做全数检查也必定还会有检查错误、测量误差，所以得到的数据并不一定是这批产品的真实数据。例如，请用 5 分钟时间数一下本书某一页上“的”字的数量，然后重新检查一下有几个。全数检查中存在的误差是不可避免的。因此只能通过涉及测量、抽样、实验等方面的误差而去了解我们的目标批次和工程情况并采取措施。

3）对工程产出的产品进行试验，是为了了解工程的状态。

4）取每天、每月的成绩数据，是为了检查工厂和公司运行的工程是否在很好地进行，目的是为了采取相应的措施。

5）获取实验数据，目的也不只是想获得这个实验的数据，而是为了了解在这种实验条件下的真值，并决定是否将采用实验结果。

这样，进行测量的目的是为了获得成品批次或半成品批次的情况；或是工作、工程的状态；或是获取某一实验条件下真实情况的信息进而采取措施。这些目标的全体，在统计上称为总体（population，universe）。我们的目的是通过了解总体的情况并对总体采取措施，因而才抽取样本和进行测量。其关系如图 2-1 所示。

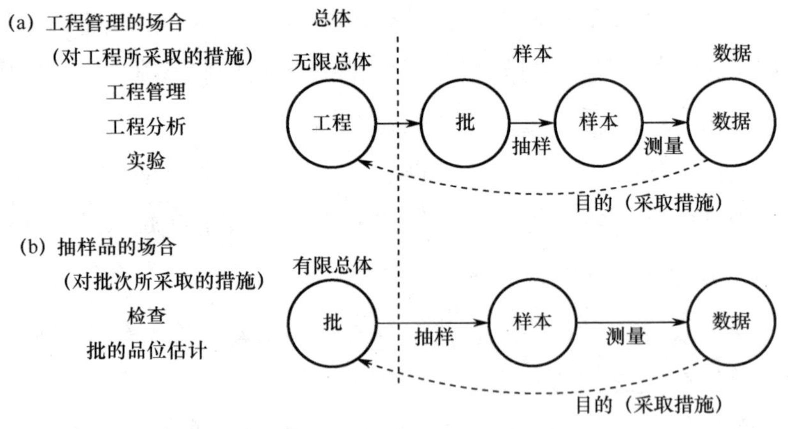

图 2-1　总体和样本

在工程管理中，是靠管理工程的方法来做出好产品的。因此经常把工程作为一个总体来考虑。我们抽取一个产品批次或其中一部分作为这个工程总体的一个样本，对那些将要从自己责任范围交付下一个责任范围的产品特性进行测量。也就是说，把工程作为一个总体，测量其工作的运行情况，由此可对工程采取合理的措施。这样在出现不良品前，就保证该工程能产出良好的产品，即管理好工程这个总体。在实验时，即使是按计划进行的实验，由于各种误差，其测量数据也会出现波动。如果改变实验条件，那么每个实验条件下都有一个数据的总体分布，改变实验条件是为了研究两个总体之间的差异。

在抽样检验时，是从批次的总体中抽取样本，以此判定该批产品合格与否。

如图 2-1 所示，总体可以是由有限个单元组成的有限总体，也可以是由无限个单元组成的无限总体。在工程管理的实验中，是把用某种作业标准进行的工程作为一个总体考虑的。因此，从这样的工程生产出来的产品可以考虑为有无限多个，所以从统计的角度可当作无限总体处理，而把每天生产出来的一批产品考虑为从这个工程总体中产生的样本。

（3）数据都具有波动性

我们所获得的数据并不都是一个定值，而是具有波动性。如果都是一个固定的值，多半是假数据。不具变异性的数据，对我们来说是没有用处的。例如，从某一批产品取出几枚样品，测量其抗拉强度值分别为 25kg/cm^2、20kg/cm^2、28kg/cm^2、30kg/cm^2、32kg/cm^2，这就是数据的变异性。以往，我们是取这些数据的平均值 27kg/cm^2，即以集中趋势的角度来考虑。现在我们还考虑变异性，即以离散程度的角度来考虑，希望估计出产品批次的质量，判定批次是否合格——从统计的角度被称作检验——或者判断在工程、工作的做法中是否存在异常情况。

从科学角度看，造成我们工程变异性的原因有无限多个。其中，能从技术角度掌握的只是很少的一部分。因此，从我们的工程中生产出来的产品，出现波动是理所当然的。同时，在抽样及测量中必然伴随着误差，对同样的事物进行测量时，数据也必定会出现变异。如果无条件承认这种变异性的存在，那么会发生些什么呢？

1）掌握分布的方法

数据具有变异性，意味着数据服从于某种分布。一个总体，如一个工程，其数据会服从某种分布。

例如，测量 200 张轧制钢板厚度，获得了如表 2-1 所示的数据。

表 2-1　钢板的厚度（单位：mm）

3.88	3.88	3.84	3.82	3.83	3.93	3.86	3.84	3.90	3.97
3.84	3.85	3.90	3.87	3.94	3.89	3.87	3.87	3.86	3.87
3.84	3.84	3.85	3.88	3.89	3.96	3.84	3.79	3.81	3.84
3.88	3.83	3.84	3.85	3.93	3.81	3.87	3.83	3.89	3.87
3.81	3.91	3.90	3.86	3.83	3.90	3.87	3.90	3.86	3.86
3.78	3.92	3.98	3.74	3.88	3.81	3.94	3.91	3.97	3.75
3.88	3.94	3.90	3.88	3.85	3.87	3.90	3.78	3.86	3.87
3.88	3.79	3.80	3.80	3.79	3.82	3.86	3.84	3.92	3.83
3.90	3.90	3.83	3.84	3.95	3.84	3.97	3.89	3.86	3.90
3.84	3.81	3.84	3.98	3.99	3.86	3.85	3.79	3.87	3.78
3.93	3.84	3.88	3.85	3.91	3.89	3.84	3.88	3.89	3.97
3.83	3.90	3.93	3.87	3.90	3.92	3.91	3.70	3.79	3.73
3.97	3.89	3.78	3.83	3.81	3.90	3.84	3.76	3.81	3.82
3.85	3.83	3.81	3.83	3.76	3.77	3.90	3.79	3.83	3.90
3.89	3.86	3.84	3.89	3.83	3.80	3.86	3.80	3.89	3.83
3.90	3.77	3.79	3.83	3.85	3.85	3.89	3.84	3.83	3.95
3.88	3.87	3.81	3.91	3.89	3.84	3.79	3.86	3.78	3.89
3.81	3.77	3.73	3.85	3.80	3.77	3.78	3.83	3.75	3.83
3.94	3.90	3.75	3.77	3.83	3.79	3.86	3.89	3.84	3.99
3.83	3.94	3.84	3.93	3.85	3.79	3.84	3.88	3.83	3.80

这些杂乱的数据不能说明什么，如果按 3.695～3.725mm，3.725～3.755mm 等将数据分成若干个间隔为 0.03mm 的组，然后计算一下各个组中的数据的量就得到了表 2-2。

表 2-2　频数分布表

组号	组的临界值	组的中心值	分布	频数	频率/%	累积频数
1	3.695～3.725	3.710	/	1	0.5	1
2	3.725～3.755	3.740	卌 /	6	3.0	7
3	3.755～3.785	3.770	卌 卌 ///	13	6.5	20
4	3.785～3.815	3.800	卌 卌 卌 卌 卌	25	12.5	45
5	3.815～3.845	3.830	卌 卌 卌 卌 卌 卌 卌 卌 卌	45	22.5	90
6	3.845～3.875	3.860	卌 卌 卌 卌 卌 卌 卌 //	37	18.5	127
7	3.875～3.905	3.890	卌 卌 卌 卌 卌 卌 卌 卌 ///	43	21.5	170
8	3.905～3.935	3.920	卌 卌 ///	13	6.5	183
9	3.935～3.965	3.950	卌 ///	8	4.0	191
10	3.965～3.995	3.980	卌 ///	9	4.5	200
			合计	200	100.0	200

像表 2-2 的表格被称为频数分布表。绘制该表可以很清楚地了解数据分布的形状。一般来说，应收集 100 个以上的数据，把它们分成 10～20 个组；由此制成的频数分布表，可以让我们知道分布的大体状况。

为了更清晰地表达上述情况，可将各组频数表达为图 2-2 的样子[㊀]。这样的图形叫作直方图。

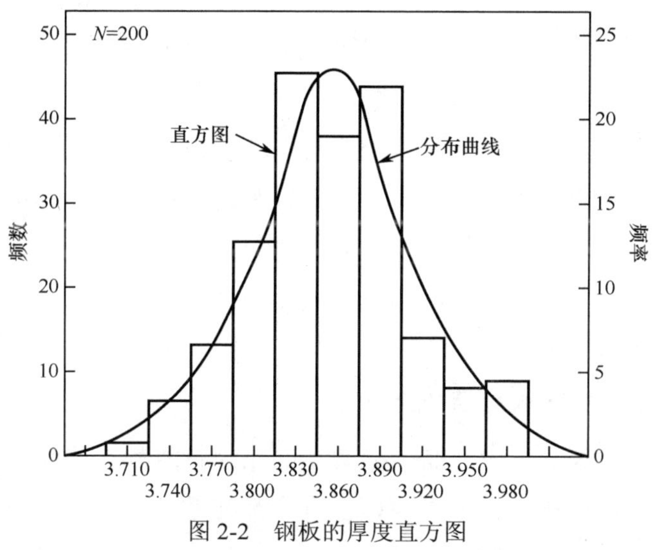

图 2-2　钢板的厚度直方图

㊀ 画频数分布表的方法请参考 2.4.1 节。

由图 2-2 可以知道，钢板厚度的数据呈现某种分布。那么轧制钢板工程的总体是什么样的分布呢？因此，我们考虑到如果无限次地重复进行这种测量，就会得到这种分布——如图 2-2 中曲线，即总体所服从的分布。我们考虑总体即该工程时，要从该工程生产出来的产品的数据所服从的分布来判断工作的好坏才行。

2）用数值描述一个分布的方法

描述一个分布经常使用平均值、全距、标准差、分位数等参数（见 2.3、2.12 节）。

（4）随机抽样

考虑总体服从某种分布时，需要注意总体抽样的随机性。

例如，在观察研磨加工产品时，有经验的人能区分出较好和较差的产品，那么作业人员自然会从样品中挑选出较好的产品进行检验，而检验人员就往往去选较差的产品。如果这样，就是有意识的抽样，这样抽取的并不是真正代表着工程实际情况的样本。我们是为了了解工程的状况而去抽取样本的。一般情况下采用挑选的方法是不行的，最好是采用随机抽取样本的方法。通过随机抽取的样本，利用统计学可知样本的平均值、全距、标准差等——这些被称为统计量——以及它们应该服从于什么样的分布（见 2.13 节，统计量的分布）。我们是想通过做随机抽样并利用这些数值，依照统计量的分布法则去进行判断。

如果仅选择较好的产品或是较差的产品来进行抽样，就不是随机抽样。随机抽样是一件说起来容易，实行起来很难的事情。在实际操作中，一般来说，如果每隔一定间隔抽取一个样品，多数情况下可以认为是随机抽样。如果不严格地进行随机抽样，那么以后无论采用什么统计方法去处理数据也几乎没有任何意义。

（5）造成工程数据波动的两种原因

影响我们工程并造成产品数据波动的原因有两种。因此，数据的波动也有两种。一是从技术上来说与以往一样都在做着正确的作业，即按照规范进行工作，但还是出现了的波动。

那些现在从技术上还没搞清楚，但从科学上说几乎无限存在的原因，被称为不可避免的原因，或称偶然原因。这是指按现有的作业规范和作业指导水平来说，管理者不能提出指责的原因。

另一种原因能使工程出现某种异常，例如，发生违反作业规范的事或是因为不遵守规范而造成的特别大的波动。这种由有关人员协作努力就能从技术上消除掉的原因，被称作异常原因、可避免的原因、可明确的原因和**非偶然原因**等。在作业规范等标准完善的情况下，出现异常情况很可能是由于存在着员工没按照指导进行作业、加入了非标准的材料、工模夹具的磨损、测量器具发生了误差等情况。所以管理者需要注意并采取措施，使作业人员能按照规范进行工作。但是很多情况是由于作业规范不完整，需要由管理人员和**员工**共同采取措施才行。

这两种原因给工程的结果（产品）也带来两种类型的数据波动。

规范作业的情况下，如果抽样是随机的，测量是受控的，而仅由偶然原因引起的产品质量波动大体上会形成一定的分布，最常见的情况是服从正态分布。这种分布被称为受控的波动。一个工程状态如果只有受控波动则被称为处于受控状态，或称稳态，就像图 2-3（a）那样的状态。

与此相对应，当出现异常原因时，如在工程中发生异常情况时，工程的结果（产品）表示出异常大的波动。这种异常波动叫作非受控波动，产生这种具有异常波动结果的工程状态被叫作非受控状态，或称失稳状态，如图 2-3（b）那样的状态。如果数据点超出界限或是数据点出现非随机排列的异常现象时，就称这个工程已失控。

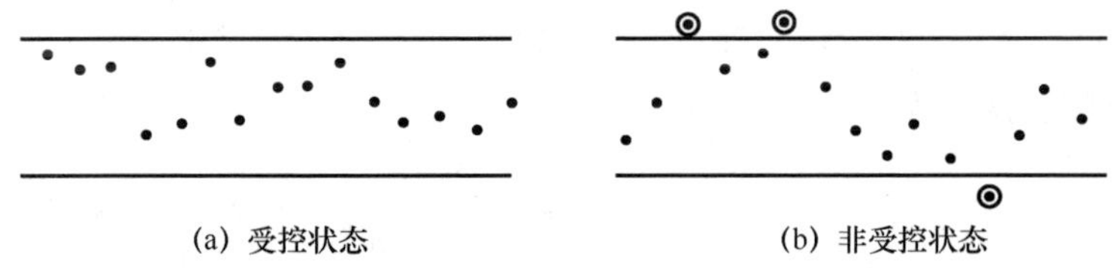

图 2-3　从工程生产出来的产品的两种离散状态

我们不仅可以针对质量考虑这两种波动，而且可以针对工程结果的成品率、生产费用、成本、销售量等进行同样的考虑。

以往，我们从经验角度直观地采用这两种波动对工程进行判断和控制。而现在我们则是利用统计方法考察数据的变异，从客观、经济的角度识别出异常原因，并从工程中消除这些异常原因。为识别异常原因，我们运用管理图中的控制界限来实现。图 2-3 中的每对直线代表这个界限。

运用管理图主要为了研究以下问题：如何实际且合理、经济、方便地计算出控制界限，同时考虑管理问题，比如如何去应用。

以上两种原因是从符合规范与不符合规范的角度来考虑的。但对于作业规范并不完善的情况，把两种原因简单分解为符合规范或不符合规范很困难。在这种情况下，通常按照与以往相同作业的和与以往不同作业的情况来进行区分。或者按造成相对较大波动的原因和只产生较小波动的原因来考虑。这种情况下，如果消除掉了较大的异常原因，下一步就从以往认为相对不那么大的波动中，分离出较大的波动问题。从这个意义上来说，可认为这是从大到小依次识别，然后逐步消除的方法。

（6）统计判断

当数据呈现某种分布时，判别两种波动，并根据判断采取行动时要有概率的概念。既然是概率，就有犯第一类错误和第二类错误的可能。

概率总给人很高深的感觉。但是根据概率对原因进行判断并采取措施实际上与按常识判断完全相同。下面简单举例并加以介绍。

现在，假定你我两人掷骰子赌博。预先规定：掷出偶数算我胜，掷出奇数算你胜。由我掷骰子并报告结果，出现了连续 5 次偶数的结果，于是我说“你请我 5 次客”。对此你怎么判断呢？一般的人就可能会说“你是骗我的吧”。如果对这个工程进行分析，那么掷一次骰子出现偶数的概率是 1/2，连续掷 5 次全都出现偶数的概率是：

$$\frac{1}{2}\times\frac{1}{2}\times\frac{1}{2}\times\frac{1}{2}\times\frac{1}{2}=\left(\frac{1}{2}\right)^5=\frac{1}{32}\approx 0.03$$

由此可知，连续 5 次出现偶数是一件每 100 次大约只会发生 3 次的事件。出现了如此小概率的事件是很奇怪的，除非出现偶数的概率不等于 1/2。出现这种情况，靠直觉判断，它就是骗人的事情。而使用统计学的不同是明确计算出概率后再进行判断，与靠常识与经验进行的判断是相似的。而对概率进行计算就要使用统计方法。

当数据服从某种分布时，如果从这个分布中随机抽取数据，一般来说，接近平均值山峰的数据容易出现，靠近山脚的数据不容易出现。这就是说，靠近山脚的数据出现的概率小。因此，这种小概率的数据一旦出现，就可以判断这个数据不属于这个分布，而是从其他分布中混入的数据。一个分布中，数据波动处于受控状态时，如果出现非常靠近这个分布山脚或是出现离开山脚较远的小概率数据时，这个数据就不能看成属于受控的波动，而要把它看作失控的波动。这时从概率的角度判断此数据已不属于受控的分布，而是来自其他工程、其他分布中的数据。

我们经常接触到的分布多数是像在图 2-4 中所示的那样，近似于钟形的正态分布。将正态分布用参数西格玛（sigma，σ）进行划分，如图 2-4 所示，就可以知道这些被包围在分布曲线的各部分相对于整个面积的比率。换言之，这个面积表示分布的各部分的数据所具有的概率。图中表明，在$\pm1\sigma$ 之间出现的概率是大约 68%，超出这个范围的数据的概率为 32%。同样，超出了$\pm3\sigma$ 之间的数据的概率是 0.3%，3/1 000 是非常稀有的事。这样稀有的事，通常不会发生。所以如果有数据超出 3 西格玛范围，则可判断分布有了变化、工程产生了变化或工程中存在异常情况。

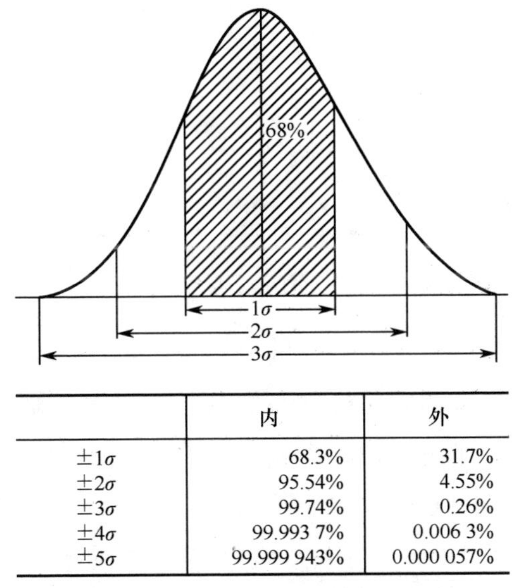

	内	外
$\pm1\sigma$	68.3%	31.7%
$\pm2\sigma$	95.54%	4.55%
$\pm3\sigma$	99.74%	0.26%
$\pm4\sigma$	99.993 7%	0.006 3%
$\pm5\sigma$	99.999 943%	0.000 057%

图 2-4　正态分布和概率

再回到前面说过的掷骰子的例子，如果把连续出现 5 次偶数就判断为骗人的事，是 100%正确的吗。当正规地掷出骰子，连续出现 5 次偶数的概率是 1/32。因此，作出上述的判断也有搞错的情况，故不能说是 100%的正确。这个错误在统计学中叫作第一类错误。与此相反，在连续出现 3 次偶数时就说“你的运气不错啊”，如果认可这种情况会怎么样呢？会有即使对方真的骗了人也不知道的可能性。这个错误在统计学中叫作第二类错误。我们在判断某件事情时，经常自觉地认识到存在犯这两种错误的可能性，这就是统计检验的基础。

如果我们想对存在着波动的工程采取措施，在一个受控分布 A 的山脚部分，如图 2-5 中×标记处的数据，因其处于小概率区域，可判断这是在工程中发生了异常波动。如果此处原属受控分布 A，但错判其属非受控分布 B 时犯第一类错误。如果判断该工程与平常一样属于受控分布 A 时，就有可能没有注意到这个波动是由于在工程中发生异常原因而造成的，因而使分布的平均值像 B 那样发生偏移，而犯了第二类错误。如果虚心承认我们的产品与平常生产一样也会发生波动，管理责任人就必须承认，不可能使犯这两种错误的可能性都成为零。

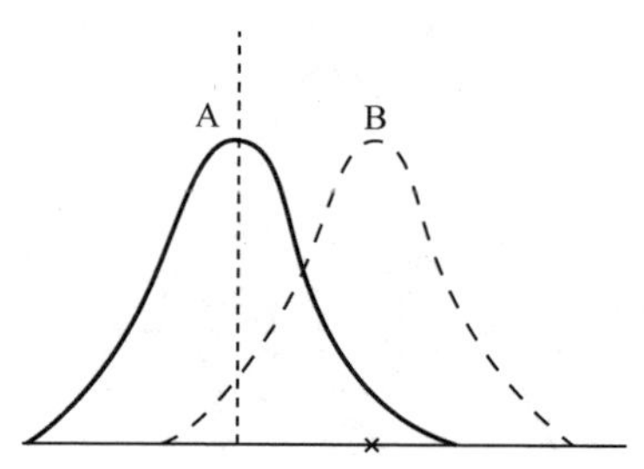

图 2-5　两个分布和判断

如果没有注意到在工程中存在的异常情况，而只是注意想避免发生发呆（精神不集中）的事情，这样就会当数据稍微有一点波动，就认为在工程中存在异常情况，即使工作、工程中并不存在异常，也会东跑西窜而拼命去找那些并不存在的原因，等于扩大了第一类错误（因此，这也叫作慌张者的错误）。与此相反，为了完全不犯慌张者的错误，那么就不管数据有多大的波动也不去管它。但是如果这样，就会在真正发生异常情况下也放置不管，因而就会使第二类错误扩大（因此，这也叫作发呆者的错误）。在日本人当中，特别是在经营者、管理者和监督者当中，因为没有数据变异的观念，因此数据有一点波动就很容易发生情绪波动，变成东跑西窜的胆小慌张者。例如，商品销售量一降低就叫嚷起来，或成品率稍微变坏就指责。如果这样的话，等于鼓励工作现场拿虚假数据来应付。

我们在工程管理时，成为过分的慌张者或过分的发呆者都不好。我们应承认这两种错误的可能性，并且根据经验画出区分这两种波动的管理图的控制界限。我们是把控制界限当作判断的一个基准规则而使用的。在管理图中，组内变动时应把正常波动界限取在 3σ 内，即把犯第一类错误的概率取为大约 0.003，即 0.3%。因此如前所述，从概率的常识（用骰子的例子来说，就像连续出现 7～8 次偶数一样）来说，如果出现超越界限的波动时，就表示工程中确实在存在异常的情况。因此，需要以统计方法，从技术、统计的角度彻底追究清楚这种原因并把它清除掉，这样才算执行了管理的责任。如上所述，控制界限是决定采取行动的一种规则。任何人采用这种方法都能客观地进行判断。

管理者如果在员工工作很好的情况下还横加指责，就会犯慌张者的错误，这会产生非常坏的影响，会引发在各工作现场出现虚假数据的情况。因此，管理图把慌张者所犯错误的概率降为 0.3%，取了一个非常小的数据。

在管理以外的情况下，一般进行统计检验时把犯第一类错误的概率取为 5%或 1%。这在概率统计上叫作风险率或显著性水平。

（7）对总体采取行动

如果采用上述方法完成了依据样本数据的判断，那么下一步就是按最初目的对总体采取行动。在工程管理中，如果确实在工程中出现了异常，就需要把它寻找出来并加以消除，防止其再次发生。

统计学从某一角度来说，也被称为行动的方向。根据这个结论，我们要采取确实的行动，才能完成在前面所讲述的收集数据的目的。

以上就是关于统计思想的粗略内容。我们是想以统计的思想和方式来进行经营管理、质量管理和其他管理，从而实现企业管理的合理化。

2.2.2 管理上的注意事项

统计思想从管理上看有以下主要问题。

（1）数据的可靠性

不管是管理也好，或是进行检查、分析，如果工作现场出现虚假的数据，或是人为加工过的不可信的数据，就没有意义了。在公司中，越是总公司和集中主义倾向严重的企业，越是工人董事、工人部长多的公司，或是越是没有引进波动观念的公司，从工作现场获取的数据中虚假的成分越多，数据不能表示真实情况的场合越多。这种情况曾在战时经济的时代发生过，在“恶质说”的管理下就会缺乏数据的可靠性。

采用这样的数据，无论怎样进行统计分析或是进行抽样误差和测量误差的研究都没有意义。可以说，为使工作现场采集到真实的数据，在运用统计方法以前要做好以下工作。

1）全体人员特别是高层管理人员，都要认识到数据中存在着变异。2）对统计估计和检验进行事后而且客观的评价。3）要进行授权。4）高层管理者不能只专注于太细微的事，董事和部长不要变成工人而要成为经营者。

特别是在处理数量很大的东西时，如处理很多的瓶子或者零件的场合，如果不能正确掌握其数据，那么不管是对质量、产量、成本都不能进行有效的管理。

此外，像无理的命令、过分的指责、独裁者、总公司集权式管理、领导说假话、没有数据变异观念的领导、不好的作业规范、评价方法不好、检查不够等都是产生假数据的原因。

如果在全公司范围能够很好进行 QC，那么虚假的数据就能消除，大家就都能很坦率地说话了。

（2）要了解数据的来历、批次的来历——分层

还要指出的是，由上述情况可知，所谓统计思想，就是根据结果来观察事物并进行判断，并由此发现出现异常的原因，从而采取行动。例如，

观察作为工程结果的产品质量所出现的波动，从工程中存在着的众多原因中找出其要因，并针对其采取行动。

因此，如果结果数据的来历不明确，换句话说，如果产品批次的来历不明确，那么我们就很难从工程中找出原因。了解清楚数据的来历、批次的来历，是质量管理必须要做的事。即要做好以下的工作。

1）明确批次的概念。

2）把各批次进行分层。

3）要明确抽样和测量的职责。

例如，对某些包装容器和搬运方法的研究，采用卡片记录就比较容易实现。有些方法开始时显得勉强也要强迫进行，否则 QC 就不能进展。

不进行分层，质量管理是不能取得进展的。

（3）如何对受控的工程进行估计

如果我们想知道受控工程的状况，就需要估计所谓工程总体的分布。

如果工程呈长期受控状态，由此产生的结果（产品）的波动也应该是受控的。因此，当工程结果波动长期受控，我们就可从中估计出将来的分布情况。这在管理工程时是非常重要的。若将来的工程也同样受控，就可估计出在将来受控状态下工程结果（产品）的分布。即，分析过去的数据得到的控制界限，把其原封不动地延长到将来；如果工程受控，那么工程波动就应处于这个界限之内，由此估计将来工程结果的分布形状。这样能做到对将来的质量保证和可靠性保证。

因此，假如工程处于良好的受控状态，就可以不经过检查就能保证质量，同时也能准确估计产品的状态。进一步而言，如果产品在将来同样处于这个界限之内，可以判断其工程基本受控。但当出现超出界限的产品时，就能判断该工程发生了与以往不同的事。所以，如果将来的数据超出界限，我们就应立刻找出工程中的异常并采取措施。

用管理图进行工程管理的目的，实际上就是以这种方法对将来的工程进行管理，把使顾客放心的产品投入到社会上去。

2.3 数据的种类

我们所获得的测量值，有计量值数据和计数值数据两种。例如，在 100 根螺丝中有 3 根不良品，在 1 块布上有 5 个疵点，或是工厂 1 个月发生了几次事故等，测量值表现为 1 根、2 根……；1 个、2 个……；1 次、2 次……等形式，而不存在像 1.6 次这样的非整数，即测量值都是一个一个地跳着，是不连续的（也叫作离散的）。这种不连续的数值被称为计数值。又如在 200 张产品中有了 3 张不良品时，也可用不良品率表示，由式（3/200）×100=1.5%计算出不良品率为 1.5%的表示方法。这不像前面那样是 1、2……等的整数，但也是 1、1.5、2、2.5 那样跳着的数值，而不属于 1.1、1.2、1.21 之类的数值，因此，这种不良品率还是计数值。与此相对，有些数值如板厚（mm）、重量（g）、水分（%）、强度（kg/cm^2）、收获率（产品重量/原料重量，%）或是像作业时间（h）等测量值是连续的数值。有些数值看起来好像是 1.50mm、1.51mm，即 1.50 和 1.51 那样地跳着，可实际上这里的 1.50mm 只不过是由于测量精度的原因，把从 1.495～1.505 的数值进行了四舍五入而已，实际的数据是能够连续取值的。这样能连续取值的测量值称为计量值。

对计数值和计量值来说，它们的统计性质也有差异，所用的统计方法和管理图也不相同。在分布方面，计数值服从不连续的分布，计量值则服从连续分布。

另外，质量管理中的计数值通常分为两种。不良品个数、不良品率的分布与一个产品中有几个缺陷的单位产品缺陷数从统计上服从不同的分布。

不良品个数和不良品率的分布从统计上服从二项分布。假如像一级品、二级品、三级品等被分类成三种以上时，就成为多项分布。与此相对，缺陷数和单位产品缺陷数从统计上服从泊松分布。

[注] 要注意质量管理中，合格和不合格、不良和缺陷的定义是被严格区分使用的。

合格与不合格是对是否符合规格的判断，良与不良是按每个检查单位（单个产品）进行的判断。

缺陷是一种检查单位，是指超出规格和要求事项的地方。

2.4　用数值表示分布的方法[㊀]

在 2.1 节中我们已经谈过有关样本的数据和总体服从某种分布的问题，将其用类似表 2-2 和图 2-2 的图表来表示，就能知道其分布的大致形状，但用数值来表示它们则更为方便。

分布的特性是由其位置（中心的倾向）、分散的宽度、山脚的坡形，换句话说就是根据分布关于山顶的左右偏离程度（偏度），山峰尖锐或扁平的程度（峰度，扁平度）等决定的。一般来说，先把位置和分散程度用数值表示，再用直方图等来看分布的形状（偏度和峰度）即可。

这样通过测量取得的数值称为统计量。

（1）表示分布位置的量

通常使用算术平均数或者中位数。

平均值 $\overline{x}$：例如，从表 2-1 的数据中取前 5 个数据 3.88、3.88、3.84、3.82、3.83 时，得结果如下：

$$\overline{x}=\frac{1}{5}(3.88+3.88+3.84+3.82+3.83)=3.850$$

用一般式表示为

$$\overline{x}=\frac{1}{n}(x_1+x_2+\cdots\cdots+x_n)=\frac{1}{n}\sum_{i=1}^{n}x_i=\frac{1}{n}\sum x_i$$

中位数 $\tilde{x}$：把数据按大小顺序排列时，其中间位置的数值，例如，上面的数据可排成

3.88、3.88、3.84、3.83、3.82

这时 3.84 就是中位数。如果有偶数个数据时，就取中间 2 个数据的平均值。

㊀ 见 2.12。

众数：分布的峰值，也称为分布中频数最大的值。

（2）表示分散趋势的量

全距 R：数据中的最大值 x_{max} 和最小值 x_{min} 的差，根据上述例子得如下结果。

$$R = x_{max} - x_{min} = 3.88 - 3.82 = 0.06$$

全距一般在数据的数量在 10 以下时使用。

平方和 S：各数据和其平均值之间的差的平方的和叫作偏差平方和。

$$S = (x_1 - \overline{x})^2 + (x_2 - \overline{x})^2 + \cdots + (x_n - \overline{x})^2 = \Sigma(x_i - \overline{x})^2 = \Sigma x_i^{\,2} - \frac{(\Sigma x_i)^2}{n}$$

这里的第二项叫作修正项（CT）。

方差 V 的无偏估计：是把平方和用 n−1 除的值。

$$V = \frac{S}{n-1}$$

标准差 s 或是 σ：方差的平方根。

$$s = \sqrt{V} = \sqrt{\frac{S}{n-1}}$$

数据多时，可近似地用 n 来代替 n−1。

2.5　频数分布的观察和使用方法[㊀]

频数分布是最简单、最常用、最有效的统计方法。如果连频数分布都不会使用，那么就不用谈更高级的统计方法了。

在我们的周围有很多的数据，如果只是把这些数据像表 2-1 那样排列起来，就很难看出什么内容，但是如果按表 2-2 和图 2-2 那样做成频数分布就可以了解较多的内容。频数分布在质量管理中应用得非常多，因此最好能在企业内准备好一些能够计算及记入各种附加事项、平均值和标准差的频数分布图表用纸。

㊀ 频数分布的做法、计算方法请参考 2.11。

（1）编制频数分布的目的

编制频数分布的目的主要有以下几项。

① 为方便观察分布的状态，为了把握分布的情况。

② 为了掌握工程能力。

③ 为了对工程进行分析和管理。

④ 为了求出分布的平均值、标准差。

⑤ 为了从统计上检验分布适用于哪种分布类型。

由于这种方法的直观性，谁都能了解分布的状态、工程和每批产品的状况，所以目的①常被使用。例如，为了使每日、每周、每月或每年的成绩以一种易于理解的形式向上级报告，分析在什么地方存在产生波动的原因等，其用途很广泛。

在频数分布图（直方图）中标记出标准值、目标值、规格值，求得管理图中的 $\bar{\bar{x}} \pm 3\bar{R}/d^2$，或者是频数分布图中的 $\bar{x} \pm 3S$ 等数值则更容易理解。

（2）观察频数分布的方法

观察频数分布时要留意以下要点。

① 分布的位置（平均值）是否在适当的地方？

② 分布的宽度（分散程度）如何？

③ 与标准值、目标值、规格值的关系如何？

④ 是否有超越 $\bar{\bar{x}} \pm 3\bar{R}/d^2$，$\bar{x} \pm 3S$ 界限的数值？

⑤ 在分布的中间是否有缺齿的地方，有没有成梳齿一样的地方？

⑥ 有没有孤岛那样脱离的数据？

⑦ 分布的最大值和最小值可以接受吗？

⑧ 分布的左右是否延伸到山脚，左右是否对称？

⑨ 分布的左右是否呈现峭壁型？

⑩ 分布的尖峰是否有两个以上？

⑪ 分布的尖峰是否有过尖或过平的情况？

以上各项，若按分层编制成几个直方图做比较时，就能了解更多内容。下面请参考图 2-6～图 2-9 学习观察分布图的方法。

（3）频数分布的应用方法

根据以上所述的看法，频数分布用于了解分布的形状、工程的实际情况，其用途有如下几种。

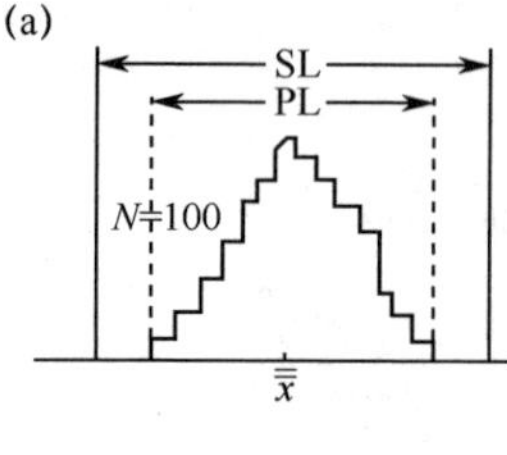

（a）PL完全在SL中，工程的平均值也恰巧在当中，从直方图中求得的标准差的大约4倍的地方有SL就很理想。管理图表示着在受控状态下，不需要检查。

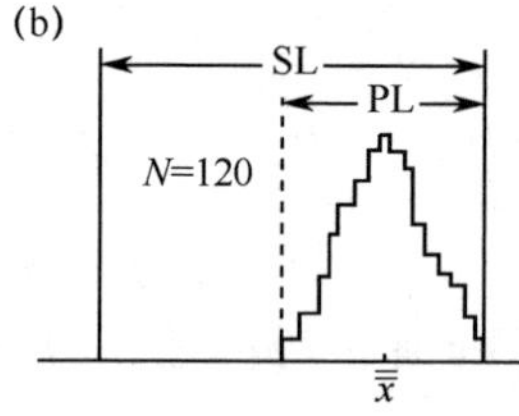

（b）PL在SL中，但是工程的平均值过于接近规格上限，如果工程稍微有变化，就有超出规格的危险。平均值需要低一些。

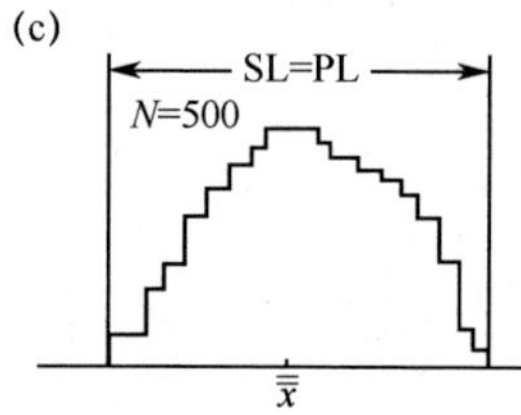

（c）PL是和SL正好一致。因为不大有余量，故不能放心，需要注意。还需要稍微提高工程能力。

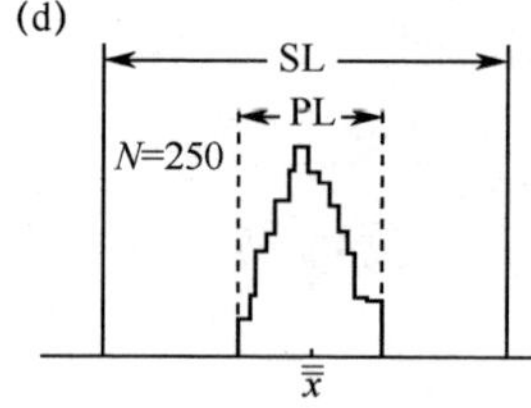

（d）比起PL，SL太宽。因为有非常大的余量，故如果使SL变狭一些，或是使PL变宽一些，就能使工程变得经济一些，于是应改变工程。

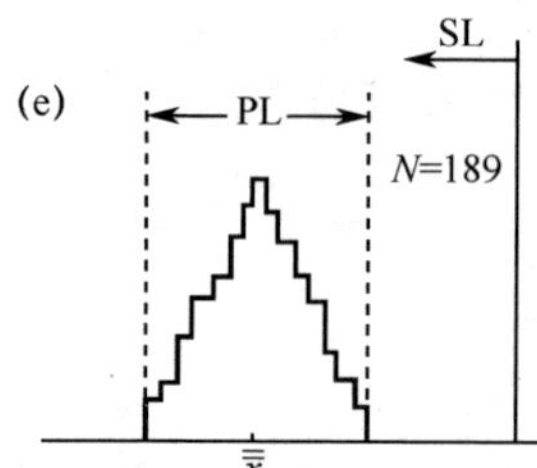

（e）当SL呈现为既有值以下或以上的形状时，则充分满足要求。有必要时就采取在（d）中所讲的措施。

图 2-6　规格和直方图的比较（满足规格的情况）

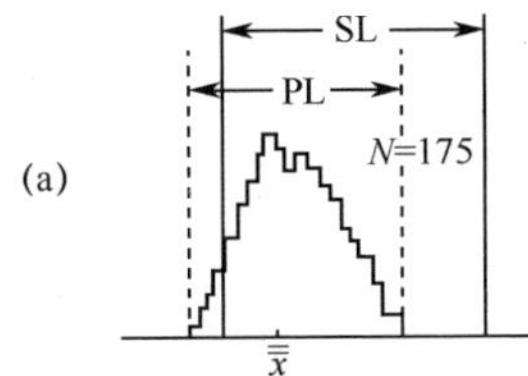

(a) 工程平均值过于偏左。如果能从技术上容易改变平均值时，就把SL的中心值作为新的$\bar{x}$采用即可。

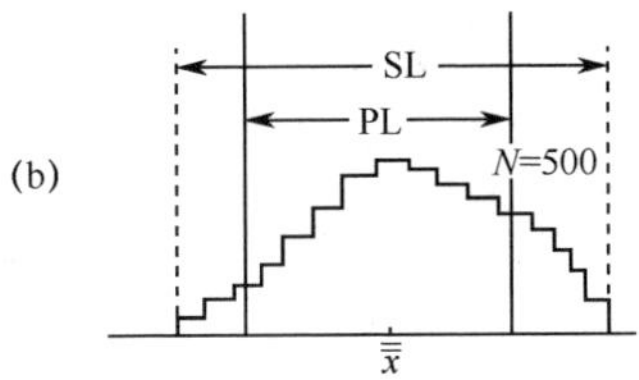

(b) 工程的离散太大，需要改变工程，改变SL或进行全数检验。

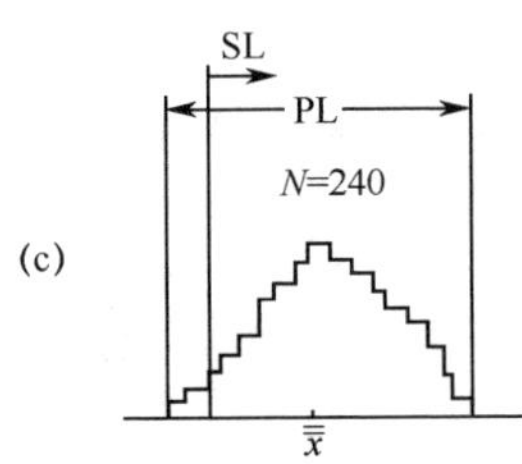

(c) 把规格规定为多少kg/cm^2以上等情况。需提高$\bar{x}$或进行缩小离散程度等的变更。

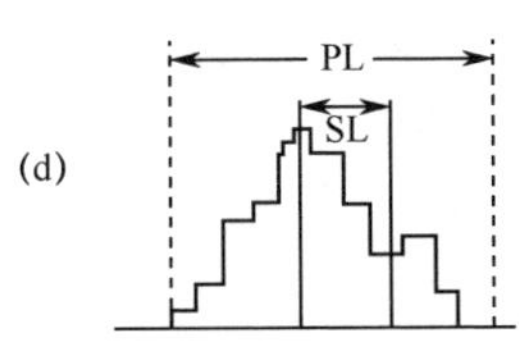

(d) 对规格的宽度要求来说工程能力非常不够的情况。在该场合，如果规格和工程不易改变时，就进行分层，做全数检验，有选择地去使用方法。

图 2-7　规格和直方图的比较（没有满足规格的情况）

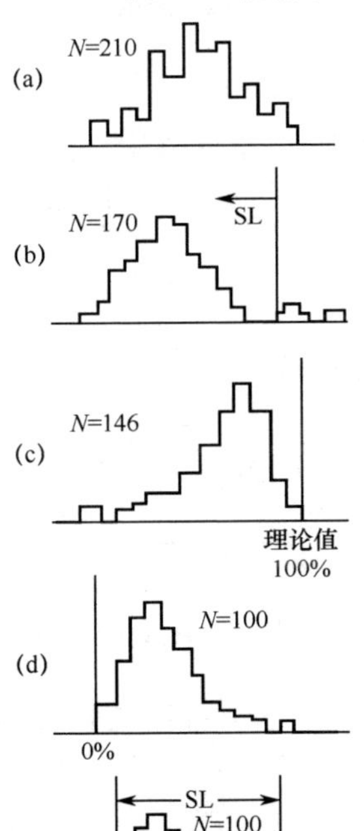

(a) 锯齿型，梳齿型

在测量和标注中是否存在特别的习惯。频数分布的分组是否适当。

(b) 孤岛型

孤岛型表示着某种异常情况，因此，要找出原因、采取措施。只要把这孤岛消除，就能制出十分满足 SL 的产品。

(c) 向左拖着山脚

理论值、规格值等不可能超出上限的情况经常出现。成品率接近 100%、纯度接近 100%等时，如果把左侧山脚除掉，则平均成品率和纯度就能变好。

如像切削圆棒等时，若切削得太多就会做成废品，所以会有意切削得少些。使圆棒稍大一些。如果这时超过规格上限就终止工作，就会形成拖着山脚的形状。

(d) 向右拖着山脚

杂质含量接近 0%、废品和不足接近 0 等下限受限制的场合，分布会向右拖着山脚，需要检讨其原因是否从技术上能理解。

e) 峭壁型

工程能力缺乏，但因为有规范而做全数检查的场合常会出现的这种形状。超出 SL 左侧的是由于测量误差和检查错误出现的不良品。

图 2-8　直方图的各种形状

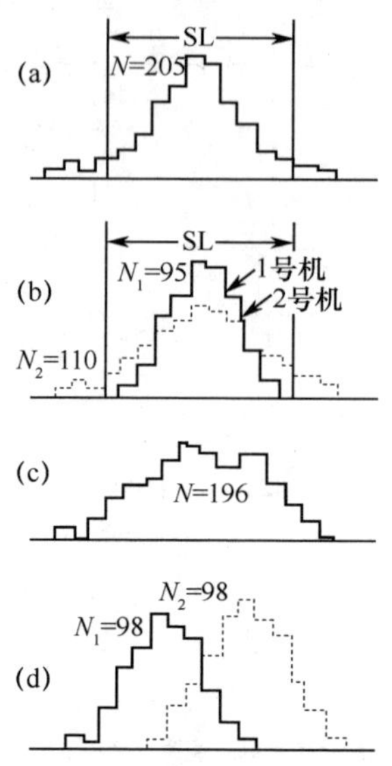

（a）把从两台机器制出来的产品的数据一起画出的直方图。尽管呈现好看的正态分布，但存在不少不符合规格的产品。

（b）把（a）的数据按不同机器分别画出的直方图。

由图可知，1 号机生产的是符合规格的，但 2 号机的精度（工程能力）不够。

（c）把两个试验员对标准试料做试验时所获得的数总合起来画出的直方图。好像山尖平了一些。

（d）把（c）数据按不同试验员画出的直方图。

离散几乎相同，但平均值存在偏差。

图 2-9　分层的直方图

1)用于报告：质量月报的报告书如果不采用罗列数据而是画成直方图，并标上数据的总量 N、平均值和标准差，那么每个人就都能看懂。

2）用于分析：如果按人、按机器、按原料、按月日等编制分层的频数分布，如图 2-9，图 2-10 那样，就能马上判明其差异。分层是编制频数分布的一种技巧。如果观察图 2-8，就能掌握造成孤岛数据的原因，也能掌握其与规格、标准值、目标值等之间的关系。

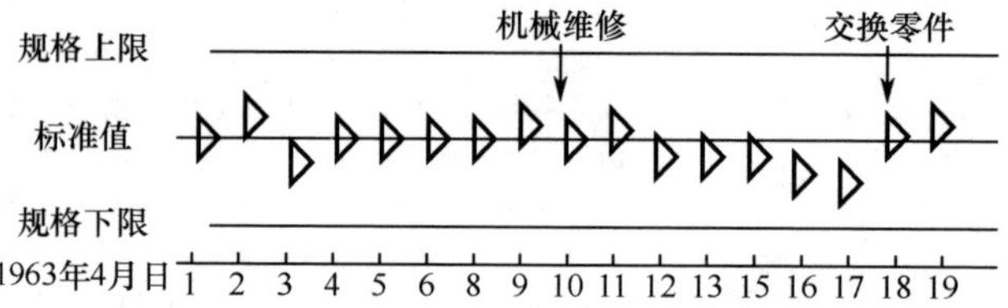

图 2-10　按时间顺序排列的频数分布：很容易了解平均值和离散变化的倾向

3）用于调查工程能力、机械能力：常用于表示工程能力，以及机械、设备的质量和数量能力的场合。

4）用于控制：在工作现场张贴频数分布，根据情况进行分层，每天检查它，能授予班组长以下的人员数据波动的概念，因而能有效提高管理意识。同时，如果标出 $\overline{\overline{x}} \pm 3\overline{R}/d_2 = \overline{\overline{x}} \pm E_2\overline{R}$ 的线（见 3.11 节），其与管理图的控制界限一样，可用于控制。

（4）频数分布的缺点

如上所述，频数分布的用途非常广泛，效果也很明显，但它有以下缺点。

1）不能了解随时间的变化情况。因为把 1 批、1 个月的数据全部集中起来制成频数分布，不能掌握 1 批、1 个月的数据的变动原因。为了避免这个缺点，应尽可能编制按时间分层的频数分布或检查表，或是使用在后面介绍的管理图等来调查其受控状态。

2）如果把在 1）中所述的情况稍微使用统计语言或在管理图中描述的话，指的就是组内波动、组间波动概念的差异。

3）编制频数分布后，为了抓住分布的形状，至少应有 50 个以上数据，可能的话要有 100 个以上的数据。为了掌握分布的形状或各种实际状况，这样做也是不得已的。

尽管有以上缺点，但仍需要强调的是：如果能够结合分层对频数分布熟练观察或巧妙运用，频数分布的方法会非常有用。

2.6　帕累托图和帕累托曲线

（1）什么是帕累托图

所谓帕累托图是一种频数分布。例如，把不良现象、修理情况、损耗和顾客投诉等事件的数量、造成损失的金额、百分比等按照其原因或具体情况收集数据，然后如图 2-11 所示，按大小顺序排列而绘制的图。与此同时，绘制依次累加的曲线（累积曲线），如图中实线所示。多数情况下，不良事项中排在最前面的 2～3 个不良项目就占不良事项总数的 70%甚至 80%以上。由此可知，如果把这几项消除掉，不良项的一大半就能消除，不良率就能减少很多。一般情况下，在工厂存在的问题中，如不良品、损耗、事故及其他各种问题，虽然项目和原因很多，起压倒性影响的都是其中的 2～3 个主要项目和原因——我们把这称为帕累托原则。我们可用帕累托图客观地发现当前最重要的问题点，将处理这些真正重要的问题当作方针来采纳。譬如果发现这些问题后，把它消除掉就能获得很大的效果。如果不去抓住真正的问题点，譬如去关注本例第五个项目长度不齐造成的不良事项，为了解决它而拼命地想办法，那也只能获得每月大约 5 万日元的效果。这种努力是“吹毛求疵的努力”。从经济原则来说，我们应针对最大的问题，由各部门共同协作来消除它，从而获得最大的效果。常见情况是：认为最大的原因或不良事项与很多部门有关，解决起来太麻烦，所以尽量回避它们，从而拼命地去处理较小的问题。QC 中很重要的一点是：要建立一个由大家齐心协力，从大的问题、大的原因开始有序消除问题的合作体制。

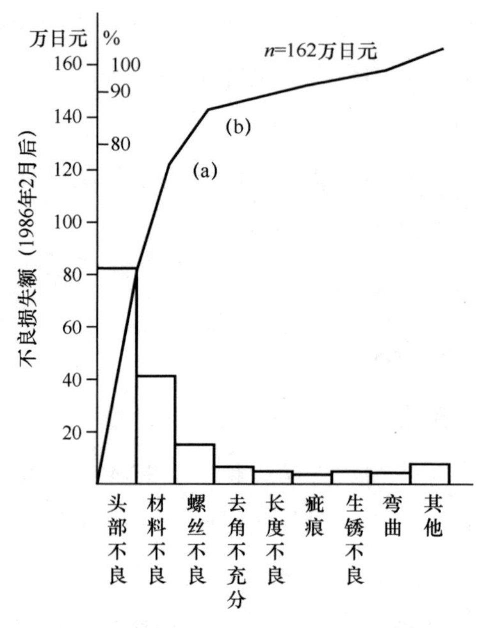

图 2-11　帕累托图

（2）编制帕累托图的注意事项

1）一定要标记出件数、金额和数据的总计和期限。

2）尽可能按照原因或按照状况的不同进行分层，取好数据。进行的分层要根据目的而变。

3）有关损失等内容，尽可能不用件数、损耗和废品率，而应该用金额来表示。根据问题的不同，也可把各种原因所造成的波动用方差（贡献率）来表示。

4）采集数据的期限，要根据目的来考虑。采取措施的期限太长和太短都不好。

5）采取措施后，要在其前后编制帕累托图，确认采取措施后的效果。

6）尽可能按照时间、机器等进行分层编制帕累托图。

7）对最大的问题，可进一步对其再编制帕累托图。

（3）观察和应用帕累托图方法的注意事项

1）要选择能取得最好效果的问题去解决。

2）从相关部门派出人员，组成工作团队，由各部门分别去研究解决对策，让他们通过合作解决问题。

3）按每月、每期编制帕累托图时，要检查下列事项：

① 如果其中的最大问题出现明显变小的情况，这就表示通过合作改善取得了成功；或是虽然没有采取什么措施，但工程等出现了突然变化的状况。

② 如果各个项目几乎同时出现减少的情况，一般表示控制得到了改善。

③ 不良品中数量最大的不良项目每个月都在变化，但从整体来看不良率减少得不多，也就是说帕累托图不稳定，这是工程未受控的证据。

帕累托图虽然简单，但却是非常有用的方法。因此，不论是在质量管理部门，还是在其他部门，都应该灵活广泛地运用。

2.7 检查表

（1）什么是检查表

在工作现场采集数据时，如果一个一个地记录数据，工作会很麻烦，但如果在做检查的同时进行分层并采集数据则会影响检查的效率。而且，按照问题的位置不同而分层的数据，是很难分层后再采集数据的。在这种情况下，特别为分层并采集数据而使用的表就是检查表。这样在检查时就可简单地进行分层。

（2）编制检查表的示例

1）频数分布：对于计量值数据，如果也采集很多数据再用它来画频数分布图，是件重复性的工作。重复每个数据是不必要的。多数情况下只需知道其是否合乎分布的形状、规格就可以了。因此，预先在频数分布用纸上记入数值之后，做一些如表 2-2 那样的检查就能取得简单的记录，如此在测量完成时频数图也就画好了。检查表的另一种情况是：当一次所采集的数据较少时，如果是按时间来取，那么也能方便地了解随时间变化的情况。

2）按照不良项目分的频数分布：存在各种不良项目时，如果只记录了不良的总数，那么是无法下手的。但是如果把数据根据不同的不良情况、不同的原因记录到检查用图表中，按项目来进行检查并把不良数据进行分层后采集，则也能用于分析和对策。在这种情况下，如果存在有两个以上的不良项目的不良品时，可进一步分析检查，即对全项目做检查。如想进一步按照时间的不同检查，这样做好准备也是有用的。

3）按位置不同记录的检查表：例如，伤痕、破裂等其他缺陷，如果能知道这些问题是出现在哪一个位置上，那么多数情况下就容易追究原因和采取对策。在这种场合，可以画出这个产品的草图或展开图，并把它分层为几种，准备好画有区分图的图纸，在图中把检查结果记录下来。

也可直接用颜色作为区别来进行检查。这时，尽可能把区域进行等分。把这个检查结果集合起来就可以知道按照缺陷的位置不同、产品不同、时间不同、是否集中或分散来区分的情况，因而能采取措施。

4）特性要因图的检查表：把在工作现场容易看懂和能够知道原因和不良状况的特性要因图编写好。将其交给工作现场，如果了解了这个原因和状况，就在各个箭头旁边记上检查符号。因此就能知道应该追究哪一个原因。

以上所述的只是检查表的几个例子。根据各工作现场的实际情况，编制适合的图表就容易获得分层的数据，也能编制帕累托图。这是非常有用的工具，请大家多加运用。

可以说，如果能灵活使用频数分布、帕累托图、检查表和特性要因图，工作现场中存在的 80%～90%的问题都可以解决。

2.8　工程能力图

所谓工程能力图，就是为了表示工程能力（process capability）而采用的图。涉及机械时，也叫作机械能力（设备能力，machine capability）。工程能力的问题，在质量管理中非常重要，在 4.7.7 节还要详细地阐述，在这里只讲一些绘图方法和绘图时的注意事项。一般用图表示工程能力时，常常使用下面三种方法。我们希望通过这些图了解工程的质量能力。

1）频数分布。

2）管理图。

3）画有规格值的图表（见图 2-12、图 2-13）。

用 1）的方法，能够很快地知道工程能力的状况，也容易求它的平均值和标准差，但不能了解随时间变化的情况。2）、3）把数据按生产的顺序排列，所以很容易知道随时间变化的情况，但不容易掌握工程能力的情况。若像图 2-13 那样，在图表一侧画好频数分布，则可两者兼得。如果在 2）的管理图中点的位置正确，则显示为受控状态，就可以说工程能力得以发挥。

在每隔一定时间获得 1 个数据的情况下，如果工程中存在相当大的被动，就表示工程能力不够充分。图 2-12 中如果控制了较大的波动，工程能力就会大幅提升。

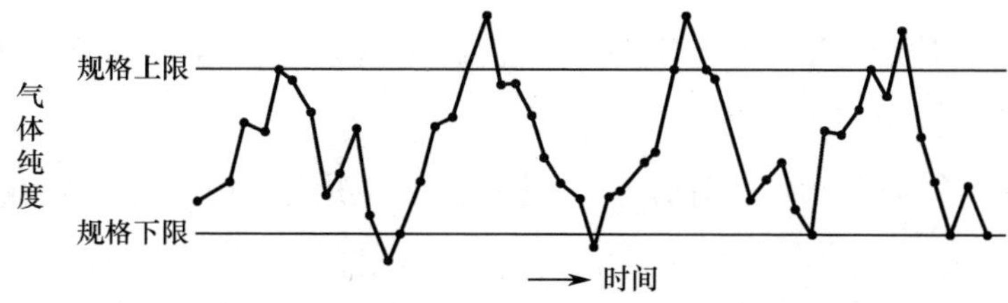

图 2-12　可看到随时间的变化的工程能力图（1）

当每隔一定时间获得一个随机样本，而样本量 n=4 时，由图 2-13 可知该场合存在着很多勉强满足规格（恰好进入规格内）的情况。这种情况下就需要好好注意实际运行情况或有必要提高工程能力。

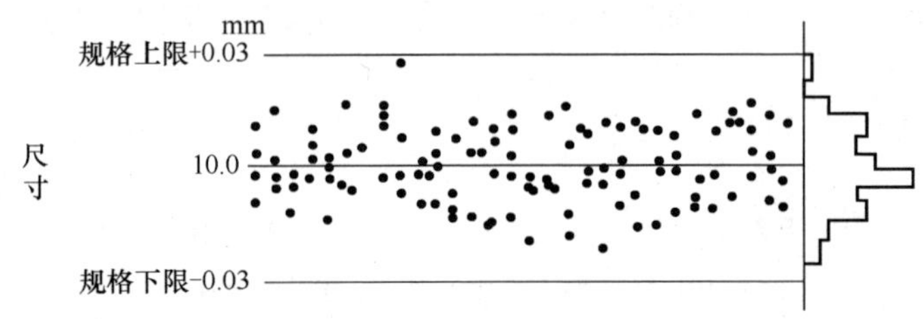

图 2-13　可看到随时间的变化的工程能力图（2）

不管 1）、2）、3）中的哪一种方法，要利用其掌握工程能力，都需要进行充分的分析和控制，同时还应收集到所用工程和机械发挥最大能力时的数据才行。只从非受控情况的数据所得的结果不能说是真正的工程能力。

工程能力可用工程能力指数 C_p（见 4.7.7 节）来表示。

2.9　散布图

对于一种数据，我们利用频数分布等方法就可以掌握其分布的大概形状，可是无法知道一组成对数据之间的关系。要掌握一组成对数据的关系可以使用散布图（scatter diagram）。例如，温度与成品率、加工前的尺寸与加工后的尺寸、材料成分与不良率，产品的硬度与抗拉强度等都是一组成对数据的情况。这时要保证数据成对采集，一一对应。如果仅有材料的成分与不良率的数据，却不知道用什么材料时的不良率是多少，就不能画出如下所示的散布图，也不能做出分析。因此，正如在前面常说的那样，批次的分层是不可缺少的。

如果有了这样一组成对数据，我们就能运用下面的方法绘制散布图或是相关表。

表 2-3 是某种铁制品的一组硬度与其材料成分百分比的数值。一一对

应采集的数据是采用某批次材料后的平均硬度结果。把这种关系在图上画出后就成为如图 2-14 所示的结果。这时很容易看到该材料的成分上升时，其硬度也有上升的趋势。图 2-14 样式的图被称为散布图，由此可以很清楚地了解材料成分是如何影响硬度的。然而从图中也可看到，有时尽管成分相同，却没有获得相同硬度，这是由于还存在其他影响硬度的原因。不管怎样，这种图表都比表 2-3 那样罗列数据要好很多。它可以让我们掌握各种情况，并提供相关信息。

表 2-3　材料的成分（%）和硬度（N=100）

材料的成分(x)	平均硬度(y)	材料的成分(x)	平均硬度(y)	材料的成分(x)	平均硬度(y)	材料的成分(x)	平均硬度(y)	材料的成分(x)	平均硬度(y)	材料的成分(x)	平均硬度(y)
0.52	26.2	0.45	23.5	0.70	27.2	0.99	29.4	0.35	23.8	0.36	23.1
0.58	25.4	0.73	28.4	0.41	23.3	0.07	19.8	1.10	30.7	0.62	29.2
0.66	24.2	0.28	23.6	0.40	26.4	0.93	27.7	0.18	22.7	0.65	26.3
0.18	22.7	0.45	26.2	0.65	26.4	0.97	30.0	0.18	21.6	0.93	28.5
1.00	30.0	0.38	21.9	0.63	27.1	0.76	27.0	0.40	22.1	0.11	24.0
0.71	26.9	0.67	25.4	0.87	30.5	0.10	22.8	0.36	23.9	0.65	28.1
0.87	27.0	0.37	23.6	0.18	21.4	0.69	28.1	0.58	27.6	0.82	29.0
0.36	25.3	1.03	28.4	0.88	29.5	0.35	24.5	0.32	21.8	0.79	27.3
0.62	25.6	0.29	23.9	0.44	23.3	0.54	25.0	0.20	22.4	0.36	24.4
0.73	27.3	0.70	24.5	0.94	30.1	0.65	26.0	0.80	29.6	0.08	20.8
0.76	28.7	0.58	25.1	1.13	28.6	0.96	27.9	1.11	29.6	0.21	20.2
0.40	24.6	0.59	26.5	0.25	24.7	0.85	29.4	0.18	23.1	0.91	31.5
0.24	22.4	0.20	24.1	0.27	22.5	1.07	30.5	0.42	25.4	0.79	27.1
0.94	21.0	0.18	20.1	1.60	25.8	0.37	20.4	0.71	24.4	0.29	21.8
0.94	29.8	0.21	23.5	0.76	28.4	0.42	25.6	0.52	24.3	0.92	30.0
0.90	30.3	0.45	26.4	0.62	28.3	1.09	29.2	0.95	30.5	1.11	29.8
0.52	25.1	0.93	31.8	0.11	20.1	0.72	27.3				

（1）制作散布图时的注意事项

1）调查相关关系时，数据的组数要尽可能地多。至少要有 50 对以上，可能的话有 100 对以上更好。

2）将认为是原因的数据取为横轴（x），尺度是越向右越大。

3）将认为是结果的数据取为纵轴（y），尺度是越向上越大。

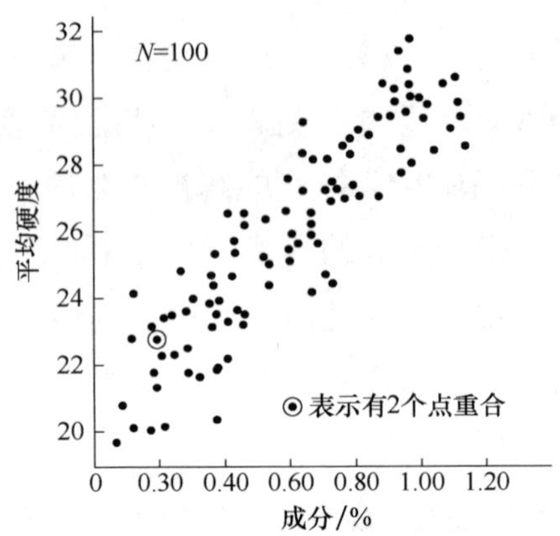

图 2-14　散布图（相关图）举例：材料成分与平均硬度之间的关系

4)x、y 的尺度单位应取成能使 x 数据的离散和 y 数据的离散大致相同。该场合中被认为异常的数据应除去后再作考虑。

5）尽可能分层后再画散布图或是按层改变点的颜色。

（2）相关图

在编制成散布图后，便很容易理解两者的关系。但把这些数据如表 2-4 那样编成相关表（二元频数分布）也同样很容易理解。以表 2-3 的数据编制相关表就成为表 2-4。

表 2-4　相关表的一例

成分（x）

		组号	1	2	3	4	5	6	7	8	9	10	11	频数 f_y
	组号	临界值 b ＼ 临界值 a	0～0.105	0.105～0.205	0.205～0.305	0.305～0.405	0.405～0.505	0.505～0.605	0.605～0.705	0.705～0.805	0.805～0.905	0.905～1.005	1.005～∶∶	
硬度（y）	12	30.05 以上									//	卌	//	9
	11	29.05～30.05							/		卌	////	///	13
	10	28.05～29.05							///	///		//	//	10
	9	27.05～28.05						/	/	卌/	/	/		10
	8	26.05～27.05				/	//	//	///	/				9
	7	25.05～26.05				/	//	///	////					10
	6	24.05～25.05			//	//	/	/		/	//			9
	5	23.05～24.05		//	///	////	///							12
	4	22.05～23.05	/	//	///	/								7
	3	21.05～22.05		//	/	//								5
	2	20.05～21.05	/	//	/	/								5
	1	19.05～20.05	/											1
		频数 f_x	3	8	10	12	8	7	13	12	8	12	7	100

图 2-15 的散布图反映了数据之间的各种关系。

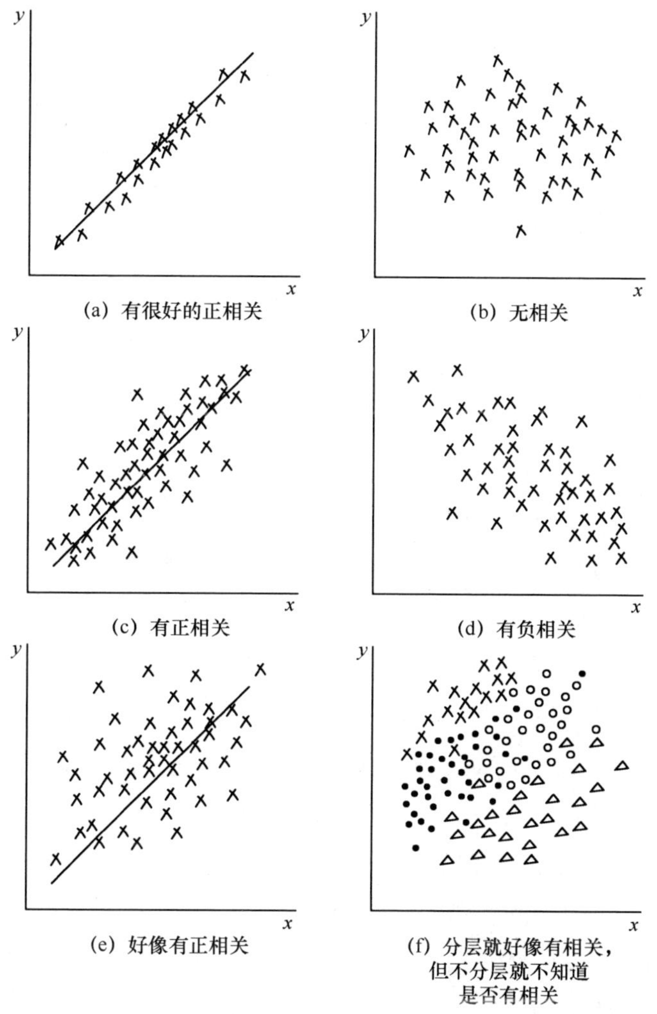

图 2-15　散布图的各种形状

图 2-15（a）的数据呈现出很漂亮的排列，表明确实存在相关关系。如图中所示的，当 x 变大时 y 也变大的关系被称为正相关。如果是 x 变小时 y 变大的关系则称为负相关。

图 2-15（b）的数据看不出存在相关关系。

图 2-15（c）的数据存在离散，但可以看出是正相关。

图 2-15（d）是负相关。

图 2-15（e）的数据存在离散，是否存在正相关是个疑问。(c)、(d) 也有类似的情况。在这种情况下，如果不进行统计检验，就要犯各种错误（见 4.22 节）。

图 2-15（f）的数据，在观察整个图形时，好像不存在相关关系，但是，如果按不同分层改变记号后，按不同记号看就好像都存在着正相关。在这种情况下，如果不分层就会遗漏掉存在的相关关系，所以需要注意这种情况。

2.10 什么是误差

我们基于数据进行讨论并能从中获益，这是不言而喻的，可是过于相信数据也是有风险的。例如：

1）从 1 000 个产品的批次中随机抽取 20 个样本，如果其中不良品数为零，那也不能说，在这一批产品中的不良品数为零。

2）直到昨天的平均不良率是 10%，但今天是 12%，这时是否可以说今天的表现特别坏呢？

3）分析某一化学产品，其纯度为 87.5%，该产品的纯度真的可以说是 87.5%吗？

4）温度计显示为 850℃。是否可以说炉温真的是 850℃呢？

对以上的问题，回答都是“不行”。

这是因为，我们在获得数据之前，存在着抽样、测量、计算和四舍五入等各种误差的缘故。我们要透过这些误差，去掌握数据的真正状态才行。

如果完全没有考虑误差或是忽视误差，会弱化数据的意义。今后要把误差分为以下几种来考虑。

a）抽样误差。

b）测量误差。

c）计算误差及其他误差。

如果抽样做得不好，就搞不清为什么收集数据。又如果抽样误差很大时，工程的变化等就会隐蔽在抽样误差中而分辨不出来。因此，对数据从数值角度进行各种管理时，首先就需要把抽样方法进行合理化[⊖]。日本人常被说不善于处理数据，是指日本人看到数字就马上相信了，而忘记了在其背后会有抽样误差的情况。特别是要实施质量管理，就必须进行抽样方法的合理化，为正确采集数据打好基础才行。

同样在很多场合中，分析、测量、试验的误差也相当大。特别是在日期不同、地点不同、人员不同和设备不同时，其误差会大得令人惊讶。要进行管理的话，这个误差需要很小才行。为此，就需要充分地进行广义的测量管理和分析管理。

抄错数据、计算错误等都是在处理数据时常遇到的事。因此，对数据的处理要充分注意，还要建立容易发现其错误的系统才行。

按照另一种分类方法，可将误差分为如下几种。

i）可靠性。

ii）精密度。

iii）偏差，准确度。

这种分类把重点放在减少抽样误差、测量误差的措施上。按这种分类法，首先要做好定义。

误差：目标总体的真值与测量值之间的差。

可靠性：能否相信数据的问题，指因抽样方法不正确或是在分析、试验的操作中存在错误和因此造成了异常波动的问题。还可进一步分为精密度的可靠性和准确度的可靠性。不管怎样，数据的可靠性是抽样和测量作业方法的管理问题。

“这个数据是可疑的”“这是抽样不好造成的”“这是分析不好造成的”“这是计算不好造成的”等说法都表示着数据的可靠性不好，没有处于受控状态。如果数据不可靠，那就没有什么用处，是安慰性的数据。

精密度：用某种测量方法把同样的东西无限次进行测量，或是用抽样法从同一批产品中无限次抽样时，数据必定产生波动；这时把这种波动的宽度，即分布的宽度叫作精密度。精密度可用标准差、方差、2 倍标准差、

⊖ 对这些事情的详细情况请参考，石川馨：「サンプリング法入門」日科技連出版社。

全距 R 的控制界限、R 的平均值及其他各种值来表示。以往“大约±0.5%的误差”的表达，因为定义不明确、非常含糊，说明不了什么情况。

偏差、准确度：用某测量方法进行无限次测量时所获得的数据分布的平均值与真值之间的差。如“好像我们的数据，平均起来比其他人的高 0.5kg/cm^2”，这就是偏差。

［注］上述的误差、准确度、精密度等词在海外用得很乱，因此，在读文献等时要注意其定义，否则就会产生误解。

保证精密度和偏差主要是在测量、抽样技术及统计方面的研究问题。研究误差就要按 i）～iii），即按照可靠性、精密度、偏差的顺序进行研究。

用上述概念将误差分类，可以知道如何分析误差并进一步减少误差。也就是说，如果数据可靠性差，在抽样时就要制定良好的抽样标准，并按标准实施和管理；误差明显时，就应该找出平均值改变的原因；精密度差时，应该采取能使波动变小的措施。

这些误差的关系可采用通俗易懂的图表表示，见图 2-16。

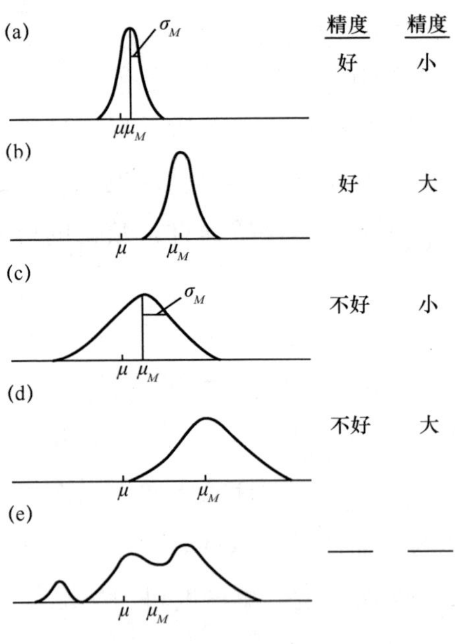

图 2-16 误差的种类

2.11　频数分布表的做法

频数分布表和直方图与管理图一样，是在质量管理中整理各种数据的重要工具，以下介绍它的制作方法。

制作频数分布表时，需注意以下几点。

1）确定组数。

2）确定组宽。

3）确定各组的临界值。

（1）组数

要观察分布的形状需要参照表 2-5 确定取组数。实际上，通过该表可以确定组宽和临界值。计算分布的统计量时，组数越多越好，但是考虑到数据的抽样误差，采用表 2-5 确定组数即可。

表 2-5　频数分布的组数

数据的量	组数	数据的量	组数	数据的量	组数
50～100	6～10	100～250	7～12	250 以上	10～20

（2）组宽

组宽用下面的方法来确定。

步骤 1：从数据中求出最大值和最小组。除去异常的数据。表 2-1 的数据中最大值和最小值分别是 3.99 和 3.70。

步骤 2：把最大值和最小值的差用组数相除。

在这个例了中为（3.99 3.70）/10=0.029

步骤 3：将步骤 2 中求得的值按测量单位的整数倍处理，把较方便的值定为组宽。在这个例子，测量单位是 0.01，因此将组宽确定为 0.03。

（3）组的临界值

组的临界值用下面的方法来决定。

步骤 1：临界值的单位，取测量单位的 1/2。

步骤 2：让最大值及最小值距两端的临界值大约为等间隔。但是这也不必太严格。本例中如果定为 3.695～3.725，…，3.965～3.995，那么就有如下结果。

$$3.70-3.695=0.005, \quad 3.995-3.99=0.005$$

［注］若想与规格值做比较，可将临界值确定在规格值附近。

（4）表的编制

按上述步骤分组后，把它整理成表。例如，像表 2-6 左边两列那样，把组号、组的临界值从上开始，由小的数据顺序记入。各组的中心值取临界值的平均值。在这个例子中是

$$\frac{3.695+3.725}{2}=3.710$$

制作频数分布表时要编制好检查列、频数列（必要时可以是相对频数、累积频数）等列。如果计算平均值和标准差的话，也要编好表 2-6 中所示各列。

（5）检查

原始数据在检查列记入“/”、“//”、“///”、“////”、“卌”。因为这种检查很容易出错，所以一定要做两次。

用上述方法编制的就是表 2-6。

表 2-6　通过频数分布表计算 $\bar{x}, s$

组号	组的中心值	频数 f_i	u_i	f_iu_i	$f_iu_i^2$	累积频数	相对累积频数/%
1	3.710	1	−5	−5	25	1	0.5
2	3.740	6	−4	−24	96	7	3.5
3	3.770	13	−3	−39	117	20	10.0
4	3.800	25	−2	−50	100	45	22.5
5	3.830	45	−1	−45	45	90	45.0
6	3.860	37	0	（−163）	0	127	63.5
7	3.890	43	1	43	43	170	85.0
8	3.920	13	2	26	52	183	91.5
9	3.950	8	3	24	72	191	95.5
10	3.980	9	4	36	144	200	100.0
合计	—	200	—	（129） −34	694	—	—
平均	用 200 除			−0.370	3.470		

2.12　统计量的计算[㊀]

（1）平均值的计算

平均值的计算像通常那样，加上全部的数据后，用数据的总量来除，所以很简单，可是如选用下面的式子来计算会方便得多。

$$\bar{x}=\frac{1}{n}\sum_{i=1}^{n}x_i \tag{2-1}$$

$$=a+\frac{1}{n}\sum(x_i-a) \tag{2-2}$$

$$=a+\frac{h}{n}\sum\frac{(x_i-a)}{h} \tag{2-3}$$

其中，a、h 是适当的常数。

［例］

	式（2－1）的场合		式（2－2）的场合		式（2－3）的场合 （$a=184$　$h=1/10$）
	x_i		x_i-184		$(x_i-184)\times 10$
	184.2		0.2		2
	183.8		−0.2		−2
	185.1		1.1		11
	184.7		0.7		7
	185.3		1.3		13
$n=5$)	923.1	$n=5$)	3.1	$n=5$)	31
	184.62		0.62		6.2

$\bar{x}=184.62$　　$\bar{x}=184+0.62=184.62$　　$\bar{x}=184+6.2\times 1/10=184.62$

手工计算的情况下，采用式（2-2）或式（2-3）就非常方便。如果计算错了误差也比较小。

（2）表示离散趋势统计量的计算

表示离散趋势的统计量有全距 R，平方和 S，方差 s^2，无偏方差 V，标准差 s 和无偏方差的平方根 $\sqrt{V}$ 等，下面简单介绍一下这些统计量的计算方法。

1）全距 R：$R=$最大值$-$最小值$=x_{\max}-x_{\min}$

［例］有 8.8，8.2，8.4，8.8，8.3 等数据时，R=8.8−8.2=0.6

㊀ 下面的计算，近来用小型计算器、计算机都能简单地计算出来。

2）平方和 S

这个计算最麻烦，但如果在计算方法上想办法就会变得非常容易。

$$S=\sum_{i=1}^{n}(x_i-\overline{x})^2 \tag{2-4}$$

$$=\sum x_i^2-\frac{(\sum x_i)^2}{n}\sum x_i^2-\frac{T^2}{n}=\sum x_i^2-CT \tag{2-5}$$

其中，$T=\sum x_i=$所有数据的和。

$$CT\equiv T^2/n$$

我们把这个叫作修正项。

$$S=\sum(x_i-a)^2-\frac{\left\{\sum(x_i-a)\right\}^2}{n}=\sum(x_i-a)^2-\frac{T^2}{n} \tag{2-6}$$

但是，$T=\sum(x_i-a)$

$$S=h^2\left[\sum\left(\frac{x_i-a}{h}\right)^2-\frac{\left\{\sum\frac{x_i-a}{h}\right\}^2}{n}\right] \tag{2-7}$$

对于上述例子，采用式（2-4）的计算是：

$$S=(8.8-8.50)^2+(8.2-8.50)^2+(8.4-8.50)^2+(8.8-8.50)^2+(8.3-8.50)^2$$
$$=0.30^2+0.30^2+0.10^2+0.30^2+0.20^2=0.32$$

在 $\overline{x}$ 的位数较多的情况下，手工计算就很麻烦（用电子计算器就不成问题）。

采用式（2-5）的计算是：

$$S=8.8^2+8.2^2+8.4^2+8.8^2+8.3^2-42.5^2/5$$
$$=361.57-1\,806.25/5=361.57-361.25=0.32$$

计算很麻烦。

采用式（2-6）的计算，如 a=8 时：

$$S=0.8^2+0.2^2+0.4^2+0.8^2+0.3^2-2.5^2/5$$
$$=1.57-1.25=0.32$$

这样，计算就容易得多了。

采用式（2-7）计算，如 a=8，h=1/10 时：

$$S=\frac{1}{10^2}(8^2+2^2+4^2+8^2+3^2-25^2/5)=\frac{32}{100}=0.32$$

3）无偏方差 V（sample variance）

$$V = \frac{1}{n-1}\sum(x_i - \bar{x})^2 = \frac{S}{n-1}$$

上述例子是 $V = 0.32/4 = 0.08$

n 多时取 $n-1 \approx n$ 即可。

4）标准差 s

$$s = \sqrt{V} = \sqrt{\frac{1}{n-1}\sum(x_i - \bar{x})^2} = \sqrt{\frac{s}{n-1}}$$

上述例子是 $\sqrt{V} = \sqrt{0.08} = 0.283$

（3）利用频数分布表计算平均值和标准差的方法

把计算方法分步骤做如下说明。

步骤 1：编制如表 2-6 形式的表。

步骤 2：在 u_i 栏，把认为大体上等于平均值的地方作为 0，在其上方记上−1，−2，…在其下方记上 1，2，…

步骤 3：将 u_i 与各组频数 f_i 相乘，记入 f_iu_i 栏。这时，u_i=0 的栏为空栏。

在这个例子中，在组号 1 的行是 1×(−5)=−5。

步骤 4：把 u_i=0 行以上的值全部加起来记入到 u_i=0 的行中。把 u_i=0 行以下的正值加起来，像表中那样记入，把这两者加起来之后，记入到合计栏中。

本例中为：$-163 + 129 = -34$

步骤 5：在步骤 4 中所得的数值用数据的总量（f_i列的和）相除后得 E_1。

$$E_1 = \frac{1}{n}\sum\frac{x_i - a}{n} = \frac{1}{n}\sum f_iu_i = -\frac{34}{200} = -0.170$$

步骤 6：平均值由下式计算。参考式（2-3）。

$$\bar{x} = a + hE_1$$

此时，a 是 u_i=0 组的中心值，在这个例子中 a=8.60。h 是组的宽度，本例中 h=0.3。E_1 是在步骤 5 求得的值，本例中 E_1=−0.170。

$$\bar{x} = 3.860 + (0.03)(-0.170) = 3.860 - 0.0051 = 3.8549$$

步骤 7：各组给 f_iu_i 乘上 u_i，记入到 $f_iu_i^2$ 栏中。该值全部都是 0 或正值。

步骤 8：求 $f_iu_i^2$ 的和。本例中为 694。

步骤 9：把在步骤 8 求得的值用数据的总量除后为 E_2。

$$E_2=\frac{1}{n-1}\sum\left(\frac{x_i-a}{n}\right)^2\div\frac{1}{n}\sum\left(\frac{x_i-a}{n}\right)^2=\frac{1}{n}\sum f_iu_i^2=\frac{694}{200}=3.470$$

本例中 n=200 时可不用 $n-1$ 除，用 n 即可。

步骤 10：标准差 s 按下式计算。参考式（2-7）。

$$S=h\sqrt{E_2-E_1^2}=0.03\sqrt{3.470-(-0.170)^2}=0.03\sqrt{3.441}=0.03\times1.855=0.055\ 6$$

［注］以上的计算是把组内的值考虑为组的中心值——如四舍五入那样——这样计算简单，实际上也满足要求。

［**备注 1**］如表 2-2 那样，求频数的百分比，用相对频数表示时就容易掌握分布的形状，特别在比较数据不同的几种分布时更显方便。

［**备注 2**］如表 2-6 右边第 2 列那样，把某值（临界值）以下的数据按顺序累加叫作累计频数。这时与规格值做比较或是从统计上求分布曲线时更为方便。最右列数值表示的是相对频数，这里称为相对累计频数。也有出于方便，将某值以上的数据按从大到小的顺序累加的，如在某规格值以下的情况。

［**备注 3**］用计算机进行计算时，在步骤 2 中把组号 1 的地方作为 u_i=0，依次往下记为 1，2，…即可。

2.13 统计量的分布

对总体进行随机抽样时，不同样本的数据也存在变异。因此，从中得出的平均值也存在变异。全距、不良率等统计量也有变异。这些统计量的分布也遵循着一定法则。

这些分布是根据其分布平均值、离散程度或是方差及分布的形状而决定的。

表 2-7 及表 2-8 给了具体说明。

表 2-7　统计量的分布（计量值）

无限总体（总体平均 μ，总体方差 σ^2）

名称	统计量	假定	平均值 E（）	标准差 D（）	方差 V（）	分布的形状
平均值	$\bar{x}$	无	μ	$\sigma/\sqrt{n}$	$\sigma^2/\sqrt{n}$	n 值较大时接近正态分布
方差	V	正态分布	σ^2	$\sqrt{\frac{2}{n-1}}\sigma^2$	$\frac{2}{n-1}\sigma^4$	向大的方向拖着山脚[①]
标准差	s	正态分布	$C_2^*\sigma$	$C_3^*\sigma$	$(C_3^*\sigma)^2$	—
全距	R	正态分布	$d_2\sigma$	$d_3\sigma$	$(d_3\sigma)^2$	—

① C_2^*、C_3^*、d_2、d_3 是对应统计量正态分布时的系数，随着 n 的变化而变化，从数值表（表 2-9 及表 3-3）中求得，总体与正态分布稍有出入时，这些系数变化不大。

表 2-8　统计量的分布（计数值）

名称	统计量	统计量	平均值 E	标准差 D（）	分布	分布的形状
不良率	p	P	P	$\sqrt{P(1-P)/n}$	二项	向右拖山脚 n 大就接近正态分布
不良个数	$r=pn$	P	nP	$\sqrt{nP(1-P)}$	二项	
单位缺陷数	$u=c/n$	U	U	$\sqrt{U/n}$	泊松	
缺陷数	c	C	C	$\sqrt{C}$	泊松	

统计量的分布是统计方法一个重要的基础性质。

表 2-9　标准差分布的系数

样本量的大小	平均值 C_2^*	标准差 C_3^*	样本量的大小	平均值 C_2^*	标准差 C_3^*
2	0.798	0.603	10	0.973	0.232
3	0.886	0.463	15	0.982	0.187
4	0.921	0.839	20	0.987	0.161
5	0.940	0.341	30	0.991	0.113
6	0.952	0.308	40	0.994	0.113
7	0.959	0.282	50	0.995	0.101
8	0.965	0.262	100	1-1/4n	$1/\sqrt{2n}$
9	0.969	0.246			

上述分布取决于分布的平均值（期待值 E）、偏差（标准差 D）或离散 V 以及分布的形状。

如表 2-3 和表 2-8 所示。

第 3 章

管理图的绘制和应用

3.1 什么是管理图

所谓管理图，广义上也可叫作用于控制的图表。管理图（control chart）的名称自 1926 年美国的 W. A. 休哈特（W. A. Shewhart）博士提出以来一直被沿用至今。在这里暂时将其定义为“采用统计方法计算出界限，并用于控制的图表，是一种统计方法”。这里不多讲有关定义的事，主要介绍绘制管理图的方法。因为管理图也适用于质量管理领域之外的所有管理活动，所以不建议采用“质量管理图”这种名词。

管理图在管理环中的基本作用已在 1.5 节中讲过，可是这种方法还有很多其他用途。

[注] 在 3.9.1 节中所叙述的调节图常被误作管理图使用。调节图和管理图需要明确加以区分。

3.2 管理图的种类

管理图中的点代表各种统计量数据，计算控制界限有很多种统计方法，在这里只介绍最基本、最实用的采用 3σ控制界限的管理图。如果能灵活掌握这种管理图，就可以提高几乎所有方面的管理水平。

如 2.3 节中所讲的那样，计数值和计量值数据具有不同的统计性质，在计数值中不良率和不良品个数的分布与缺陷数的分布也不同，因此使用的管理图也不同。根据测量值的性质，管理图可分类为三种。

（1）$\bar{x}-R$ 管理图、$\tilde{x}-R$ 管理图、x 管理图（见 3.3、3.10、3.11 节）

这类管理图用于工程的特性，如长度、重量、强度、纯度、时间和生产量等计量值的场合。也能用于其他类型的数据。

$\overline{x}$ 管理图主要用于观察分布平均值的变化。也可用 $\tilde{x}$ 管理图代替 $\overline{x}$ 管理图。R 管理图是在观察分布的宽度和离散程度变化时使用。在非常特殊的情况下也有用 s 管理图代替 R 管理图的情况，本书对此省略。

$\overline{x}$ 和 R 管理图通常在一起使用，同时采用这两种图才能观察工艺工程状态分布的变化。由于它在各种管理图中能提供较多的技术信息，所以常用于技术性分析、工程能力研究等。如果只用其中一种，就不能观察到分布的变化，即平均值的变化和离散程度的变化。$\overline{x}-R$ 管理图，特别是在开始进行质量管理的初期，是最基本、最有用的管理图。初学者如能首先自如地使用这种管理图，即可掌握工程的控制方法。

x 管理图是把每个计量值数据原封不动地标点，可是因为误用的情况很多，所以在使用时需要给予充分的注意。

（2）p 管理图，pn 管理图（见 3.4、3.5 节）

如果是 100 块钢板中有 3 块不良品，或是当研究对象是在一个工程的产品中或一个样本中有若干不良品时，就应该使用 p 管理图或 pn 管理图。这种管理图也可用于出勤率、快速读数（snap reading）的数据、出故障机器的台数等。但是因为这是所谓好与坏的数据，所以在使用时要有关于这项工作的技术信息才行。

样本中的不良品数用不良品率 p（fraction defective）表示时采用 p 管理图，用不良个数 pn（number of defectives）表示时采用 pn 管理图。

一般情况，样本量——指样品中的产品个数——用 n 表示，在各个样本中 n 不变时使用 pn 管理图，而各样本的 n 变化时用 p 管理图。不良品率 p 和不良品个数 pn 从统计角度来说服从二项分布。由于这种控制谁都能理解，数据也容易采集，所以无论作业者、班组长、厂长都适合采用这类管理图。

［**备注 1**］把 1 天的产品进行全数检查时，因为产品的这个批次是从工程中得来的 1 个样本，所以就用 p 或是 pn 管理图。

［**备注 2**］像纯度和成品率等这种用百分比表示的数据，不用 p 管理图，而要用 $\overline{x}-R$ 或 x 管理图。

（3）c 管理图，u 管理图（见 3.6、3.7 节）

在计数值的场合，若研究的是在某一产品中有几处缺陷之类的问题可用这两种管理图。例如，在一张铁板中有几处裂缝、开裂，有几处伤痕和污染，或是在 $10cm^2$ 的纸上有几处灰尘，或是在涂漆加工或电镀中砂眼的数量，在一台汽车中有几处缺陷等这类问题时可以使用这两种管理图。除产品的质量外，研究工厂中受伤人数、事故数、计算错误数、写错账簿数的变化时也可使用。

这两种管理图与 p 管理图及 pn 管理图很相似，所不同之处在于 p 及 pn 管理图中，在一个样本的 n 个产品中有 r 个不良品的情况，只要 n 是确定的，就不会出现 r 比 n 大的情况；而 c 管理图及 u 管理图是可能出现缺陷数比 n 大的情况，从统计来说，它服从于泊松分布。

c 管理图应用于样本量不变的情况，例如，把一定面积的板或是 5 平方厘米的布、1 台电视机作为样本时使用。计算错误、写错字及按人计算的铅笔和纸的使用量等情况可使用 c 管理图。这一点是与 pn 管理图相似的。

u 管理图可用于样本量大小不同的时候，例如，抽样时的板或纸的面积不同，又如对工厂中在职人数不同的各科室受伤人数、各科室的文具消耗量、单位缺陷数的变化时也可应用 u 管理图。这一点与 p 管理图相似。

综上所述，只要认清我们的测量值具有什么性质，就能确定应该使用哪一种管理图。

3.3 $\overline{x}-R$（均值和全距）管理图的绘制

管理图有多种用途，如 3.9 节中所述，但这里先讲述用过去收集的数据绘制管理图的步骤，即为分析过去的数据制作管理图的步骤。

这里介绍最重要的 $\overline{x}-R$ 管理图的绘制方法，其制作的思路与 p、pn、c、u 管理图完全相同。绘制管理图需要有智谋和经验，这里首先介绍的是机械的绘制管理图的方法。

（1）收集数据

以管理思想的角度，从能在技术上、统计上为工程提供重要知识的结果中收集 100 个新近的、在技术上大体与今后工程条件相同的数据。数据少时收集 50 个，甚至 20 个也可以，但最好能有 100 个以上。数据少时，仅用 50 个或 20 个数据先画一个管理图，如果以后又累积了一些数据，那么就必须重新计算一次。这种情况下，要尽可能地明确数据的历史和批次的历史。收集时不仅要考虑数据的量，更重要的是数据的质。

（2）把这些数据依照测量的时间顺序、批的顺序，可能的话按照工程的不同进行分层排列。

例如，表 3-1 表示每小时取 1 组 5 张钢板测量其厚度，共测量 25 组的数据，每行由左向右顺序排列。

表 3-1　钢板的厚度（单位：毫米）

（数据的量 N=125）

2.1	1.9	1.9	2.2	2.0	2.3	1.7	1.8	1.9	2.1
2.1	2.1	2.2	2.1	2.2	2.0	1.9	1.9	2.3	2.0
2.1	2.2	2.0	2.0	2.1	2.1	1.7	1.8	1.7	2.2
1.8	1.8	2.0	1.9	2.0	2.2	2.2	1.9	2.0	1.9
2.0	1.8	2.0	1.9	2.0	1.8	1.7	2.0	2.0	1.7
1.8	1.9	1.9	3.1	2.1	1.9	2.2	2.0	2.0	2.0
2.2	1.9	1.6	1.9	1.8	2.0	2.0	2.1	2.1	1.8
1.9	1.8	2.1	2.1	2.0	1.6	1.8	1.9	2.0	2.0
2.1	2.2	2.1	2.0	1.8	1.8	1.9	1.6	2.1	2.2
2.4	2.1	2.1	2.1	2.0	2.1	1.9	.19	1.9	1.9
2.0	1.9	1.9	2.0	2.2	2.0	2.0	2.3	2.2	1.8
2.2	2.2	2.0	1.8	2.2	1.9	1.9	2.0	2.4	2.0
1.7	2.1	2.1	1.8	1.9					

（3）把数据分成子组

1）把收集的数据分为容量大约为 3～5 个的子组。子组在管理图中也叫作样本。

把包含在 1 个子组中的数据的量叫作子组的大小或称样本量，通常用 n 表示。在表 3-2 中把表 3-1 的数据，按顺序用 n=5 的大小划分成子组。把划分之后形成的子组的数叫作子组数，并用 k 来表示。在表 3-2 中，k=25。

表 3-2 $\bar{x}-R$ 管理图的数据表的示例

$\bar{x}-R$ 管理图用			厂长	处长	科长	组长	主任	班长

样式 1 号　　质量管理记录 NO.0208

产品名称	钢板	× × 工厂
质量特性	厚度	△ △ △ 科
测 量 者	昭和太郎	检 查 系
测量方法	（器具号）NO.3	自 年 月 日
测量值的单位	0.1mm	至 年 月 日

子组号	日期	x_1	x_2	x_3	x_4	x_5	$\bar{x}$	R	审核签章
1	1～9	2.1	1.9	1.9	2.2	2.0	2.02	0.3	
2	10	2.3	1.7	1.8	1.9	2.1	1.96	0.3	
3	11	2.1	2.1	2.2	2.1	2.2	2.14	0.1	
4	12	2.0	1.9	1.9	2.3	2.0	2.03	0.4	
5	14	2.1	2.2	2.0	2.0	2.1	2.08	0.2	
6	15	2.1	1.7	1.8	1.7	2.2	1.90	0.5	
7	16	1.8	1.8	2.0	1.9	2.0	1.90	0.2	
8	2～9	2.2	2.2	1.9	2.0	1.9	2.04	0.3	
9	10	2.0	1.8	2.0	1.9	2.0	1.94	0.2	
10	11	1.8	1.7	2.0	2.0	1.7	1.84	0.3	
11	12	1.8	1.9	1.9	2.4	2.1	2.02	0.6	
12	14	1.9	2.2	2.0	2.0	2.0	2.02	0.3	
13	15	2.2	1.9	1.6	1.9	1.8	1.88	0.6	
14	16	2.0	2.0	2.1	2.1	1.8	2.00	0.3	
15	3～9	1.9	1.8	2.1	2.1	2.0	1.98	0.3	
16	10	11.6	1.8	1.9	2.0	2.0	1.86	0.4	
17	11	2.1	2.2	2.1	2.0	1.0	2.04	0.4	
18	12	1.8	1.8	1.6	2.1	2.2	1.90	0.6	
19	14	2.4	2.1	2.1	2.1	2.0	2.14	0.4	
20	15	2.1	1.9	1.9	1.9	1.9	1.94	0.2	
21	16	2.0	1.9	1.9	2.0	2.2	2.00	0.3	
22	4～9	2.0	2.0	2.3	2.2	1.8	2.06	0.5	
23	10	2.2	2.2	2.0	1.8	2.2	2.08	0.4	
24	11	1.9	1.9	2.0	2.4	2.0	2.04	0.5	
25	12	1.7	2.1	2.1	1.8	1.9	1.92	0.4	
合计		49.72						9.3	
平均		$\bar{\bar{x}}$=1.988						$\bar{R}$=0.372	

$\bar{x}$ 管理图：（CL）　$\dot{\bar{x}}=1.989$　　$A_2\bar{R}=0.577\times0.372$

（UCL）　$\bar{\bar{x}}+A_2\bar{R}=2.204$　　$=0.215$

（LCL）　$\bar{\bar{x}}-A_2\bar{R}=1.774$

R 管理图：（CL）　$\bar{R}=0.372$

（UCL）　$D_4\bar{R}=2.115\times0.372=0.79$

（LCL）　$D_3R=$（不考虑）

管理图号 AC103

2）确定子组的方法（见 3.9.2 节）与分层法都是构成管理图生命力的重要因素。可将 1 天的数据、1 次交接班、1 个工程、每 1 批的数据等作为一个子组，从技术上说，应使每个子组中数据波动较小，而在子组之间则存在对工程造成较大影响的原因，按这样的原则去划分子组。从本例来说，因为是每 1 小时测量 5 张，所以是 n=5 的子组。以上就是划分子组的原则，如果从技术上不易做到按时间顺序，按测量的顺序划分子组也可。我们应从实际技术角度进行各种划分子组的工作，从中选用对管理更方便的方法。

3）子组的样本量 n 应为相同大小。过去的数据，如果在某一天是 4 个，在某一天是 5 个的情况，如果不同日期中差别不大时，按时间顺序划分子组，如定为 n=5 就行。但是从技术上，如果考虑每天的差别较大时，按各天 n=4、n=5 这样划分较好。一般情况下，如果各子组样本量 n 不同，管理图的画法及应用都将变得麻烦。因此，要尽可能取相同的子组样本量 n。例如，过去的数据是有 n=5 和 n=4 的时候，可从 n=5 中随机拿掉一个数据而整理成 n=4 即可。这里只介绍 n 不变时的情况，省略了 n 变化的情况。

4）在一些特殊场合，也会有 n=6～10 左右的时候，但还是把它分为 n=5 以下的子组为好。通常用得多的是 n=2～5。

（4）数据表（记录数据用纸）的准备

首先要决定如何能方便地在一定形式的表格纸中记入数据。如果从每日报表中抄写数据，会既不方便、也不经济，错误也会很多。因此，按表 3-2 的每日报表形式分成子组，设计成能立刻做各种计算的形式会较为简便。为此，要先准备好能记入尽可能多的有关工程数据的表格。

（5）子组平均值 $\bar{x}$ 的计算

把每个子组的平均值 $\bar{x}$ 一个一个进行计算。例如，对第 1 子组进行以下计算：

［注］把数值化成整数的方法

在这个计算中，如果子组样本量 n 是 4 或 5 等都能除尽，所以问题会不大。但 n=3 或 6 时就很可能除不尽。在管理图中，一般来说求各子组平均值的计算要算到比测量值的位数多 2 位，然后把最后一位处理到比测量值多 1 位就足够了。例如，在这数据中子组为 n=3 时就可进行以下计算：

（2.1+1.9+1.9+2.2+2.0）/5=10.1/5=2.02

（2.1+1.9+1.9）/3=5.9/3=1.966=1.97

在求平均值时，会产生偏差，因此采取以下原则取舍。

1）要处理的数位，其值在 4 及以下时就舍掉，6 及以上时就进位。例如：

1.976→1.98，1.834→1.83

2）要处理的数位，其值为 5 时，依据其后面位的值而定。

① 0 以外的数值时就进位。

2.045 1→2.05，2.045 01→2.05

② 如果只有 0 或是没有数字的情况，比要处理的数位高一位的位值为偶数时就舍掉，奇数时就进位。

2.025 0→2.02　　2.015 00→2.02

2.025→2.02　　2.015→2.02

3）应该根据要处理的数位的值来处理，而不是根据下一位数的结果来处理数。

2.549 8→2.550→2.55 {→ 2.5正确；→ 不是2.6}

2.450 2→2.5

（6）子组全距 R 的计算

对各子组，用组内最大值减最小值来计算全距 R。如第 1 子组全距是 2.2−1.9=0.3

[注] R 肯定是 0 以上的值，绝对不能取负值。例如，子组内数据为−1，−3，−5，−4；这时 R 子组全距 R 为：（−1）−（−5）=4。

（7）总平均 $\overline{\overline{x}}$ 的计算

用各子组的平均值 $\overline{x}$ 计算总平均 $\overline{\overline{x}}$。

[注] 总平均 $\overline{\overline{x}}$ 的位数，一般是要计算到比测量值的位数多 3 位，把其

处理后多 2 位就可以。

（8）平均全距 $\overline{R}$ 的计算

用各子组的 R 求平均值 $\overline{R}$。

[注] $\overline{R}$ 的位数求到比测量值多 2 位。记入到 R 管理图中时，只取到多 1 位就可以。

（9）控制界限的计算

在 $\overline{x}-R$ 管理图中，$\overline{x}$ 管理图、R 管理图都要有控制界限。各类管理图的控制界限有如下 3 根。

上控制界限	（upper control limit）	UCL
中心线	（central lime）	CL
下控制界限	（lower control limit）	LCL

所谓控制界限是指上部及下部的两根线。如果标在管理图中的点位于控制界限之内时就表示处于受控状态，如果在线上出现点或点越出控制界限，那就表示在工程中发生了某种异常。

控制界限按如下方法计算（见表 3-2）。

1）$\overline{x}$ 管理图的控制界限

中心线　　$\text{CL}=\overline{\overline{x}}$

上控制界限　　$\text{UCL}=\overline{\overline{x}}+A_2\overline{R}$

下控制界限　　$\text{LCL}=\overline{\overline{x}}-A_2\overline{R}$

但是，A_2 是由子组样本量 n 而定的值。n=5 时，从表 3-3 得 A_2=0.577

表 3-3　$\overline{x}-R$ 管理图的系数表

子组样本量	$\overline{x}$ 管理图		R 管理图				$\hat{\sigma}$ 和 $\overline{R}$ 的关系 $\hat{\sigma}=\overline{R}/d_2$		
n	A	A_2	D_1	D_2	D_3	D_4	d_2	$1/d_2$	d_3
2	2.121	1.880	—	3.686	—	3.267	1.128	0.886	0.853
3	1.732	1.023	—	4.698	—	2.575	1.693	0.591	0.888
4	1.500	0.729	—	4.918	—	2.282	2.059	0.486	0.880
5	1.342	0.577	—	4.918	—	2.115	2.326	0.430	0.864
6	1.225	0.483	—	5.079	—	2.004	2.534	0.395	0.848
7	1.134	0.419	0.205	5.203	0.076	1.924	2.704	0.370	0.833

（续）

子组样本量	$\overline{x}$ 管理图		R 管理图				$\hat{\sigma}$ 和 $\overline{R}$ 的关系 $\hat{\sigma}=\overline{R}/d_2$		
8	1.061	0.373	0.387	5.307	0.136	1.864	2.847	0.351	0.820
9	1.000	0.337	0.546	5.394	0.184	1.816	2.970	0.337	0.808
10	0.949	0.308	0.387	5.469	0.223	1.777	3.078	0.325	0.797

$A_2\overline{R}$ 的计算位数同 $\overline{x}$ 的位数一样，要求到 2 位以下。请注意 $\overline{x}$ 的控制界限是根据 $\overline{R}$（子组内的波动）来决定。

2）R 管理图的控制界限

中心线　　　　　CL= $\overline{R}$

上控制界限　　　UCL= $D_4\overline{R}$

下控制界限　　　LCL= $D_3\overline{R}$

D_4、D_3 是由子组样本量决定的值。如 n=5 时，从表 3-3 查 D_4=2.115，D_3 不考虑。

R 管理图的 UCL、LCL 不是在中心值上加减 $\overline{R}$ 而定，而是直接用 D_4、D_3 相乘得出，这一点和 $\overline{x}$ 管理图不同。$m \leqslant 6$ 时不考虑 LCL。

$D_3\overline{R}$、$D_4\overline{R}$ 的计算位数同 $\overline{R}$ 的位数，即求出比测量值的位数多 1 位的有效数值就可以。

（10）管理图用纸的准备

管理图要画在方格纸上。例如，最常使用的就是横向刻度为 2～3 毫米，纵向刻度大约为 1 毫米的方格纸。如果刻度的线太粗，控制界限和点就不易看清，因此，要尽可能使用细而色浅的方格纸为好，以便于做成后能复印。

绘制时把 $\overline{x}-R$ 管理图上下排列，一般来说，如果纵向有 15 毫米就足够，因为时间上长期持续的场合多，所以应选择横轴方向长的。在下方要留好能够记事的足够空白。纸的质量也要考虑到这张纸不仅能长期使用，而且能保存的问题，因此要尽可能采用高质量的纸。如果是进行正式的质量管理，那么就要确定数据表用纸、管理图用纸并进行印制。

（11）记入控制界限

在管理图用纸的上面画 $\overline{x}$ 管理图，下面画 R 管理图。在横轴上标出子组的编号（或月日、批次号）。

$\bar{x}$、R 管理图上下控制界限的间隔应保持在 30 毫米左右，并按此确定刻度，记上单位。因此，也存在 $\bar{x}$ 管理图和 R 管理图的刻度单位不同的情况。以往按技术人员的想法来画管理图时，常看到把控制界限的宽度取成 10 厘米以上的情况，但是管理图中问题多出在点是否在界限内或在界限外的问题，而把在控制界限内各个点的微小变动扩大化之后当作问题的做法是错误的。为了观察长时间的趋向，应尽可能在一张记录纸上画小而长的图表。子组的间隔，即在横轴的点的间隔也大约取为 2～3 毫米就足够，点和点能区别就可以。

管理图应该画得看上去既容易使用又美观才好。但是，在使用工程中沾上油而弄脏是不可避免的。

用表 3-2 的数据记入控制界限，即图 3-1。

如果是用过去的数据进行分析，由数据画出的控制界限采用以下的方法：中心线用实线（——）；控制界限用虚线（-----）。

这对无论哪一种管理图来说都是一样的。

上述控制界限一直画到分析用数据的子组号位置为止。

（12）点的记入

其次就按照子组号顺序把各子组的平均值 $\bar{x}$ 和全距 R 分别记到 $\bar{x}$ 管理图和 R 管理图中。1 个子组的 $\bar{x}$ 点和 R 点在同一个纵轴上标注。标点时需要注意下列事项。

1）点要标清楚。为了能使点的变化一目了然，要标得稍微大些，以不妨碍刻度为限，不要受到刻度的约束而写得太小。

2）$\bar{x}$ 的点和 R 的点要能够区别。通常对 $\bar{x}$ 是用“•”，对 R 是用“×”标记。

3）如果各子组是按照交接班不同、机器不同或班组不同进行分组，分层后采用改变颜色或改变记号，这样以便于识别和了解各种情况。

4）对于控制界限上或从超出界限的点（异常点）应标上“⊙”“⊗”，或红圈等比较明显的标记。

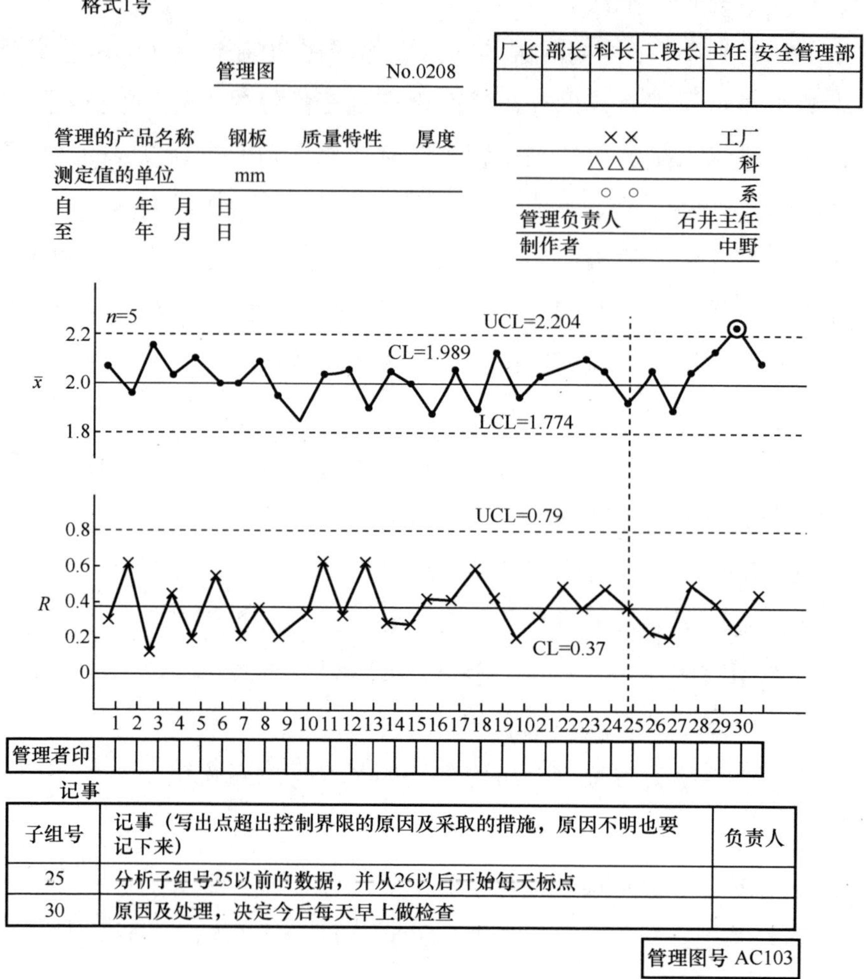

子组号	记事（写出点超出控制界限的原因及采取的措施，原因不明也要记下来）	负责人
25	分析子组号25以前的数据，并从26以后开始每天标点	
30	原因及处理，决定今后每天早上做检查	

图 3-1 $\bar{x}-R$ 管理图

5）在靠近中心线的点用“◡”、“⌒”等标记，以能区别在中心线上下的哪一边。

6）标出的点按子组号顺序用细实线连接。在 1 天或是 1 周中有很多点时，就只把每天或每周的点连接起来，其间不连接而隔起来就容易看懂。

总而言之，标点需要大家能够看懂，必要时可先分层后再标点。

（13）记录其他的必要事项

在 $\bar{x}$ 管理图的左端刻度处标上 $\bar{x}$ 。

在 R 管理图的左端刻度处标上 R。

还应在管理图的上部标记是哪一个质量特性、测量单位、管理负责人、记录人、数据的期限、管理图号等，以及其他的有关必要事项。

在 $\overline{x}$ 管理图的左上部记入子组的大小，如 n=5。

在控制界限上，如图 3-1 所示，分别标记 UCL、CL、LCL，同时记入其数值。

（14）小结

以上就是 $\overline{x}-R$ 管理图的画法。由此可知，虽然统计学本身是比较难的学问，但是因为管理图使用简单的加减乘除就能绘制，所以在日本，质量管理做得好的工厂，不仅工段长等管理负责人，甚至连普通作业者都能绘制并使用管理图。

这种管理图和以往图表的不同点如下。

1）数据可以分成子组。

2）可以知道 $\overline{x}$ 和 R 两方面的变化。

3）管理图中有统计意义上的控制界限。

又由于图表化获得的效果更大，它比起以往数字罗列的报表，更能让人掌握工厂的实态，而且还便于根据控制界限对工程采取措施。

[**备注**] 以上是过去数据分析时绘制管理图的常用程序。但是在工厂内进行质量管理培训时，为了通俗易懂地说明由抽样所造成的波动概念和控制界限，用筹码实验或用现场实际数据开展培训效果更好。此时，为让听讲者容易理解，建议用下面的顺序绘制管理图。

a）准备数据表。

b）筹码实验，数据的分组。

c）准备管理图用纸。

d）$\overline{x}$ 的计算。

e）$\overline{x}$ 的标记（这时，把控制界限的宽度取为 30 毫米左右）。

f）R 的计算。

g）R 的标记（这时，把控制界限的宽度取为 30 毫米左右，同子组的

R 和 $\overline{x}$ 的点画在相同的纵轴上）。

h）计算 $\overline{\overline{x}}$，记入。

i）计算 $\overline{R}$，记入。

j）计算 $\overline{x}$ 的控制界限，记入。

k）计算 R 的控制界限，记入。

l）其他项目的记入。

3.4 *p*（不良品率）管理图的绘制

p 管理图是在管理以下情况的工程时使用的。例如，试验 100 张或 100 个，产品或半成品，考虑好（合格）或是不好（不合格）的时候。如果其中有 5 个不良品，或者在 n 个产品中不良品比率为 p（或是有 pn 个不良品）时，将其用不良率 p=5/100=0.05 或是 5%（不良百分率）的方式表示。也可用良品率（g）数据。编制这种管理图时采用如下顺序。

（1）收集数据

尽可能多地收集有关不良率的数据。这时要知道这些数据的检查个数 n 和不良品个数 pn 才行㊀。数据量越多，分析也就会越方便。至少要有 20 批，即不良品率的数量（子组的数量）要在 20 个以上。其中不良品的种类可能会有多种，但应尽可能按不良品的不同状况或不同原因分层，然后绘制管理图。

（2）划分子组

划分合理的子组十分重要，这在 3.3 节中已经讲过。一般来说，把批次的概念合理化后，建议按照不同的批次来划分子组。例如，可不用按生产批次划分子组，而采用便于工程管理的小批次。如果各子组的大小不变，则更容易使用。从统计角度看，n 太小时，管理图的检验能力就会变差；n 太大时，则需进行分层后再划分子组。

㊀ 如后所述，借助有关管理界限的计算公式，可知即使每 100 个产品中有 5 个不良品和每 200 个产品中有 10 个不良品的不良率同为 5%，但从统计上看，两者的分布是不同的。

（3）计算各子组的不良品率 p_i（见表 3-4）

$$p_i = \frac{\text{不良个数}}{\text{样本量（子组大小）}} = \frac{r_i}{n_i}$$

表 3-4　不良品率、不良品个数管理图用数据表一例

pn / p 管理图用　　________　　厂　名________

年月日________

产品名称________　　产品号________

工　　程________　　工程负责人名称________

检查方式________　　检查负责人名称________

不良的种类________　　备注________

子组号	检查个数 n	不良品个数 pn	不良品率 p	UCL	LCL
1	50	3	0.05		
2	50	8	0.16		
3	50	3	0.06		
4	50	5	0.10		
5	50	4	0.08		
6	50	10	0.20		
7	50	10	0.20		
8	50	9	0.18		
9	50	4	0.08		
10	50	6	0.12		
11	50	9	0.18		
12	50	8	0.16		
13	50	12	0.24		
14	50	6	0.12		
15	50	8	0.16		
16	50	8	0.16		
17	50	10	0.20		
18	50	13	0.26		
19	50	9	0.18		
20	50	5	0.10		
21	50	7	0.14		
22	50	9	0.18		
23	50	5	0.10		
24	50	3	0.06		
25	50	13	0.26		
合计	1 250	187	—	—	—
平均	$\bar{n}=50$	—	$\bar{p}=0.150$	0.302	—

CL　$\bar{p}=0.150$

UCL　$\bar{p}+3\sqrt{\bar{p}(1-\bar{p})/n}=0.150+0.152=0.302$

LCL　$\bar{p}-3\sqrt{\bar{p}(1-\bar{p})/n}=0.150-0.152=$（不考虑）

（4）求平均不良品率 $\overline{p}$

平均不良品率 $\overline{p}$ 是把总的不良品个数用总检查个数（总样本量）除得来的。一般来说，不应为各子组不良品率 p_i 的平均值。但是，如果各子组的大小相等，则为各子组不良品率 p_i 的算术平均值。

$$\overline{p}_i = \frac{总不良品个数}{总检查个数} = \frac{\sum r_i}{\sum n_i} = \frac{\sum p_i n_i}{N} \quad （其中，N = \sum n_i）$$

本例中 $\overline{p} = \frac{187}{1250} = 0.150$ 。

（5）计算控制界限

p 管理图的 3σ 控制界限由下式求得：

$$上控制界限\ \mathrm{UCL} = \overline{p} + 3\sqrt{\frac{\overline{p}(1-\overline{p})}{n!}}$$

$$下控制界限\ \mathrm{LCL} = \overline{p} - 3\sqrt{\frac{\overline{p}(1-\overline{p})}{n!}}$$

但是，如果 LCL<0，就不考虑 LCL。

$$\overline{p} + 3\sqrt{\frac{\overline{p}(1-\overline{p})}{n!}} = 0.150 \pm 0.152$$

$$\mathrm{UCL} = 0.302$$

$$\mathrm{LCL} = （不考虑）$$

由此式可知，如果 n_i 变化，那么控制界限的宽度就会变化，形成凹凸的情形。因此，如果各批的检查个数 n_i 变化，控制界限就不是一根直线，而要对各子组分别求出界限后加以记录。因此，进行工程管理时，尽可能不使 n_i 变化。

［注 1］ n_i 变化时，中心线 $\overline{p}$ 是不变化的。

［注 2］对相同 $\overline{p}$ 来说，n_i 越大，控制界限的宽度就变小，$\overline{p}$ 变大时宽度就变大（ $\overline{p} \leqslant 0.5$ 时）。

［注 3］实际上各子组的大小 n_i 对各批的平均检查个数 $\overline{n}$ 来说，如果是大约在 2 倍或 1/2 以内的变化时（如 $\overline{n} = 100$ ，最大的 $n_i = 200$ ，最小的 $n_i = 50$ ），就先用 $\overline{n} = 100$ 画好控制界限，而点在如下情况时，按照其 n_i 的大小不同进行检查。

$$\bar{n} \approx \frac{n_1 + n_2 + \cdots + n_R}{R}$$

1）$n_i > \bar{n}$ 时，如果点靠近控制界限的内侧时，对其 n_i 做精密计算。如果稍微越出控制界限的外侧，那就必定在界限外（这是因为 n_i 大时，界限的宽度变小的缘故）。

2）$n_i < \bar{n}$ 时，如果点靠近控制界限的外侧时，对其 n_i 作精密的计算。如果点进入控制界限内，那就必定在界限内，故不必作精密计算。

［注 4］p 管理图的控制界限宽度是根据 $\bar{p}$ 决定的。这一点与 $\bar{x}$ 管理图根据 $\bar{R}$ 来决定的情况不同。

［注 5］处理不良品百分率时，控制界限的计算如下：

$$100\bar{p} \pm 3\sqrt{\frac{100\bar{p}(100 - 100\bar{p})}{n_i}}\%$$

［注 6］因为用 n_i 一个一个来计算控制界限很麻烦，因此，已研究出各种各样的图和表，如《日科技连数值表（A）》。

［注 7］$\bar{p} \leqslant 0.1$，即不良品百分率在 10%以下时，就认为 $1-\bar{p} \approx 1$，控制界限可用下式近似计算：

$$\bar{p} \pm 3\sqrt{\frac{\bar{p}}{n_i}}, \quad 100\bar{p} \pm 3\sqrt{\frac{100\bar{p}}{n!}}$$

（6）画管理图

标记中心线、控制界限等 3 根控制界限，记入数值，标上各个 p_i 值。控制界限的宽度与 $\bar{x}-R$ 管理图一样，大约取为 30 毫米。因为 n_i 的大小不同，控制界限也不同。所以在子组的大小有变化时，需要在子组号下面记入子组的大小 n_i 才行。

3.5　*pn*（不良品个数）管理图的绘制

由于与不良品率管理图非常相似，所以只指出需要注意的地方（见图 3-2）。

pn 管理图的控制界限由下式求得

$$中心线=平均不良个数=\frac{总不良品个数}{子组数}=\frac{\sum r_i}{k}=\frac{\sum p_i n_i}{k}=\overline{p}n$$

$$上控制界限\,\mathrm{UCL}=\overline{p}n+3\sqrt{\overline{p}n(1-\overline{p})}$$

$$下控制界限\,\mathrm{LCL}=\overline{p}m-3\sqrt{\overline{p}n(1-\overline{p})}$$

由上式可知，在 *pn* 管理图中，中心线 *pn* 也是随 *n* 而变化。因此，如果 *n* 有变化，中心线、控制界限都会变化，点的位置也会随之有很大变化，从而变成很难使用的管理图。所以，*pn* 管理图只能在子组的大小 *n* 一定的情况时使用。在 *n* 一定时，把不良个数 *pn* 直接标记就可，所以适用于在工作现场使用。

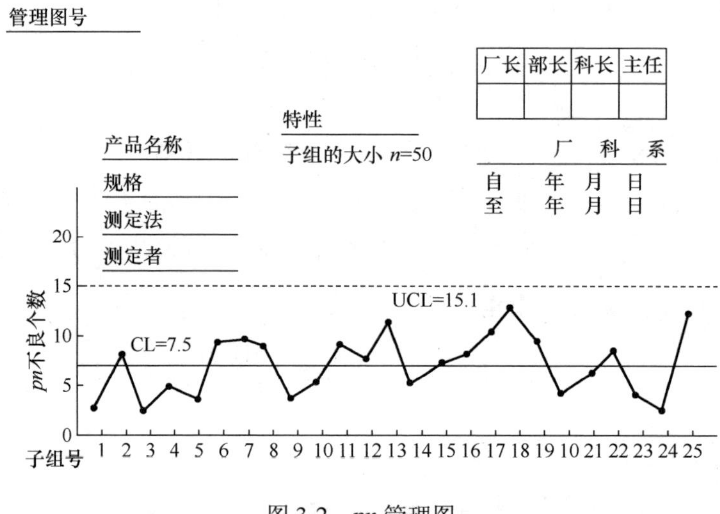

图 3-2　*pn* 管理图

3.6　*u*（单位缺陷数）管理图的绘制

为管理纺织品上的疵点数、涂漆面上的砂眼数、电线或纸类等较长的产品中的缺陷数，或是机器、电器、电视机、家具及其他装配好的产品中的缺陷数、事故数和机器故障次数，药品或溶剂中的灰尘数，印刷中排错的字数，以及每天的顾客数等数据，在样本大小一定时使用 *c* 管理图，在样本的大小有变化时要换算成单位缺陷数 *u* 后才能使用 *u* 管理图。

（1）数据的取法

产品抽样，测量好其缺陷数 c，如果是板、纸或药品、溶液等则测量其面积、长度、重量和容量等数据；装配的产品应计算产品个数；事故等的场合，要按一定时间或是一定人数、一定机器台数收集好数据。缺陷的种类可以有两种以上，但在这种情况下，不能把相互有关联的缺陷混在一起，并尽可能把缺陷按照不同现象、不同原因进行分层，再绘制管理图。

（2）划分子组

把数据分成合理的子组。把同批次、同系统的数据当作 1 个子组。在子组内所包含的产品单位数 n_i，如几米、几平方米、几克、几升、几台、几个人，取不同的值也可以，但要标明其数值。

（3）计算每个子组的单位缺陷数 U_i

$$U_i = \frac{\text{子组内的总缺陷数}（c_i）}{\text{子组内的产品单位数}（n_i）}$$

例如，有 5 平方米时，把单位定为 1 平方米，那么 n_i 就是 5。

（4）求 $\overline{u}$

$$\overline{u} = \frac{\text{各子组}c_i\text{的和}}{\text{各子组}n_i\text{的和}} = \frac{\sum c_i}{\sum n_i}$$

这就是中心线。

（5）求控制界限

$$\overline{u} \pm 3\sqrt{\frac{\overline{u}}{n_i}}$$

如果 LCL 比 0 小就不考虑 LCL。

n_i 变化时，像 p 管理图那样，控制界限是在每个子组处形成凹凸形状。

以后的步骤与 p 管理图相同。

3.7　c（缺陷数）管理图的绘制

c 管理图是将缺陷数 c 直接标记，所以只可用于 n 不变的场合。与管理图的不同在于不必求 U_i 而直接用 c_i 就可以，而控制界限用下式计算。

$$中心线\overline{c}=\frac{所有子组的总缺陷数}{子组的数量}=\frac{\sum c_i}{k}$$

$$上控制界限\ \mathrm{UCL}=\overline{c}+3\sqrt{\overline{c}}$$

$$下控制界限\ \mathrm{LCL}=\overline{c}-3\sqrt{\overline{c}}=（不考虑）\ （\overline{c}<9的场合）$$

见表 3-5 和图 3-3 的举例。

表 3-5 缺陷数管理图用数据表的一例

c/u 管理图用	______	工厂______
		年月日______
产品名称______		产品号______
工程______		工程负责人______
检查方式______		检查负责人______
缺陷种类______		备注______

子组号	子组的大小	缺陷数 c	单位缺陷数 u_i	备注
1		18		中心线$\overline{c}=16.8$
2		13		$\mathrm{UCL}=\overline{c}+3\sqrt{\overline{c}}$
3		13		$=16.8+3\times4.1$
4		15		$=29.1$
5		21		$\mathrm{LCL}=\overline{c}-3\sqrt{\overline{c}}$
6		17		$=16.8-3\times4.1$
7		28		$=4.5$
8		10		
9		23		
10		16		
11		15		
12		22		
13		18		
14		12		
15		24		
16		11		
17		19		
18		16		
19		13		
20		14		
21		12		
22		25		
23		16		
24		13		
25		15		
合计		419		
平均		$\overline{c}=16.8$		

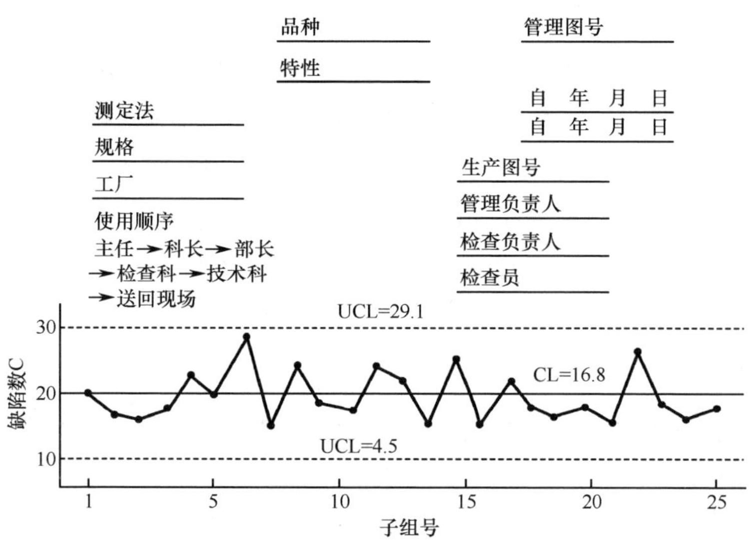

图 3-3　c 管理图的一例

3.8　管理图的观察方法

只是绘制管理图起不了什么作用，而应认真观察管理图后，从中读取有关质量、工程、作业状况的信息，从而寻找并消除异常原因。为此，就需要学会观察管理图并从点的变动情况找出信息。而且还必须做到一看就能判断工程处于什么状况、发生了怎样的分布变化、出现了什么原因等情况才行。

下面简单讲述一下观察管理图的方法原则。

1）不要把管理图上的点仅当作点看，而是要当作分布来看。即要考虑在其背后的工程（总体）分布的变化。

2）不要过于计较控制界限内的点的变动情况。只要没有异常，在同样工作的情况下，结果会在控制界限内产生随机波动。

3）如果点在界限内，那么原则上就认为工程是处于受控状态。

［注］严格地说，在 $\overline{x}$ 管理图中，把中心线作为中心，在控制界限内形成正态分布，按顺序呈随机排列的场合就是受控状态。参考 6）以下的

内容。

4）如果点超出控制界限外，那么就表示在工程中确实出现了异常原因（不处于受控状态）。在控制界限上的点也要把它看成是非受控状态。

5）在分析用的管理图中，如果处在以下状态时就基本上认为是处于受控状态，可将其控制界限估计成是工程的正常状态，把控制界限延长到将来，就能将此管理图用于对工程的管理。

如果点基本上是随机排列，就认为处于受控状态，具体如下。

① 连续 25 点以上在控制界限内。

② 连续 35 点，处于控制界限外的点不超过 1 个。

③ 连续 100 点，处于控制界限外的点不超过 2 个。

上述场合中，对控制界限外的点，还是要找出其异常原因。

6）如果点连续出现在中心线的一侧，就叫链。在中心线的一侧（上或下）连续有多个点排列时属异常。一般如果有连续 7 个点以上位于中心线一侧就判断为存在异常原因。但是如果是在一侧没有控制界限的场合（如 n 在 6 以下的 R 管理图的 LCL）时，如果该侧有 7 个点的链（如在 $\overline{R}$ 以下的链）时也不判定为存在异常。

7）在分析用的管理图中，如果点在中心线同一侧出现非常多，如以下情况：

① 连续 11 点中至少有 10 点

② 连续 14 点中至少有 12 点

③ 连续 17 点中至少有 14 点

④ 连续 20 点中至少有 16 点

位于中心线的同一侧，就有可能在工程中出现了异常。

8）点表示出上升或下降的趋势的场合，有可能是发生了异常情况。

9）点的一半以上都超出控制界限外或是几乎所有的点都进入到从中心线到控制界限间隔的一半以内的管理图，就表示该管理图划分子组的方法或是分层的做法不好。因此需要改变划分子组的方法、改变分层的方法，并尝试重新绘制管理图。

10）对 $\overline{x}-R$ 管理图，应先从 R 管理图开始研究。

3.9　管理图的使用方法

3.9.1　管理图的用途

从各个方面而言，管理图可以说是管理的核心统计方法。管理图在统计质量管理中的地位十分特殊，简单来说："质量管理始于管理图，且终于管理图"。

管理图按用途分类可分为以下几种。

（1）用于控制◎。

（2）用于分析◎。

（3）图表○。

（4）用于调节×。

（5）用于检查◖。

管理图虽然被用于以上多种目的，但管理图的精髓还是在于控制工程，其次是用于分析。从某个角度来看，用于分析的管理图可以说是用于控制工程的管理图的准备阶段。对工程的分析将在第 4 章讲述。

（6）所谓的图表是指把数据制成管理图，虽然画有控制界限，但是当点超出控制界限时，这种管理图也只是标记出来而已，并不去寻找异常原因，也不去采取措施。只按照命令机械地绘制管理图就属于这种类型。很多工厂没有充分进行工程分析和标准化，所绘制的就是这种图表。从形式上看是管理图，实质上不能叫作管理图，而应该叫作图表。但是，把数据进行图表化、管理图化的结果，也能了解工程随时间的变化。而且，具精神效果还是很大的，因此，也并不是说要把这种图全部都废除掉。如果图表化的效果好，还是应该鼓励去应用。但是，因为画了这种管理图就把其误解为是进行了控制和质量管理就不好了。同时，这种管理图若是长期持续使用，就会使人感到厌烦并由此产生管理图无用论的观点。因此要尽可能及早地去分析工程、实行标准化，重新检讨应该用于管理图中的特性，并把寻找异常原因的方法和采取措施的责任和权限等进行标准化，努力使这些图表变成用于控制的管理图。

所谓用于调节的管理图，就是在管理图中出现点超出控制界限时，也不找异常原因并对其采取措施，而只是调节一下温度或刀夹，改变原料的配方等。这不是管理图根本的使用方法。同时 3σ 原则作为调节界限（不是控制界限）是否适当，这完全是另一件事情，往往将 3σ 界限作为调节界限是不适当的。应将其与管理图区别，叫作调节图。

调节界限应考虑工程的随机波动、工程的平均波动情况、抽样间隔、调节的可能量及其效果、反馈的时间等，应该采用自动控制一样的检查后作决定。

所谓用于检查的管理图，是指管理图表示出异常情况后，改变对批次的处理方法，或对批次作全数检验，或改变以后的检查方式，或站在某种检查的立场使用管理图的做法。例如，由正常检验转移到放宽检验时，把其标入管理图中，这时如果出现了超出控制界限的情况，就恢复到正常检验或严格检验。但是对批的处理，如作全数检验的判定是不应该用控制界限，而应该用筛分型抽样检验的判定基准进行。同时，用于检查的管理图较多地用于进行检查重点注意事项的旧式质量管理的工厂，在电机和机械工业较多出现，所以需重新审视一下。从这种意义上讲，如果经过了充分研究是可以的，但通常只用于检查的管理图是不值得推荐的。然而，对于检查作业的管理和检查工程的管理，使用管理图是非常有用的。在这些管理中需要灵活使用管理图。

3.9.2 用于分析的管理图的使用方法

用于分析的管理图大致可分为以下两种。

1）为发现和消除波动原因所进行的分析。

2）为工程控制准备而推断工程能力所进行的分析。

首先，1）在（1）～（3）中讲述，2）在（4）中讲述。1）主要在利用划分子组、分层、修正管理图等方法绘制出管理图后，希望根据失控或根据不佳的检验结果来发现并消除产生波动原因的做法。

（1）划分子组的方法

多种改变子组的方法，对发现波动的原因来说是非常重要的方法。划分子组的方法也和样本抽取方法有密切的关系，由此可发现很多原因，甚至抽取样本方法的好坏，也会制约用于控制的管理图的命运。此时需要考虑的情况如下。

1）要把什么原因影响子组内的波动，什么原因影响子组间的波动，通过绘制特性要因图等方法，从技术上充分地进行区别后，再来研究管理图。例如，在 $\bar{x}$ 管理图中造成超出控制界限情况的主要是引起子组间波动的原因，而在 R 管理图中造成超出控制界限情况的主要是在引起子组内波动的原因。

2）一般来说，子组内要尽可能同质，使波动变小，即要把在同样条件下生产的产品数据汇集成为 1 个子组。换句话说，分组时要把子组间的波动变大。这在进行工程分析时特别重要。

3）抽样方法也应随着划分子组的方法进行改变。

4）想发现什么样的波动、想控制什么都要明确，这样可以尽可能地不将这些波动包含在子组内。

5）划分子组的方法是：考虑从技术上能想到的原因，多样改变划分的方法，比较其受控状态和 $\bar{R}$ 等进行研究。

通过以上的研究，可发现用于工程管理且方便的抽样方法和分组方法。按这种方法分成的子组叫作合理子组。

（2）分层

如在工厂中有若干台机器，这些机器大多都有各自的特征和特性，或是按原料类别的不同、按产地的不同、按辅助原料的不同、按季节的不同、按月的不同、按气候的不同、按作业状况的不同、按人的不同、按班次的不同、按作业量的不同等，凡认为能对工程造成特别影响、认为能引起波动的原因就按照其进行分类，分别绘制管理图。或者按照不良品、缺陷和故障等种类的不同、状况的不同绘制管理图。如此分为几个层次的工作，就叫作分层。

在分析时，绘制从技术上影响较大的计数性的按原因多样分层的管理图是非常有用的。也可以说能否做好管理图管理和分层分析的关键在于分层。很多在分析和管理上做得成功的案例都是把从原料到产品为止的工作进行充分分层后，很巧妙地在运行工程中获取数据、进行分析的管理图。

在绘制好分层的管理图后，再对分层前后和各层之间进行管理图的受控状态的比较和平均值（$\overline{\overline{x}}$、$\overline{R}$、$\overline{p}$、$\overline{c}$等）的比较研究。

这时，应做好下列工作。

1）分层时，尽可能将子组的大小取得一致。

2）从 R 管理图来说，如果层分得好 $\overline{R}/d_2$ 就会变小。如果 $\overline{R}/d_2$ 变小，分层就有效果，多数情况下层间就存在某种差异。同时，如果分组的方法合理，那么分层后多数情况就明确了各层 $\overline{R}/d_2$ 大小。可以很粗略地说，如 2 个层的 R 平均值为 $\overline{R}_A$、$\overline{R}_B$ 时，对 R 的总平均值 $\overline{R}$ 来说，$\overline{R}_A$、$\overline{R}_B$ 都相差在 20%以上，层间波动可以说确实是有差异的。详细的方法请参考 3.13。

3）一般来说，分层后管理图的受控状态比分层前的管理图更好，分层就有意义，层间差异会明显。

4）如果在各层的平均值间有差异的话，在分层后的各 $\overline{x}$ 之间就出现差异。各 $\overline{x}$ 间的差异在多数情况下能直观地进行判断，如果认为有疑问时就采用 3.13 的方法，检验一下平均值之间是否有显著差异。

5）如果判定各层的 $\overline{R}$ 或 $\overline{x}$ 确实存在差异，就要追究其原因并采取能不产生差异的措施，乃至修订标准。如果采取了这样的措施，就一定要重新绘制分层的管理图并进行检查，以确保效果。

6）如果无论如何也不能消除在各层间造成差异的原因，或是属于工程管理责任以外的问题，那么就只能修正相应差异的数据后再绘制管理图，继续进行检查。但是从整个公司来看，消除其原因的责任应该属于公司内某个地方。

（3）用管理图作分析时的一般注意事项

以下讲述利用管理图分析时的一般注意事项。

1）在分析工程时，特别是针对 $\overline{x}-R$ 管理图，要注意分组和分层后的受控状态及 $\overline{R}$。而且首先要想办法尽可能使 $\overline{R}$ 变小并使 R 管理图表现为受控状态。

2）分层的管理图分析主要针对差异的原因，调查其是否有影响及其影响大小并决定是否对其采取措施。

3）在工程分析的时候，应采用各种方法对分组和分层进行研究，以求在实际试行时采用效果最好的方法。因此，应从技术影响最大的原因开始，由大到小，一个一个彻底地进行分析。这样如果在各层之间还是存在差异，则对其采取措施，完善和修正数据，修正量是其差异值。

4）在波动的世界中，R 成了工程波动的基本因素，故在多数场合，如果能自由调节 $\overline{R}$，那么就能使 $\overline{\overline{x}}$ 成为所期望的值。因此，可以说不管是在工程分析还是在工程控制的场合，目标都是从消除 R 开始的。

对消除 R 来说，以下这些做法是有用的。

① 改变分组的方法。

② 进行分层。

③ 缩小抽样（集合体的场合）和测量的波动。

④ 要充分进行工程分析及控制。

⑤ 通过上述方法还是不能使 $\overline{R}$ 变小时，可采用实验设计进行工厂实验等来进行标准的修订、设备的改造等，以求在技术上进行根本的改良。这时要把方差分析的误差变异和 $\overline{R}/d_2$ 的平方进行比较。

一般来说，R 大的原因就在身旁，就在日常作业中，因此，要从身旁一个个地仔细寻找原因。

5）一般来说，如果改变一下划分子组的方法或是分层之后，R 能变小，那么就说明其分组及分层是有效果的。这时就应研究组间波动的原因是什么。

6）在 p、c 等管理图中，上述事项大体上相同，但是要留意以下几点。

① 不仅要注意向坏的方向超出控制界限的现象，而且也要注意向好的方向超出控制界限的现象。向好的方向超出控制界限的现象一般都属于下列情况：工程真正变好；检查标准放宽；在抽取样本时，没有随机取样而是选择较好的样本等。不管怎样，向好的方向超出控制界限的现象也要追究原因、灵活运用信息、采取措施才行。

② 分组的方法不好，子组过大时，也会发生有很多点超出控制界限的情况，此时要把数据分开采集，进行多样的分层，变成较小的子组，或是绘制分层的管理图以获得更翔实的信息。

（4）为工程控制作准备的分析程序

在这里做分析，进行准备之后就直接进展到下一节 3.9.3 工程控制。

这里把最重要的$\bar{x}-R$管理图作为中心方法来讲述，其他的管理图也大体相同。

1）决定应该绘制的管理图中的特性

如前所述，要研究我们管理责任范围内的结果，即研究对象。对产品质量来说，如果产品具有很多质量特性，就要决定哪一种质量特性是重要的或应该检查什么特性。如果存在很多重要的质量特性，即便全部选择也是可以的。应该考虑消费者（或下一道工序）所要求的重要质量特性。根据分析的结果，从中选定便于今后工程控制的几种特性绘制管理图。

此时，如果按照旧的技术思路，多数情况下会绘制出关于原因的管理图。可这是错误的，其大多数只不过是一般的图表而已。不言而喻，管理图具备了一定的图表效果，但为了原因分析而绘制管理图不是管理图的本身目的。

2）使用管理图的决定

如果选定了特性，那么就应考虑该特性的性质，决定使用$\bar{x}-R$，pn，c，u等管理图中的哪一个。

3）收集数据

在工厂中，多数场合卜收集过去已有的数据就足够了，但对这些数据应该清楚其历史才行。如果完全不了解历史，那就要根据控制的目的，按批次进行分层后抽样，重新获取新的数据，有些数据虽然不知道其历史，但分析这些数据也会有些用处。在可能的情况下，应收集 100 个以上数据。

4）利用管理图来分析过去的数据。已在本节（1）~（3）讲述过。

5）为控制作准备的管理图

考虑在 4）调查得到的知识和控制工程的目的，决定管理图的绘制方法，试绘管理图。如果该管理图基本处于受控状态（参考本章 3.8 节中的 5）），那么就能求出为将来工程控制所绘管理图的控制界限。如果不处于受控状态，那就想各种办法去努力绘制出接近于受控状态，而且使用方便的管理图。编制出能使工程处于该受控状态的作业标准，并向部下明确指示。

但是，如果得不到处于受控状态的管理图时，也可把界限延长，继续标记点，如果发生点超出控制界限的情况，应把原因追究到底，并予以消除。这样的话就可使用这种方法。

在需要重新编制标准或是修订标准的场合，要根据其标准收集 20 个子组左右的数据，绘制管理图进行研究，并标记工程控制的控制界限。

［注］在这种情况下，数据应有 100 个或是 20 个子组以上为宜。这是因为数据越多，推断工程（控制界限）的精度就越高的缘故。但是，在数据少的时候也能大体上求出控制界限，如果后续收集到了数据，就重新计算控制界限。

6）与规格、目标值的比较（见 2.4 节）

如果合理地给出产品的规格和目标值——虽然当前合理给出的可能性较小——就利用直方图或管理图来调查 5）得出的受控状态（工程能力）是否满足了规格和目标的要求。没有合理地给出规格和目标值时，需要和消费者、下一道工程的干部商量决定才行。

3.9.3　用于控制的管理图的使用方法

进行完了分析，就该控制了。

（1）为用于控制的管理图所做的准备

进行完了数据分析，就把在分析中求得的控制界限记入到管理图用纸中，以备将来的工程控制。

（2）在收集每天数据的管理图上标记

用决定好的方法进行作业、抽取样本、进行测量、计算每个子组的 x 、R 等值，在管理图上标记。在该场合，要把控制界限画好后再进行标记。决定好什么时候、由谁抽样、由谁测量、向谁报告和如何报告、由谁来标记、由谁使用等事项。

（3）受控状态的判定（见 3.8 节）

如果点在控制界限内，那么工程就处于受控状态。如果点超出了控制界限，那么就表示在工程中存在某种异常原因，因而作为结果的特性就表现出较大的波动。

如果 R 管理图的点超出控制界限外，就表示在工程中存在着使产品分布的波动宽度变大的情况。如果 $\bar{x}$ 管理图的点超出控制界限外，那就表示在工程中存在着主要使平均值产生变化的原因。但是也有因为波动变大而 $\bar{x}$ 的点超出控制界限外的情况。

在 p 管理图中，点从 UCL 超出时，就表示发生了使工程的不良品增多的异常原因，如果从 LCL 超出就表示发生了减少不良品的异常原因或是检查放松的情况。

一般来说，超出控制界限时，抽样、测量、检查引发异常的情况往往较多，所以要注意。

通常，在工程控制的场合，只在点超出控制界限外才判断存在异常原因。但有时也可以用链的方法判断。

要决定好对各类管理图在什么时候判定为有异常原因的判定基准，由谁负责观察管理图，以及根据需要怎样进行传阅等方面的工作。

（4）原因的追究

如果判明工程不处于受控状态时，管理负责人就有责任立刻追究其原因。对原因的追究，需要应用技术和各种统计方法的知识，但这时如果利用管理图提供信息就会很有说服力。进行充分分析，把追究异常原因的顺序确定为标准。

（5）采取措施

追究出原因后，如果只判明了情况，那还不能说是进行了管理。判明原因后要做下列工作。

1）立即消除其原因，使工程恢复到稳定状态。

2）今后不再发生由同样原因造成的异常，需要从根本上采取防止再发生的彻底措施。如果忽视了这个事，那么还会因同样的原因，重复发生工程中异常的波动。例如，如果其原因是由作业者的不小心所造成的，那就要进行教育，防呆装置（fool proof）的工模夹具，或者针对作业标准不完善进行修订或采取彻底的措施。确切采取防止再发生措施的工作，才是控制中最重要的事情（见 1.5 节，图 1-14）。

3）对各类管理图要决定好采取措施（除去异常原因）的程序，依据是由谁判断（权限）能做到什么地步，向上级的报告方法或样式（异常报告书）等事项。根据报告决定好组长、班长、主任、科长等所应该采取的措施。

（6）检查采取措施后的结果

针对异常原因，立刻进行消除也罢，或是修改标准防止再发生也罢，都应检查采取措施后的结果才行。

一般来说，针对采取某种措施的场合，如果只是采取了措施不能算是进行了管理。采取了措施就必须要检查其结果，这就是管理的原则。

（7）控制界限的重新计算

一般是通过记入控制界限和标记点来控制工程的，但有时还要重新计算控制界限、注意使用符合当前工程情况的控制界限才行。

要重新计算控制界限的有如下几种情况。

1）技术上有明显变化。

2）工程中虽然没有变化，但是从控制工程开始已经过了一定时间（例如，过了 1 个月或产生了 100 个数据）。

3）从管理图判断，判明工程中明显发生变化。

不应始终不对控制界限进行重新计算，不应无视工程已经发生了相当大变化、仍在 3 个月或半年后也不重新进行控制界限的计算，不应只是看着点从控制界限超出或是出现长的链也只是眺望而已的图表式使用方法。确定重新计算控制界限的周期或方法就是确定使用管理图的标准。如果不切实实行，那么管理图就会失去意义。

在重新计算控制界限时，控制界限外的点要做如下处理。

a）知道表示工程异常的点的原因，消除采取措施的数据或子组，重新做计算。

b）对于原因不明或是知道了原因但是不能采取措施的数据，应原封不动地放在里面，一起重新做计算。

（8）控制标准的编制

有关控制标准的问题将在第 5 章详细讲述。但是，如上所述，为了控制，要针对每种管理图确定什么时候、由谁、怎样进行控制的控制标准。

如果没有这个标准，管理图就不好用，就做不好管理。不管怎样，管理图是应该由领导者来观察和使用的工具。

管理图对各部门的领导者来说，不仅是在质量管理中，而且在各种管理中都是有效的和便于使用的有力工具。

3.10 $\tilde{x}-R$（中位数-全距）管理图

（1）绘制中位数管理图的方法

所谓中位数是指把数据从最大值到最小值按顺序排列后处于中间位置的数值，用$\tilde{x}$来表示。若数据的个数为偶数时，则取中间 2 个数据的平均值。

$\tilde{x}-R$管理图的使用方法，几乎与通常的$\tilde{x}-R$管理图相同。

$\tilde{x}$管理图的控制界限通常使用式（3-1）或式（3-2）中任何一个公式求得。

$$\tilde{\tilde{x}} \pm m_3 A_2 \overline{R} \tag{3-1}$$

$$\overline{\tilde{x}} \pm m_3 A_2 \overline{R} \tag{3-2}$$

其中$\overline{\tilde{x}}$是中位数的平均值。m_3A_2是从R求中位数管理图的控制界限时用的系数，是随n而变的值，如表 3-6 所示。

表 3-6　$\tilde{x}-R$管理图的系数表

子组大小 n	$\tilde{x}$		使用 $\tilde{R}$ 时					
			$\overline{x}$	x	$\tilde{x}$			
	m_3	m_3A_2	A_3	E_3	m_3A_3	dm	D_5	D_6
2	1.000	1.880	2.224	3.14	2.224	0.954	—	3.864
3	1.160	1.182	1.091	1.89	1.265	1.588	—	2.744
4	1.092	0.796	0.758	1.52	0.828	1.978	—	2.375
5	1.198	0.691	0.594	1.33	0.712	2.257	—	2.179
6	1.135	0.549	0.495	1.21	0.562	2.472	—	2.055
7	1.214	0.209	0.429	1.13	0.520	2.645	0.078	1.967
8	1.160	0.432	0.380	1.07	0.441	2.791	0.139	1.902
9	1.223	0.412	0.343	1.03	0.419	2.916	0.187	1.850
10	1.177	0.363	0.314	0.99	0.369	3.024	0.227	1.808

［例］m=5 时，$\bar{x}$=120.020，$\bar{R}$=2.292

$$m_3A_2=0.691$$
$$m_3A_2\bar{R}=0.691\times2.292=1.584$$

因此：

$$\text{UCL}=120.020+1.584=121.61$$
$$\text{LCL}=120.020-1.584=118.44$$

（2）使用 R 的中位数（$\tilde{R}$）的场合

前面介绍了为估计波动而使用 $\bar{R}$ 的方法。如果把 R 按照大小顺序排列，使用 R 的中位数估计波动，也可求出控制界限：

对于 $\bar{x}$ 是　　$\tilde{\bar{x}}\pm m_3A_2\tilde{R}$　　（3-3）

对于 $\tilde{x}$ 是　　$\tilde{\tilde{x}}\pm m_3A_2\tilde{R}$　　（3-4）

对于 R 是　　$\text{UCL}=D_6\tilde{R}$　　（3-5）

$\text{LCL}=D_5\tilde{R}$　　（3-6）

其中 $\tilde{\tilde{x}}$ 是 $\tilde{x}$ 的中位数，$\tilde{\bar{x}}$ 是 $\bar{x}$ 的中位数，m_3A_2、A_3、D_6、D_5 是为了使用 $\tilde{R}$ 来计算控制界限时的系数，是随 n 而变的值，如表 3-6 所示。

［注］$\tilde{x}$、$\tilde{\bar{x}}$、$\tilde{R}$ 如果都处于受控状态，那么使用 R 比起用 $\tilde{x}$，$\tilde{\bar{x}}$，$\bar{R}$ 等统计量估计的精度差，但遇到超出控制界限状况时，受到其影响较少，估计精度变好的情况也很多。

利用 $\tilde{R}$ 估计总体标准差采用下式：

$$\hat{\sigma}=\tilde{R}/d_m \tag{3-7}$$

其中 d_m 是用 $\tilde{R}$ 估计 σ 时的系数，是随 n 而变的值，见表 3-6 所示。

（3）$\tilde{x}-R$ 管理图的使用方法

1）观察该管理图的方法与 $\bar{x}-R$ 管理图完全一样。

2）是不需要计算的，所以在现场的班组长，作业人员使用该图很方便。这时把 n 取为奇数就好。

3）如图 3-4 所示，把原始数据直接标到管理图中，在图上就能方便地计算中位数。

4）此时，因为数据是一个一个标在图中的，所以与 3.11 中所述的 x

的控制界限并用即可（见图 3-4 及图 3-5）。

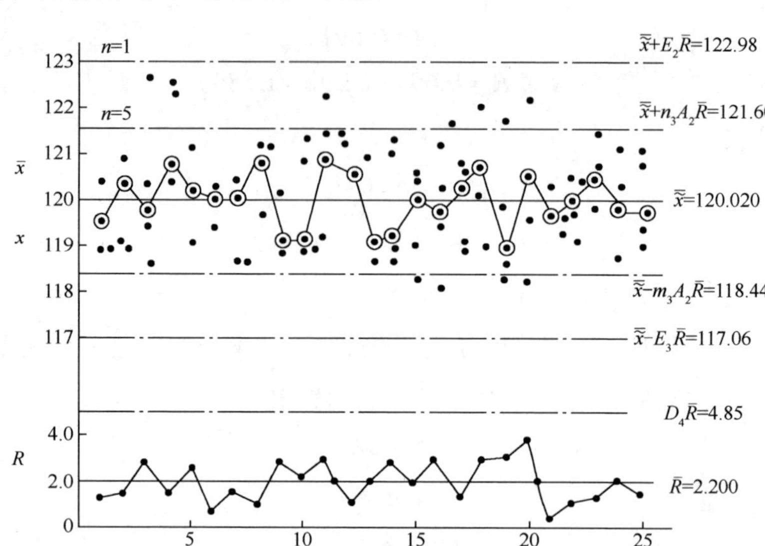

图 3-4　$\bar{x}-R$ 管理图

3.11　x（单值）管理图

3.11.1　x 管理图的绘制

把一个一个测量值 x 直接标记的管理图，叫作单值管理图或是 x 管理图。它通常与移动全距 R_s 或是 $\bar{x}-R$ 管理图并用。

绘制该管理图的主要问题是怎样去计算控制界限，除此之外与通常的管理图完全相同。

（1）数据分组的方法（见图 3-5）

与通常的 $\bar{x}-R$ 管理图一样，合理地进行分组，求 $\bar{x}$、R、$\bar{\bar{x}}$、$\bar{R}$，并由下式求出控制界限。适合这种控制界限求法的情况很多。

在子组大小一定的场合，x 的控制界限如下。

$$\bar{\bar{x}} \pm 3\frac{\bar{R}}{d_2} = \bar{\bar{x}} \pm E_2\bar{R} \tag{3-8}$$

其中 E_2 见表 3-7，是根据子组的大小 n 而决定的值。

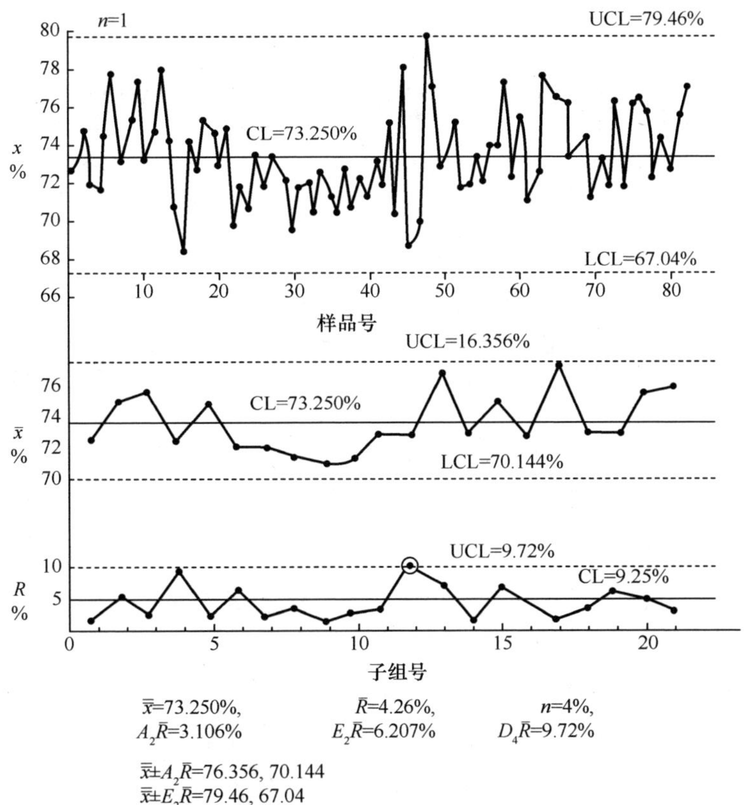

$\bar{\bar{x}}$=73.250%,　$\bar{R}$=4.26%,　n=4%,
$A_2\bar{R}$=3.106%　$E_2\bar{R}$=6.207%　$D_4\bar{R}$=9.72%

$\bar{\bar{x}}\pm A_2\bar{R}$=76.356, 70.144
$\bar{\bar{x}}\pm E_2\bar{R}$=79.46, 67.04

图 3-5　$\bar{x}-R-x$ 管理图

表 3-7　E_2 的表

子组的大小 n	E_2	子组的大小 n	E_2
2	3.660	7	1.109
3	1.772	8	1.054
4	1.457	9	1.010
5	1.290	10	0.975
6	1.184		

（2）采用移动全距 R_s 的方法（见图 3-6）

例如，有 18.3，18.1，18.5，18.8，19.3，…数据时，n=2 的移动全距就成为：

R_s=19.1−18.3=0.8；19.1−18.5=0.6；18.8−18.5=0.3；……

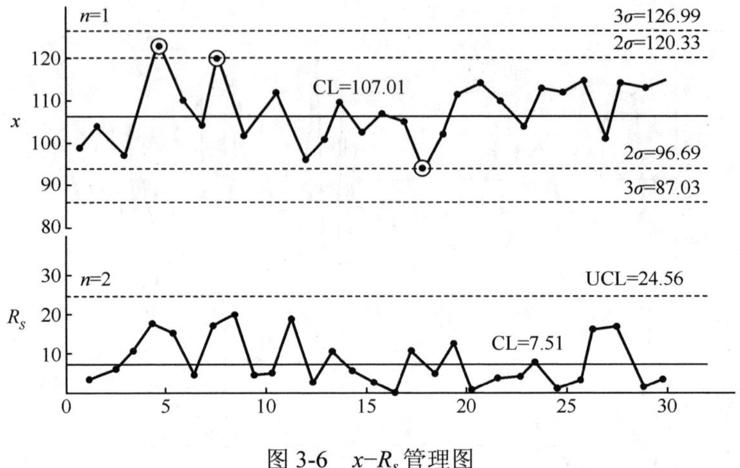

图 3-6　x–R_s 管理图

通常在 x–R_s 管理图中，利用 n=2 的移动全距，用下式求 x 管理图的控制界限。

$$\overline{x} \pm 2\frac{\overline{R}_s}{d_2} = \overline{x} \pm A_2\sqrt{n}\overline{R}_s = \overline{x} \pm E_2\overline{R}_s = \overline{x} \pm 0.66\overline{R}_s \qquad (3\text{-}9)$$

但是，d_2、A_2 通常是 n=2 时的值，由表 3-3 得 d_2=1.128，A_2=1.880。

R_s 管理图的控制界限的求法与 n=2 的 R 管理图一样。

$$\mathrm{UCL} = D_4\overline{R}_s = 3.267\overline{R}_s$$

把 R_s 标到相邻的 x 之间的纵轴上。

用移动全距求控制界限的方法适用于以下情况。

1）怎样都得不到合理子组。

2）获得数据的间隔非常长，如 1 周、1 个月才能取得 1 个数据的时候。

3）工程有很大波动。

（3）采用直方图求得标准差的方法

不建议使用这种方法，故省略。

（4）把抽样误差及测量误差作为基准计算控制界限的方法

特别是在总体控制中抽样误差等成为主要问题时，这是一种有时要使用的特别方法。例如，在有机化合物的分批式合成反应工程中，或是在焦炭、煤、肥料等工程中，配制几种小样制成混合试料，分析 1 次出现 1 个数据的场合，这种数据 x 的控制界限，使用下式计算：

$$\overline{x} \pm 3\hat{\sigma}_s \tag{3-10}$$

其中的 $\hat{\sigma}_s$ 表示混合试料样本的精密度。例如，把小样之间的波动作为 σ_i，随机抽几个小样，简化分析时将抽样和测量的精密度记为 σ_R、σ_M，作一次分析得：

$$\hat{\sigma}_s = \sqrt{\frac{\sigma_i^2}{n} + \sigma_R^2 + \sigma_M^2} \tag{3-11}$$

为了确认 σ_s，就有必要做相当长时间的预备实验，检查实验。这个方法是在抽样误差比较大、工程控制进行得比较好的时候使用的。

［注］如果抽样和测量误差大而使其变小比较困难，或是从技术上、经济上进行几次测量有困难或是不可能时，可用所谓检查的实验方式，也就是采用类似同样的方法，按每几小样随机取 2 个样品，分别进行测量后，把其当作子组绘制 n=2 的 $\overline{x}-R$ 管理图。但是在通常情况下，如果这个 $\overline{x}$ 管理图表现为受控状态，那就说明抽样方法和测量方法的精度太差。

3.11.2 x 管理图的使用方法

（1）长处

1）出现一个数据就可以立刻标记，所以能很快地判定工程状态，很快地采取措施。

2）将工程变化图表化，即使不能很好地使用管理图，也因其按时间顺序进行了图表化，在精神上的效果很大。

3）在工程中存在着较大波动和周期性变化时，或是工程平均有较大的急剧变化时，容易知道其变化状况，在某些场合下可以提升管理图的检验能力。

（2）短处

1）第二类错误概率较大，即检验能力差。用 $\overline{x}$ 管理图时，一般来说子组的大小变得越小，检出异常原因的能力就变得越差。

2）管理图的最大特点是合理子组的概念模糊，组内波动、组间波动的概念也模糊。

3）因为没有取平均值，所以如果总体分布不是正态分布时，点的排列就会发生偏移，犯错误的概率也会发生变化。

（3）使用方法

1）求控制界限的方法——要想估计工程的波动——那么就要首先考虑3.11.1 的（1）的合理子组的方法。如果不能这么做，就按有意义的时间顺序进行分组。如果这个工作做不好或是工程表现出大波动时就使用 3.11.1 节的（2）移动全距的方法。对某些工程来说，是把 3.11.1 节的（4）的抽样误差作为对象求波动。

2）尽可能要与 $\overline{x}-R$ 管理图并用。

这时要对 $\overline{x}$ 和 R 各 1 个点、在 x 管理图中按照各子组中 n 个点的顺序进行标点，取好充分的宽度才行。不能画 $\overline{x}-R$ 管理图时就并用 R_s 管理图。

3）对 $\overline{x}$、R 管理图来说，当然要用 3σ 控制界限，x 管理图原则上也用 3σ 控制界限。因为 x 管理图的检验力差，故第二类错误严重时，也有用 2σ 控制界限的。但是不充分检讨波动的估计方法，而只认为宽度取得太宽就随便取 2σ 控制界限的态度是不好的。

4）在 $\overline{x}$、R、x 中的某一种管理图中，如果点超出控制界限外，就要采取消除异常原因的措施。

5）有时候 x 管理图也可采用周期性、倾向、链等图表式的使用方法，可是要注意不要犯第一类错误。同时，如果原来的分布发生偏移时，数据点的排列上就会出现一些问题，因此要用直方图预先检查分布的形状才好。

6）从数据图表化的意义上讲，效果好的场合，图表可以大力使用，但图表和管理图之间的差异要对干部和现场工作人员进行充分教育才行。

7）使用 x 管理图时，多数场合会出现如下的混乱现象。

① 没有区别调节和消除异常原因这两项工作。

② 采取措施方面，应该以今后不再发生异常原因作为重点测量值，而不是要立刻采取措施。

3.12 从统计角度观察管理图的方法

工程上出现变化时，作为其结果的特性分布也要变化。这个分布的变化是以平均值变化和波动变化（子组内的波动）形式出现的。下面我们通过管理图的数据点变动来研究各种情况。

（1）完全受控状态

工程的平均和波动（子组内的波动）都不变的场合（见图 3-7）

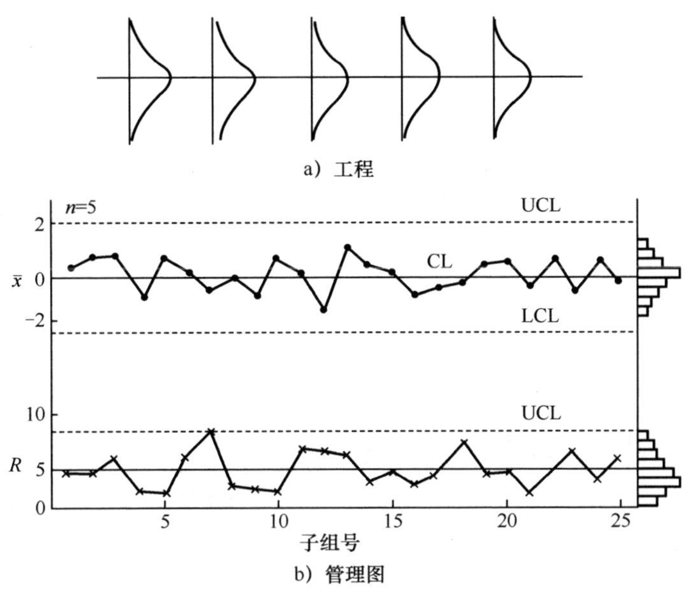

图 3-7　完全的受控状态

1）点在控制界限内随机排列。要注意这不意味着在中心线上很整齐地排列。

2）没有超出控制界限的点。

3）在 $\bar{x}$ 管理图中心线附近的点很多，但在控制界限附近也会出现几个超出的点。

4）R 管理图中心线以下的点很多，可以知道分布是有偏的状况。

（2）工程平均值，发生突发性大变化的情况（见图 3-8）

1）R 管理图：与图 3-7 相同。

2）$\bar{x}$ 管理图：也有超出控制界限的点。

（3）波动（子组内）发生突发性剧烈变化的场合（见图 3-9）

1）R 管理图：点要跳出控制界限。

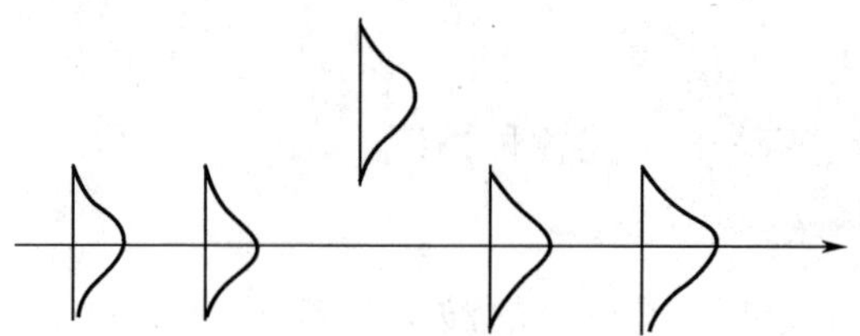

图 3-8　工程平均值发生突发性大变化的场合

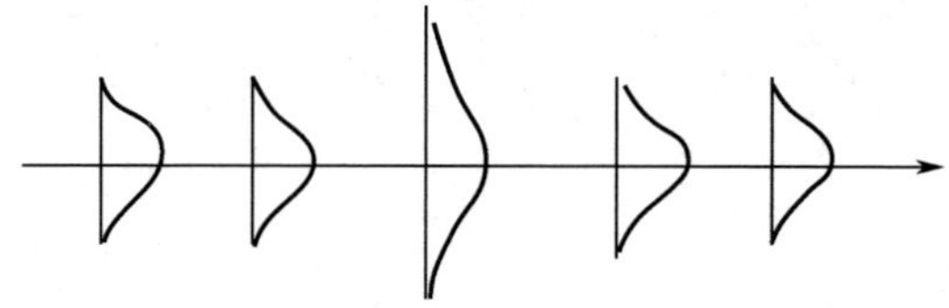

图 3-9　波动（子组内）发生突发性大变化的场合

2）$\bar{x}$ 管理图：点上下移动剧烈，有时点要跳出控制界限。

（4）工程平均阶梯式变大的场合（见图 3-10）

1）R 管理图：无变化。

2）$\bar{x}$ 管理图：$\bar{x}$ 的点，整体上在中心线的上侧增加，出现链，但在 B_1 部分的点未超出控制界限。在 B_2 部分有超出控制界限的点。

3）在这种场合，如在（7）中所讲的那样，分层为 A_1、B_1、B_2，分别绘制管理图就能知道其差别。

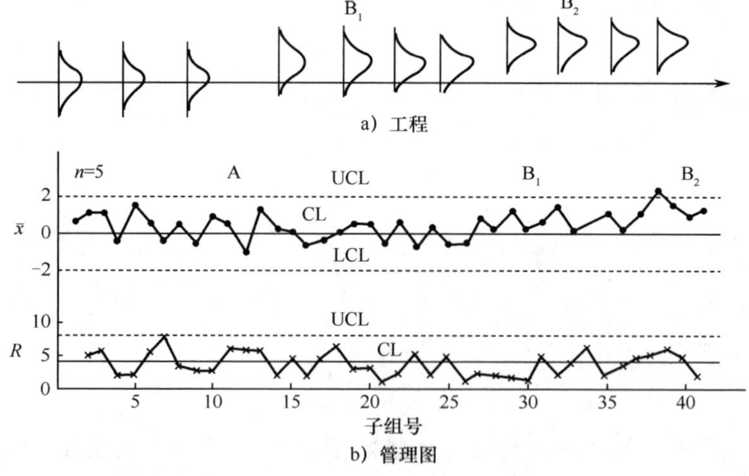

图 3-10　工程平均阶梯式变大的场合

（5）工程平均带着倾向变化的场合（见图 3-11）

1）R 管理图：无变化。

2）$\bar{x}$ 管理图：点上下波动，并逐渐下降。出现着超出界限的点及链。

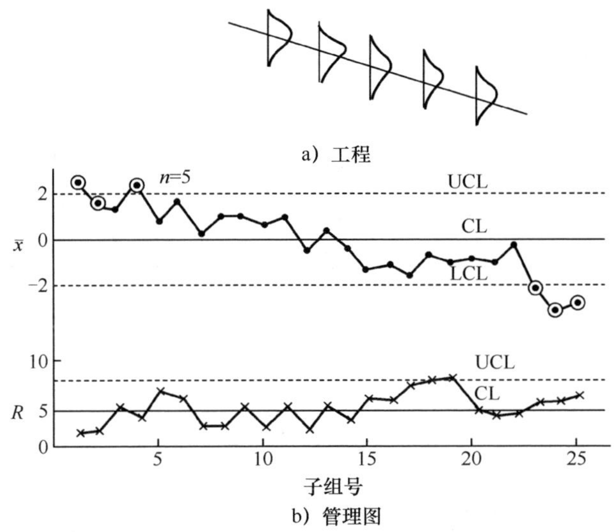

图 3-11　工程平均带着倾向变化的场合

（6）工程平均随机变化的场合

1）工程平均轻微随机变化的场合（见图 3-12）

① R 管理图：无变化。

② $\bar{x}$ 管理图：点上下变动，虽然是随机的，但激剧化了，而且在控制界限附近的点数增加。在这种情况下，没有超出控制界限外的点。

2）工程平均随机变化很大的场合（见图 3-13）

① R 管理图：无变化。

② $\bar{x}$ 管理图：点的上下变动激剧，超出控制界限的点增加。

该场合子组内的波动为 σ_w（子组内方差 σ_w^2），组间的波动为 σ_b（组间方差 σ_b^2）——组间的波动表示工程平均（μ_i）间的波动——因为 R 管理图表示子组内的波动，所以 σ_w 没有变化，因此是处于受控状态，所以可以用 $\bar{R}/d_2$ 来估计 σ_w。R 管理图是管理子组内的波动时用的管理图。

可是 $\bar{x}$ 的波动 $\sigma_{\bar{x}}^2$，是子组内变动的波动 σ_w^2/n 和工程平均 u_i 变动造成的波动 σ_b^2 合在一起而波动。把它用公式表示如下：

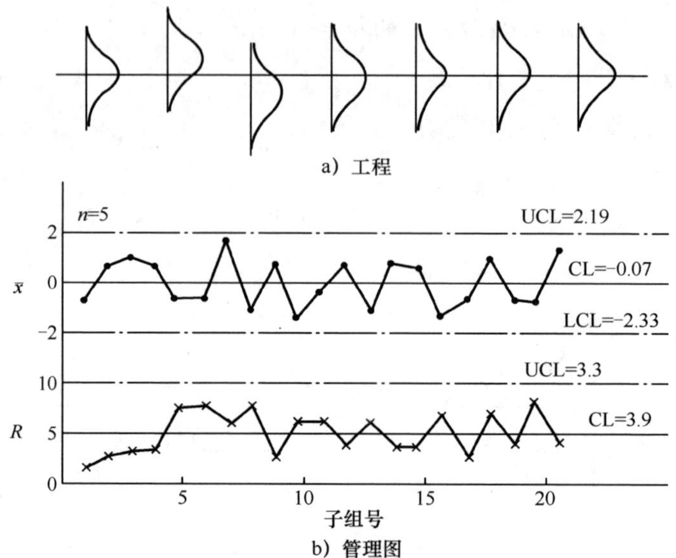

图 3-12　工程轻微随机变化的场合

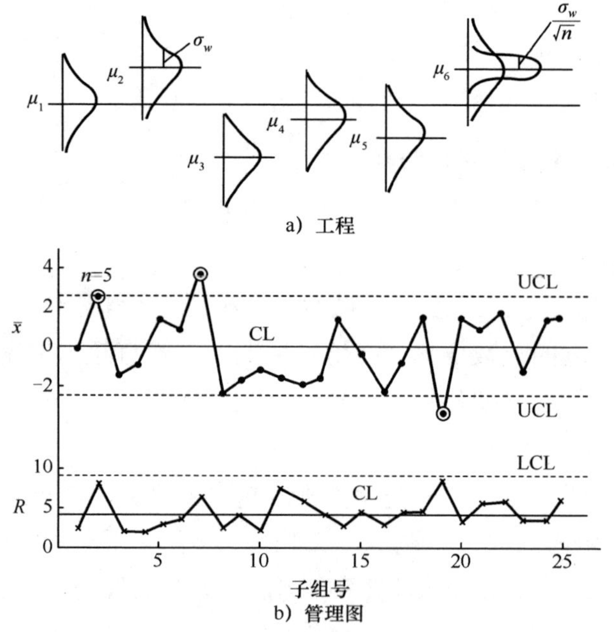

图 3-13　工程平均随机变化很大的场合

$$\sigma_{\bar{x}}^2 = \sigma_b^2 + \frac{\sigma_w^2}{n} \tag{3-12}$$

该场合，如果工程平均处于不变化的完全受控状态时 $\sigma_b = 0$，可得下式：

$$\sigma_{\bar{x}}^2 = \frac{\sigma_w^2}{n} \text{（完全受控状态）} \tag{3-13}$$

$\bar{x}$ 管理图的控制界限是 $A_2\bar{R}$，即是以组内波动为依据而绘制的。所以对 $\bar{x}$ 管理图来说，是把 σ_w 作为基准，估计出工程平均的波动，组间波动 σ_b 的变化就成了主要目的。这些情况对 p、pn、c、u 管理图的任何场合都一样。这就是管理图的最大特点。

另外，作单值 x 的直方图，把从中求出的标准差表示为 s_H 时，s_H^2 可以近似如下表示：

$$s_H^2 \approx \sigma_b^2 + \sigma_w^2 \tag{3-14}$$

另把式（3-12）乘 n 倍，得：

$$n\sigma_x^2 = n\sigma_b^2 + \sigma_w^2 \tag{3-15}$$

又：

$$\hat{\sigma}_w^2 = (\bar{R}/d_2)^2 \tag{3-16}$$

因此，画出 $\bar{x}$ 的直方图，并把其标准差表示为 $s_{\bar{x}}$ 时：

$$c_f = \frac{\sqrt{n}s_{\bar{x}}}{\left(\dfrac{R}{d_2}\right)} \quad \left(c_f' = \frac{s_H}{\left(\dfrac{R}{d_2}\right)}, c_f'' = \frac{\sqrt{n}s_{\bar{x}}}{s_H} \right) \tag{3-17}$$

除了不是 $\sigma_b = 0$ 以外，多数场合一般都将是比 1 大的值。从根本上说，这个是表示工程的受控状态的值，所以把这叫作受控系数。

通常，如果 c_f 在 1.3 以上时，可以说确实不处于受控状态。同时，如果 c_f 在 0.7 以下时，如在（9）中所表示的例子那样是把平均存在相当差异的工程当作一个子组对待的。这表示分组的方法不好，而在子组内混入有异常的数据。

（7）波动（组内）有变化的场合

1）波动变大的场合（见图 3-14）

① R 管理图：总的来说，点上升，也有出现在控制界限外的点。

② $\bar{x}$ 管理图：点的上下变动随机但变化激剧，基本上形成上下相同的分布，也会出现控制界限外的点。

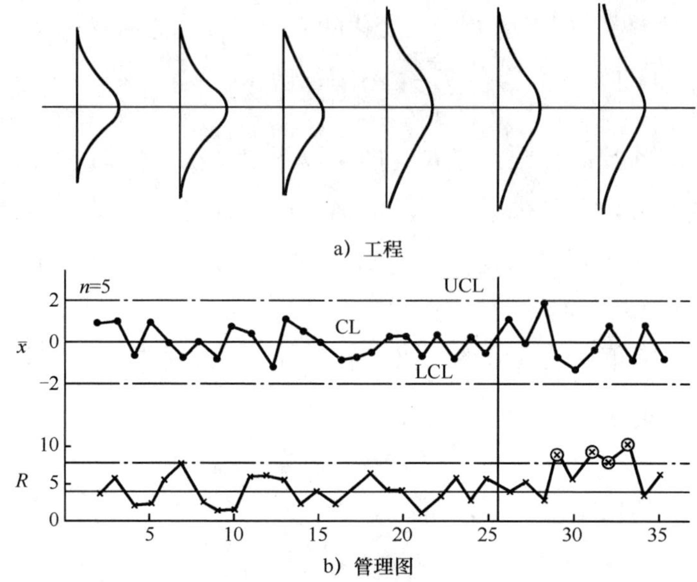

图 3-14　工程的波动变大的场合

2）波动变小的场合（见图 3-15）

① *R* 管理图：总的来说，点下降，在中心线下的点增加。

② $\overline{x}$ 管理图：点的上下变动随机，几乎形成上下相同的分布，在中心线附近的点变多。

如此这样，认为在组内的波动变小的同时，还要进行分层，画出 2 个 *R* 管理图，求出 2 个 $\overline{R}$ 进行研究就好。有关这种做法，请参考 3.13 节。

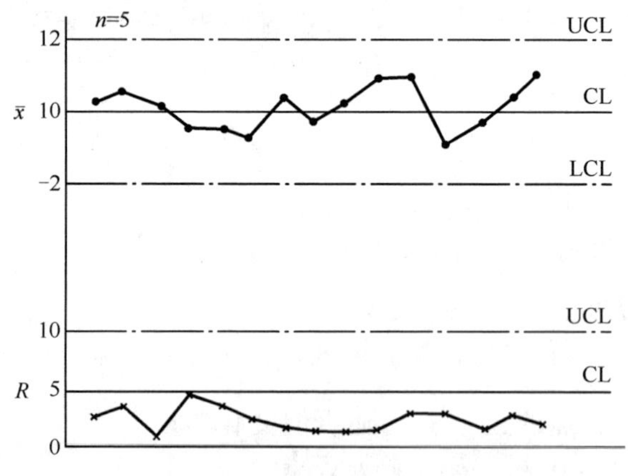

图 3-15　工程的波动变小的场合

（8）分层的管理图

把图 3-10 的数据分层为 A 和 B_2 的管理图，比较两者（见图 3-16）。

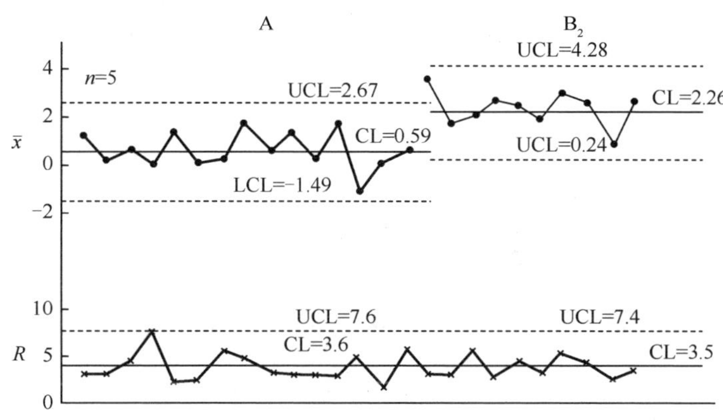

图 3-16　把 A、B_2 分层时的管理图

1）R 管理图：无变化。

2）$\bar{x}$ 管理图：A、B_2 都处于受控状态，但是能够辨认平均值有差异。

画出这样分层的 $\bar{x}$ 管理图时，若想用统计方法检验 2 个层的工程平均值之间是否存在差异，请参考 3.13 节。

（9）把工程平均极端不同分布的数据，当作 1 个子组时（见图 3-17）

1）R 管理图：点集中到中心线附近。

2）$\bar{x}$ 管理图：点集中到中心线附近。

在这种情况时，多数场合在组内包含着异常的数据，工程平均值极端不同，所以应进一步把组内的数据进行各种分层进行研究。

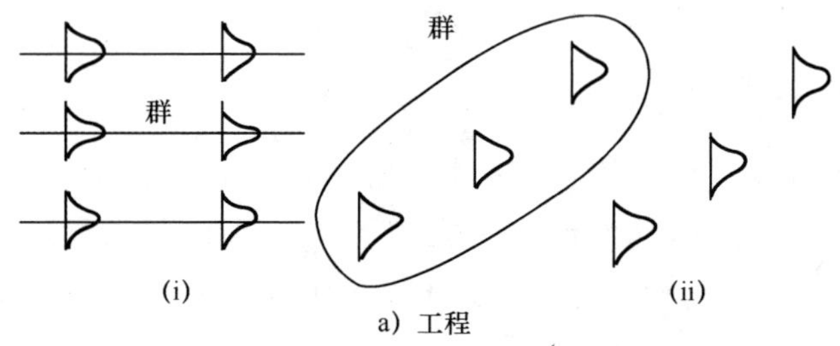

图 3-17　把从总体平均值非常不同的 3 个分布得来的数据当作子组的场合

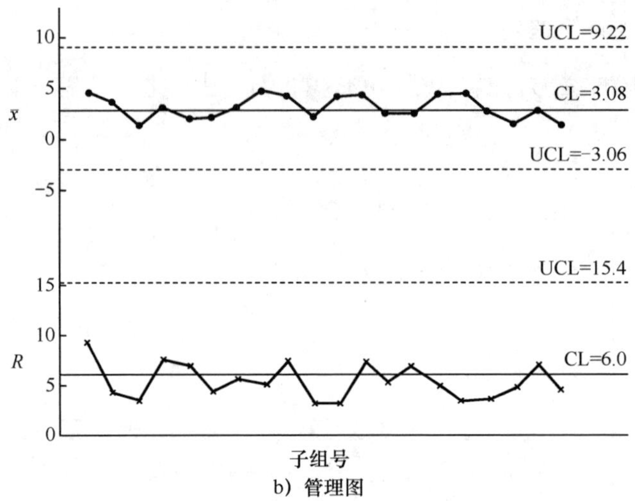

b）管理图

图 3-17　把从总体平均值非常不同的 3 个分布得来的数据当作子组的场合（续）

3.13　管理图平均值差异的检验法

在绘制几个分层的管理图时，各层的工程平均值或组内的波动 σ_w 是否存在显著差异，在绘制分层管理图的时候有时也能直观地判断出来，但还是应从统计上检验是否存在差异。

（1）波动 σ_w 差异的检验

步骤 1：绘制分层为 A、B 的管理图（子组的大小不同也可以），求 $\bar{R}_A$、$\bar{R}_B$。

步骤 2：由下式求 F_0

$$F_0=\frac{(\bar{R}_A/c_A)^2}{(\bar{R}_B/c_B)^2} \tag{3-18}$$

其中取 $\bar{R}_A/c_A$、$\bar{R}_B/c_B$ 中大的一方为分子。c_A、c_B 是根据子组的大小 n_A、n_B 和子组数 k_A、k_B，从表 3-8 求得的系数。

步骤 3：把这个 F_0 的值和 F 分布表的 ϕ_A、ϕ_B 的显著性水平 0.01%的 F 值（ϕ_A，ϕ_B；0.01）进行比较，如果 $F_0 \geqslant F$（ϕ_A，ϕ_B；0.01），那么就可以说，在显著性水平 2%条件下，在 A 和 B 的组内的波动 σ_w 间存在差别。如果是 $F_0<F$，那么就不能说是存在显著差异。

表 3-8　用全距进行检验的辅助表

n \ k	1	2	3	4	5	10	15	20	25	30	k>5
2	1.0	1.9	2.8	3.7	4.6	9.0	13.4	17.8	22.2	26.5	0.876k+0.25
	1.41	1.28	1.23	1.21	1.19	1.16	1.15	1.14	1.14	1.14	1.128+0.32/k
3	2.0	3.8	5.7	7.5	9.3	18.4	27.5	36.6	45.6	54.7	1.815k+0.25
	1.91	1.81	1.77	1.75	1.74	1.72	1.71	1.70	1.70	1.70	1.693+0.23/k
4	2.9	5.7	8.4	11.2	13.9	27.6	41.3	55.0	68.7	82.4	2.738k+0.25
	2.24	2.15	2.12	2.11	2.10	2.08	2.07	2.06	2.06	2.06	2.059+0.19/k
5	3.8	7.5	11.1	14.7	18.4	36.5	54.6	72.7	90.8	108.9	3.623k+0.25
	2.48	2.40	2.38	2.37	2.36	2.34	2.33	2.33	2.33	2.33	2.326+0.16/k
6	4.7	9.2	13.6	18.1	22.6	44.9	67.2	89.6	111.9	134.2	4.466k+0.25
	2.67	2.60	2.58	2.57	2.56	2.55	2.54	2.54	2.54	2.54	2.534+0.14/k
7	3.5	10.8	16.0	21.3	26.6	52.9	29.3	105.6	131.9	158.3	5.267k+0.25
	2.83	2.77	2.75	2.74	2.73	2.72	2.71	2.71	2.71	2.71	2.704+0.13/k
8	6.3	12.3	18.3	24.4	30.4	69.6	90.7	120.9	151.0	181.2	6.031k+0.25
	2.96	2.91	2.89	2.88	2.87	2.86	2.85	2.85	2.85	2.85	2.847+0.12/k
9	7.0	13.8	20.5	27.3	34.0	67.8	101.6	13.53	169.2	203.0	6.759k+0.25
	3.08	3.02	3.01	3.00	2.99	2.98	2.98	2.98	2.97	2.97	2.970+0.11/k
10	7.7	15.1	22.6	30.1	37.5	74.8	112.0	149.3	186.6	223.8	7.453k+0.25
	3.18	3.13	3.11	3.10	3.10	3.09	3.08	3.08	3.08	3.08	3.078+0.10/k

注：细字表示ϕ，粗字表示 c。

其中ϕ_A、ϕ_B是由n_A、k_A，n_B、k_B从表 3-8 求得的自由度。F 值在很多统计数值表中都有。

（2）平均值μ_A和μ_B差异的检验

绘制分层为 A、B 的 $\bar{x}-R$ 管理图（该场合要把子组的大小取得相等才行），用下式做检验：

$$|\bar{\bar{x}}_A-\bar{\bar{x}}_B|\geqslant A_2\bar{R}\sqrt{\frac{1}{R_A}+\frac{1}{R_B}} \tag{3-19}$$

成立上式关系时，A 工程和 B 工程的平均值μ_A和μ_B，可以说是切实存在显著差异。其中 k_A、k_B 为 A、B 子组的数。

$$\bar{R}=\frac{k_A\bar{R}_A+k_B\bar{R}_B}{k_A+k_B}，k_A=k_B\text{时}\bar{R}=\frac{\bar{R}_A+\bar{R}_B}{2}$$

使用这个关系时，就应该大体上满足如下的条件。

1）分层的管理图应该表示着受控状态。

2）$n_A=n_B$。

3）k_A、k_B需十分大，至少各是 10 以上。

4）在$\overline{R}_A$、$\overline{R}_B$中不存在在（1）中所讲的差异。

5）原来的分布要近乎正态分布。

如果不满足这个条件，就会造成精度降低或需要采用更复杂的计算方法进行检验才行。

［注］在进行工程分析时，如果发现平均值有显著差异时只要采取了措施就能成为改进的平均值（如$\overline{\overline{x}}_A$），那么在未改进的每个数据$x_B$或是$\overline{x}_B$上加上$\overline{\overline{x}}_A-\overline{\overline{x}}_B$进行修正，继续进行分析；这个也叫作过修正的管理图。

第 4 章

工程的分析和改善

4.1 工程的改善和管理

所谓管理，广义上就像在 1.5 节中所讲的：不是维持现状，而是把重点放在防止重复发生同类问题上的一种改善。说得精确一点就是充分发挥现有能力并把它保持下去的工作。与此对比，所谓改善就是提高这种能力的工作。因此，虽然管理和改善看起来像是完全不同的工作（例如，有这样一种说法：管理是车间的工作而改善是科室的工作），但实际上这是很难明确和区分的，比如，管理部门的改善是通过车间的 QC 小组活动实现的（见图 1-18）。

换句话说，在现阶段多数场合中，因为没有充分地管理和扎实地工作，所以没能充分发挥能力。因此如果能实施好管理，质量和工程就能逐步改善，从而在人、质量、数量、交货期及成本等方面充分发挥工程能力。

另外，在工作没有得到管理时，如每个人工作的不一致性较大时，就无法知道应该在什么地方如何进行改善。因此即使做了改善，其效果也不会明显。

往往是尽了很大的努力研究出了改善方案却不能充分地实行，导致大家都很心急地叫喊着要消灭不良品和提高产量，为此忙乱成一团，结果却是什么也没能改善。这就是管理和改善的混乱。因此要想使改善有效果，就要事先做好充分的管理，这样才能获得大幅度的改善。同样，如果有了改善方案却不能充分讨论和实施管理，不去努力持续改善直到达到管理状态为止，那么这种改善方案就会化为泡影。这就是说改善只有处于长期持续管理状态中才能说是完成了。以往大多数场合的改善只是实行一下应急对策或是在管理工作还未完成时就中途停止了。

另外在做改善工作时，如果每个人都随意地实施自己想做的改善，那么辛辛苦苦制定的标准就会成为没用的摆设。以往在车间现场都是每个人随意地说要进行改善，并做着一些不符合标准的工作。这不是在改善，反倒像是在“改坏”。因此，改善工作需要有组织地和有关部门进行协商，必须经过正式的手续从技术和统计的角度进行充分分析，决定暂行标准或修改标准之后再付诸实施。

由此可见，管理和改善是一体的，它们就像自行车的两个轮子一样，是相互不能分离的。

关于改善做法的主要内容已经在1.7.2节中介绍过了。接下来我们就以工程为中心谈谈改善的做法和注意事项。同时，下面介绍的内容也适用于改善质量和新产品开发。

4.2 改善的种类和程序

4.2.1 改善的种类

改善有各种类型，可分为下列几种来考虑。

消极的改善——修理不良品，减少调整，提高产品成品率，降低生产成本，消除异常原因。

积极的改善——打破现状，提高产品质量，提升工程能力，明确和提高对消费者有吸引力的质量，增加销售量。

身边的改善——一种“随时想出”式的改善，靠QC小组进行的改善，改善身边的工作现象。

有重点的改善——对于公司、工厂和部门等组织上的重大问题，由大家协作并有重点地去进行的改善，由QC工作组和管理部门进行的改善。

目的的改善——使产品质量变好，减少不良品，使工作轻松一些，提高工作、生产能力，降低生产成本，缩短交货期。

方法的改善——改善工程，改善操作方法和设备，改善组织的合理性，改善标准和规定。

下面就对上述内容作简单的说明。

消极的改善是指减少不良品的数量、减少修理的次数和频率、简化调整作业、听取以往没有注意到的消费者或下道工序的要求而加以解决的情况，实施的是本应做的工作，是能使工程能力得到充分发挥的那种改善。

积极的改善是指开发新产品或新的业务，改善产品的质量，改变产品的形状或图纸，以提升消费者的体验。新产品应具有让消费者体验良好、感受良好、有购买欲望的魅力质量。而改变材料可提高可靠性、耐久性、安全性和易维护性，同时设计出新的工模夹具和设备、新的产品、新的工程或系统等。总之，重新积极地开发以往没有的产品，并提高质量或工程能力等的做法就是积极的改善。

身边的改善是指虽然感觉到身边有各种各样的不合理、不合适的地方，但在发觉的情况下却被置之不顾，如果把这些偶然想到的方法或个人的创造研究、采用简单的提案建议或提意见等方法进行改善，就是身边的改善。这些改善应该是工作现场的有关人员、作业工人或者一般业务人员提出来的，如果能大量地提出这类改善，那就会聚沙成塔、沙中求金，从而发挥出显著的效果。这个活动主要是通过工作现场的改善及 QC 小组活动等来进行。

但是，这些改善往往会造成虽然本工序中的不良品减少了，但在下一道工序中不良品反而增加了，或质量变好了而产量却减少了。因此，在实施这些改善方案前要和下一道工序或有关部门进行协商，进行正规的和全面的研究。即身边的改善是要经常用心留意的，最重要的是要营造出能大量提出这种改善的氛围，并和提案制度相结合。但是还要注意“对自己的部门来说最好但对整体来说不一定最好”甚至“对本部门好而对其他部门不一定好”的情况也有可能发生。

有重点的改善是指明确公司、事业部门和工厂中的最重要的问题，进行有组织的调查后，再把公司、事业部门、工厂所选择的重要问题进行专攻的一种改善。这要靠设计、资材、研究、技术、生产和销售等所有相关人员共同努力，以集体的力量来解决。这从推进质量管理的角度来说也是最重要的改善。如果大家能体会到这种由大家协作进行改善的好处，那质量管理工作就能快速推进。改善是企业确定重点工作方针之后展开的工作，原则上是由技术部、生产技术部、制造部等各部门来分担进行的，可是在很多场合出现了把 QC 工作组和项目小组当作所谓的重点来进行管理。

目的的改善和方法、手段的改善符合在表 1-3 中所描述的目的和手段的区别。要决定想改善什么问题、问题在什么地方、目的是什么等，在决定好这些事项后才能决定用什么方法来改善。因此如果不决定好目的和必要性的话，是不可能去进行方法和手段的改善的。这就是说必须要先有目的。如果先有方法，那么就会出现虽然编制了不少规定和标准，或像用办公自动化（office automation，OA）那样使用了很多部计算机，但是变成了没有多少效果的形式化的质量管理和 OA。以往人们热衷于进行方法和手段的改善，有时甚至提出一些毫无意义的改善方案，结果却是付出了很多努力去改变组织、制定规定、编制作业标准，也进行了多次的修改，而效果却一点也没有。为此，重要的是要整顿那些目的和手段混乱的现象，要先明确目的是十分重要的。所谓目的，看起来好像很容易理解，但实际上在各个工作现场要想决定具体的目的（一种代用特性）就需要进行各种技术上的和统计上的分析。况且，有时候目的虽然明确了，但是这只是完成了一半，如果不去实行具体的有关其方法、手段和工程的改善，那么就会变成旧式的目标管理，这种只是精神式的管理不能使生产取得实际的效果，保持长期的效果更不可能。因此，为了达到目的，需要重视具体的方法、手段和工程的改善，需要重视分析工程的改善。为此，人的智慧、经验、技术、知识和统计方法可以发挥更重要的作用。

但日本人会习惯性地认为：多数情况下如果形式和方法齐备了，那么精神和目的自然就能明确了。因此特别是在有封建氛围的单位，在质量管理的引进时期，先从形式和标准化开始推进也是一种方法，但是在经过一段时间以后，还是要进行有目的的推进才行。

就质量而言，本章主要讲述的是提高实际的质量（见图 1-7）问题，而对于提高设计、规划的质量问题会在第 6 章进行讲述。要注意，本章所述的事项不仅包括了硬件产品质量的改善问题，而且包括了对服务等软件产品质量的改善，二者的思考方式完全相同。

4.2.2　改善的阻力

包括质量改善在内，只有进行了各种改善才能有进步和发展。在当今迅速发展的技术革新、经济革新的时代，如果维持现状或是不做根本性的改善，就意味着退步。如果采取以往的“不敲石桥就过河”的冒险的行动或是“敲了石桥却不过河”的稳而不进的做法，那么就会在这激烈的竞争中被淘汰掉，这在企业兴衰史中得到了证明。现在已经是“怎样尽早去敲石桥过河”的时代了。

那么，为什么不能积极地去改善、前进呢？因为改善的敌人是人。

其主体是：

① 总经理、分公司负责人、厂长、销售经理及科长等领导的消极性。

详细列举如下：

② 认为当前情况都很好，没有什么问题。

③ 认为自己的地方做得最好。

④ 认为做惯了的事最好做，也是最好的，只相信自己的经验。

⑤ 安于现状。

⑥ 只考虑自己的事和自己的地位，不愿倾听他人意见。

⑦ 没有外部门、外单位的刺激。

⑧ 失望、嫉妒、仇恨。

⑨ 上级、前辈、三等董事水平低，怕丢面子。

⑩ 有本位主义思想。

⑪ 想抢先立功，利欲熏心。

⑫ 缺乏技术及统计的知识，缺乏头脑、智慧、独创精神、评价能力和执行能力。

⑬ 常常会认为改变某件事就会失败，因为怕失败所以什么也不做。

⑭ 上司只会指责部下的失败，却不表扬其成功。

⑮ 最封建的是进行事务研究的办公室人员，以及判断能力差的工作现

场和工会组织。

如上所述，即便是费尽心机地去改善也会到处碰壁，且大部分是因为人的问题。因此要想打破这些现状，就需要有自信、有勇气和协调精神及有强烈的开拓和打破现状的精神，同时也要有突破性作战的智慧、战略和技术以及不懈努力才行。

新产品和新方法的最大敌人在单位内部！不突破公司内部的敌阵就不能前进。

4.2.3 改善的前提

要想进行改善就要改正 4.2.2 节中所述的事，改变人的态度，这是基本条件。具体来说，要考虑下列事项。

① 经营者要做出表率，表现出改善的欲望，提出基本方针（公司的最高方针）和具体的目标，要在整个公司内营造出活泼的开拓精神、改善精神、打破现状的氛围。

② 量材适用，要最大限度地进行授权。

③ 领导要经常寻找是否有什么问题、是否有更好的东西和方法等，要站在改善运动的前列，要担负失败的责任，而且要消除“出头的椽子先烂”顾虑。

④ 要开创一个能够积极收集公司内外对现状不满的声音，及对困难和意见及时反映研究并采纳的氛围和组织体制。

⑤ 要从外部接受刺激。例如，提出自由竞争，公司不景气，各种贸易、资本的自由化等制造危机意识，同时获取公司外部领导（董事）、顾问的诊断和咨询，听取消费者的不满意见及请其他部门的人和管理干部亲临现场听取意见等。

⑥ 在修改提案制度、研究开发和制定标准时，要掀起头脑风暴。

⑦ 要时常通过人事调动来改善组织。

⑧ 要明确奖惩制度，特别是表彰制度。

⑨ 要使大家体会到协调精神和协作工作的好处。

⑩ 要进行教育，特别是关于 QC 的思想和方法的彻底的教育。

总之，如果不能要求全体人员这样做的话，至少要在自己的工作部门中实现：饱含不满足现状、坚持不懈的斗志，督促上级打破现状、持续前进的开拓精神。不管是新产品开发，还是工程管理和改善，关键都在于人。如果人的想法、精神不变的话，那么就不能进行持续不断的改善和前进。虽然人的态度是重要的，但是只靠精神灌输、自己却采取随便的做法是不行的。要学会活用如下所述的专业技术和统计方法等来进行工程分析，把握工程现状，科学地去进行改善。

4.2.4　工程的分析与改善的步骤

为了进行改善，就需要分析作为要因的工程。开始时为避免（在 4.2.1 节中介绍过的）目的和方法的混乱，要整理好工程分析的目的，综合考虑有以下几项目的：

① 为了经营计划的立案。

② 为了质量设计。

③ 为了质量及可靠性保证。

④ 为了改善工程。

⑤ 为了管理工程（稳定化，最佳化）。

对上述目的要进行聚焦分析。

这里将再谈谈其程序：

① 为了发现问题点而做的调查。

② 确定问题点、目标，把握现状。

③ 决定为了改善所做的组织的编制。

④ 把握现状。

⑤ 改善方法的研究，突破作战计划（特性要因图、工程能力的研究等）。

⑥ 编制试行方案、暂行标准。

⑦ 预备试行，检查、标准等的修改、管理。

⑧ 结果的确认。

⑨ 预防再发对策，要进行标准化的锁定。

⑩ 管理的扎根。

⑪ 遗留下的问题点和反省。

⑫ 今后的计划。

这就是说，从对问题点的发现开始，到达到目的的状况为止，这种管理状态是要长期保持的，通常要保持一年才能说完成了改善工作，如果不超过一年那就不能放心。

在以上的步骤中，应该先做好③，来改善组织，在先决定了问题点之后再进行编制，要根据情况不同而进行改变（见 4.5 节）。

下面，就对这些项目加以说明。

4.3 发现问题点的调查方法

4.3.1 一般注意事项

发现问题点之后做决定的方法，请参考 1.5.2 及 1.7.3 节。

（1）发现问题点的任务在于领导

以往在大多数的企业和现场，人们不考虑也不去调查是什么问题，而为每天突然发生的事故措手不及，慌慌张张地为一些杂事而忙乱着。例如，为一时的增产、减产和计划的变更或为顾客所提出来的一点意见而慌忙地进行工作。

这些都说明了领导忘记了自己有职责去进行授权，让手下人来进行管理，从而尽可能找出时间来安心考虑对自己的工作最重要的事，或是进一步考虑公司的最重要的问题以及将来的计划。领导的级别越高，就应越多地去考虑未来的工作。作者认为如果作为部门经理就该考虑 3～5 年后的问题。

人们有一想到或听到小问题就会把它当作大问题的错觉，使得方针经常发生变动，结果就得不到多大的效果。这样是不可能把真正的大问题从根本上加以解决和改善的。当然，对领导以外的管理干部和部下来说，也要有经常收集整理这些信息并提供给上级领导和说服上级领导的责任，其他的全体工作人员也有找出改善点并把它报告给上级领导的责任。不管怎样，从公司的总经理直到组长，重要的是这些领导都要有随时会出现问题的意识。

说“在我们这里是没有问题的”“在我们这里问题很多”的人，都不明白什么是问题。

（2）为了发现问题点而收集数据和信息

为了发现问题点而收集数据和信息是管理干部和部下的任务。过去这种数据很少，或是即使有了也在中途被“适当”地抹杀掉，或是成为虚假的数据，或是有一部分信息不能及时上报，又或是问题无法处理时才被传到有关部门。例如，即使有了很好的对顾客意见处理的规定，但从销售部门收集到的顾客意见只不过是冰山一角，很多情况下往往反馈不及时。消费者的潜在意见就更不用说了，有时候好不容易获得的顾客意见，会因为小卖店的不关心和力量薄弱，经过批发部、推销员之间的传递，其内容会被误传或丢失。因为人们的本位主义强，导致意见传不到应该听的人那里去。过去有很多场合，整个公司或是部门没有为了发现问题点而去使用信息和数据，或是因为信息和数据不足而找不到重要问题或不能决定重点方针。

例如，在工厂中对不良品和返修品的数量不了解，或是产品和材料数量的账目不合，又或是账目不准，不知道生产出了多少个产品等情况。这就是说，如果抓不住数和量的真实情况，那质量管理是很难进行的。

想靠这种信息来确定问题点将会是一件很困难的事。为此，即使是只对样品也要设法抓住正确的信息。

1）关于这些信息，除了某些特殊的场合外，都需要一定时期内的数据。因此不能像以往那样只为每天的生产量、不良率或顾客意见等操心，而是要综合如一个星期、一个月、一个季度、一年等的数据。一般来说，下级管理人员使用较短时期内的数据，而高级管理人员使用较长时期内的数据来找出问题点。否则就会被突然发生的管理上的问题牵着走，会为了吹毛求疵的问题而慌张着，就会造成虽然有很多能增值赚到钱的信息，却被放置而不管的状况发生。

2）为发现问题点而使用的数据，主要是特性、结果的数据（包括质量、数量、成本和利润等），而不是原因的数据。

3）当然，对这些数据应该进行分层，使之能够进行分析。从发现问题点的角度来说，进行分层过的数据是必要的，再进一步把这个数据用帕累托图、频数分布、检查表、图表和管理图等来进行分析。

（3）把握现状

要想发现问题点，就必须确实掌握现状的真正情况和现实情况。不为不可靠的数据或信息所迷惑，实际观测好现场，确实把握好现状。以往不去充分掌握现状，而是只热衷于处理原因，把原因变动得太过分，结果就造成了失败。

（4）利用群众的智慧

多用提案制度、提意见制度等方法收集改善方案。这种方法很好且需要大力提倡，但是要进一步追溯到根本，要请更多的人把问题点和无法处理的问题踊跃提出来。笔者推荐，不只是改善的提案，而是要把问题点的提案也放到提案制度中去，再把这些数据用帕累托图进行整理，提倡采用头脑风暴的方法去解决最重要的问题。

（5）问题点的发现要用金额换算

要想发现问题点就要尽可能把它换算成金额，以便于比较。金额用估计值也是可以的，为了寻找这种问题就需要做成本计算和管理，这种信息工作是财务科和成本管理科最重要的任务。以往很多情况是，虽然不良品件数减少了，但是由于致命性缺陷在经济上造成了巨大损失。因此有必要通过成本计算表了解成本高的缘故，或是从成品率、不良率、返修、调整作业和机器开动率等指标中明确是什么造成了最大的影响。

（6）问题点的所在

问题点存在于已经认为没有指望的地方或是无关紧要的地方，即问题点存在于有慢性损失的地方（见 4.3.3 节）。

4.3.2　分层

没有进行分层就不能进行改善，也不能进行管理。分层对于进行管理、发现问题点或是研究改善策略来说都是必要的工作，我们对此已谈过多次。以下介绍分层做法的原则。

1）把不良品、损耗、出厂重量不足以及其他可能发生的问题，按不同状况、不同原因、不同场所或不同批次进行分层后获取数据；例如，根据不良或缺陷的不同，包括原材料、日期、值班时间、小组、人员、机械装置、工程、作业方法、气候、计量仪器、工模夹具的不同等。只有不良或返修品的数据是没有用的，需要利用检查表等工具尽可能分层后再收集数据。

2）要在产品或是搬运用的盒子上附上号码、卡片、传单、颜色或记号等，使这些和其他事项不发生混淆。例如，要根据不同的批次把不同的箱子送入工程。

3）要研究搬运方法，在成品库、仓库中的放置方法等，目的是让大家都要注意不要把批次混在一起。

4）对不良品、返修品和废料等，要根据其不良及缺陷的不同状况、不同原因进行区别，再通过分类整理放到盒子中。最后由专家时常到工作现场进行巡回检查并做好记录。

5）建立合理的传票制度。

6）做检查时，规定好所谓分析用的分解检查的事项。

还可考虑其他各种做法，但是只要全体有关人员（包括工作现场的人）都能认识到分层的重要性，并稍微注意传票制度、批次的区别及搬运方法等，那么以上工作都是很容易实现的。

4.3.3　图表法

图表的特征就是比罗列数字能更容易、更直观地看出各种随时间的变动情况及异常的变动。如果使用管理图，那么就会更容易了解。对于初学者，要想习惯于使用图表，就要事先计算并绘制好控制界限，这样如果出现了超出控制界限的点，那么用红圈标记该点作为提醒就可以了。

看图表的方法有多种，但在这里只是把各种典型的不良品产生情况表示于图 4-1 中。

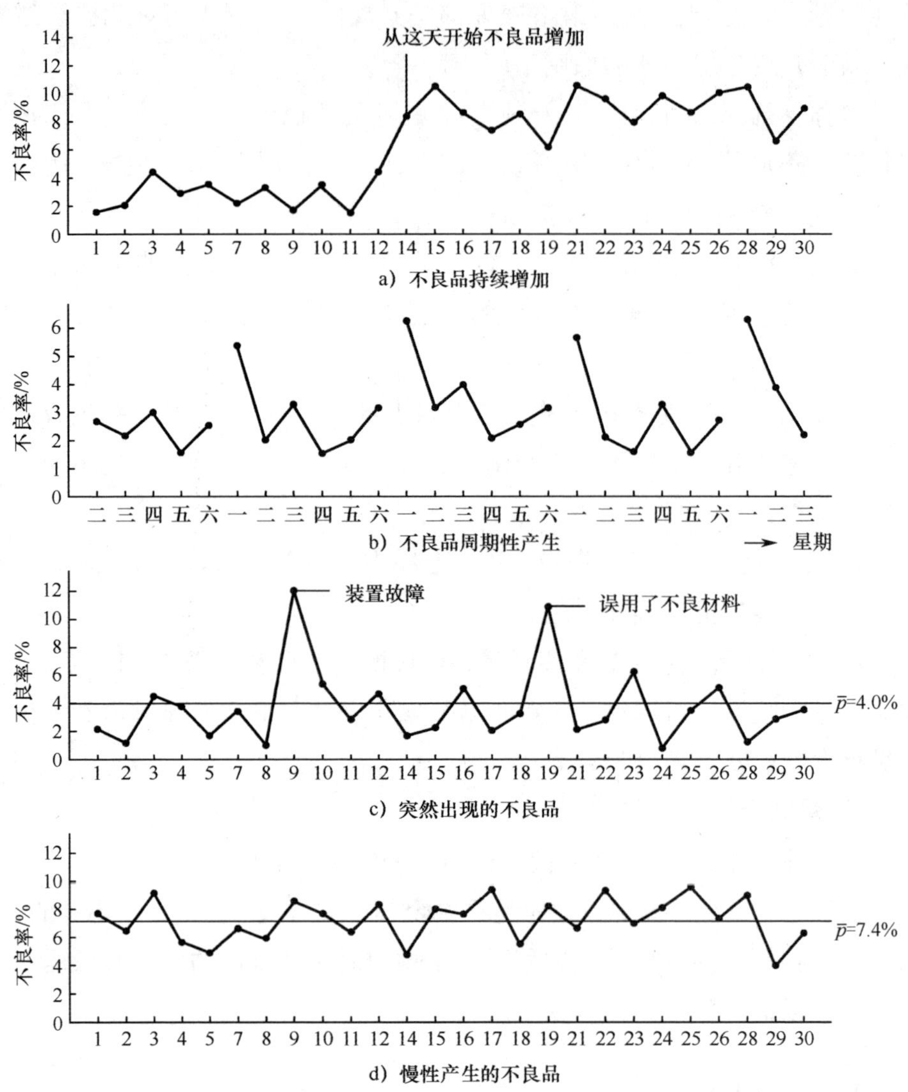

图 4-1　表示不良品产生的图表

从图 4-1（a）中可以知道，不良品是从某一天开始激增的，这个时候如果能好好地调查一下在其前后是否有了什么变化，那么在多数场合就能立即知道原因。

从图 4-1（b）中可以知道，不良品的出现是存在周期性的，可以看出在星期一、星期六、发工资的那一天或第二天常常发生不良品增多的情况。

图 4-1（c）表示的是突发性的不良品增加，人们常会把它误认为是大问题。但这种问题往往只是管理上的问题，因此只要加强管理就行。

从图 4-1（d）可以看出，每天有 5%～9%的不良品，看起来像是处于稳定的状态，这被叫作慢性不良。因为它是已经稳定了的，所以有关人员认为这些不良品是理所当然的或不可避免的，往往对此放弃。但多数场合中，这样的慢性项目当中往往潜藏着重要问题。当然如上所述的看法也适用于管理图。

4.3.4　潜在不良与顾客潜在意见的显现化（1.4.4～1.4.5 节，见图 4-2）

通常在开始质量管理前被称为不良的东西只是真正的不良中的冰山一角。换句话说就是实际已经有十倍以上的不良存在了。就像把公司内的不良和顾客意见进行清理时就会出现被隐藏的不良及以往没注意到的问题。如果不认为返修和调整是不良或顾客意见，那就称不上是监督者和管理者。因此，在开始时就应该解决出现在表面上的显性不良，当质量管理浸透到一定程度时就应该把目标指向潜在不良，使它显现后再解决。如果能真正地去解决显性的不良或顾客意见，那潜在的东西就自然会显现。

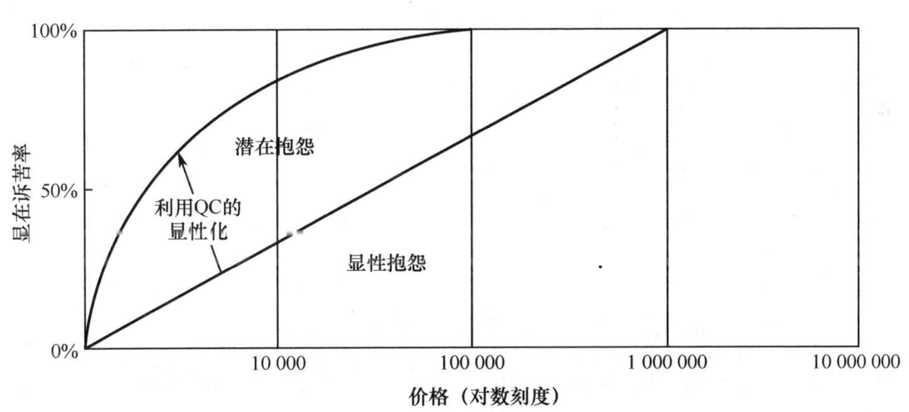

图 4-2　潜在抱怨的显性化

例如，是否把返修品说成了不良品，是否把调整作业说成了不良工时，是否算出了真实的直通率，标准成品率、消耗定额、工数、运行率等是否有差异，标准成品率的标准值等是否正确，在以往认为正常的地方往往就存在着潜在不良或顾客意见。

这样就可以顺藤摸瓜找到潜在不良，有人会因为问题太多、出现很多要做的工作而感到困惑。但如果这时感到对其采取措施是快乐的，那就说明已经相当理解质量管理了。

4.4 问题点的确定

知道了问题点和目的，那一半的问题就算是解决了。但如果不理解问题点和目的的意思，那就不能算是解决。以下讲述的是确定问题点时的注意事项（见 1.5.2 节）。

① 决定好由谁参加。在质量管理委员会和 QC 小组会议上要进行审议，决定好由谁参加是有意义的，不要采取秘密主义。

② 最终是由领导的方针来决定的。因此在有领导的地方就有方针。

③ 要根据事实和数据来做决定，要确实抓住现状和事实。

④ 方针要从全面综合的角度做决定。要考虑到将来及和长期计划的关联。

⑤ 不要抽象地，而是要具体地用数量来表示。

⑥ 要经常考虑打破现状。

⑦ 要的不是方法论，而是要有目的（见表 1-3）。

⑧ 方针要有一贯性。

⑨ 不要以组织为中心，而是要以目的为中心。

⑩ 在慢性的问题中存在着重要问题。

⑪ 不忘记帕累托图的原则，不要求吹毛求疵。

⑫ 不要去过分考虑可能性。在新产品开发的场合，如果公司里有 10%的人赞成开发，那说明时间尚早，而有 50%赞成就说明已经太迟了。如果此时成功的概率有 50%以上，那么就应该实施，成功了的话上司要进行表扬，而失败了上司就要负责任。认为成功是理所当然的而失败要被责备是官僚式的做法，这种做法是培育不了部下的。

⑬ 要减少重要问题的数量，要有重点地去实施。

⑭ 决定问题的原则是由下面的累积和上面的方针来共同推进的。但是因为领导不知道事实，所以要用事实和数据来说服他们。

⑮ 一旦决定了就要印成文件，彻底贯彻到全体职工中去，让全体人员的意识、知识和见解达成一致。

⑯ 定目标时要有质量、数量和成本，同时不要忘记时间和期限。

⑰ 怎样才算是变好了，凭什么说变好了，要决定好目标值及其评价、测量的方法，是⑤、⑦的结果。

⑱ 不要考虑面子问题。

另外，重要的问题要经过上级的承认，通过正规登记并定期提出报告书以及召开报告会等进行进度管理。

除了以上重要问题以外，如果还有其他的问题，那么就按照各个部门，把身边的问题在可行的地方通过 QC 小组等活动不断推进改善。

当质量管理的普及不够充分，还需要费时费力地进行时，就要抓住适当的工序来进行分析，提高效果给大家看。在这种场合一般先选择如下工程。

① 有热心的部长、科长的工程。

② 比较容易取得数据的工程。

③ 批次的历史、数据的历史比较清楚的工程或是容易搞清楚的工程。

④ 在工厂内故障非常多的工程或是以往被认为没有故障、没有问题的工程。

⑤ 在出示了管理图后发现不处于控制状态的工程。

总的来说，就是对所有的工作进行分析、试行、标准化和修改，直到能使所有的工作都能用管理图等来进行管理为止，进一步来说，就是始终伴随着企业永久持续地进行分析和改善。

4.5　工程分析及改善的组织

如果要提升质量和增加销售额，那么仅靠精神力量是不行的。只依赖精神力量去改善的话，就会出现倦怠。上级领导在向部下明示实施方针、目的的同时，有责任建立一个攻克这个问题的组织，分成为了发现问题点而去做调查建立的场合和确定问题点之后建立的场合两种。一般经过管理部门或是 QC 小组活动进行的活动就是前者。

作为工程分析、改善的组织，可考虑如下所述的做法。

① 由管理部门作为日常业务的一部分进行的场合。

② 通过 QC 小组活动进行的场合。

③ 由 QC 工作组进行的场合（task force：特别工作组；project team：项目工作组）。

④ 技术人员负责制（project engineer system），管理人员负责制（project manager system）。

其他还可以考虑委员会制，但这样责任和权限容易变得暧昧，采取措施会变慢，所以不推荐使用。

不管怎样，重要的是要学到解决问题后进行管理的经验和攻克问题的做法，人要通过不断经验积累才会成长。QC 小组也好，QC 工作组也罢，都是在逐步地解决困难的问题，因而其领导能借此逐步地成长。

4.5.1 管理层的改善

当问题只和某一部门有关时，就由管理部门作为日常业务进行。但是只靠一个部门就能解决的问题在多数场合下都是比较不重要的。

再者，要制订年度计划，就要在明确降低不良率或降低成本的方针及目标后，由管理部门按不同的部门分担进行。例如，在制订了降低 30%的成本的计划时要活用帕累托图等对目标进行展开，企业或工厂要按不同的部门来决定不同的目标，例如，以设计部门降低 15%的成本、供销部门降低 5%、销售部门降低 5%，制造部门降低 5%来进行分配，要让每个部门通过管理部门实施分析和改善。该场合各部门经理都要成为责任者，由他们进一步将目标展开并对科、组进行分配。

但是，即使在这种情况下还会出现和其他部门有关联的问题，部、科长就和其他部门取得联络并进行工作。因为部、科长本位主义都很强，横向的联络不好，所以要努力改变部门领导的思想。对部门间有密切相关的场合或是本位主义根深蒂固的场合，需采用委员会或建立 QC 工作组等来进行应对。

4.5.2　QC 小组改善

一般由 QC 小组活动（见 1.10 节）进行的改善都是针对部门内和工作现场等比较靠近身边的问题进行的，因此要和小组领导取得联络。但是因为 QC 小组活动是一种尊重自主性的活动，所以上司最好不要去做过于细微的指示。QC 小组是接受上司的方针，并自主、自发地去发现问题点来做分析和管理的。但是在某些场合中，部门想降低 2%的不良率或是想提高 5%的直通率，就要和小组取得联络，在讲明之后作为小组课题采纳。当然也会收集减少不良数、减少返修数等目标数据，而进行分析则是由小组自主决定。

上司在 QC 小组会上是作为观察员的身份出席的，或是对其活动进行支持和做检查的。

在 QC 小组活动中，如果出现了和其他部门有关联的问题，那么就由上司去联络或由已经有了一定经验的 QC 小组和其他部门建立联合小组，提供通过协作来决定解决问题的场所。

不管怎么样，活跃 QC 小组的改善活动的责任就在部门的领导（包括厂长、支店长、部、科、组长）身上。

4.5.3　QC 工作组改善

QC 工作组活动是少数人集体开展的，这一点和 QC 小组活动很相似，但却是一种异质的活动，两者要区别开来考虑。虽然两者都常被称为小集团活动而且被认为是相同的，可是其运营、管理、评价的做法是完全不同的（见表 4-1）。

QC 小组是在工作现场建立一个小集团，而 QC 工作组是首先决定 1 个课题，再从不同的部门召集对其必要的人进行分析、改善、管理活动，一旦解决了问题就要解散的一时性的集体活动，是一种项目工作组，也被称为特别工作组等，这是一个由很多工作现场的人以某种目的为中心集合起来的小集体，如果其规模大就采用技术人员负责制或经理负责制。

表 4-1　QC 小组活动和 QC 工作组活动的差异

	QC 小组	QC 工作组
1. 目的	根据 QC 小组活动的基本理念	问题的解决和管理
2. 特长	从下而上式的 QC 小组纲领的基本精神	从上而下式的规划工作组式的运营
3. 课题	工作现场中的问题，自主性的、上司的建议	主要是上司的指示与方针管理的联结
4. 成员	来自同一工作现场，10 名以下（3～7 人）	来自不同工作现场的人员，随课题而变，可能达到 20 人以上
5. 集体的组成	自主性的或采纳上司的建议	通过上司的指示
6. 活动期限	持续性的	解决课题（改善和管理）之后解散
7. 权限大小	中（以建议为主）	大（被授予了一定权限）
8. 评价	共同作业，努力，分担，想办法，方法的活用，成果 开会次数和出席率，年间解决件数	效果，解决课题后的管理状态

例如，把某产品的不良作为问题对象时，就由和其有直接关系的现场的领导（最了解现场的人，管理责任者，如组长）和负责其产品的技术、设计负责人（不是部门经理、科长而是实际负责人）以及 QC 小组干部来组成工作组。可根据问题的不同，由 4 人以上来组成，但从集体活动的特点来说，人数尽可能少为好。

对工作组的运营需要注意下述事项。

1）课题、目标的决定：对于企业、工厂等方针，在很多情况下要想决定课题就要有目标、有组织地编制工作组。这一点是和 QC 小组活动不同的，当然也有由于下面的提案决定工作组课题的情况。

2）选定成员：是由对其课题很熟悉的人，如车间的领导、专业技术人员、质量管理担当者等年轻人，再由管理部门指定少数人（一般为 3～7 人）组成。该场合，虽然会根据课题的大小各有不同，但是工作组领导一般是科长以下，可能的话由班长、组长级别的人来担任。上司会减轻这些成员的日常业务工作，或可能的话直接由上司来承担。

3）运营：重要的是直接把权限授予工作组。这样即使各成员都能不取得上司的许可也能实施，那样是十分有益的。QC 工作组是为了打破本位主义尽早解决问题而编制的。因此如果工作组的成员都要获得上司的许可才能办事的话，那么工作就不容易推进。旧式的部、科长会因为“想推进工作组就要弄乱管理部门”而提出反对，这样的人抓住自己的权力不放，是心胸狭窄或自傲的人。遇到了连部、科长都不能解决的场合时就要在 QC 工作组上建立一个由部门经理级干部组成的操纵工作组。

4）工作组的任务：其任务就是要解决问题，直到实现稳定的管理状态，也可以确立管理方式直到能进行锁定。但这只是暂时解决问题，如果很快就回到原来的状态就不能说是问题已经解决了。在日本一般发生变化是在一个月以后，甚至是一年以后，所以一年内是不会解散工作组的。当然，工作组在刚开始时要一周一次地频繁地开会，稳定到某种程度后就成了检查结果和工程的管理状态，只要每月开一次会就可以了。虽然要对其课题负责，但有必要的话，和其工作现场的 QC 小组取得联络、请他们分担其中的一部分工作也可以。

5）定期：如要求对每月评价改善和管理的状况提出报告书，在操纵工作组或是 TQC 委员会进行研究。管理阶层有时要出席会议以听取报告和检查其结果。

6）工作组在引进、推进质量管理时应大量活用。按课题进行分析、改善，利用管理图建立能进行管理的体制，把能用的管理图一张一张地拿进现场建立管理体制。

7）当出现与购货方、交货方有关系的问题时就由质量管理负责人参与，为两者建立 QC 工作组。

4.5.4　技术人员负责制或是管理人员负责制

这类负责制是按问题来决定专门的技术人员，并提供所需的权限，自始至终都是由个人的责任和权限来推进工作，是在出现相当大的问题时，如新产品开发、新技术开发或是新建厂时使用的。主任技术员由部科长级以上或者董事来担任。例如，在新产品开发时，开始时配置 5 个设计人员，3 个研究人员，生产技术人员及质量管理干部各 1 人；而随着工作的进展，把设计人员减少为 3 人，生产技术人员增加到 3 人，再加经理、销售及外购相关人员各 1 人。这个做法和 QC 工作组是一样的。这时的主任技术员和配置的人不再参与其原部门的工作和其他的业务。

4.6 问题的分析和改善方案的编制

4.6.1 改善的着眼点

如果只是编制许多作业标准、规定或是绘制管理图，那么是很难进行好的管理的。要充分地分析过去和现在的数据，正确掌握工作、工程的实情，使工程能够真正获得实际的技术知识。不做充分的分析就不能进行改进和标准化，这样既不能实行好管理，也不能绘制出能用于管理的管理图。

（1）数据

分析问题，分析工程时，就使用下列数据中的任何一个。

1）用以往的方法取得的过去的日常数据。

2）特别容易进行分析的日常数据，如分层过的数据和有对应的数据等。

3）重新取得的实验设计式的数据。

1）、2）主要是在以往的运转和作业条件下取得的数据，而 3）是在采用以往所用的条件以外的情况下取得的数据。一般来说 1）中也有非常多的信息，因此就要把它充分进行分析之后再移到 2）、3）。但是对以往没有质量管理意识的地方来说，因为没有进行分层或是没有采用对应的数据，简而言之就是由于数据的历史不够明确从而造成分析困难。这时就必须要有 2）。要做完 1），2）的分析之后再进行 3）。本书简单地讲述用 1）、2）进行的分析。关于 3）的方法请参考实验设计㊀方面的专业书籍。

（2）把握现状，把握实情，把握工程能力

以往在进行改善和消灭不良时，有旧式的技术员意识的人立马提出“原因是什么，改改看看”的想法，只想去找原因，这样也许能偶然碰对，但

㊀ 如石川等编『初等実験計画法テキスト』日科技連出版社等。

却容易造成忙乱。此时应该用质量管理的观念先编制特性要因图和质量管理工程管理表，很好地观察和调查现场，再把当作问题对象的特性和结果的数据根据各种不同原因进行分层，抓住出现变化的方式的实际状态后进一步去掌握广义的工程能力的情况和工程能力指数（见 4.6.7 节）。另外，与此同时调查好在 4.23 节中讲述的离散 σ_p^2，由抽样所造成的离散 σ_s^2，测量所造成的离散 σ_N^2 等。

对于这种非常重要的事无论怎样地强调都不过分。只要抓住了作为问题目的（结果）的实情，那么对其措施自然就水到渠成了。例如，知道了消费者在某件事上的意见等实情就能立刻解决相应的问题。

（3）突破作战、打破现状

不管是从组织上进行改善的场合还是靠个人进行改善的场合，全体有关人员都要经常有不甘于现状、共同协作、从长远看和考虑如何打破现状的心态。由于在企业内部会有宗派主义、维持现状等情况，因此要有突破这种状态作战的心态，主动地去接触问题并努力工作就是改善的基本态度之一。

新的工作和改善的最大敌人在公司和自己内部。无视敌人就不能进行改善，为此就要让上级、反对的人和消极的人参与。

（4）防止再发、消除根本原因

要考虑到不仅要消灭现象，而且要究其原因，进而对根本的原因进行改进。我们对此会在 5.3.4 节讲述。

4.6.2　改善方案所应确定的事项——标准化和管理方式

我们要进行各种分析，找出改善方案并试行，使工作处于目标的管理状态。因此，改善的结果要包括在质量管理工程图内，决定好编制标准类和修改管理的做法后再和所谓效果的成果相结合。因此就要决定如下所述的有关标准化和管理的做法的问题。

① 测量法的标准，测量管理标准。

② 抽样法标准。

③ 质量标准、管理水准、检查标准及质量保证方法等。

④ 决定工程的能力。

⑤ 作业标准，技术标准。

⑥ 设备管理标准，工程管理标准，原材料规格及其他的标准。

⑦ 为了使用管理图而编制的标准，工程管理标准。

⑧ 决定技术部门、研究部门及其他有关部门中的研究项目。

⑨ 决定权责划分。

要经常在脑中记住这些目的并进行分析，如果只是糊里糊涂地对数据进行分析，那么不过是在玩数字游戏和浪费时间。

4.7 工程分析与改善方法的探究

在已经知道了问题点之后，进行分析的做法就可以分成以下三类。

1）利用专业技术的分析和改善（4.7.1 节）。

2）利用群众智慧的分析和改善（4.7.2 节）。

3）并用统计方法的分析和改善（4.7.3 节）。

下面是这些事项的项目说明。

4.7.1 采用专业技术进行分析和改善

这个问题，我们应该分成从以往长期经验得来的知识和各种理论以及从理论可考虑的专业技术。这些技术是非常宝贵的财富，如果没有理论和专业技术，就不能解决问题。

但是如果错误地使用这些理论和专业技术就会成为失败之源，它们会成为障碍物。下面我们讲述经验及理论和专业技术存在的问题。

1）对于有经验的人和这方面的专家，由于知道理论和专业技术而对自己的经验十分自信，因此过分地坚持自我，不愿听取他人的意见和忠告，最终脑子变得死板，他们是不理解统计方法的技术人员，只能算是半个技术人员，因而不易接受质量管理和统计方法。

2）自古以来就有“能按理论办就办、不能就不办”的说法。或是为了确认理论而做实验，从实验和现象的结果中产生理论。但是一般来说，如果理论都能实现的话，那么就不需要实验了。因为在理论中一般有假定和前提条件，还有各种误差和差错，所以才为了确认实际上是什么样的情况而去收集数据进行分析和进行实验。同样的，众所周知根据理论和经验却不按照设计图是不能制出好的产品的。因此应该考虑理论和实验结合的情况进行分析和确认。而在实际当中，理论中没有的要因，在大学中没有学习到的要因却在很大程度上影响着许多场合。

3）所谓以往的经验，如在某一个时期不良率增加了或成品率降低了，而提高一下温度就变好了，其结果就是一出现问题就认为提高温度就行（忘记了在别的场合就算提高温度也不能提高成品率）。这就是人的习惯：只记住好的时候的情况而忘记了不好的时候的情况。从统计的角度来说，这种情况称为有交互作用。再者，之前的提高温度后变好的情况中，实际上不好的原因可能是作业人员，如当时恰好是提高温度和作业人员交接班的时间，所以就造成了相信成品率变好是由于提高温度的这种错误认识。从统计角度来说，这叫原因混杂。

也就是说，忘记了交互作用和混杂的场合。

4）只靠专业技术活着的人总是太拘泥于过去。

5）对于有理论、经验和专业技术，头脑中反而没有条理的人，这时只要让他们绘制一下特性要因图就能让他们茅塞顿开。

6）因为没有离散的概念，所以常为一点点成品率和不良率的变化而忽喜忽忧、晕头转向。

7）没有能力和大家进行协作的人。

上面介绍了理论、专业技术和经验被误用或者被乱用的情况，可是专业技术对改善来说是绝对必要的东西。为此就要做下列的工作：

a）像往常一样要明确需要由大家一起严肃、认真地考虑的重要问题。而且把实际情况充分掌握住是非常重要的。

b）要考虑活用已有的经验和专业技术以及熟练者或是理论家的方法。

c）要整理这些人的知识。对此特性要因图、直方图、图表和管理图等都是非常有用的。

d）调查这些已有的经验和自信的根据、时间以及和其他要因之间是否存在着交互作用和混杂之类的问题。

专业技术如果是只靠个人是非常薄弱和不充分的，而且容易产生偏见，因此，就要进一步收集更多的人的智慧来进行数据的采集或实验（见4.7.2、4.7.3节等），要活用统计的方法以及利用事实和数据来进行确认。

4.7.2 群策群力进行分析和改善

这是最实际的且能提高效果的方法。对于重要的问题，通常每一个人都会对问题持有不同的信息和意见。同时，事先收集有关信息也是件重要的事情，如QC工作组和QC小组活动就是其中之一。

1）包括负责的班组长、作业人员在内，除了质量管理负责人、科长、主任、技术人员和有关检查人员外，在必要时还要召集设计、销售、资材等相关人员召开质量管理研讨会、QC工作组或QC小组会议。该场合要把面对问题的人，也就是工作现场的班组长选为主持人，不能主持好会议的班组长是不称职的班组长。

2）要详细说明问题。

3）用头脑风暴的方式来收集全体人员的知识，编制特性要因图。

4）全员一起拿着特性要因图到工作现场调查实情，重新确认一次出现了什么样的不良和缺点，再研究对重要的要因计划上是如何办的、实际上是如何办的、这样是否可以、如何办才行、作业标准及其他标准怎样修改才行等问题。

5）如果遇到从上述的研究得不出结论的要因，那就像在4.20节中所讲的那样，把数据用统计的方法进行分析或是用实验设计等方法进行实验。

6）把实施改善方案后获得什么样的结果，用管理图及帕累托图等从统计的角度做比较研究。

7）有必要时要进一步召开研究会并反复多次进行。因为这样的研究很少是一次就能实施好的，而且要因有很多，所以要一个个地考虑要因并实施。所以说，质量管理是一种再怎么辛苦也要持之以恒地去努力做的工作。

通过这个讨论能使全体人员提高对问题点的重要性和各要因的认识。而能主持好这个工作并能很好地领导QC小组的，就是名副其实的班组长。

下面将介绍该方法的基本规则和注意事项等来作为参考。

参与者应遵守以下基本规则。

a）禁止批判：对他人的发言不做批判、反对。

b）自由放纵：使大家进行天马行空的想象，启发思考，畅所欲言。

c）鼓励多产：设想越多越好。

d）结合改进：将设想进行结合，并进行改进。

首先要忠实上述的基本规则。

完成不好这项工作的理由（原因）有如下几条。

ⅰ）缺乏希望解决问题的切实感、迫切感。负责人要预先给全体成员做好工作，使大家意识到自己是参与工作的。

ⅱ）没有预先做好收集数据、考虑好和准备好。重要的是要防止参加会议的成员毫无思想准备就来参加会议，因此要预先出好作业题目来使成员做好准备。

ⅲ）不发言就出不来设想。要有顺序地使参加会议的人发表意见，并让他们事先考虑好发言的内容。

ⅳ）没有一种进行天马行空的想象、畅所欲言的氛围，会议太慎重，过于常规化。认为自己的设想不算是多大的意见就自我否定，给自己思考的范围定下了框架，只在其中考虑问题，这样就会缺少合作、等价变换、隐喻等想法，因此就会把有发展前途的想法当作荒唐无稽的东西而舍掉。这时候就要放弃用左脑思考并充分激活右脑。

ⅴ）发言的一般化和抽象化，不善使用语言。缺乏问题意识、对事实的认识不够充分、考虑不周时，发言就会变得抽象，在此要尽可能引出具体的、接地气的发言。

4.7.3　独创性想法和提案制度

人的一个重要的特征是会用脑思考和做出智慧的事。因此要不断地保持问题意识，要带着疑问去考虑事情。而独创性想法和提案制度也是一种改善。提案数在某种意义上表示的是企业对改善的意欲。例如，在 QC 小组活动盛行的公司，提案数在飞跃式地增加着，每一个职工平均每年 12 件，即每月 1 件；而在更盛行的公司则是达到每年 50 件，即每周 1 件，并且其采纳率是60%～70%。因此要想推进QC、TQC、QC小组活动，就要在企业内实施提案制度。并且其办事机构应设置在QC、TQC推进机构，要作为TQC的一环推进。

在实施提案制度的场合需要考虑好如下的问题。

1）对于提案制度会有误解。要诱导并具有开拓精神，要为实行着想。

2）提案数的波浪式变化，提高提案内容的质量。

3）个人的提案和集体的提案（QC小组、QC工作组）。

4）无论从哪里，任何人都能够自由地提案。

5）对于不喜欢动笔写东西的人，在开始时由提案推进员、协调员提供帮助，使大家能畅所欲言。

6）课题建议。

7）改善方案的提案和关于问题的提案。

8）对提案的迅速处理、立即实施进行反馈，以及说明不采纳的理由。

9）提案制度和标准化。

10）要建立评价和奖赏制度，采纳时要松，而有效果时要进行奖赏，在提出提案时、被采纳时、1年后、5年后等时间点不断评价进行累积。

当提案件数多时，仅靠委员会研究表态是否采纳就变得不太可能，这时就要利用车间各级领导的权限大胆地去实施。这样委员会做的事就变成了制定评审制度或是把握提案的倾向后明确方针，或设立决定社长奖等更高级别的奖赏。

4.7.4 特性要因图（因果图）

特性要因图是如图4-3所示的那样把特性（工程的结果）从技术上进行考虑，把认为会造成影响的原因间的关系进行图表化的图。由这个可以整理出工程中的总体性的因果关系。而且和帕累托图等并用就可用于有重点地推进工程改善时的知识和技术的积累等。也可以用于整理，在进行管理的场合可使全体人员的思想统一；而在相互交谈的场所，也可用于教育以及改善各种意义上的人际关系。其也可用于新产品和研究开发、新厂建设以及其他所有质量、数量、交货日期和成本的管理活动中。因为谁都容易理解，所以它是推进和实施质量管理的一个重要工具。

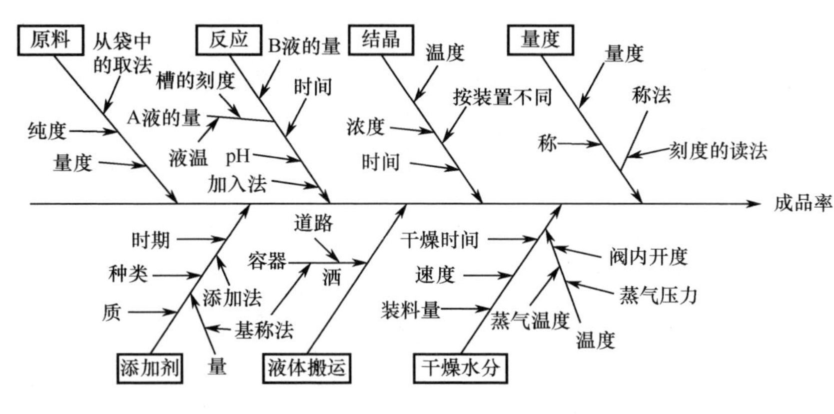

图 4-3　特性要因图

（1）画特性要因图的方法

1）决定问题对象的特性。

2）如图 4-3 所示，在适当的白纸的中央绘制一条横线，在右端写下成为问题对象的特性。这个成为轴的箭头就表示作为研究对象的工程。

3）把代用特性或者原因大致分类之后，按照工程的顺序，用箭头进行表示。例如，按原料、装置、作业方法、环境条件、抽样方法、测量方法等作大致的分类。而分类是按工程顺序、部门、机能等各种各样的分法进行，所以最好具体地试一试哪一种使用最为方便。而在写法上是没有特别的规矩的。在这里重要的是要对在 4）中所述的子枝、孙枝等要一直追究到使它成为我们所能够采取措施的原因为止。大枝要像图 4-3 那样，用方框记入原因的名称。而大枝的设定要符合图 4-4，不要忘记 5M。

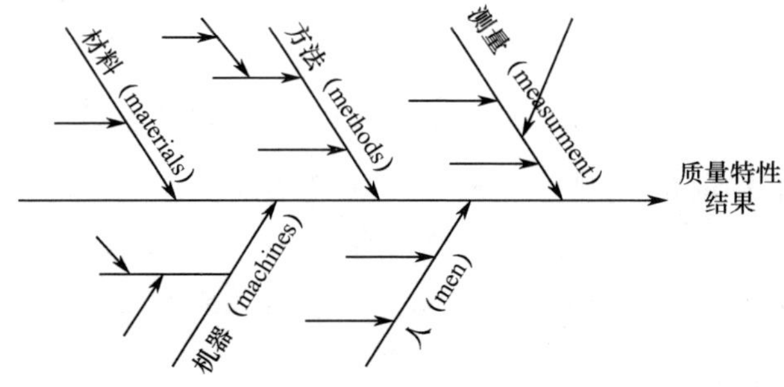

图 4-4　要想管理工程就用 5M

4）再进一步进行细分，把其中的原因记到子枝、孙枝上。例如，对于水分干燥的问题，其中的温度、时间、速度和装料量就是子枝。要尽可能地像明确因果关系的那样把“为什么”反复进行无数次的研究，要接连不断地增加枝的数量，并引出更多子枝、孙枝，直到记录到最终端能采取措施为止。此时单罗列原因就不再有用了。特性要因图又俗称为鱼骨图，但是像鱼的骨刺那样简单的东西是不大有用的。应该像树枝或是河流那样，能逆溯到源流，做细致的事。

5）如果记完了所有原因，那么就根据技术上的重要程度或用投票的方式来记录表示影响程度的顺序。

6）一定要记录编制的年月日，每一次修改时都要写上年月日。这个修改就表示进步。

（2）注意事项

1）特性要因图就是要把尽可能多的有关人员，如从部、科长直到班组长、作业人员、技术人员、设计人员、质量管理技术人员等有关人员都集中到一起，让全体人员自由地发言。由一个人或是少数人做时，容易有偏差，所以需要注意，可能的话，最好请其他工程的人一起参加。这时要以进行头脑风暴的方式来让全体人员发言。会议的主持者要引导大家发言，把全体人员的知识汇集到这个图上。重要的是要营造出一种能使作业人员、班组长甚至是外行的人都能随便发言的氛围。此时如果有人提出了意见，那么就绝对不能做否定其意见的发言和议论。这种时候最好听他人的意见而不是提出自己的意见。这时不能任意议论其要因是否起作用、是否重要等问题。而主持会议的人原则上是由其工程的负责人、科长、主任、班组长担任。

2）不能忘记管理上的原因（在通常的专业书籍中是没有写到的）。

3）不能忘记抽样、测量误差和计算方法等。

4）对每个特性要画出很多张特性要因图。

5）要研究某一原因会对其他特性造成什么样的影响（要注意交互作用、混杂等）。

6）要重点考虑怎样才能解决而不是为什么发生了这个问题。

7）在编制工程时，要让全体人员都参与，对应该进行改善的事项进行标准化，然后全力付诸实施。

8）从管理的角度按部门、班组长等能明确责任权限那样地进行分类有利于对工程管理采取措施。

9）区分好计量的原因和计数的原因就会十分方便。

10）不管是否进行着测量，在现状中能否测量，凡是认为从技术上考虑认为重要的原因都应该记录。另外用记号做分类也是个好办法。

11）对发散性的、周期性的和慢性的原因划分清楚。对容易成为异常原因的东西要做好记号。

12）对估计有交互作用的东西，记上特别的记号也是好办法。

13）按照容易控制、难以控制和不可能控制进行分类。但对能否进行控制要在考虑责任和权限后作决定。

14）绘制管理图时要明确是什么原因造成了组内的分散以及是什么原因造成了组间的分散。

15）在工程改善后通过帕累托图确认出某些原因对质量特性的影响度有变化时，或在每次发生事故和异常情况时，就需要每月都召开反省会，重新绘制特性要因图。

4.7.5　质量管理工程图（QC 工程图）

为了管理制造产品和服务，要决定好包括质、量、成本在内，通过工程管理进行制造的方式。从广义上来说，这就是管理工程图（表）。进一步来说，就是为了保证质量而编制的每一项工作的每阶段所需要的管理项目、检查项目、负责人、测量方法、判定基准、规格和其关系、管理方法和与此有关联的标准等，并将其汇集起来和记录到质量管理工程图（表）中（见图 4-5）。

原来，质量管理工程图是在新产品开发时，由设计部门将设计阶段决定的制造方法编制在第一张质量管理工程图中，然后通过大量的生产试制，再由生产技术部门等详细而具体地编制出第二张质量管理工程图，这样完成后就成了制造部门能实际应用的东西。

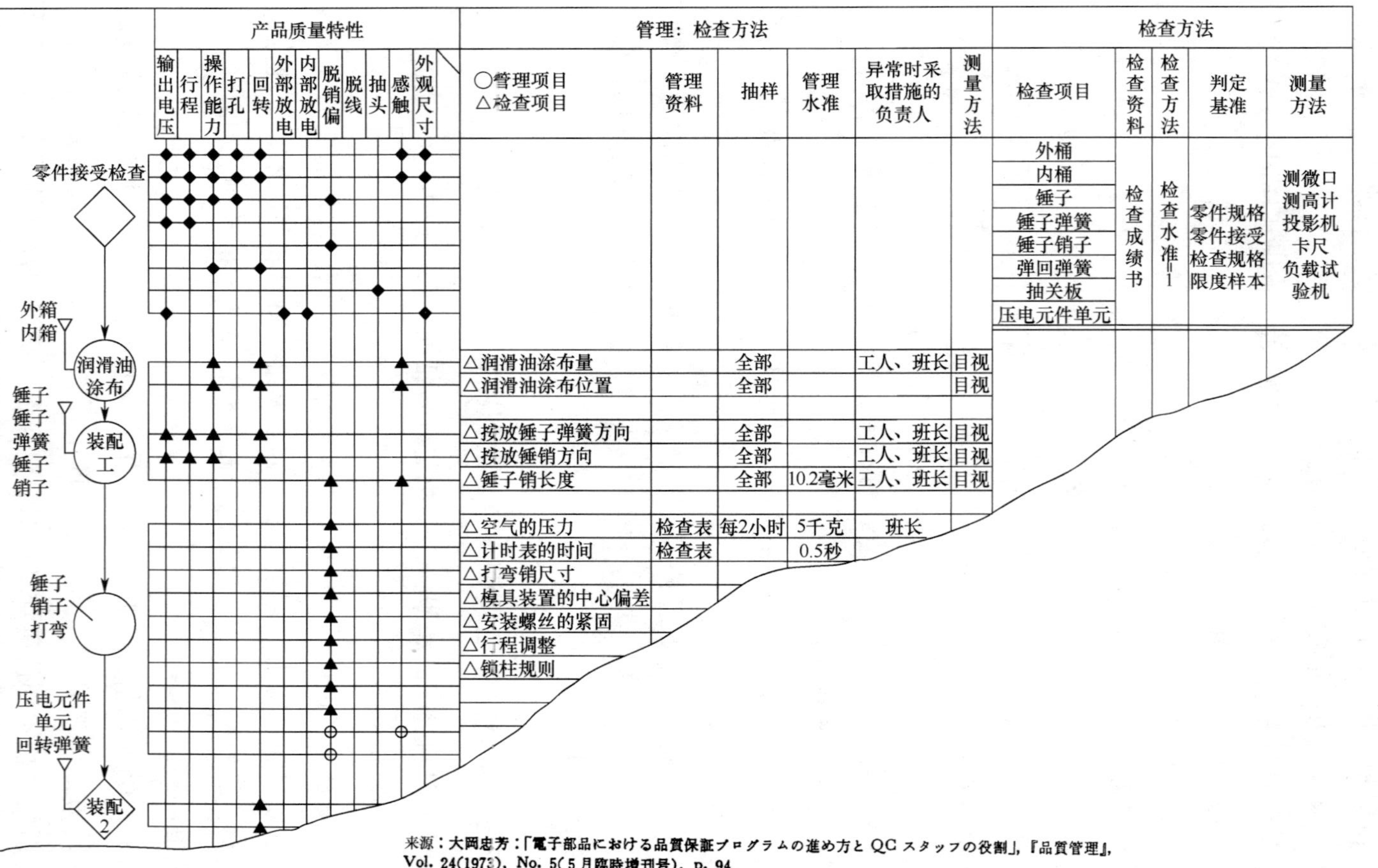

来源：大岡忠秀：「電子部品における品質保証プログラムの進め方とQCスタッフの役割」,『品質管理』, Vol. 24(1973), No. 5(5月臨時増刊号), p. 94.

图 4-5 质量管理工程图

在做工程分析的场合要首先编制特性要因图，再进一步检查质量管理工程图。如果没有质量管理工程图，就先编制一份，再通过调查实际情况，看着分析结果来修改质量管理工程图，这样就能很容易地通过工程管理来推进工作。

要想做工程分析和进行工程改善，就要先绘制像图 4-5 及图 4-6 中那种样式的图之后再进行管理。这些是根据产品和工作的种类和内容而改变的，所以要由各公司和个人自己想办法将其编制成容易使用的东西。

另外，重点是要把这些表和各种标准类的编制修改结合起来。

4.7.6　并用统计方法进行分析和改善

在上面介绍的方法中，当并用统计方法（2.3 节、第 4 章的方法）时，如果能明确其效果，那对其采取措施的方法也就会明确。例如，对于“我是这么想的”“不，我是这么想的”等想法，只是依靠想象的议论，其结果就不是正确的议论，反而是地位高、会说话、强词夺理的人的意见取胜，为此往往会产生成见或造成感情上的矛盾。这时就该停止议论，移向统计分析并根据事实做结论和进行实事求是的管理。

靠专业技术和经验的研究相当于坐轿车去东海道旅行，而如果与统计方法并用那就等于乘新干线去东海道。

采用统计方法分析比较改善前后工程的情况时要注意下列事项。

1）对改善前后的情况要先分层再绘制好频数分布、管理图等后进行比较研究。

2）对改善前后的情况要绘制好帕累托图，分别研究不同项目的绝对值及排列顺序。

3）对改善前后的情况要把采取措施的原因和被当作问题的特性之间的关系进行分层，或是进行相关分析后求两者之间的变化。

如果根据以上的分析并从统计上明确了是向好的方向变化，那就可以认定其改善是有效的。

4.7.7　工程能力研究

工程能力研究是质量管理的基础。

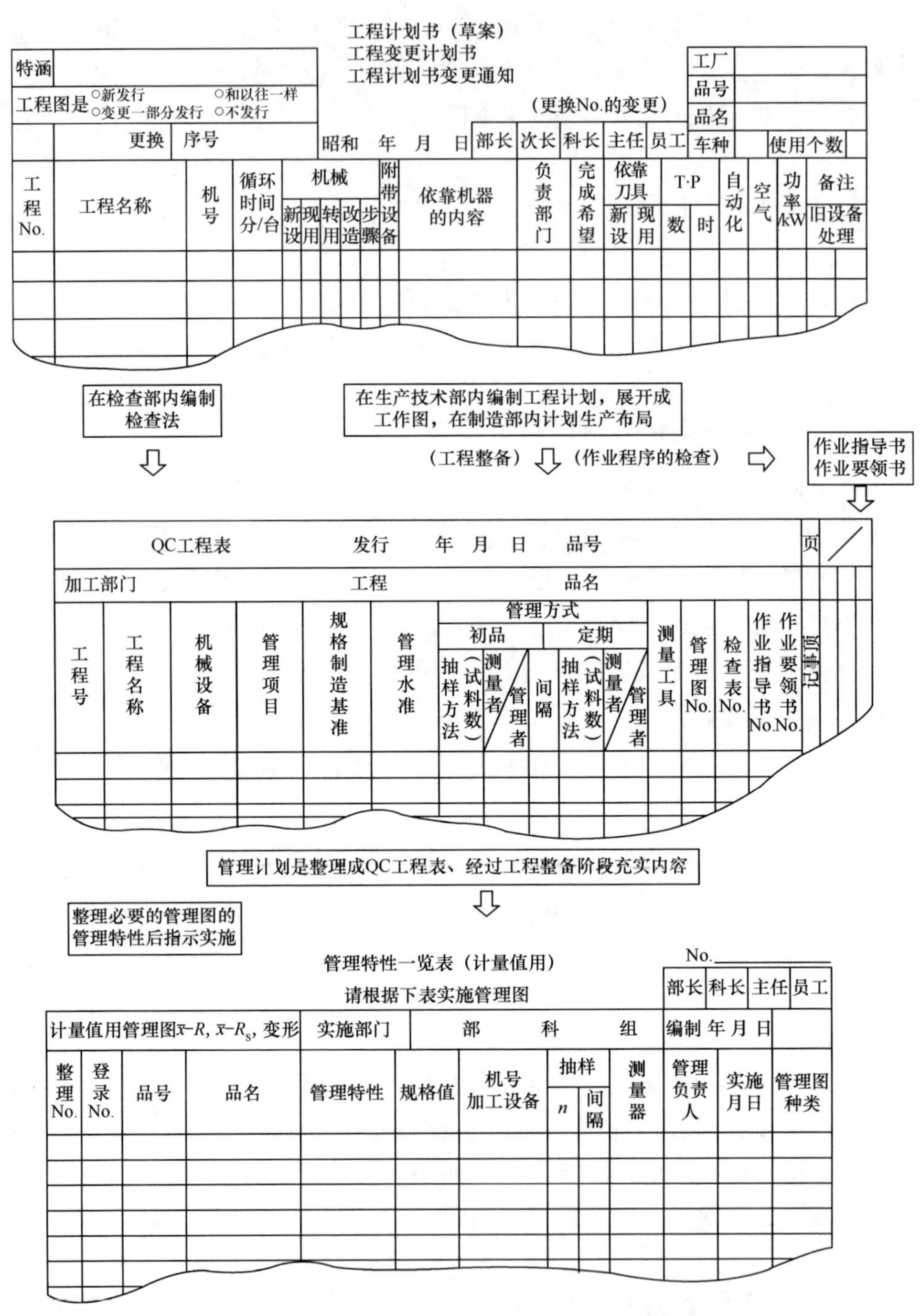

图 4-6 工程管理计划（机械工程的一例）

如果不知道工程能力，那质量设计、工程设计、设备的计划和管理、工程管理和改善等一连串的质量管理活动是做不到的。这就是说工程能力研究是质量管理的一个中心。

虽说工程有各种定义，但如果用一句话来说就是“产生出某种结果的原因的集合”，具体要考虑如下情况。

a）机器、设备在某一定条件下运转的场合。

b）当机器、设备关于人员、材料、时间等发生某种程度的变化时，就是说在工作现场运转的场合。

c）经过几个连续的机器、设备所进行的一连串的作业。

d）和机器、设备无关的一种工作的做法，如为质量保证而进行销售、购买、服务等工作。

所谓工程能力是指“这些工程在一定期间内，处在统计的管理状态时的能力”。一般是用质量的分布或是用不良率和缺陷数等来表示，也可用工程的结果和特性值的分布来进行表示。特别是在工程只有一台机器时，把它的质量上的能力叫作机械能力（machine capability），而像 a）那样的场合则叫作机器的静态能力，至于 b）就叫作机器的动态能力（精度）。

一般所说的生产能力是指生产的数量上的能力，这和质量上的工程能力的意义是不同的，所以不能把它们混淆起来。以往日本的产业在很多情况下会在各方面对生产能力进行调查，可是关于质量方面的工程能力的研究还不充分。因此要想实施质量管理就要经常且不间断地进行工程能力的研究才行。

所谓工程管理就是指把管理状态下的工程能力完全发挥出来，而工程改善则是指工程能力的改善，换句话说就是在调查和研究后改善工程能力。

下面就介绍一下研究工程能力时应注意的事项。

1）必须是消除了异常原因且被标准化的处于管理状态的工程。不能轻易地把一个月的数据用频数分布图表示后就把它当作工程能力。

2）工程能力的图示：如果把工程能力用下述的方法图示，那么就容易研究。

① $\overline{x}-R$ 管理图，其他管理图。

② 记有规格值的图表（工程能力图）。

③ 直方图。

3）工程能力的数值化：计量值的情况是 $\hat{\sigma}_w=\overline{R}/d_2$ 或是 s_H（从直方图中求得的标准差）。一般来说需要从 50 个以上的数据求得。从合理分组的 $\overline{R}$ 中求得的 $\hat{\sigma}_w$ 基本上表示了充分处于管理状态的工程能力，这叫做短期的工程能力。与此相对，从管理图处于管理状态的数据中获得的 s_H 因为包含着长期性时间的分散，所以也叫作长期工程能力。不处在管理状态的工程的 s_H 不是工程能力。计数值用 $\overline{p}$、$\overline{C}$ 等来表示。

4）工程能力指数 C_p：（与规格值的比较）

$C_p=\dfrac{\text{UL}-\text{SL}}{6\hat{\sigma}_w}$ 有双侧规格的场合。

$C_p=\dfrac{\overline{x}-\text{SL}}{3\hat{\sigma}_w}$ 或是 $C_p=\dfrac{\text{UL}-\overline{x}}{3\hat{\sigma}_w}$ 只有单侧规格的场合。

其中，SL 是规格下限，UL 是规格上限，$\overline{x}$ 是工程平均值。

C_p>1.67	特级	ppm 管理，不良率 100 万分之 1，以高可靠性为目标时要瞄准 1.67 以上，一般都是过剩质量。
1.67≥C_p>1.33	A 级	充分。检查可以简略化。
1.33≥C_p>1.0	B 级	勉强可以。抽样检查即可。
1.0≥C_p>0.67	C 级	会出现少量的不良品。要提高到 1.0 以上才行。
0.67≥C_p	D 级	实在不行。

［注 1］也会有用 σ_H 代替 $\hat{\sigma}_w$ 的时候。用 σ_H 比 $\hat{\sigma}_w$ 更偏向于安全侧。在 $\hat{\sigma}_H$ 比 $\hat{\sigma}_w$ 大得多的场合需要进行更进一步的工程改善（见 3.12 节）。

［注 2］两侧规格的场合，C_p 为 1.0 时就相当于 6σ，1.33 时是 8σ，1.67 时是 10σ，0.67 时是 4σ。

5）偏移指数 D_p（平均值的偏移的检查）

$$D_p=\frac{\overline{x}-\text{SL}}{\hat{\sigma}_w}\text{ 或 }D_p=\frac{\text{UL}-\overline{x}}{\hat{\sigma}_w}$$

两侧规格时 $\overline{x}$ 是在 SL 和 UL 的中央为好。

$D_p>5$　　与 $C_p>1.67$ 相同的解释。

$5\geqslant D_p>4$　大体上可以。根据情况要使 $\bar{x}$ 稍微变小。

$4\geqslant D_p>3$　大体上可以。如果需要就使 D_p 稍微变大。

$3\geqslant D_p$　　因为要出现不良，所以要减少离散（$\hat{\sigma}_w$）或稍微移动 $\bar{x}$，使 D_p 达到 3 以上。

6）工程能力和设备管理：设备管理是旧式的办法，是修理已经发生了故障的设备。但作为第二阶段的设备管理已经进步成了不使故障发生的设备管理。但要想改善质量管理，就要在推进之后能发挥工程的能力，不降低工程能力而是提高可靠性来进行管理。即工程能力的研究和设备管理其实是表里一体的东西。当 TQC 进展到一定程度后就可推行 TPM（total productive maintenance，全面生产维护）。

7）工程能力的调查和研究是由谁来进行的？答案是通常由质量管理、生产技术、制造、设备管理的各部门或是 QC 工作组来进行的。而有实力的 QC 小组可由自己来进行。但是不管怎样都要明确是在哪里出现的问题。此时必须要确实决定好进行调查的部门和进行研究和改善的部门。

8）不仅是在本公司内部，还要调查好从设计到供货者、制造工程、消费者为止的流通机构的工程能力，并进一步扩大到对业务系统、计算机系统、信息程序等各种工程能力进行研究。

9）需要知道工程能力的人，按不同的部门来说是供销、制造、设计、生产技术、质量管理、设备管理和销售等部门的人。在工作现场如果班组长、作业人员都了解工程能力，有进行改善和管理的意图，同时也实行下去，那就能取得很大的效果。

10）不要只进行工程能力调查而忘记了要把它活用到研究、管理和改善中去。

4.8　进行分析的注意事项

为了对原因采取措施而用统计方法分析工作现场数据时，需要注意以下事项，这里所讲述的是对日常收集数据（4.6.1 节中的（1）的①、②的数据）统计分析时的注意事项（见 4.15～4.23 节）。

1）把作为问题的数据，根据要因的不同进行分层后再收集。

2）收集数据要使要因和当作问题的特性能互相对应。

3）在作分析时要尽可能不用平均值和总和，而用原始的单个数据。

4）把日常数据尽可能地图表化，以便能很快地进行分析。

5）任何记录都是不能忽视的。主观的、情况好和不好的记录对分析来说也是非常有用的。

6)如果出现了违背过去的知识的结果时,就按下述的顺序来进行检查。

① 统计方法的使用方法。

② 下结论的方法。

③ 计算错误。

④ 数据的真实的抽样法和测量法。

⑤ 过去的经验、知识的根据和真实性。

7）认为这个要因是有影响的而进行分析，结果却没有发现差异，不能因此而失望，要耐心地进行探索。也可能是把这个要因当作问题提出的技术人员的感觉差异造成的。更进一步的积极的理解就是：没有差别就意味着能采用便宜的那一方，所以这是非常好的信息。

8）因为要因是有很多的，所以即使不明确也要从认为是最大的要因开始，一个个多次地进行分析。因为要因非常多，所以不清楚时要进行多变量分析。

9）要由两个以上的人协作进行。

10）要在头脑中想着用什么办法才能减少离散和应该采用什么样的措施来进行分析。

11）要做好其他特性的特性要因图，研究其要因对其他特性会造成什么影响。这时要注意会出现某特性变好而其他特性变坏的情况。

12）如果知道由于某种原因而造成离散时，那就要彻底探索能消除离散的措施并实施。

13）一般依据帕累托图的原则，主要的原因只有 2～3 个，如果控制好了这几个原因，那不良就能减少一半以上。例如，把 60%的成品率提高到

80%、把 80%提高为 90%、把 90%提高为 95%等这类不良的减半是比较容易做到的。这就是用 QC 七种工具能解决工作现场中 95%的问题的理由。

14）因为有很多的数据，所以要灵活地运用简单的统计方法，特别是图表法。

15）要把采取措施的结果从统计的角度用管理图等来进行确认，如果好就作为标准正式采用，使其不再重复发生并进行管理。

16）在多数场合要把过去的数据的分析完全作完并把信息整理后，再重新收集数据或是进行实验设计（工厂实验）等进行实验。

17）分析的结果一定要在汇集成报告书后由技术负责部门进行整理保存。这样即使不能获得预想的结论，也能成为企业的技术积累。

4.9　统计分析的常用程序

下面将讲述用统计方法作分析时的基本程序。工程的状况不同，作分析的程序也要发生变化，这里的可以说是基本的、条理性的做法。其基本做法不是对要因进行分析，而是对结果的数据进行分析，掌握好实质，探求其原因及采取措施的做法。下面介绍的是在不能取得对应的数据时的分析上的想法和注意事项。最近一般使用电子计算机进行回归分析和重回归分析等。另外 8）、9）、10）等进行的数据的修改如果觉得麻烦就可以不进行。

1）对问题的特性（结果），要集中群众的智慧绘制出特性要因图。这时要记录好由于要因的组合所造成的影响及要因混杂的可能性，同时要对工程绘制出质量管理流程图。这样和大家一起调查这些特性或要因的实情。

2）各收集 100 个以上的有关问题点的数据（特性、要因）。这不是在 1 天或者 1 小时取 100 个，而是需要很多天。以 1 个月以上的时间范围为宜。

3）首先把特性的数据分别用直方图表示，求平均值和标准差后再通过进行目标和规格的对比等进行研究。此时在进行各种各样的分层后做研究是非常重要的（要因也要照此进行）。

4）按时间、批次的顺序等绘制在管理图或图表上，要掌握好实情。再分成组内组间变动进行考虑。

［注］3）、4）是工程能力研究的第一步。

5）调查管理图或图表上的点的排法。

① 是否有超出控制界限的点。

② 点的排列是否是随机的。

③ 是否存在周期性，其周期如何。

④ 是否有关联。

⑤ 是否有倾向。

除此之外还有很多，总而言之就是查看调查点的排列是否有异常。如果有异常就要调查其原因，把其除去后记录到标准书中。该场合①主要是分析突发性的原因的依据。

［注］要注意一般在工作现场的数据中会混入异常的数据（如异常值，假数据，错误的数据如计算错误、读错和写错的数据等）。

6）对于特性的管理图，要在除去异常原因已经清楚的点和数据后再分组，使组内尽可能地均匀后重新绘制管理图。在分析时分组最好尽可能地均匀（但是对工程管理的管理图来说不一定如此）。

7）这样重新进行5）的研究并采取措施，除去异常原因已经清楚的点或数据，再重新求界限，如此反复进行。

［注］如果异常原因清楚了，但在分析人员及其有关人员的职责范围内不能采取措施和不能搞标准化，就提出异常报告书和有关部门联系，请他们采取措施。同时编制异常一览表时记录异常原因及其处理方法，或是尚未处理的场合等。另外，在特性要因图的要因处记上超出界限的点的数的“×”符号，记录是否有处理，使其容易理解，也是个好办法。不管怎样，重要的是把分析后所得到的知识用某种形式整理好并进行积累。

8）对计数性的要因，要把数据按一批产品被生产时的计数性条件进行分层，再绘制出检查表、频数分布图等图表，或是合理分组后对每一层都绘制出管理图并进行研究。而计数性的要因较多时就按下面的方法去进行。

① 有很多数据时，就根据技术上的重要性排序。例如，首先根据炉子的不同进行分层，然后再把它按照不同组、不同原料等依次进行分层。这时的数据最好要有 100 个以上。

② 数据不太多时（或是数据少的时候）就采用这种办法：从头到尾进行各式各样的分层后加以研究。例如，确认了不同炉子的平均值间存在差别时，就要根据差值来修正数据，再按组别进行分层。

若在上述工作中没有发现差别的原因，那就把对其他要因的差值进行修正后重新进行分层。

在上述的分析中，如果在界限外出现了点并在层间发现了有差别时，就采取消除其异常的差值的措施并进行标准化。

这样有可能的话，要一直分层或修正到最后能大体上获得满足的管理图为止。

［注 1］2 个计数性的要因被认为存在组合的效果，即存在交互作用（组合的影响）时，如现有 2 台设备 A_1、A_2、2 名作业人员 B_1、B_2，如果考虑存在交互作用，那就把数据按设备分层，再按不同设备分给作业人员 B_1 和 B_2，这样共计分 4 个层绘制管理图和图表。

［注 2］如果对数据的修正次数过多且每一次修正中都掺入差值的估计误差，那最后获得的数据的误差就会变大。

［注 3］一般来说，$\bar{R}$ 越小其估计的精度就越好。同时，分组的数、数据的数量等越多，其精度就变得越好。

［注 4］不用管理图而用符号检验的方法检验平均值的差也可以。

9）对计量性的要因，正如在 3）～8）中所述的那样，可以把其测量值本身进行图表化或绘制成直方图或管理图以研究离散的状况，通过随时间变化的情况就能从技术上修改作业标准和发现异常情况，但是还需要进一步从统计的角度分析这些计量性的要因，研究工作现场的实际情况给工程造成什么影响，即给成为其结果的质量特性造成了什么样的影响（见 4.15 节）。

为此就要对各个计量性的要因和质量特性，按时间顺序绘制的图表或是管理图后进行对照研究。首先根据中位数法对要因和特性、特性之间、要因之间的问题，研究是否存在大波的相关。再用线性分析研究是否存在小波的相关。在很多情况下大波的相关只要绘制一下相关图就容易知道，其分析也相对容易。

① 所谓大波的大的相关（见 4.22 节）是指认为有这种相关，且不管其他原因的影响多大，这个要因是对特性确实带来了影响。因此，有必要使其造成的离散的宽度变小并修订作业标准。修订的工程要把它修订到直方图中的大约 2σ 的程度，或是从技术上考虑变窄到能充分进行作业的程度。认为存在相关就把宽度定为理想的宽度，在操作上是不可能做到的，这样的作业标准不好。这时应该采用自动控制。

［注］*在有大波的场合要做好自己的相关分析。*

② 所谓小波的小的相关是指认为存在这种相关，因为现在是其他原因有较大的影响，所以该要因没有较大的影响，而是有较小的影响。因此，当前首先要控制好其他有着较大影响的要因，可能的话也可以把这个较小的要因控制住并进行修改。这种相关在开始时可以忽略。当该特性的小变动成为问题时才需要控制住这个要因。

③ 有很多计量性的要因时，就应从技术上找出认为是起很大影响的所有要因，并在寻找质量特性和大波的相关性的同时研究这些要因之间的相关。如表 4-2 所示那样用要因特性一览表汇总整理好，再从技术上进行各方面考虑，从而获得工厂或工作现场的操作方法的信息。

表 4-2　要因特性一览表

	特性	要因 I	H	G	F	E	D	C	B
要因 A	**+	⊖	**−	⊖	**−	⊕			
B	⊕		⊕		⊖			**−	
C	⊖								
D	*+		⊖						
E	⊕	**−	⊕		⊕				
F	**−								
G	⊖								
H	⊖								
I	**+								

+是正相关

−是负相关

*是 5%显著

**是 1%显著

○是不显著

空栏表示未研究

[注 1] 对计量性的要因，有时把其离散的宽度切成几份，分层后进行研究。

[注 2] 当结果显示为时间延迟时，可采用先错开时段，再选取若干“相关”的方法，也可采用边选取“移动均值”，边选取“相关”的方法。

[例] 从表 4-2 中可知对当前的作业进行统计分析的结果，其中 A、D、I 是正相关，而 F 是负相关。但是看要因之间的相关时，在 A 和 F 之间的是负相关。把它进一步详细调查时，就会发现虽然 F 是被取作要因，可是却是个难调节的要因，而且从技术上可认为 A 变大时 F 就自然变小。因而出现此情况时，就把 A 的作业标准明确决定好。如果必要时要对 F 决定好与 A 相应的补助性的标准。

在 H 和 A 之间存在着相关，要从技术上明确把 A 控制好那 H 就自然变小。I 是能控制的要因，因此对此只要规定作业标准就行。另一方面 I 和 E 有负相关而 E 和特性却无相关，故 E 是能控制的要因。可是仔细考虑就会发现，因为没有调节好 F 而使 I 相应地变大着，结果影响了特性。因此可以知道，该场合有必要确实决定好 E 的标准，同时也要相应地决定 I。D 是和其他要因没有多大关系的独立的、能控制的因素，可是由于这是其他工厂提供的东西，因此要提出异常报告书并由质量管理委员会通过，建议让其他工厂把质量标准的宽度缩减些。

虽然和特性无关，但 B 和 C 之间存在着负相关。这是因为当 B 发生变化时，为使它抵消就要调节 C，所以虽然对特性不造成直接的影响，可是会打乱工程，因此就决定给 B 制定作业标准。并了解到从现状来说，对 G 只要把现状的作业进行标准化就可以。

从以上的例子中可知，把一览表从技术上充分进行研究时，就可知道各种情况，既能识破所谓的伪相关，同时也能制定好标准化。在开始时每月或每三个月仔细进行这项工作，就可以把标准化工作根据现状进行相应的和合理的修订。

[注 1] 在有很多特性时，都要像表 4-2 那样取相关。因为会有如特性 X 虽然变好但 Y 变坏的事情发生，所以要特别注意。

[注 2] 在表中，如果把小波相关的研究结果用不同的记号记在一起时，

那就更能增加信息量。

10）在有很多计量性的要因时，可以像如前所述那样原封不动地把大波的相关情况全部调查一下，但对相关的取法则可以采用如下的办法来取得好的结果。

① 把数据根据计数性的要因分层后取相关。例如，按装置、时期的不同使用不同的颜色进行分层，在对其取相关后绘制散点图。特别是有计数性的原因和计量性的原因组合产生影响（交互作用）时，一定要按计数性的要因分别进行分层后取相关。

② 如果对某一原因 x 知道了存在相关，那么就绘制出对应原因 x 的特性 y 的回归线，用 x 的基准值（例如，知道了原因是温度且当这个温度为 600±20℃时，那 600℃就是基准值）来修正 y 的数据。

③ 如果认为在两个计量性的原因中存在交互作用时，可用下面的方法来进行分析。例如，根据原料的纯度不同而改变温度条件时，如果原料纯度离散在 70%～90%，那么就把原料数据分层为纯度为 70%～75%、75%～80%、80%～85%、85%～90%这几类，这样分别把温度和特性之间的相关关系进行调查。应根据不易进行控制的一方的要因或是根据离散小的一方的要因进行分层，取和其他的要因之间的相关。

11）上面讲述了一般原则，但实际中最好利用从技术上和经验中得来的知识，用试错法对工程进行全面分析。灵活运用经验和技术知识在分析中积累经验就能逐步做到顺利而有效的分析。但是不管怎样，不进行分析就什么都不能了解，最好能够进行实践。

12）就像这样先利用平均值的差或回归线把数据一个个地进行修正后，再绘制一次管理图。如果这个管理图是大约表示处于受控状态，且其直方图也大概满足规格和质量目标，那就把这个结果总结为暂行标准。如果不满意时就按下列办法进行。

① 依据上述方法试着把决定的标准进行操作。

② 继续进行分析。

③ 重新设计实验，在工厂、中间工厂或是研究室中进行实验。

13）实际使用暂行标准后，检查用上述的方法进行分析的结果是否正确，或是作为目的的特性是否按照原来的计划得到了改善，或是对其他的特性是否产生了影响等。并进一步根据需要来修订标准或继续进行分析。

14）根据暂行标准进行的工作先试行 1～3 个月，然后制定成正式的标准，再继续进行和前面同样的分析。同时需要采取以往没有进行测量的相应数据，或是更进一步分层后进行试生产等，这样进行分析后再重新进行改善。

在做着上述分析的同时也要进行各方面的标准化及修订，即制定技术标准、作业标准、装置机械等的管理标准，抽样和测量方法的标准及其他的标准或修订或进行训练。要使其原因在今后的工作中不再发生就要一个个地确实采取防止再发、管理的扎根等措施。在这期间，也可进行一些作业研究、工程研究、工时研究、瞬时测量及各种教育、训练等。同时这些结果一定要作为技术报告书正式归入档案。

另外从现有的技术及经济情况看，因工程能力不充分而无论如何也不能得到满意的产品时，就要和消费者、下一道工序或经营者协商好后，暂时考虑修订特性、规格、使用说明书和质量目标。与此同时，委托技术部门、研究部门进行研究或是在下一次的资金计划中计划好计量仪器的准备或设备机器的改造，让合同更合理化或是向原料的供应者提出推进质量管理等都是理所当然的。

以上介绍了在分析阶段掌握了统计技术并在实际中积累了分析经验的情况，例如，在获得了数据时，不一定要一个个地计算平均值和方差，而是尽可能进行图表化，找出是否具有显著性差异并有重点地进行分析。

4.10　工厂实验时的注意事项

重新进行实验的时候会使用各种实验设计法，但是关于其详细情况请参阅有关实验设计的书，在这里简单地介绍工厂实验时的注意事项。

1）在工厂做实验时要制定好工厂实验的规则，并根据规则通过正规的手续进行实验。绝不能发生在工作现场随便做实验之后，取得了好的结果就报告，而出现了不好的结果就不说的情况。一定要通过正规的手续，而且要编写报告书。

2）要在设立负责技术人员制或是 QC 工作组后进行。因为实验需要通过全工程综合实施，所以要把能有权采取措施的人选为领导。

3）要决定好由于实验而出现不良品和返修品或是搞乱了工程时的责任、权限等。

4）一定要把过去所得的知识和数据整理分析之后，明确好重点或实验的目的，而且要把因素的个数充分加以整理。

5）因素要尽可能选用能控制的。

6）因素水平的取法。因为在用工程做实验时，往往伴随危险或造成损失，因此在第 1 次实验时要从以往所知的技术和经验中选取让人放心的范围中的 2～3 个水平。如果在以往就有的因素中存在相当大的离散，从过去的数据中不能决定是哪一个水平好，可是从技术上认为重要时，就要选择标准水平和一定范围内表现好的 2 个水平，如果标准不明确时就取 3 个较好的水平。第 2 次实验要利用从第 1 次实验中所得的信息。要注意最好的水平在很多情况下是在以往的水平以外的。

7）要想通过 1 次实验就取得全部结论，不如利用实验已得的知识进行 2 次、3 次实验，这样要经济得多且危险也少，同时也能保证结论可再现，因而是有利的。同时要把每次的误差的方差作比较研究。总之是要逐次连贯地进行实验。

8）在技术知识还不明确时，开始只能用正交法等布设大纲寻找哪一种因素是特别成问题的事情，然后再用二元配置法等做反复的实验彻底解决。

9）为检查对已有的数据进行的分析结果而做的实验是十分有利的，同时要确认因素中是否有混杂。

10）如果实验在短时间内不需要花费很多经费也能轻易地把水平一个一个地随机改变的话，那采用实验设计的方法就是有利的。例如，在批量生产作业时就有利，而在连续性的作业中不好进行同时还会伴随着危险；对拥有充分装备好的自动控制设备的工厂来说，进行实验是十分合适的。

11）各个因素或水平要作为作业标准制定好。在做实验时一定要编制好详细的实验作业指导书，同时还要编好数据表格和做好辅助测量。

12）可再现性是个非常重要的问题。因此就要在不同的时期进行重复的实验，这样就可调查在重复工程中 R 管理图是否处在受控状态，另外要通过实验设计检验出各个区组间的差异，以及区组和因素之间的交互作用。而把人、机械、原料等作为因素时，就要从同一层内取 2 人、2 台、2 批次以上的数据来设计实验。

13）要尽可能遵守实验顺序随机化的原则。因此就要把实验的顺序明确记录在实验计划书和指导书中，同时还要对实验进行充分的管理。如果不可能进行随机化，就要利用分割实验的想法或有可能造成混杂的因素，从技术上充分地进行研究并把它写进报告书或结论中去。另外为了进行比较，要把根据以前的作业标准的作业随机地加入进去。

14）如果某一因素不可能控制时，就要对这一因素，如对设备、原料等进行分层实验，但是要做好能够检验上述因素和能够控制的因素之间的交互作用的实验计划。这时的交互作用对决定各层的作业标准是很重要的。

15）如果得出了结论，就在实际的工程中试一下，并用管理图进行分析、研究。此时，应把实验的误差方差的平方根和 R 管理图的 $\overline{R}/d_2$ 作比较研究。

4.11　数据量较少时的工程分析

对数据多的场合或是连续生产型的工程是容易使用统计分析方法的。但是在数据少且即使过去也只有不到二三十个数据时，虽然也能充分从统计上进行分析，可是也会有不好分析的情况。

接下来将讲述在该场合需要注意的几个事项。

1）要考虑数据少的理由在哪里。因为取了平均值，如取了一个月的平均值，因此数据就很少，这时应在某些场合对原来的数据用简单的方法进行分析。

当然，当数据真的很少时，就不得不用精密方法，但在将来还是要换成管理试验的，此时就有必要研究能否取得更多的容易分析的数据。

2）在用工作现场的数据作分析时，如果数据少，就有不随机和混杂的危险。因此就有必要从技术上重新研究在分析过的结果中是否存在其他原因混杂的情况。这不光在数据多的场合要注意，在数据少时因为随机不够，因此也需要注意。

3）数据少时，往往原因的变化也小，所以超越其范围而把结论进行扩大是危险的。

4）作分析时可以应用实验设计的想法和方差分析，以及灵活运用其他被称为精密方法的高级统计方法。

4.12　改善方案的决定和实施

在决定改善方案时，需要留意如下事项。

1）要让实际实施的人参加方案决策并进行教育、训练，使其对改善方案充分了解。同时要和有关部门联系好。

2）应该有可行的方法。以往认为不能进行和不可能做的事，在做了一下发现出乎意料地简单、反而能成功的情况会有很多。

3）把作决定的权限尽可能下放给下属，如委托给 QC 小组和 QC 工作组的领导等。

4）在制定作业标准、技术标准、原材料规格等标准草案的心态下编制改善方案。

5）这里总的来说还是在制定试行方案和暂行标准，因此把试行之后的结果进行检查后，如果好就当作正式标准使用。

6）重新调查一下会给其他特性条件或其他部门带来什么样的影响。对某特性、某部门最佳的条件不一定和对其他特性或整个公司最佳的条件一致。

7）之前讲过，想实施改善方案、想研究新的事情时，在公司内部必定有敌人。因此把这个敌人击破之后就勇敢地去实施吧。

8）在实施以前，要把标准编制到“用什么办法、什么时候、由谁来测量、评价改善结果，用什么办法来对其改善方案进行管理”的程度为止。

这样就可以向在下一节所讲的管理、再改善的方向前进了。

4.13　对结果的确认、管理和再改善

不管是有多少专业技术或进行了多少统计分析，改善方案到底如何，不试一试是不知道的。在技术上认为好而在事实中失败的例子非常多。如果技术上认为好的事情是真的好的话，那么应该能够做出更多更好的产品。甚至有一些极端的人说“做与技术人员说好的事相反的事就能成功”。

因此，如果实施了改善方案就一定要检查其结果。例如，在变更设计时，就检查其结果直到充分确认后才让产品出厂。同时还要建立把产品送到消费者手中以后把产品的使用情况通过质量联络员等进行检查的组织系统。因为以往评价较好而产生安逸心态，不进行检查、不推动管理的循环而导致的失败屡见不鲜。

检查时需要注意下列事项。

1）一定要养成确认工作的习惯。在改善的报告书中要记录检查确认的方法，即对管理方法及其结果、效果等作好标准化。而且一定要交出实施结果的报告书。例如，在很多设备投资的原方案中有期待的效果，却没有投资后的实际成果的报告。

2）对成为问题的特性和与要因有关的特性也要进行检查。

3）检查、确认、管理需要相当长的时间，至少要实施一年。这是因为工业的问题容易受到四季的影响，同时又要进行可靠性检查。

4）要确认改善的结果、工程能力和受控状态有怎样的变化。

5）把这些事用管理图进行至少一年的管理和检查，如果能继续维持受控状态，那么就算完成了改善的责任，这时 QC 工作组就可以解散了。

根据检查的结果，研究是否有进一步进行改善的必要性，这样陆续进行改善。一般来说用现有的设备，按照分析、改善、管理、再分析、再改善的程序，细致而耐心地去做时，那么在一般情况下可在半年左右的时间

内把不良品减少一半，或是让工程能力的离散性减少一半，或增加约 50%的产量，或是减少约 30%的工时等。

不要只因为改善了一次后得到了效果就放松，而是要更进一步，怀有一个个地达到目标的心，持续地进行改善。

4.14 编写报告书

在做各种工程分析进行改善时，只要有失败都要编写报告书。这可以让失败和成功的事实明确起来，不仅是对个人，对企业、组织积累技术都是重要的。如果不这么做，将来别的人也会遇到同样的失败。为了防止发生这种情况，给后辈、后任者传递改善的意识和技术也是十分重要的。

编写报告书是为了完成如下的两个目的。

1）为使上司和有关人员很好地理解分析的目的、工程、结果。

2）为了给企业、组织积累技术。

为此，报告的目的是让不理解的人读了就能看懂，这和质量管理一样，不仅是让自己理解，要写得让读者也容易理解才行。

一般做完分析和实验之后，再去想整理报告书，就会很麻烦，是很浪费时间的，在特殊的场合是不编写报告书的，而是把其收藏在自己的日记本或脑子里。一般来说，从一开始就要有打算编写报告书的意图，同时考虑好程序、编写好表和图。

我们一般把这报告书叫作质量管理故事（QC story）。质量管理故事，即质量管理式的报告和以往旧式的日常业务报告是有着差异的。所谓旧式的报告，只记录完成了目标或是没有完成，只有结果，是所谓的“结果好就好”的报告，最高级领导或上司都认为这样就行了。但是在质量管理中是把完成了它的工程，即把如下程序的②～⑦当成问题。这是重视方法、做法、工程的报告。如果明确了工程的话，就能积累经验、技术，因而就能再现工程。

旧式的态度只是依靠精神的努力，是靠社会形势、运气，有的场合可能还靠假数据表现出好的结果。这样的旧式的目标管理是不可再现的。在质量管理当中则是重现工程，并试图防止错误再发生。

某公司的董事长，因为看到社长在质量管理诊断时经常去工厂和营业部，所以就问："为什么你要经常去工厂和营业部呢？"社长回答："董事长认为结果好就好，但我认为得重现怎样完成工程，我是去了解工程的。"据说后来董事长就不说话了。

在质量管理故事，即质量管理式的报告（见 4.2.2 节）中，有必要让上司、技术人员及后继者等读者容易地看懂下列各项。

① 课题。

② 选题的理由、依据（帕累托图的原则）。

③ 把握现状（事实和其分层）。

④ 结果及工程的分析（追究要因）。

⑤ 对策、实施。

⑥ 对策的确认。

⑦ 标准化（锁定），防止再发。

⑧ 管理的扎根。

⑨ 反省及遗留的问题点。

⑩ 今后的计划。

这样的公司报告书和旧式的学会的报告书是不同的。

作为公司内报告或是质量管理诊断报告书，我推荐分如下三个部分进行讲述。

第一部分面向最高级领导及其他工作很忙的人员，把问题点和应该采取的措施，在 1～3 页内简单讲述。

第二部分面向部科长及其他工作稍微忙的人，按上述程序的顺序在 4～5 页内简单讲述主要的数据和结论。

在以上第一到第二部分要注明在第三部分的参考页数，以便于有兴趣的人的检索。

在第三部分要附上详细的数据，也要详细地讲述失败的例子，要容易让他人理解。质量管理中原始数据是最重要的，所以放在第三部分为好。如果成了太厚的东西，那就编写成手册，或是用电子计算机储存起来。根据笔者的经验，原始的数据及其观测记录当中包含着各种信息，所以在后来进行各种分析时就能取得很多的信息。

不管怎样，编写报告书是件需要花费很多时间的一种麻烦的工作，但是从整理自身的思想、让包括上司在内的他人理解企业及组织积累的知识和技术的意义上来说是非常重要的。因此要进一步附上关键词并把它输入到储存器中以便于进行信息检索。

4.15 测量方法的探究

不进行测量就得不到数据。所以能获得的数据都是带有测量误差的。甚至可以说质量管理是随着测量方法的进步而发展的，而测量方法是重要的项目。因而在把测量方法放在分析工程自身前，从统计和技术上进行重新研究是理所当然的。

测量方法的研究包括下列项目。

1）数量化的研究：不管是哪一种场合，如果能对某事物进行评价和数量化，那么保证或改善就都容易做到。因此要尽可能进行数量化的研究和利用数字来进行管理。

2）再反省一下，测量是为了检查、保证，还是为了工程管理，或是为了改善工程而作的？这里会经常混淆。例如，在为了作检查而做的测量中，不适合作分析的东西也被用在分析和管理中，或者把改善、管理用的测量也用到检查当中去。

3）关于计量性测量适合还是计数性测量适合的问题：一般在采用计量性的测量方法时，样品就可以少些，获得的信息多，是比较容易采取的措施，可是为了测量和整理数据所需的成本就高而且费时间。而用计数性测量是因为测量和整理数据简单，且对很多样本容易进行试验的场合多，作业人员等工作现场也容易理解，但所获得的信息则少。因此应该选定哪一种是不能一概而论的，所以下面就将用几个例子作说明。

① 在样品单位间的离散非常大，抽样误差也大，为了工程的管理而采集很多的样品和需要进行很多测量时，适合采用计数测量。

② 在做工程的管理的同时还想做质量保证，需要采集相当多的样品的时候，适合采用计数测量。

③ 上级管理负责人要了解工厂的整个管理状态时，或是从作业人员和工段长的角度出发时，用计数的方法容易看清情况。

④ QC 小组或 QC 工作组作工程的分析时适合采用计量测量，且获得的信息多。

⑤ 有的工程适合于在受控状态之前采用计量性的测量，受控状态之后则改成计数性的测量，也有相反的场合。

⑥ 单位在 1/100 毫米以至 1 微米时用计量测量，比使用计数测量要好。

⑦ 对感官检查性质的东西最好分成 3～5 组。

4）测量误差的研究：在工程改善和管理中需要注意的问题是测量误差的可靠性和再现的精度（特别是在同一个试验室内，不同的日期、人、计量仪器的再现精度）。如果是为了保证这个管理试验的结果，那么当然要把偏差当作问题才行，可是如果已经判明其偏差的大小和相关关系，而且有可靠性，那么在进行工程分析时，点超出界限的原因有时是测量的异常，即因为测量缺乏可靠性。另外，测量的再现精度不好时常会成为 $\bar{R}$ 大的原因。

一般来说，如果把工程本身的变动表示为 σ_P，那么由于取样所造成的方差为 σ_S，当测量的再现精度为 σ_M 时，数据的方差 σ 可以用下式来表示：

$$\sigma^2 = \sigma_P^2 + \sigma_S^2 + \sigma_M^2$$

因此，如果 σ_P^2 和 σ_S^2 都比 σ_M^2 大 10 倍以上时，那么该测量方法对管理这个工程是理想的，可是当出现 $\sigma_P^2 - \sigma_M^2$ 或 $\sigma_P^2 < \sigma_M^2$ 的情况时，这种管理图就分不清是为管理工程而用的管理图还是为管理测量而用的管理图。在这种情况下就要重复进行测量，取其平均值或把 σ_M 变小些，再修订测量作业标准才行。但是与此相反的 $\sigma_P^2 \geqslant \sigma_M^2$ 时，如 $\sigma_P^2 \geqslant 100\sigma_M^2$，也会有测量精度好的情况。这种精度在做保证试验的场合是必要的，可是在管理试验的场合就是不必要的过分好的精度；如果这种测量所需的时间和费用太多，那么就把它改变为更便宜、更简单的管理试验则更为有利。一般在推进工程分析和改善时，σ_P 会逐渐变小；在开始时 σ_M 和 σ_P 比较

起来相对较小的场合，也由于σ_P变小σ_M就相对变大而变得不适当，所以有必要常进行检查。

由上述可知，在作工程分析时就有必要检查测量的可靠性和再现精度，在没做好这件事情时，会有很多原因不明或是由于测量误差造成的超出控制界限的情况，还会出现即使花很多时间来分析工程、进行追查等也会白费力气的状况。当然这是作为检查科、检验科、分析科、计量测量管理科、工模夹具管理部门等的责任，这时要通过测量仪器和测量方法，把自己部门的再现精度和偏差用数值明确好。

5）编制和管理测量方法的作业标准：在做测量误差的再研究时，没有测量的可靠性的场合出乎意外地多，且又常会遇到再现精度非常不良的情况。这是由于以往作为作业标准的测量方法和试验方法是非常不完整的，而且测量和试验都几乎没有得到管理。因此要把测量或者试验当作一个工程来考虑，重新考虑编制作业标准，或放出标准样品，或对测量者进行很好的训练等。

6）测量时间的缩短：如果要进行好管理，那么加快数据、信息的反馈的速度是十分重要的。为此就要研究以往的分析、试验方法，从时间上看是否有问题，要重新研究迅速的、简便的方法。并且要改善反馈的做法。

7）要编制计量测量管理的指导书，除此之外，一般来说在工厂中对特性也好或是对要因也好使用着很多测量温度、重量等的计量器具，要为管理这些东西的负责人编制好管理用的指导书，这也是在分析阶段需要做的事情。

① 计量器具类购入规格及有关验收、安装检查事项的标准化。

② 有关各种器具的使用方法，指定管理负责人，管理方法的标准化。

③ 有关计量器具的维护、清点和检查的作业标准。

④ 有关计量测试仪器的修理的项目等。

4.16 抽样方法的探究

抽样是数理统计学或统计质量管理的重要基础项目。因此为了做分析工程及管理的准备，抽样方法的研究是不能分离开来进行的。在这里只讲述原则，但是我们应该考虑各种场合，以工程分析中获得的知识、以往就有的技术知识、工程管理的目的和其状况来作决定。

抽样的问题是质量管理的一大支柱。但是抽样的问题是从实施质量管理的角度来考虑的，只不过是质量管理的一部分而已。

从工程分析或是管理的立场考虑，我们是把工程当作总体进行考虑，而把工程而来的结果，即一批产品，当作是从工程中产生的样品。我们所得的数据是对于一批产品的数据或是关于从一批产品中所得的样品的数据，因此，我们在工程分析或管理中应考虑抽样的问题，要考虑以管理工程的总体为目的，应该怎样去进行抽样的工作（见图 2-1）。

关于抽样方法的研究，需要考虑下列各项后作决定。

① 过去的抽样方法的研究。

② 抽样目的的决定。

③ 抽样场所的决定。

④ 抽样误差的研究。

⑤ 抽样方式和分组。

⑥ 工程的管理状态和抽样间隔。

⑦ 决定抽样方法的标准。

（1）过去抽样方法的研究

以往在工厂中使用的抽样，也有根据经验已成为合理的抽样法的情况，可是因为下述的地方不合理的情况比较多，因此，基本需要对所有的抽样方法进行重新研究。

1）目的不明确。

无论是为了工程管理的抽样，还是为了工程分析、质量保证、检查等，不明确其数据是用来做什么的。

2）对于目的来说不适当。

① 把检查用的抽样，为了工程管理而使用着。

② 没有可靠性。

③ 精度不适当。

④ 没有注意到有偏差的情况。

3）抽样方法没有得到管理。

以往在各种工厂中，因为抽样法的不合理而造成进行不好工程分析和管理的例子有很多。

（2）决定抽样的目的

从技术上来说只要明确抽样的目的，就能做到抽样的合理化。这个目的是考虑质量标准、下一道工序的要求和自己工程的分析结果，从而得到前一道工序的管理状态；首先是从技术、经验、统计等常识进行考虑，决定好认为合理的东西。如果为了保证批次的抽样和为了工程管理的抽样能够通用那就更好了。其后就进行详细的统计的研究或是管理工程，这样逐步地去进行修改。

一般来说要想管理某种离散，就需要进行能够知道其离散情况的抽样、收集数据并把它当作子组。即抽样的目的与管理图中的子组有密切的关系。

（3）选定抽样场所

决定好当作问题的质量特性，此时如果决定了检查点和管理特性及目的，那么取样场所自然就被决定了，但是这时需要考虑如下的事情。

1）作为工程管理的原则之一，分层是重要的。因此，从原则上来说抽样要在分层之后进行。即按不同原料、机械、制造系统、工作时间和组别等，从技术上考虑能获得尽可能多的信息而去进行分层，再选择抽样的地点。把各层混合起来之后再去抽样的做法在多数场合是不适当的。

2）选择容易进行随机抽样或是在一定间隔的时间进行抽样（系统取样）的地方。批次在工程中流动时进行抽样是最容易的，只要在移动工程中进行即可。但是在某一处积存起来之后再进行抽样，虽然也有容易进行随机抽样的场合，可是一般来说把静止状态的东西做随机抽样是十分困难的。

因此在工厂设计或是改造时，要考虑好如上所述的情况。

（4）抽样误差的研究

工程管理中的问题正如测量误差的项目中所讲的那样，是精度和可靠性的问题。对于质量保证来说，偏差就是问题。不管是研究以往的方法的场合，还是计划新的抽样法的场合，抽样的部门都有责任去管理抽样，使抽样有可靠性，并从统计角度明确抽样的精度和偏差。

从可靠性的角度来看，应该把场合管理定义为：当现场出现了异常数据时不会提出“这是因为抽样不好而造成的”等推脱的意见。

精度是当工程平均的变动为 σ_P^2、抽样的再现精度为 σ_S^2、测量的再现精度为 σ_M^2 时数据的方差 σ^2，在单位体的场合有如下关系：

$$\sigma^2 = \sigma_P^2 + \sigma_S^2 + \sigma_M^2 \text{（见 4.23 节）} \tag{4-1}$$

子组大小等于 n 时的 $\bar{x}$ 的方差 $\sigma_{\bar{x}}^2$ 为

$$\sigma_X^2 = \sigma_P^2 + \frac{1}{N}(\sigma_S^2 + \sigma_M^2) \tag{4-2}$$

集合体的场合，特别是制混合试料的场合把工程的变动 σ_P^2 分成子组间变动 σ_b^2 和子组内变动 σ_W^2 来考虑就容易懂。该场合下：

$$\sigma^2 = \sigma_b^2 + \sigma_W^2 + \sigma_S^2 + \sigma_M^2 \tag{4-3}$$

$\bar{x}$ 的方差如下：

$$\sigma_{\bar{x}}^2 = \sigma_b^2 + \frac{1}{n}(\sigma_W^2 + \sigma_S^2 + \sigma_M^2) \tag{4-4}$$

在式（4-2）及式（4-4）中，右边的第 1 项就是子组间变动，第 2 项就是子组内变动。一般来说在 σ^2 当中，在靠近身边的地方短时间内的子组内变动最大的场合比较多，因此，知道这个方差就能决定好取样方法。

在单位体的场合，抽样的方差 σ_S 是表示子组内的方差 σ_W 的批次内的方差，故抽样的精度不大会成为问题，这时子组的大小和划分法反而是重要的工作。

在集合体的场合，如果也是按每一样品单位进行测量，把这几个集合起来分子组时，σ_W^2 和 σ_S^2 相同便与单位体的场合完全一样而成为式（4-1）、式（4-2），但是根据决定抽样单位大小的方法的不同 σ_S^2 有所变化。与此对比，取混合试料、平均试料的场合就成为与式（4-3），式（4-4）相同的情况（但在 σ_S^2 中包含着误差 σ_P^2）。

因为我们想用 R 管理图进行管理的主要是 σ_W^2，因此希望把 σ_S^2 控制在 σ_W^2 的 1/10 左右。在 σ_S^2 大的场合也用同样的抽样法分别取 2 个以上的样品，再把它编成子组后就会出现比较有利的情况。

在$\bar{x}$管理图中，$\bar{x}$的方差用式（4-4）表示，控制界限是用其第 2 项来画，这样来管理σ_b^2，所以σ_S^2就成为$1/n$，故不会成为多大的问题。但是在这个场合如果与σ_b^2比较，（$1/n$）σ_S^2大得多。这样即便出现超出控制界限的点，也多查不出原因。

如上所述，要想进行质量管理，就要把抽样方法从统计的角度做检查，并针对每个工程好好研究是否有可靠的精度合理的抽样法。

（5）抽样方式和分组

抽样方式有各种分类，在这里可以和子组结合起来，只谈在工程管理中需要注意的事情。但是不管哪一种场合，如果从整体中进行随机抽样，那么就会因丢失信息而产生不利，所以要尽可能作好分层。但是实际上，从对眼前的东西进行抽样的初级阶段来说，不能忘掉进行所谓随机抽样的原则。换一句话说，对其中的信息或离散不清楚的地方也可以进行随机抽样，其余的就尽可能地分层后再抽样。

首先介绍简单的单位体的场合。

1）单位体的场合：把批分层后送到工程中，这样按层去取样品就好了，对各层进行抽样的方法有下列三种（见图 4-7）。

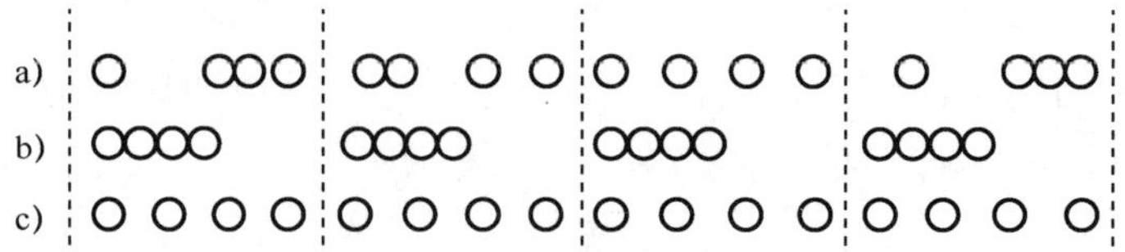

图 4-7　抽样方法

① 是把在一定时间内生产出来的一批产品按不同的机械设备集中起来，从中随机抽取几个样本的子组的方法。这个方法是把在每隔一定时间内制造出来的产品考虑为一批，以它的离散作为基准来管理工程。如果这一批的离散满足了质量标准，就算是可以了。

② 是把工程中每隔一定时间生产出来的产品连续地进行抽样的子组划分法。这种方式适用于工程处于受控状态且作业人员也理解了

质量管理的想法时。但是如果在没有达到这个阶段以前就采用这个方法就会因为超出控制界限的点太多，而做出不适当的管理图，或有可能漏掉抽样间工程的变动，从而没有观测到作业怠慢而产生的危险。

③ 是在一定时间内以一定的间隔时间取几个样品的划分子组的方法。用这个方法能及时检验出在一定时间内的子组内的离散，可是在子组内的分散与②相比要相当大。因此这是一种在通常工程管理中，特别是在工程管理的初期阶段常用的方法。

如上所述的三种方法各有利弊，应采用哪一种要根据工程的状态而定，不能一概而论。①观测不到变动的机会少，可是会失掉子组内随时间变动的信息。而②虽然子组内变动小，可是有可能观测不到抽样之间的变动。③的方法虽然能够提供最多的工程信息，可是有可能观测不到抽样间隔间的变动。

不管上面的哪一种方法，重要的是分层后调查批次，要明确批次的历史、数据的历史、取样的间隔以及把构成子组的时间定为多少等。

抽样间隔，抽象地说就是指不看漏掉异常原因那种程度的间隔。这是指如果每批原料是比较均匀的而且投入方式或加工方式固定不变，不需要经常调节机器时，那么从技术上考虑在此期间偶尔出现异常变动的情况较少，而系统发生异常的情况较多。因此抽样的时间可参考每改变原料批次、每次做调节、不同的值班时间等，是比较容易决定的。

可是在原料和投入批的方法不正确并经常进行机器调节的场合，决定抽样间隔是很困难的。该场合的先决问题是从根本上整理投入原料批的方法并做好作业的标准化和机器调节标准化的工作。

但是，在能做好这件事以前，做些事还是比什么都不做要好，因此不管怎样都得预先以一定的时间间隔进行抽样，把它分子组后再绘制出管理图，这时如果出现超出控制界限的情况时，就一定要确实采取好防止再发的措施。这样做之后，即使是没有观测到抽样之间存在的异常原因，也总能在某一时刻抓住它，这样一来工程就会逐步被管理起来。

2）集合体的场合：集合体的场合分为混合试料取得数据的场合和按抽

样单位取得数据的场合。但是不管怎样，如果考虑为取得这些数据的单位是和单位体相同的，那么就成了和 1）的场合相同的情况。至于如何制造混合试料或是如何决定抽样单位的问题，就要变得稍微复杂一些，请参考有关抽样的专业书籍。

取混合试料时，用瞬时抽样（snap sampling）的方法还是应该取什么时间内的平均样品也是个问题。但是一般来说，如果取 1 天的平均样品就要失去一天内生产的产品的离散的信息，那么是不利的，因此采用能知道在 1 小时、4 小时、1 个班次的平均值那样的抽样方式就有利得多。无论哪种情况，设置自动采样装置都是有利的。

按抽样单位进行测量时，面对纤维或纸等产品时原则上是从质量标准和由消费者的要求来决定抽样单位，可是在以往的试验方式中不符合这些要求和目的的东西比较多，因此需要再次进行研究。

（6）工程的管理状态和抽样间隔

如前所述，应该保证观察工程异常情况的抽样间隔。但是如果工程不处于受控状态，其变化快且不知什么时候会发生异常情况，那就要不断地进行抽样，在测量之后去注意工程的异常情况来防止其变成不可能实行的东西。在这种场合就应该进行作业的标准化，积极地去控制异常情况。另一方面，如果存在短期间内的激剧的离散，同时还存在大波或有倾向的变化的场合多时，那么就取某一段时间的平均值，采取管理大波等的方法是设置自动记录仪、自动控制装置等。

但是也有技术上设置装置有困难的场合，就应该使用管理图或从统计的、技术的角度充分进行研究，然后从客观上证明是有利的事情之后才进行设置。

另外不能因为工程不稳定而立刻就缩短抽样的间隔，这从经济上考虑是不利的。在这种情况下宁愿把抽样的间隔取得长一些，虽然会观察不到在该期间发生的异常情况，但是如果发现了异常原因，那么就一定要以今后不重复发生同类问题的修订作业标准耐心地去进行管理，这样一来受控水平就能逐步提高。因此抽样间隔也是根据是否确实对工程采取了防止再发生异常情况的措施而变的。如果即将使用控制异常情况的管理图，那么就要缩短抽样间隔，在确实采取了措施后，就可以稍微延长抽样的间隔。

这样，如果使工程逐步处于受控状态，那就能把抽样的间隔取得长些、让批次的间隔大些或可以把样品的大小取得小些。这样能使抽样间隔取得长、减少样品的大小就意味着在实施质量管理时在经济上会有很大的益处。

一般来说，如果上述情形能够延续，则在技术方面可以放心。在管理图中的点能保持在 100 个以上时，就能实施下列方法。

① 把抽样间隔增长 2~5 倍。

② 把取平均样品的时段增长 2~5 倍。

③ 把样品的大小减少为 1/5~1/2。

④ 不经过分层就抽样。

（7）决定抽样方法标准

抽样也是一种作业，因此就要和通常的工程一样设定标准方式。可以使用和通常的作业标准一样的想法来进行编制。为此，就要决定好下列事项。

① 抽样的负责人、监督者及实施者。

② 什么时候、用什么方法、用什么工具、怎样收集。

③ 所取得的样品的处理方法、记样品号码的方法、保存法、搬运法等。

除此之外，一般还应注意和通常标准化一样时，按下列项目进行编制。

① 一定要编成成文的资料。

② 要经常留心合理修订。

③ 应该是在工作现场中能实际操作和从技术上能够实施的方法。

④ 要明确好行动的基准，利用抽样卡。

⑤ 要明确各类有关人员的责任和权限。

⑥ 应该是得到有关人员承认的。

⑦ 应该是容易获得可靠性、容易管理的抽样法。

⑧ 应该是高精度和可靠的抽样法。

⑨ 应该是不易渗入偏差的抽样法。

（8）总结

如上所述的各项是在进行工程分析时应该经常注意的事情。而且这些事情应该在分析工程、进行工程管理的工程中，至少要研究一次以后才能决定。

从日本的质量管理的实际情况来说，在下列三种类型的工厂要进行抽样研究：

a）因为以往用的抽样方法太不合理，所以不研究抽样方法就无法进行工程的分析和管理的工厂。

b）通过分析工程进行管理之后，工程的状态已变好，却反而导致了抽样成为问题的工厂。

c）因为在工厂引进质量管理时会遇到各种困难，所以质量管理技术人员对最容易进攻的抽样的研究过于热心的工厂（躲避在抽样里）。

近来 b）型的工厂开始增加，这是标志着质量管理有进展的可喜证据。

4.17 统计检验的思维

在 2.1 节中所讲的就是大略的统计的想法，本节将把假设检验的步骤，以 2.1 节中所讲的例子简单地从理论上加以介绍。

1）决定分析和实验（判断）的目的：要是做着弄虚作假的事就要提意见。

2）设置前提：以 2.1 节的例子来说，骰子应不是欺骗人的，而是公平的。

3）虚无假设：骰子是不弄虚作假、正确地被掷出的。即偶数和奇数都以同样的概率 1/2 出现。

4）假定假设是正确的而考虑统计量的分布，通过数据计算概率：计算正确掷骰子的时候，偶然出现连续 5 次偶数的概率。该场合是

$$(1/2)^5 = 1/32 \approx 0.03 = 3\%$$

5）与概率（显著性水平、风险率）做比较后再进行判断：如果概率在 1%以下的话，那表示这个假设确实是有问题的。因此，这时候就可以舍掉

这个假设。在这个例子中，如果连续出现 7 次偶数时出现的概率是 1/128<0.01，所以可以舍掉。

而如果出现的概率在 5%以下，那就可以判断假设是好像能舍掉。

表 4-3　标准的风险率/（α%）

	风险率=显著性水平（α%）		
	可能有差别	好像有差别	确实有差别
研究室	10～30	5～10	1～5
试制工厂	5～20	1～5	1
工作现场	5～10	1～5	0.1～1

注：这个表是一例而已，实际上是根据应该采取的措施的不同而变化。

如果概率在 10%以下，那么假设是有一点儿不可靠的。

这个概率就叫作风险率或是显著性水平。

所谓风险率就是在 2.1 节中所讲的那样，实际上是没有问题，但判断为有问题的概率，即犯第一类错误的概率。

管理图把这个风险率取为 0.3%（即用掷骰子的例子时，相当于连续出现 8 次偶数的概率），如果点超出界线时，就可以判断为“确实是在工程中发生着异常情况”。

6）根据判断的结果采取行动；也就是说，要提出事的意见。

［注］把 4）和 5）合起来，不计算 4）的概率，而是和 5）的显著性水平的值进行比较之后做判断；例如，把下面例子中的 t（10，0.05）的值和 t_0 的值比较之后做判断等。

（1）平均值的差的检验

下面我们把上述的想法用实际的例子进行介绍，并检验是否在总体平均值中存在差异、其分布的平均值是否变化。

［例］某种产品的平均成品率好像根据原料的种类不同存在着差异，所以为了确认这个情况把顺序随机各做了 6 次实验，获得了如表 4-4 所示的成品率的数据。

1）实验的目的。如果有差别就用好的，没有差别就买价格低的。

2）设置前提。

① 这个实验是在管理状态下进行的。

表 4-4　根据原料 A、B 的成品率的差异

原料 A/%	原料 B/%	x_A-80	x_B-80	$(x_A-80)^2$	$(x_B-80)^2$
83	80	3	0	9	0
79	85	−1	5	1	25
83	83	3	3	9	9
87	80	7	0	49	0
88	76	8	−4	64	16
83	81	3	1	9	1
合计	—	23	5	141	51
平均 83.83	80.83	3.83	0.83		

② 实验的顺序是随机进行的。

③ 两者的实验误差的方差相等。

3）建立假设。使用原料 A、B 没有平均成品率的差别，即相等。用下列方法表示：

$$H_0:\ \mu_A=\mu_B \quad \text{虚无假设}$$

4）在假设条件下做概率计算，在这个阶段，用统计的式子做计算。只有这一点是和以往用常识判断有差异。

下面把计算方法按步骤讲述。而使用电子计算机的话，就能更简单地进行计算。

步骤 1：像表中所示那样对数据进行数值变换，使计算简单化。在这个例子是 $X=x-80$。

步骤 2：求平均值和偏差平方和 S（见 2.12 节）。

$$\overline{x}_A=83.83 \qquad \overline{x}_B=80.83$$

$$S_A=52.83 \qquad S_B=46.83$$

$$n_A=6 \qquad n_B=6$$

步骤 3：用下式求 t_0。

$$t_0=\frac{\overline{x}_A-\overline{x}_B}{\sqrt{\dfrac{S_A+S_B}{n_A+n_B-2}\left(\dfrac{1}{n_A}+\dfrac{1}{n_B}\right)}}$$

$$=\frac{83.83-80.83}{\sqrt{\dfrac{52.83-46.83}{6+6-2}\left(\dfrac{1}{6}+\dfrac{1}{6}\right)}}=1.65$$

如果 $\mu_A = \mu_B$，那么这个 t_0 已从统计上证明是属于自由度 $\phi = n_A + n_B - 2$ 的 t 分布的一个样本。因此，就用 t 分布来做检验。

［注］对各种场合，都有统计上求出的类似公式。

5）比较概率后作判断

步骤 4：从 t 分布表来求自由度 6+6−2=10 的概率（风险率）α（例如 0.05，0.01）的值。一般把它用 $t(n_A + n_B - 2, \alpha)$ 表示。

$$t(10, 0.05) = 2.228\text{，}\quad t(10, 0.01) = 3.169$$

即 $t_0 = 1.65 < t(10, 0.05) = 2.228$

因此，不能舍掉所谓 $\mu_A = \mu_B$ 的假设。换句话说，不能说在两者之间有差异。即像 $\overline{x}_A - \overline{x}_B = 3.00\%$ 这种程度的差异是在数据中大约存在这么大的离散时，能够偶然出现的差异。

6）根据判断的结果，采取措施。因为没有发现差异，所以就决定今后使用价格便宜的原料 A。

［注］如果发现有差别时，要考虑应该采用哪一种，这就要估计一下它们之间的差，从技术上、经济上考虑采用其中好的一方。

（2）方差的差的检验

用 F 分布表作检验。

把 $F_0 = V_1/V_2$ $F_0 \geqslant F(\phi_1, \phi_2, \alpha_3)$ 的值与 $F(\phi_1, \phi_2, \alpha/2)$ 的分布表的值做比较，这样如果是 $F_0 \geqslant F(\phi_1, \phi_2, \alpha/2)$，那么可以说在风险率 $\alpha\%$ 的条件下有差异。

4.18　统计推断的思维

正如在 2.1、2.9 节中所讲的那样，在我们的数据中是存在离散的，而且还有各种误差，因此就不能一下子很正确地估计总体的真值，如总体平均值或总体方差。因此，就要在某精度下或是在某宽度间估计总体真值。为此我们要利用在 2.13 节中讲过的统计量的分布。

在做估计时，如果有下列条件就有利。

（1）没有偏差——不偏估计；

（2）在某概率下已知精度或置信区间；

（3）尽可能使用让样本大小变小，而且还能有良好的精度的统计量。

总体平均值的估计：

$$E(\overline{x})=\mu \qquad \therefore \hat{\mu}=\overline{x}$$

把 β 取为 95%的精度时：

$$D(\overline{x})=\sqrt{\frac{N-n}{N-1}}\frac{\sigma}{\sqrt{n}}\approx\frac{\sigma}{\sqrt{m}} \quad \text{（当 1/10}\geqslant n/N\text{ 时）}$$

$$\beta=1.96D(\overline{x})\approx 2D(\overline{x})$$

95%概率（置信率）的置信区间是：

$$x-1.96D(\overline{x})\leqslant\mu\leqslant\overline{x}+1.96D(\overline{x})$$

σ未知时

$$\overline{x}-t(\phi,0.05)\sqrt{V(\overline{x})}\leqslant\mu\leqslant\overline{x}+t(\phi,0.05)\sqrt{V(\overline{x})}$$

但是此时 ϕ（自由度）是指 $V(\overline{x})$ 的自由度。

如上所述，从统计上进行估计时的特点是它的误差和置信区间明确。

4.19 两组对应数据（计量值）平均值的差异估计——简易法

在“在相同一批次的原料中，将每天生产的各分成两半，用 1、2 号机进行化学反应后获得了如表 4-5 所示那样的成品率的数据。这时在 1、2 号机的成品率之间是否有差异”这个例子中，因为是把同一天生产的原料成对使用着，所以叫作相互有对应。

步骤 1：比较 1 号机和 2 号机相对应的数据，记录在符号栏中，1 号机比 2 号机大的场合就记“+”（正），小就记“−”（负）。这时，如果有相同的数据就记上 0。

步骤 2：数“+”的数和“−”的数。在这个例子中“+”有 27 个，而“−”则有 13 个。

步骤 3：把这个少的数 13 和表 4-6 的数值做比较。在这个例子来说，数据的数量 k 为 40，因此与 k=40 的栏的值做比较时，与 0.05 的列值 13 相等。

表 4-5　成品率的数据（单位：%）

序号	1 号机	2 号机	符号	序号	1 号机	2 号机	符号
1	85	64	+	21	80	85	−
2	73	82	−	22	92	88	+
3	88	76	+	23	70	56	+
4	90	72	+	24	82	83	−
5	99	79	+	25	64	8	−
6	63	64	−	26	84	60	+
7	95	56	+	27	70	80	−
8	97	61	+	28	80	71	+
9	88	56	+	29	70	78	−
10	59	89	−	30	73	71	+
11	75	74	+	31	81	78	+
12	89	74	+	32	94	60	+
13	75	87	−	33	73	75	−
14	85	99	−	34	81	57	+
15	87	83	+	35	89	78	+
16	92	72	+	36	88	71	+
17	75	57	+	37	81	80	+
18	66	90	−	38	73	89	−
19	94	81	+	39	91	77	+
20	89	72	+	40	75	56	+

步骤 4：如果比 0.05 列的值大时（在这个例子来说，在 14 以上时），从两者的平均值中是看不出差异的。

比 0.01 的列值大，而在 0.05 的列值以下时（在这个例子来说是 12～13），可以说是好像有差。

在 0.01 的列值以下（在这个例子来说是在 11 以下）时，可以说两者的平均值是确实有差异。

在这个例子中“−”有 13 个，因此 1 号机和 2 号机是有差异的。此时可以说 1 号机是比 2 号机要好的。

［注 1］分析这样的数据时，可能的话要有 50 组以上的数据，至少也要有 30 组。

［注 2］这种例子通常用二元配置法，或是用一一对应的数据来做也可以。

［注 3］这种数据用二项概率坐标纸的 50∶50 的分割线就能与 4.22 节的［注 1］一样进行检验。

表 4-6　符号检验表（表中的数字是少的一方的符号的数，比这个数多就不显著）

k	0.01	0.05	k	0.01	0.05	k	0.01	0.05
20	3	5						
21	4	5	46	13	15	71	24	26
22	4	5	47	14	16	72	24	27
23	4	6	48	14	16	73	25	27
24	5	6	49	15	17	74	25	28
25	5	7	50	15	17	75	25	28
26	6	7	51	15	18	76	26	28
27	6	7	52	16	18	77	26	29
28	6	8	53	16	18	78	27	29
29	7	8	54	17	19	79	27	30
30	7	9	55	17	19	80	28	30
31	7	9	56	17	20	81	28	31
32	8	9	57	18	20	82	28	31
33	8	10	58	18	21	83	29	32
34	9	10	59	19	21	84	29	32
35	9	11	60	19	21	85	30	32
36	9	11	61	20	22	86	30	33
37	10	12	62	20	22	87	31	33
38	10	12	63	20	23	88	31	34
39	11	12	64	21	23	89	31	34
40	11	13	65	21	24	90	32	35
41	11	13	66	22	24	100	36	39
42	12	14	67	22	25			
43	12	14	68	22	25			
44	13	15	69	23	25			
45	13	15	70	23	26			

k>100 时就请用下式计算出数小的整数。

$$(k-1)/2-K\sqrt{k+1}$$

例　k=100 时

$$(100-1)/2-1.29\sqrt{100+1}=36.6=36$$

概率	K
0.01	1.29
0.05	0.98

4.20　两组数据不良率的差异估计——采用二项概率坐标纸的方法

4.19 节所讲的是计量值。不良率的场合，如果样本的大小大约相同，而且一一对应，那么和 4.19 节一样的做法就可以，可是一般来说用下列的方法进行研究。

“每天用一样的材料用两台机器生产同样的产品，10 天时间生产的数量如表 4-7 所示。这时能否说两台机器的不良率是有差异的。”

表 4-7　1、2 号机器的不良数

机器 \ 天数		1	2	3	4	5	6	7	8	9	10	合计
1 号机	产品数	58	63	65	67	70	62	60	52	72	65	624
	不良数	5	7	5	7	3	4	6	11	4	6	58
2 号机	产品数	55	65	63	60	65	53	68	50	70	59	608
	不良数	7	6	7	6	6	9	6	12	7	6	72

合计：产品数 n=1 232，不良数 r=130

步骤 1：按不同机器求产品数和不良数的合计。在这个例子来说，1 号机的产品数 n_1=624 而不良数 r_1=58，2 号机的产品数 n_2=608 而不良数 r_2=72。

步骤 2：求两者总的产品数 n，不良数 r 及良品数 a。在这个例子是：$n=n_1+n_2$=1 232，$r=r_1+r_2$=130，$a=n-r$=1 102

步骤 3：在图 4-8 的二项概率坐标纸上，在横轴取 a，在纵轴取 r，在概率纸上标好点后把这个点定为 P。该场合，如果 a 超过 600 或是 r 超过 300 时，就把坐标的标记数各降低 1 个数量级后标点。在这个例子来说，因为 a 是 1 102 超过 600。因此，就把 a、r 各改为 110.2、13.0 后再进行标点。

步骤 4：连接点 P 和原点 O（见图 4-8）。我把这条线叫作分割线。

步骤 5：对 1 号机和 2 号机分别求良品数。在这个例子是 $a_1=n_1=n_1-r_1=566$， $a_2=536$ 。

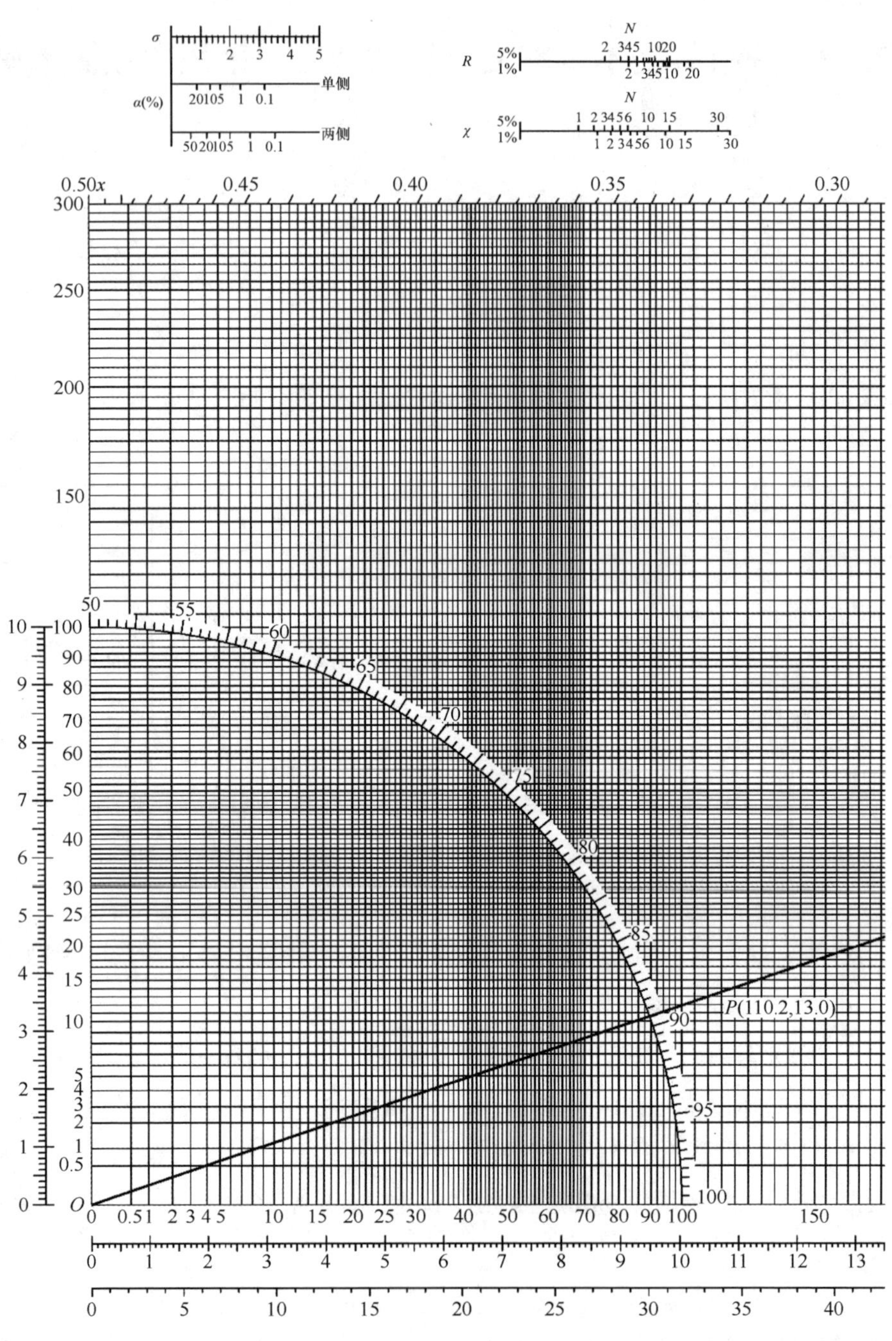

图 4-8　二项概率

$\frac{\sigma}{\sqrt{10}}$
1 3 5
$\frac{\alpha}{\sqrt{10}}$(%)
0.1 单侧
0.1 两侧
0.25
0.20
0.15
0.10
0.05
0
τ_2(536, 72)
y_1
y_2
x_1(566, 58)
200 250 300 350 400 450 500 550 600
14 15 16 17 18 19 20 21 22 23 24
45 50 55 60 65 70 75 80
$\frac{1}{\sqrt{10}}$

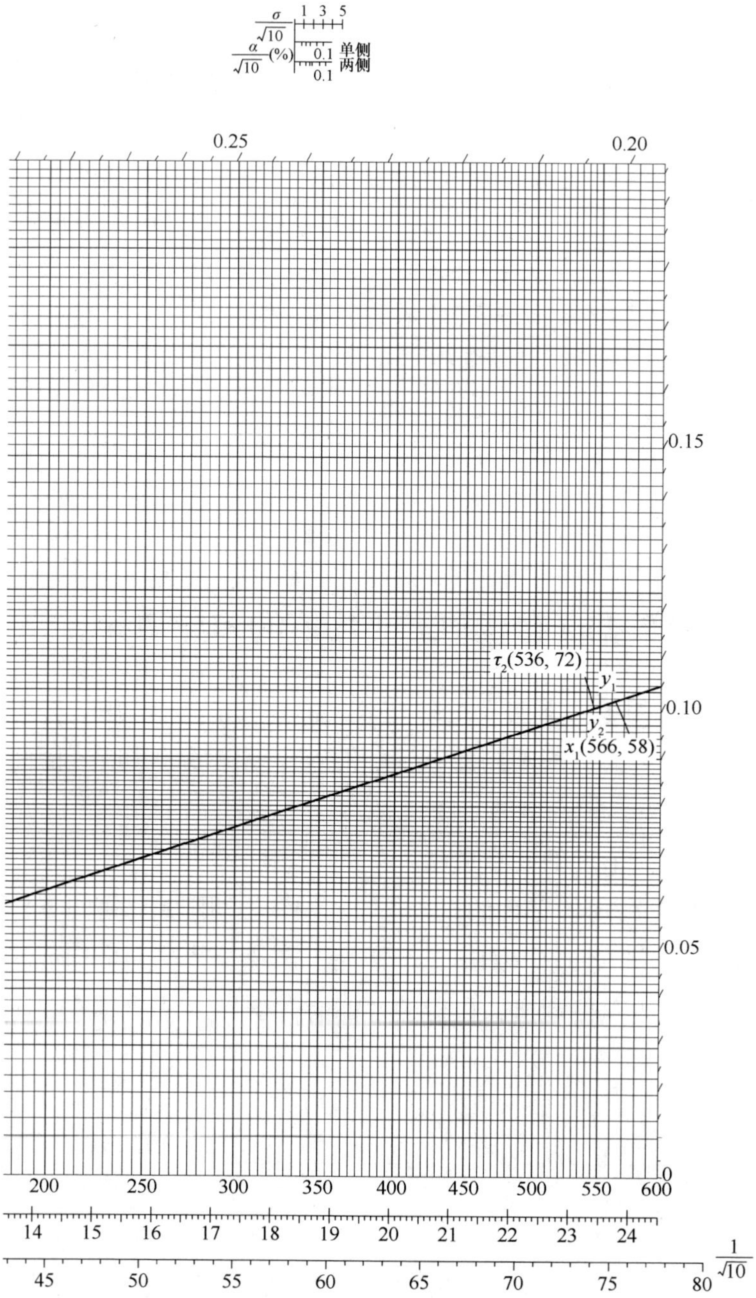

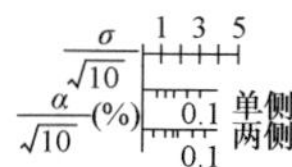

坐标纸

步骤 6：根据 1 号机和 2 号机的良品数和不良数标上 $x_1(a_1,r_1)$，$x_2(a_2,r_2)$ 点。对这个例子来说是 $x_1(566, 58)$， $x_2(536, 72)$ 。

步骤 7：从 x_1、x_2 向直线 OP 各引出垂直线，把与 OP 的交点定为 y_1、y_2。

步骤 8：测量 x_1y_1 和 x_2y_2 的长度，把这相加的长度和在图上部的 R 尺的 N=2 的 1%或 5%的值做比较。如果是 R 尺长，那么就认为看不出二者之间有差异。如果 R 尺比这短，那么就可以说二者之间有差异。在这例子来说是。

$$\begin{array}{r} x_1y_1 \approx 5.0\text{毫米} \\ x_2y_2 \approx 5.0\text{毫米} \\ \hline 10.0\text{毫米} \end{array}$$

这个 10.0 毫米比此图上面的 R 尺的 5%的 N=2 的长度短得多。

步骤 9：结论：因为比 R 尺的 5%的值短，所以不能说不同机器的不良率是存在差异的。

4.21 两组不对应数据（计量值）平均值的差异估计

在今天是用 A 公司的零件而明天是用 B 公司的零件的场合，用这种零件装配的机器的特性会因为日期不同而有可能混入日期造成的影响，因此不能说是对应的。

在这种场合就应该按下述的要求去做：

“在图 4-9 中，用 A 公司的零件的机器用‘×’标记，用 B 公司的零件的机器用‘○’标记，再从各批中取出 5 个样品，测量某特性的平均值。能否说用 A、B 二公司的零件制出的机器的性能会有差异。”

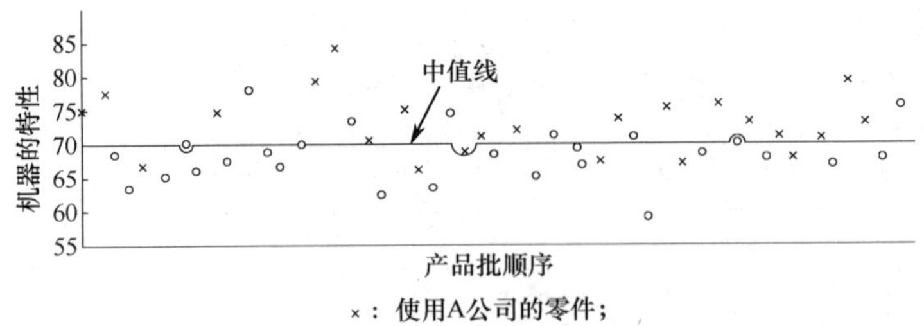

图 4-9　某特性的图表（n=50）

步骤 1：把数据按时间顺序改变记号画成图表，像图 4-9 所示那样标记。

［注 1］为把点分成上下两个部分，不用中位线而用其他值（接近中位值的）也可。这时是用步骤 4 来画。该时分割线就不用 25∶25 的点，而用求得的值，例如画 27∶23 的线。

［注 2］标在中位值线上的点，在步骤 3 时不算在内。

步骤 2：从上下各分一半点来画线（参考注）。

步骤 3：按“×”记号（A 公司）和“○”记号（B 公司）的不同，分别数出在线上下的数据的数量，像表 4-8 那样汇总。我们把这个表叫作“2×2 分割表”。

表 4-8　2×2 分割表

	A 公司	B 公司	合计
上	18	7	25
下	5	20	25
合计	23	27	50

步骤 4：在二项概率坐标纸上引出连接（25∶25=50∶50）的点 Q（因为引出了中位线）和原点的直线 OQ（分割线，见图 4-10）。

步骤 5：对 A、B 两者，各在点 x_{A}（18，5）和 x_{B}（7，20）处进行标记。

［注］二项概率坐标纸是二项分布的近似。在数据少时如下那样绘制出三角形来进行检验。

在这个例子中有对于 A 的（18，5）（18+1=19，5）（18，5+1=6）的 3 点和对于 B 的（7，20）（7+1=8，20）（7，20+1=21）的 3 点的 2 个直角三角形，通过步骤 6 和步骤 7 向分割线的短的一方的距离做检验。在这个例子中是以（18，6）（8，20）的点，根据步骤 7，测量和分割线的距离的和并进行检验，合计差 24 毫米，比 18.5 毫米长，所以结论保持不变。如果接近 R 尺的值，就为了保证起见画出三角形做检验。

步骤 6：从 x_A、x_B 向直线 OQ 引出垂线 x_Ay_A、x_By_B。

步骤 7：求 x_Ay_A、x_By_B 的长度的和，把这个和与 R 尺的 N=2 的值做比较之后和 4.20 节一样地去做检验。在这个例子中是：

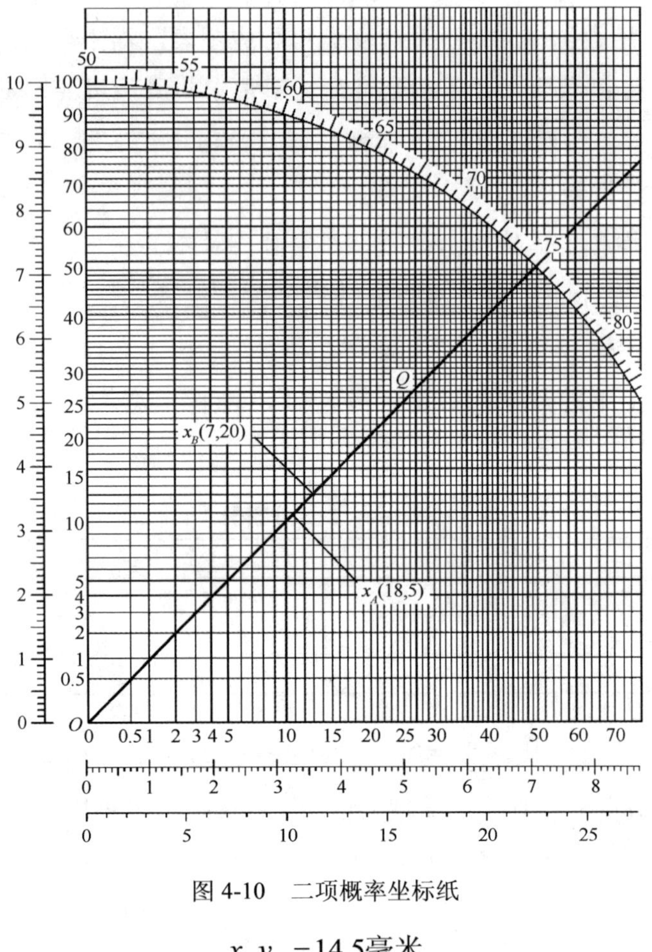

图 4-10　二项概率坐标纸

$$
\begin{aligned}
x_A y_A &= 14.5\text{毫米} \\
x_B y_B &= 13.0\text{毫米} \\
\hline
\text{合计} & 27.5\text{毫米}
\end{aligned}
$$

R 尺的 *N*=2 的 5%的长度是大约为 14 毫米，1%的长度是大约 18.5mm，27.5mm 比这两者都长。

步骤 8：结论：结果比 1%的长度长，因此可以说根据 A、B 两者的产品制成的机器的性能确实不同。

4.22　成对数据的相关关系

“这里有空气的湿度和某种纤维制品中的水分（%）的成对的数据。那么从这个数据看是否能说湿度对纤维制品的水分是有影响的。”

步骤 1：把表示要因的数据以横轴表示，把表示结果、水分的数据以纵轴表示，并标到相关图上（图 4-11）。在这个例子中要把湿度 x 取在横轴上，把水分 y 取在纵轴上再进行标记。

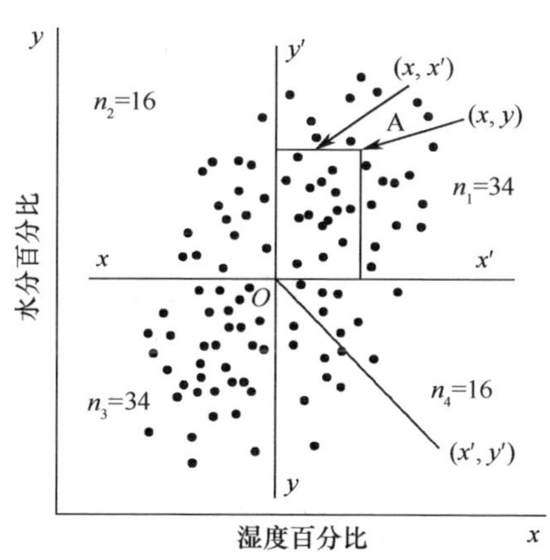

图 4-11　湿度和水分之间的关系

步骤 2：绘制一条针对 y，把点数分成两半的线 XX′。

步骤 3：绘制一条针对 x，把点数分成两半的线 YY′。

步骤 4：数出 4 个区域中点的数 n_1、n_2、n_3、n_4（该场合下，一般 $n_1=n_3$，$n_2=n_4$）。将第 1 象限（右上）和第 3 象限（左下）的点数相加得到（n_1+n_3）。又将第 2 象限（左上）和第 4 象限（右下）的点数相加得到（n_2+n_4）。

$$n_1+n_3=34+34=68$$

$$n_2+n_4=16+16=32$$

这时，把点的数全部相加是应该和原来的总数相等。如果点是标在线上的就不算数。

步骤 5：把这个少的一方的数和表 4-6 中的值做比较。在这个例子中，32 比 k=100 的 1%的值 36 小。

[注] 这时，如果 $n_1+n_3>n_2+n_4$，那么就可以说是有正相关。如果 $n_1+n_3<n_2+n_4$，那么就可以说是有负相关。

步骤 6：结论：在这个例子中可以说确实存在正相关。换句话说，空气中的湿度高时纤维中的水分确实会增多。

除这些以外，还有很多进行各种检验、判断的方法，但在这里省略。因为在这里所讲的方法主要是最常用的方法。

［**注 1**］这个检验用二项概率坐标纸也能进行。

步骤 1：把 n_1+n_3，n_2+n_4 的点 A 标到图 4-12 的二项概率坐标纸上，假设是 A（110，40）。这时横轴要取大的一方的值，即在这个例子中是在横轴取 110。

步骤 2：如果这个 A 点超出 50%的分割线的 5%或 1%时，就可以说有相关关系。因为这时的点（110，40）是在线外，所以确实是有相关关系。

步骤 3：有一种表示 x 和 y 的关系程度的量叫相关系数。如果相关系数等于零就表示没有相关关系。如果是 1，那么两者的关系就是非常密切的，排在一条直线上的数据要想求相关系数 r，用二项概率坐标纸就能简单地求得。

作连接 A 点和原点 O 的直线和 4 分圆的交点 P 时，从这个点引出垂线，读出其与横轴的交点 P' 的刻度，在这个例子中是 74。其次是在 4 分圆上取 74 的点 Q，从 Q 引出垂线，读出其与纵轴刻度线的交点的值，将其除以 100 后，便可得相关系数 r=0.68。从 Q 引出垂线与横轴的交点值的 1/100 就是贡献率 r^2=0.47。

［**注 2**］用中位数作回归线的方法。

用上述的方法来检验是否存在相关关系，如果判定为存在相关，那么用下列的方法可作出用 x 估计 y 的直线（这叫作用 x 估计 y 的回归线，或 y 对 x 的回归线）。

步骤 1：把在 YY' 右侧的点，上下左右各平分，画出 2 根中位数线，得到其交点。

步骤 2：对在 YY' 左侧的点也同样画出 2 根中位数线，得到其交点。

步骤 3：画出连接步骤 1 及步骤 2 中得到的 2 点的直线，这就是用 x 估计 y 的回归线。

［**注 3**］要想求得用 y 估计 x 的回归线，那么就以 XX' 像步骤 1 至步骤 3 那样画直线就可以。

［**注 4**］用计算的方法求相关系数时，就根据下式计算。

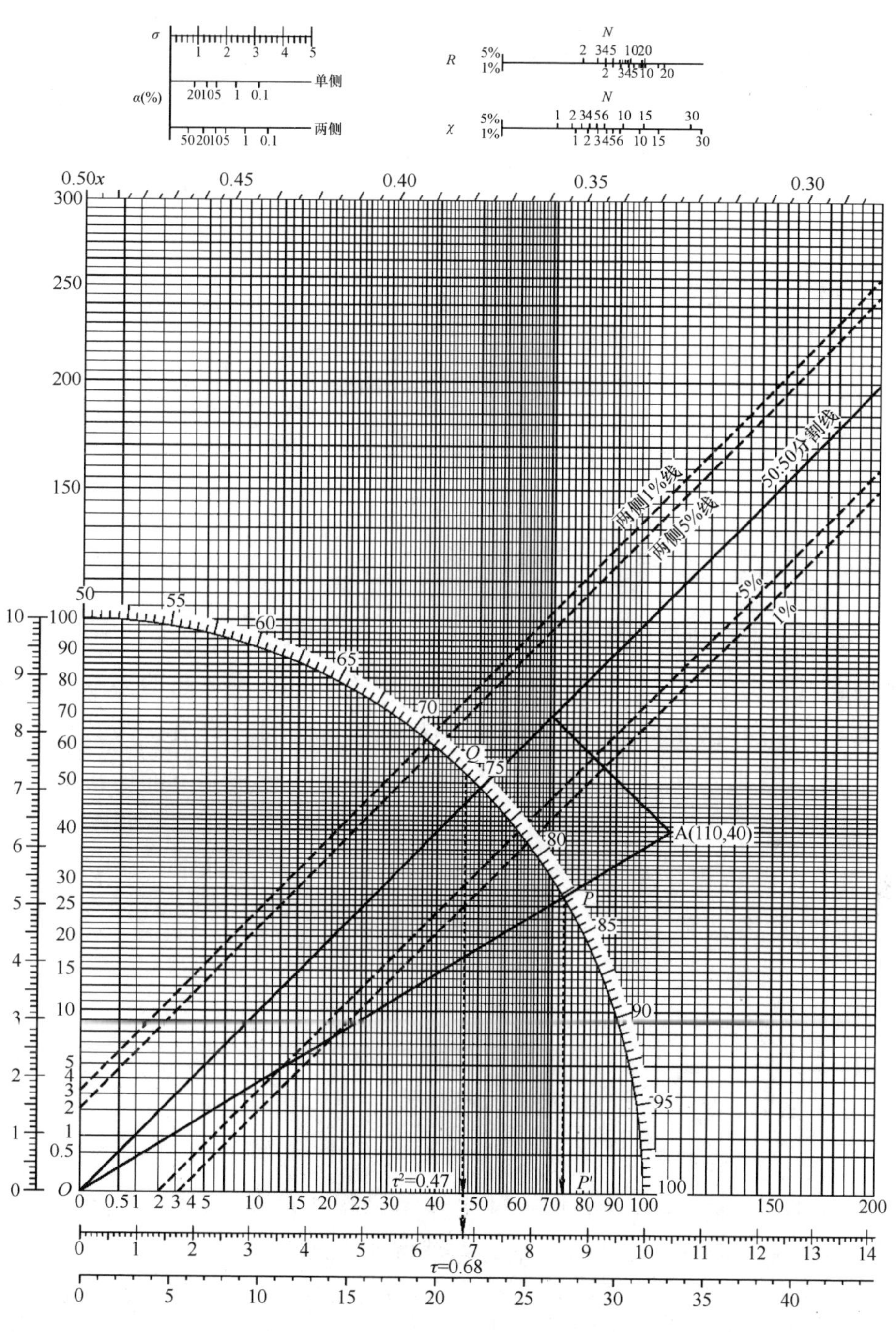

图 4-12　二项概率坐标纸

$$r = \frac{\sum(x_i - \overline{x})(y_i - \overline{y})}{\sqrt{\sum(x_i - \overline{x})^2 \sum(y_i - \overline{y})^2}}$$
$$= \frac{\sum x_i y_i - (\sum x_i \sum y_i)/n}{\sqrt{\{\sum x_i^2 - (\sum x_i)^2/n\}\{\sum y_i^2 - (\sum y_i)^2/n\}}}$$

［注 5］要想用计算的方法求出用 x 估计 y 的回归线就用下式进行。

$$y = \overline{y} + b(x - \overline{x})$$

但是，$b = \sum(x_i - \overline{x})(y_i - \overline{y}) / \sum(x_i - \overline{x})^2$

用 y 估计 x 的回归线则是：

$$x = \overline{x} + b'(y - \overline{y})$$

但是，$b' = \sum(x_i - \overline{x})(y_i - \overline{y}) / \sum(y_i - \overline{y})^2$

4.23 离散（方差）的加和性

如果将具有离散的数据 x_1 和 x_2 相加后会形成什么样的离散——论述这个问题就要考虑方差的加和性。例如，把具有“±0.5 毫米”的离散的零件和具有“±0.4 毫米”的离散的零件随机归为一组时，有人认为其离散就成了±0.9 毫米，但是这是错误的。这种时候是应该根据下面所讲的法则来计算。

1）x_1 和 x_2 相互没有相关关系，而且各有（μ_1，$V(x_1)$）（μ_2，$V(x_2)$）的分布时，如果 x_1 和 x_2 都是随机选取的，那么 y 的分布可用下式求得。

$$y = x_1 \pm x_2$$
$$\mu_y = \mu_1 \pm \mu_2$$
$$V(y) = V(x_1) + V(x_2)$$

2）如果 y 是几个变量 x_i 的一次函数：

$$y = a + bx_i + cx_2 + \cdots$$

当 a，b，c，…是常数时，如果各 x_i 是相互独立（无相关关系）的，而且都被随机取样时，那么 y 的方差就像如下来求得：

$$V(y) = b^2V(x_i) + c^2V(x_2) + \cdots$$

3）如果 y 是用下式函数表示时：

$$y=f(x_1,x_2,\cdots,x_n)$$

在与 2）相同的条件（独立的随机抽样）下：

$$V(y)\approx\left(\frac{\partial f}{\partial x_1}\right)^2V(x_1)+\left(\frac{\partial f}{\partial x_2}\right)^2V(x_2)+\cdots+\left(\frac{\partial f}{\partial x_n}\right)^2V(x_n)$$

但是，这个关系只有在各个 x_i 的变化在各个 μ_i 的大约 20%以内时才能成立。

4）在 2）中，如果在 x_1、x_2 中存在总体相关系数为 ρ 的相关关系的话：

$$V(y)=b^2V(x_1)+c^2V(x_2)+2\rho bc\sqrt{V(x_1)V(x_2)}$$

以上所讲的性质涉及公差或误差，是在有很多要因 x_i 影响着 y 或者论述函数误差等场合使用很广泛的非常重要的性质。

［注］4.15 节的误差方差的式子是方差的可加性理论的应用例子。

第 5 章

工 程 管 理

5.1 什么是工程管理

这里所说的工程管理，是指“各种工程的管理”（process control）。我们过去常把生产量管理和进度管理叫作“工程的管理”（production control），但实际上指的是生产量管理而不是生产工程。

这里所说的工程则是像在 4.7.7 节中介绍的那样，指的是“产生某结果的要因的集合”，当然还不只是所谓的生产工程，也把各种工作的做法作为一种工程来考虑。因此希望不仅能在生产工程中，而且在所有工作工程的管理中都能活用。

此外，下面介绍的管理的做法基本可按照 1.5 节中所述的想法实施。而在学习本章之前，最好复习一下 1.5 节。不管怎样，要想进行好工程管理就要在确实地进行工程设计和工程分析（见第 4 章）后再做管理。要想在此基础上更进一步就需要做好下列事项。

1）企业最高级领导要有热情、领导能力和决断，要明确方针和进行授权。

2）全体从业人员理解质量管理的想法和燃起工作的热情，要对此进行启蒙、普及、教育和训练。

3）工作、工程的分析，把握特性和要因的关系。

4）推进标准化。

5）确立统计的检查系统和采取有勇气的措施，特别是可以防止再发的对策。

另外，因为常会有误解，所以接下来要重新并进一步说明下列词的差异。

管理和改善。所谓**管理**大体上就是使工程维持现状的一种工作，如果发生了异常就要明确其异常原因并加以消除，防止其再发，要通过对其采取措施来稍微地进行改善。从意思上说就是消极的改善。

所谓**改善**就是积极地找出问题并使之变好，再进一步进行管理和固化，这样改善就成了一件积极进行的事（见图 1-18）。

管理和检查。所谓**管理**就是与管理标准和管理图的控制界限进行的比较，如果超出了此标准就应该去找出在工程中出现的异常要因并对工程采取措施和行动。与此同时对所谓**检查**和检查基准进行比较，如果超出了此标准就可以认定产品是不良的或是认定批次不合格，或是像进行全数检查那样，对管理采取措施和行动。如果在管理图中超出了控制界限就要做全数检查这种想法是错误的。要决定进行全数检查，须根据其基准进行判定才行。

管理（消除异常原因）**和调节**。在管理图中出现超出控制界限时去寻找工程的异常原因，并采取消除它的措施的行动就是**管理**。所谓**调节**就是如果从某调节界限超出时，采取如变更温度的措施等行动。一般来说，当超出管理图的控制界限时，不能做类似于改变温度或是替换车刀的调节。

先把改变温度或是替换车刀作为应急措施也是可以的，但是这不能真正地消除异常原因，这是因为控制界限和调节界限一般来说是不同性质的东西。

另外，本章是以管理图为中心讲述工程管理的做法，即使不使用管理图本身而只是用管理图式的感觉来进行判断，也能进行工程管理、工作的管理。

5.2　质量设计和工程设计

因为本书是质量管理的书，所以工程的目标就是质量。因此在这里就针对质量设计和工程设计进行讲述。但在进行其他的管理，如在进行成本管理时，只要把“质量”二字改为“成本”就能原封不动地适用。

“应该做什么”的问题已在 1.4 节和 1.6 节中有所讲述。由于考虑到消费者的要求及经管方针是要由企业最高级领导来决断的，故从管理的角度来看，重要的是在第 4 章所讲述的工程分析。要想生产出某种质量的产品，如果不知道与其相关联的各种能力和实情是不能进行设计的，在很多情况下工程能力会不足。

在以往很多没有受到管理的企业中，其工程能力没能得到充分发挥，因此本班组长、作业人员及 QC 小组活动或是其负责人、QC 干部编制 QC 工作组对工程能力进行改善时，会有很多只使用现有设备就能充分地把高质量的产品高效率地生产出来的情况发生。因此在进行质量设计时要事前掌握好充分发挥能力的工程能力。在给予明确的目标，及其工程能力充分、不需要很多设备投资的情况下，靠工程能力的研究能够显著地提高工程能力。

5.2.1 质量标准

（1）质量标准和管理特性、管理水准的区别

所谓**质量标准**，就是考虑到如上所述的消费者的要求，并对工程能力和成本及方针实施管理工程后如能充分发挥工程能力，就能够实现质量的水准，通常是用分布、平均值和标准差或是平均值和上下的宽度来表示。如果该场合的工程能力在 1 以下时，要想生产就要用现有的方法来进行工程管理后进行全数挑选。但根据作业标准的不同也有质量标准成为不了管理特性的时候。

所谓**管理特性**是指表示工程结果的特性，是看了就能知道工程的受控状态的特性，这就是标在管理图表上的特性。

因此管理特性不仅要考虑质量，还要考虑生产量、成本、原单位（消耗定额）、销售量、出勤率和加班时间等各种要素。而且如果作业标准都是针对原因而给定的，那就从常识上考虑工程结果中有几个能成为管理特性。可如果因为作业标准的给法不适当而成为马后炮似的作业标准，那就会把从常识上可考虑为原因的东西当作管理特性标到了管理图上。也会有把项目的结果当作业标准的情况发生（这就是原因和结果的区别）。

所谓**管理水准**就是管理特性的水准，通常是用 $\overline{\overline{x}}$ 和 $\overline{R}$ 、 $\overline{p}$ 、 $n\overline{p}$ 、 $\overline{c}$ 、

$\bar{u}$ 等来进行表示。我们通常把工程能力在受控状态下发挥的水准称为管理水准，可是也会有把目标和计划的值作为水准值的时候。

（2）在决定质量标准时的一般注意事项

1）在工程管理中，关键的质量特性是消费者和下一道工序关注的质量特性或是质量分析的代用特性。

2）要给予对质量的测量手段，给予合适的抽样法、测量法。把误差的大小做好检查、管理（见 4.15 节）。

3）要想把质量特性的重要性进行排序，就要按照重、轻、微或按重、轻分层后再作好决定（见 1.4.4（4），图 1-4）。

4）因为质量标准与质量目标不同，所以要和消费者或是下一道工序进行协商使质量标准定得合理。以往我们都想尽量购买质量优良的产品，可从经济上考虑就应在允许的条件下购买质量水准相对不佳的东西；例如，在购买原料时就应经常考虑这个问题来降低成本。技术就是能用不良原料制出好产品，但要把质量水准制定的比检查水准稍高些，这样即使不进行检查时也是有利的。把它从统计和技术上进行分析就是价值分析的一种。

5）质量标准要按每个工程及中间工程来制定，但要注意不要把质量标准和检查标准相混淆。

6）质量标准应该是有一定宽度的东西。

7）质量标准应该要经常进行合理的修改。

8）要明确不同质量特性中的质量标准是由谁的责任和权限来决定的问题。一般是由技术负责部门进行研究，在质量管理委员会、质量标准委员会或其自主研究活动编制原案后，再由企业经营的首脑人物根据企业的方针来决定最终产品，对于原材料规格或中间工程则是由技术部门或是比本工程高一级的管理负责人来决定。例如，从各科制造出的最终产品是由各科的领导决定，而从各部制造出的最终产品则是由厂长决定，工厂制造出的最终产品是由社长来决定。

9）为达成质量标准就要预先决定好所需要的技术标准或作业标准。

（3）与规格、质量目标等的比较

第 4 章中曾说过，当把工程充分进行分析，掌握了工程能力并根据其作业标准管理工程时，就可知道未来生产的产品的离散性及工程状态。再根据消费者提出的要求、使用说明书或规格或是否符合下一道工序所要求的质量水准，把它当作另一个问题来进行研究。

在实际中，从工程获得的质量水准满足了这些规格时才能表示对其工程能力满意，才能说其质量标准是符合要求的（见 2.8 节、4.7.7 节）。

通常如果管理图大致表示处于受控状态且有至少 100 个的数据，同时这些原始数据都能进入规格界限范围内，且进一步从直方图中所求得的 $\bar{x} \pm 4s$ 是处在规格界限内时，就可认为符合规格要求，这是因为不符合规格要求的产品是不会出现的。

把工程的实际能力用直方图等与规格及质量目标做比较，如果出现与此不符合的情况时，就采取下列的措施。

1）工程能力过于满足规格等的时候的处置。

把规格设为大约±4s 或±5s 那样，变得更窄些。

如果规格是能满足消费者的要求，把工程的离散变大或是改变平均值，比较经济的做法是改变平均值。

2）工程能力没满足规格时候的处置。

平均值有偏差时，如果从技术上容易改变平均值就改变平均值。

离散 $\bar{R}$ 太大时就不能随便地改变，要做降低 R 的工作（见 3.9.3 节）。

从技术及统计上进行各种研究，用现有的工程能力制造不出能满足规格的产品时，就按照下列的程序考虑措施。

① 考虑改变规格等事。从统计上、技术上看，以往的规格和使用说明书中有很多不合理的东西。

② 把工程在技术上从根本进行改善，改变工程能力。

③ 能做全数挑选的东西就做全数挑选，除去不良品。

④ 如果对规格来说工程能力十分不足时，就要采用分层后使用；例如，在进行公差配合（选择配合）或是组合之后使用。这种情况下要考虑测量误差。

（4）质量标准的管理和修改

因为质量标准是活的，为防止落伍就要进行管理和改善。为此就要把决定和修改质量标准的程序进行标准化，在有必要时要编制好管理规定。

遇到以下情况应该考虑修改质量标准。

① 当消费者的要求发生变化时（由于国家的差异、对象的差异）。

② 当公司的经营方针发生变化时。

③ 当工程能力发生变化、进行技术变更及作业标准发生了变化时。

④ 当因为原料有变化而产品发生变化时。

⑤ 当经济状态发生了变化时。

⑥ 在出现最新版的质量标准后过了一定时间时。

5.2.2　工程设计、工程分析和质量管理工程图编制

这里所说的工程设计是指生产某种产品时用的质量管理流程图（QC flow chart，也叫质量管理工程图、QC 工程图等），特别是关于怎样控制要因、怎样把质量放到产品里面去的设计等。可以说是该产品的质量管理计划（见 4.7.5 节，图 4-5、图 4-6）。

和通常的流程图不同的地方是：它包含了控制要因与作业标准、抽样方法标准、测量标准和原材料规格等的相互结合，为了管理工程而保证质量在什么地方、用什么来检查项目，利用管理特性确定检查是由谁在何时进行，以及对哪一个质量特性是在什么地方做检查等内容。同时在这个流程图上简单记载了有无关联标准类或者号码、条件等。在编制流程图时要针对各特性先编制好特性要因图，查对研究是否遗漏了要因。

（1）已经进行着工作的场合，工厂已经开工的场合

如果能像在 4.7 节中所述的那样，分析其工作、工程、考虑上述事情以及如何去做，就能获得好的结果和高质量的东西，从而编制质量管理工程图。这样试行之后根据结果再进行修改。聆听消费者和下一道工序的要求，进而做着及时防止再发的工作和修改。修改质量管理工程图可以获得提高质量、降低成本、提高生产效率和技术水准的结果。

（2）从现在起开始工作的场合，新产品、新技术开发的场合

像在 4.7.5 节中介绍那样，在设计和计划阶段编制第二张质量管理工程图及量产试制的工程中逐步地进行充实。这样在生产初期、正式生产时就

能进行好工程管理，要想顺利开始生产就要编制和准备好质量管理工程图。这个技术会随着生产新产品经验的积累而提高。

质量管理工程图和特性要因图是工程管理轴的重要东西。因此会在工程管理的做法的研究及质量管理的检查等当中用到。如果再加上效率、成本、时间等就会成为制造标准。

5.3 对策处置

5.3.1 对策处置的分类

根据管理图对工程的问题点采取措施，虽然这是管理工程的基本项目，可是由于常被误解，所以管理图没有被很好地使用；因此**质量标准和作业标准被混同，造成检查和管理的混乱或会出现管理图不起作用等说法**，因而质量管理就不能走步入正轨。

这里讲述如何理解采取措施及如何使用管理图的问题（见 5.1 节）。

在工程中通常被采取的措施可分成下述几类。

（1）对于工程采取的措施

1）对工程立刻采取的措施

① 由操作规程采取的措施——主要是调整、自动控制。

② 由管理图的措施——异常原因的调查、除去或是应急处置式的调节。

2）使工程今后不再发生异常原因所采取的措施，包括对异常原因的调查和除去，就是指对各种标准的修改或是进行教育、训练和调换工作岗位等。

（2）对于产品采取的措施

1）有不良品的场合且适合进行全数挑选的，要采取对产品一个个进行挑选的措施。

2）根据抽样检查和抽样估计，对批次采取合格、报废、挑选或是减价等措施。

对于产品和批次来说，应根据检查基准来采取措施，管理图原则上不以这个目的使用。想利用管理图对产品和批次采取措施的想法是错误的，工程管理和检查是不同的，要避免检查和管理的混乱。

5.3.2　调节用图表

上述的①涉及要因和操作、作为作业标准被决定的东西，对这些采取措施主要应被称为调节，这和②所表示的意思完全不同；例如，要想把温度调节成（700±5）℃或是温度达到 703℃就要增加空气量 10m^3/hr 等就属于这种。在此场合如果看着 pH 和碳的百分比来中止反应或是测量尺寸后停止作业，那么这些特性应该是作为作业标准给出的。要使这些工作顺利地进行就需要绘制图表，在图表中标记控制界限可以起很大的效果，可是严格来说这不能说是个管理图，而是应被称为**调节用图表**。若把这个进行自动化就是自动控制。

［注］本书中所述的绘制了用统计的方法来求出的控制界限的图表可称为管理图。从这个意义上来说，把它用于调节用的场合也可称为管理图，但是还把它称为调节用图表来和管理图作区别。否则容易造成要无理地去挤入控制界限内或调节过剩和处置过分等情况，而关于调节界限的决定方法则有田口玄一博士的研究。

上述②和（1）—2）就是用管理图的处置来进行对异常原因的除去，因此在管理图上标的点就成了工程结果的管理特性。

为工程管理所用的管理图按处置的立场分为下面两种。

1）以立刻采取措施为主的管理图：

如上述的②。

2）使今后不再发生异常原因为主的管理图：

如上述的（1）—2）。

当然这两者不是完全相互无关的东西，如以立刻做处置为主的管理图，如果不去考虑防止重复问题再发生的措施，那么不会有技术的提高和工程的进步。而对不再重复发生问题为主的管理图也应尽早处置。

不管怎样，管理图是原则上对工程的结果标记后用于发现异常的原因并把它消除时用的，而不是为了调节用的。

5.3.3 应急处置管理图

在管理图中，如果点超出界限外，那就立刻寻找异常原因并进行消除，这就是管理图的使用方法。但是如果不知原因，不能除去其原因或是除去就要耽误时，就先用别的原因对调节进行处置。在这种场合应尽早除去异常原因并把临时做的调整重新调回到原来的状态。

在标准化工作实施较好的工厂，作业人员和班组长都会这种管理图的使用方法。特别在如今设备自动化、机械化发达的时代，作业人员就要变成设备和装置的监视者、管理者，因此下级管理人员和作业人员也要逐步开始使用管理图。要想这样使用管理图，工程就应满足下述的条件。

1）容易进行抽样，而且要能立刻进行测量，同时要能尽早进行反馈。

2）现场管理人员能在管理图上标记，而且要很理解管理图的观测方法。

3）要在技术上明确异常原因。

4）要能立刻消除异常原因。

5）上述的四个项目都应该是标准化的。

6）在上述的条件下，希望产品的质量特性和管理特性都能满足规格和目标。

我们应该很快满足这些条件，绘制出能立刻处置的管理图。为了能这样使用管理图，就要确认该工程的技术，同时现场的工作人员都应能根据 QC 小组活动达到能够活用管理图的水准。如果现阶段不可能满足这个条件，那就使用防止再发为主的管理图来推进标准化，同时力求满足上述条件。

5.3.4 防止再发管理图

对于不具备立刻处置条件的管理场合，即对标准化工作比较落后的工厂来说，不得不采用防止再发的措施，这样就不得不把重点放在以防止再发为主的管理图上。

使今后不再发生异常原因的措施如下。

1）标准的编制及修改。

如作业标准、技术标准的修改，原材料规格和保存、管理方法的修改，装置，计测器的改造，新设置（设置标准等的修改，组织的合理化，作业标准，管理标准的修改）。

2）标准化的教育、训练及实施，必要时调换工作岗位。

使用这种管理图时的问题是：是否确实地采取了措施、是否确实地解决、是否进行了确认工作，即解决方法的程序是否被标准化且都被实行了，以及工程异常报告书的处理、其活用法等。

如果没有这些方法，那工程和技术的提高是不可能的，而且也不能向使用立刻处置的管理图推进。如果确实采取防止重新发生的措施，那么通过标准化和训练，就发展成了能自然进入界限内的管理图。由上述可知，这个管理图的使用方法就能成为用管理图管理工程、推进标准化、进行组织的合理化的方法。

我们把防止再发而采取的措施大致分为消除现象（应急措施、调节）、消除原因和消除根本原因这三种来进行考虑（见 1.5.3 节）。

以往常有号称防止再发却只是在消除现象的工作，这不能说是防止再发。这时就有必要追溯到根本原因，把措施一直深化到改变工作的做法、程序和标准规定为止。

5.3.5　工程异常报告书

管理者有必要迅速地知道在工程中存在的例外、异常的情况，并尽早和确实地检查是否对其采取了切实的措施。在工程中发生各种异常情况时就编制工程异常报告书并活用。

（1）编制工程异常报告书的目的

1）迅速报告工程的异常情况。

2）检查是否正确采取了处置方法。

3）推进对异常的分析和采取的措施，特别是推进防止再发的措施。

4）异常的整理，对策研究的组织化，设备投资顺序的参考资料等。

（2）报告书的内容

工程异常报告书是采用传票形式，最好能在其中记入下列各项（见表 5-1）。

表 5-1　工程异常报告书示例

整理 NO.uA-0.09　　　　工程异常报告书　　　　发行 1974 年 2 月 15 日

<table>
<tr><td rowspan="4">发生异常</td><td>机械名称</td><td>ENT—86814</td><td>管理图登录号</td><td>20-2-Tuu-A3-2</td><td colspan="3">发生日时</td></tr>
<tr><td>工程名称</td><td>PRE，TEST</td><td>批号</td><td></td><td colspan="3" rowspan="2">2 月 15 日
AM　时
PM　5 时</td></tr>
<tr><td>质量特性</td><td>电性能（波形）</td><td>作业人员检查员</td><td>吉川明美</td></tr>
<tr><td colspan="4">把 PRE.TEST 的周期波形分层后，得知不良率为 3%
3.0　UCL=1.12
CL=0.3
9 10 11 14 15</td><td colspan="3">发现者
田渊</td></tr>
<tr><td rowspan="7">原因调查</td><td colspan="4" rowspan="7">为了提高效率，以往是把转子轴的沟作为基准决定扇形齿轮的位置（尺寸），现改用 B 尺寸决定位置改变了扇形齿轮夹具；所以由于转子轴的毛刺等的原因 C 尺寸的离散变大，因而和外壳接触而造成了波形的变化
B尺寸　C尺寸　扇形齿轮　焊接　转子轴　毛刺　要接触　外壳
为了应付今后产量的增加，想用效率好的现在用的夹具</td><td></td><td colspan="2">原因调查</td></tr>
<tr><td rowspan="2">1</td><td>何时</td><td>2 月 16 日</td></tr>
<tr><td>由谁</td><td>田渊</td></tr>
<tr><td rowspan="2">2</td><td>何时</td><td>月日</td></tr>
<tr><td>由谁</td><td></td></tr>
<tr><td rowspan="2">3</td><td>何时</td><td>月日</td></tr>
<tr><td>由谁</td><td></td></tr>
<tr><td rowspan="3">应急处置</td><td colspan="2" rowspan="3">• 焊接接地弹簧时，确认扇形齿轮和外壳的接触情况。
• 在转子装配工程，修正转子扇形齿轮焊接夹具。</td><td colspan="2">向相关部门联络布置</td><td rowspan="2">1</td><td colspan="2">应急处置</td></tr>
<tr><td colspan="2" rowspan="2">2 月 17 日
向技术部门发送检讨委托书
（uTU—014）</td><td>由谁</td><td>田渊</td></tr>
<tr><td>2</td><td>何时确认</td><td>2 月 17 日得能</td></tr>
<tr><td rowspan="4">防止再发措施</td><td colspan="4" rowspan="4">• 在转子装配工程，把转子轴和焊接扇形齿轮尺寸（B 尺寸）用 $\bar{x}-R$ 管理图进行管理。（2 月 17 日）
• 把和外壳的扇形齿轮接触的地方（A 尺寸）的尺寸 5.5 毫米改成 6.5 毫米</td><td colspan="3">防止再发</td></tr>
<tr><td colspan="2">何时</td><td>2 月 18 日</td></tr>
<tr><td colspan="2">由谁</td><td>得能</td></tr>
<tr><td colspan="2">处置内容的确认</td><td>青木</td></tr>
<tr><td rowspan="3">防止再发措施效果的确认</td><td colspan="4" rowspan="3">• 改变 A 尺寸后没有发生过波形变化不良，波形变化不良 p 管理图也持续保持着 0，所以停止用 p 管理图。
• 转子轴，扇形齿轮焊接尺寸的 $\bar{x}-R$ 管理图也停止使用</td><td colspan="3">确认</td></tr>
<tr><td colspan="2">何时</td><td>3 月 8 日</td></tr>
<tr><td colspan="2">由谁</td><td>得能</td></tr>
<tr><td>保存期限 3 年</td><td colspan="4">协调事业部</td><td>科长</td><td>工段长</td><td>班长</td></tr>
<tr><td>样式 NO.TG-Q-001</td><td colspan="4">MP　制造科　UHF 装配系班</td><td>青木</td><td>得能</td><td>田渊</td></tr>
</table>

［注 1］能明确知道从异常的检验到防止再发措施的实施、效果的确认为止的各阶段的日常措施。

［注 2］能追踪所采取的措施的效果。

［注 3］有向有关部门进行联络安排的栏。

1）整理号。

2）工程的状况　管理图号、工序名称、产品及管理特性的名称、批次号、批次的生产状况、作业者、管理线及其他管理图的状态等。

3）异常内容　包括发生的年月日等具体时间，发生异常现象的状况，发现者等。

4）原因　要了解不明确和明确时的情况和各担当者的意见。

5）处置　临时的对策，对原因、对工程立刻采取的处置内容，对异常原因进行除去或是调节，年月日的时间，向其他部门的联系状况，必要时对批次所采取的处置内容。是否已经解决好了，是否是半解决，是否是未解决。

6）调查　调查防止再发的对策。

7）防止再发　调查防止再发的根本对策，对于将来的意见等，对策的安排、完成对策时的年月日及其效果等。

8）对策的确认　对策的确认和将来的管理方法。

9）其他　负责人、联络人、传阅者姓名，保管部门等。

（3）报告书的处理方法

要决定好工程异常报告书的处理基准，为此要决定下列事项。

1）由谁，在何时，记入哪一些事情，发行几份。

2）传阅方法。

3）要最终解决报告书提出的问题，要确认防止再发对策的效果。

4）报告书的宏观的分析方法和活用的方法。

虽然发行了这个报告书，但为了不使它半途而废，就要编制好异常一览表并检查其进展情况，直到今后不再发生或持续采取措施消除根本原因为止，以这样坚持到底的顽强精神来进行追踪。

5.4　作业标准和技术标准

5.4.1　作业标准与技术标准的定义

日本在引进质量管理时，最初所遇到的一个难关是很多公司没有合理的作业标准（包括技术标准）。为此就需要进行工程能力的研究、工程的分析和生产技术的确立，技术部门要对技术标准进行编制和修改、为了实现质量目标所需的技术提高进行研究，工作车间和检查部门有责任按照作业标准进行作业，制造出符合工程标准的产品及提高质量意识等。这一点和最近引进 TQC 的建筑业、服务业和销售业等是相同的，然而标准化方面却是滞后的，在过去日本的作业标准当中存在着各种缺点，有过像放在书箱中藏起来的情况。例如：

1）因为不习惯编制标准，所以现有的标准非常拙劣。

2）只有旧式的工业工程管理式的、作业动作式的、作业效率式的东西，或连这些都没有。

3）编制形式上的文件。

4）有所谓的“规定狂”“标准化狂”，他们认为所谓管理就是为束缚他人，因而只制定一些规定或是官僚式的严格地进行决定和规定，对遵守的人反而放松了。

因此，就会出现按标准去实施反而会出现不良品的状况。

所以作为推进质量管理的基本条件之一，又作为在各产业确立真正的技术的一个手段，质量管理小组要巩固现场并充分进行工程研究和分析编制合理的作业标准。

管理思想普及得好，而且确立起了经营的方针和组织的话，不用绘制管理图也有质量标准和作业标准并能灵活运用来实施质量管理。然而也有很多企业虽然绘制了管理图，但没有合理的质量标准和作业标准（只有表面形式的作业标准和规定），并且组织也不合理、经营的方针也含糊不清，只把管理图当作图表看，没有去做质量管理和质量保证的工作。

最近，由于自动化、机器人化、电子计算机控制化的进展，使得工程的速度加快。此时如果确立作业标准、技术标准，有充分的工程能力，确实实施工程管理的体制、确实进行工程管理，工作是由设备做，而现场的人要变成以装置工业式监视作业为主，那么作业标准就要发生变化，这样设备及测量管理就变成了重要的事情，否则就会生产出大量的不良品。

5.4.2　质量特性、管理特性和作业标准

本应在决定好质量标准和工程的目标后才能决定作业标准，但实际上多数场合质量管理和作业标准是互相依赖着被决定的。如果技术被确立，工程能力也被充分分析时，那质量标准就要优先考虑。

以往在日本的工厂中，对采用质量标准和作业标准的场合往往有混淆。这是不明确原因和结果的区别及不明确责任和权限造成的。某工程、工作的管理特性是作为结果出现的，而作业标准是按照形成原因的因素去具体决定的。对作业者的质量特性和结果做指示的若是后进的作业标准，就会产生问题。正如在 1.5 节讲述的，如果抢先做好作业标准，那质量特性就会成为管理特性之一。

从使用管理图除去异常原因的立场来说，如果看数据进行调节，那么其测量值是应该由作业标准给出。把这个数据标到管理图上时如果超出控制界限那就找出异常原因并进行消除，那么此时就应该用管理特性来给出结论。如果稍微扭一个阀（原因）就能简单改变温度（结果）时就可以把温度用作业标准来表示，但如果改变温度（结果）要通过几道操作即改变几种原因来进行作业，那就把这个温度当作管理特性来处理，这样把各操作当作作业标准是最好的。

在管理自动化和机器人化的工程场合，因为要因多数被自动化，所以需要考虑好把什么样的结果作为管理特性绘制管理图。怎样检查被自动化的工程。虽然发展了自动化和机器人化，但还是要选择管理其系统的管理特性来活用管理图。

5.4.3　作业标准编制的目的和分类

（1）目的

编制标准的目的根据标准的种类不同而不同，但是在这里主要介绍和工程管理有关的标准。

① 从质量角度
② 从管理角度
}QC式的。

③ 从标准动作，作业效率，生产的角度——旧工业工程管理式的。

④ 从成本的角度。

⑤ 从安全的角度。

显然，把这些全部一体化后编制成的就是作业标准。管理图是为了检查工作是否按照上述目的编制的标准实施着使用的。

把编制的目的从别的角度进行考虑时可分为如下几类。

① 用于教育（包括对于新进公司、3 个月、1 年、10 年的职工等）。

② 用于作业人员和监督者。

③ 用于积累技术（不是为个人而是有组织地进行技术的积累）。

④ 用于保存历史（这个意义是不大的）。

⑤ 为了获得日本工业标准的认证标识（这容易成为形式化的东西）。

说得通俗些就是为了方便大家的工作。能大胆地进行已经被授予了权限的工作，也是为了在保存技术的同时防止再发生而进行标准化。

（2）分类

下面将以制造工程为中心讲述如何进行作业标准的分类。这根据产品、工程的种类不同而有各种变化，在这里只是讲述一般的分类方法。在第三产业虽然会有根据行业不同的差别，但其基本的想法却是相同的。与人有关系的提供服务的场合，需要有相应消费者的要求和爱好和随机应变地进行判断的基准。

技术标准：主要是技术人员及中级以上的管理人员使用的东西，它是对从制造技术上认为主要的事项做好记录，并进一步明确其历史，把技术有组织地进行积累。有时候在这当中也可放入制造工程图、质量管理工程图、质量标准、工程能力、特性要因图、工程管理标准和检查技术标准等。

设计标准和设计技术标准：这主要是在设计部门使用的标准，设计标准被用于设计的标准化和统一化。设计技术标准是把设计时技术上的重要事项进行标准化，这样就能成为积累设计技术的标准。

作业标准：对此有各种名称和目的，但在这里简单地定义为“决定了操作方法的东西”。最后要和自动化、机器人化连接起来。服务行业也要考虑消费者的多样化。

作业指导书：把作业的做法当作命令提出的东西。

作业要领：在作业标准中，只把作业的重点记录下来形成的东西。

以上介绍的作业标准、作业指导书、作业要领的区别、分类和名称根据企业历史的情况不同而有各种变化，因此要考虑各自现场的实际情况来研究分类方法。

工程大致分为下列三种形式。

1）订货生产，单品种生产或多品种少批量生产，是不管产品的种类如何都被反复进行同样的作业的场合。

2）装置工程的运转、自动车床、连续自动工作机床或是像机器人制造等有各种装置独特的运转方式，这种系统在装置作业的工序中较常见。

3）装配工程：是指收音机或汽车的装配的工序，安装和调整各种零件的工序、包装工序等也属于这类。最近这些工程的机器人化正在慢慢发展到接近装置工业水平。当然，服务行业中也有很多是属于这类。

当然也将会有属于这些的中间的或是两者的混合型的工程。

像 1）那样在由同样的作业以各种形式反复而且能把各种作业分解成标准动作的情况，包括多数服务行业，就把作业标准（共通作业标准）按各种标准动作编制好后，再把这和技术标准、设计标准结合起来编制作业指导书，如表示加工工程、顺序、方法等。正如："用作业标准 No.S-10547、图纸 No.ABC-18247 和技术标准 No.E-35764 进行加工后，再用 No.S-30189，E-28637……来表示某产品在何月何日前制造多少个。"

2）的情况多出现于具有程序批的作业中，在作业标准中只把重要的技术条件抽出就能成为技术标准，在作业标准中要明确规定责任和权限。作业标准是按照命令成为作业指导书的。

3）的情况则是让各工程进行自主检查、自主管理、自主决定调整方法。

5.4.4　作业标准的要素

这里将讲述对于作业标准的内容应考虑的事情：

1）为了达成目的而编制。

2）针对要因进行的编制，是一种抢先的作业标准。

要表示出哪一个要因影响着哪一个特性的情况。要活用特性要因图。

3）应该是考虑周到的作业标准。

应该是没有进行充分训练的作业人员有了稍微不注意的情况也能完成好工作那样的作业标准。

工模夹具和计量器具的活用。

［注］防呆装置：因为人是会犯错误的生物，所以要考虑即使不注意和犯了错误也没有问题的装置、工模夹具、检查方式等。这就叫作防呆装置，确实开展 QC 小组活动时在小组自身就会考虑防呆装置。而且比起上司会因为错误和不注意而生气，还不如协作考虑防呆装置。

4）作业标准不应该是抽象的，而应该具体地表示行动的基准。为此要提供适当的计测器和量程。如果其计量化有了进展，那作业标准就更具体和容易编制。

5）应该是实际的、能供现场的设备和技能使用的、符合实情的东西。理想的作业标准是无用的，要考虑工程能力。不能下达不可能实行的作业标准。在最初下达作业标准时，与其给出太严格的条件不如给出不太费劲就能完成的条件，但要严格地去做遵守这个条件。

6）不要在一开始就指望做得完整。因为作业标准是活的，而且可以说永远都是不完整的。因此要抱有时常进行修改的态度。标准没有修改的话是已经不使用这个标准的证据，而且表示技术停止了进步。

7）要抓住重点。真正对工程起很大影响的项目只有 1～3 个。因此如果对这些要因进行标准化，不良就会减少一半。

8）应该明确指示责任方。

9）要明确具体的表示权限的范围。进行授权才行。

10）应该是被有关人员承认的。例如，在 QC 工作组、QC 小组、现场质量管理研讨会等有关人员都能了解后再进行编制。要与提案制度结合起来根据现场的创造、思考，通过正式手续采纳之后再修改标准。

11）要写成文字的东西，以便能积累技术和技能。

12）在原料和其他工程责任的原因未被管理时，可根据标准的给法的不同编制出比较简单的作业标准，可多数情况下作业标准被复杂化了。

13）决定好在工程出现异常情况时应该采取怎样的措施，在管理标准中也可另外编制。

14）作业标准不应是“不需怎样”“不能怎样”的全集。

15）编制标准时要考虑各种事情；最不好的是标准和规定相互矛盾。

16）上述结果的目的是让大家能更容易地进行工作。

5.4.5　作业标准的编制

在这里是讲述初次编制作业标准的场合。

（1）编制方法

1）**示意法：**是把正在进行着工作现场的作业进行标准化的方法，是把正在做的事原封不动地进行示意的方法。

优点：
① 能很好地展示以往做过的事情。
② 能明确以往马虎的、没有决定的事。
③ 能把标准一下子就普及到全部工作现场中去。

缺点：
① 一经示意，就容易掉以轻心。
② 内容庞大，因此编制时需要花费时间，会给以后的管理招来麻烦。
③ 因为在各工作现场对于质量管理式的、工程管理式的概念意识不够普及，因此容易成为水平非常低没有重点的东西。

注意事项：
① 要对编制负责人在开始编制前从质量管理的角度进行充分的教育。
② 要以车间现场的工人、班组长、QC 小组作为中心，通过编制工程来对遵守标准的意义等进行充分的教育。
③ 编制标准后的修改是非常重要的，因此还要和分析、改善及 QC 小组的活动结合起来，要使大家具有“作业标准是要自己去完善的”的思想意识。

2）**重点法：**所谓重点的意义有 2 种。一个是对于重要的特性要从重要的工程进行标准化，另一个是按各工程对于重要的特性从重要的要因开始推进标准化。

优点： ① 如果从统计上真正抓住重要的要因进行标准化，那么必定有效果。

② 工作现场能认识到，标准是个好东西，工程分析的结果是可信的。

③ 时间上可以加快。

④ 因为简单，所以容易进行文件编制、修改和管理。

缺点： ① 真正要抓住要因比较麻烦。

② 对所有的特性、工程不能同时推进标准化。

③ 只是减少离散的、为了工程管理的标准，而不能与成本管理、生产量管理、效率工资等紧密结合。

注意事项： ① 要活用 QC 工作组和 QC 小组。

② 要将工程分析和工程管理的方法对班组长和技术人员进行充分的教育。

③ 编制后的补充完善是重要的。

第一，通过工业、工程管理、价值工程（VE）、安全等来补充完善工作。

第二，如果管理图表示存在异常原因时，为了防止再发生，一定要修改标准。

④ 对重大的要因进行标准化后，要进行不断地努力逐步使细节部分也能标准化。

3）**常规法：**动员技术人员、以技术部门为中心，与质量管理、工作效率部门及工作现场进行协作，以技术人员负责制，组成 QC 工作组或是 QC 小组来有重点地选定和分析工程，在必要时进行实验，这样一开始就可以编制比较合理的标准的方法。在该场合在细小的地方要和 QC 小组商量：在新建工厂、新设和改造机器或在进行新产品的大量试制前，一定要养成采用这个方法的习惯。因为在开始做新的工作时是推进标准化工作的最好机会。

注意事项： ① 要注意防止形成技术人员的纸上谈兵或忘记工作现场

实态的情况。

② 在技术部门要集中优秀的技术人员才行。

③ 有必要让技术人员很好地学习质量管理。

用上述的哪一种方法编制标准合适应该是根据企业内部和工厂的具体情况来决定的。不管怎样都应由最了解工程和工作的人来编制标准方案。

（2）编制程序

在编制标准时，如果没有目的和必要性，那么就做不出好的、能用的标准。

在已经经营的公司、工厂和在新厂及研究新产品的场合进行标准化的做法是不同的。这里将介绍在已经营业的公司和工厂中推进标准化的程序。一般根据下述程序的做法是非常适合日本的实情的。

1）设立标准化推进委员会及自主研究活动。

2）决定标准化体系及制定编制作业标准的方针及文件格式。在委员会中要决定作业标准编制要领和作业标准使用规定等作业标准的主干的规定、分类方法和文件格式。

3）决定编制标准的组织。应该在工作组、技术部门、工作现场和 QC 小组等中选定。

4）决定应该作为作业标准提出的要因和作业。

5）思考选出的要因的计量化。

6）决定选出的要因的幅度和具体的作业方法。为此就要充分利用特性要因图，通过统计的分析、熟练者的知识和 QC 小组进行。

7）根据以上的结果，如果必要时就做工厂实验。

8）编制原案。要尽可能多地召集现场有关人员在 QC 小组等场合研究已决定了的作业标准在现场是否能实际地实施。这时就要传达有关作业标准的意义和应该按照作业标准进行工作的教育。

9）在预备试行期尝试活用（1~3 个月）。

10）标准原案的编制和登记。

11）作业标准的修改。

登记好作业标准后的修改一定要经过正规的手续，在未获得许可以前是绝对不能随便在现场进行修改的，为此就要做好为作业标准修改用的规定。但是也要尽可能进行授权，做好在各现场便于进行修改的准备。

例如，要明确修改起草的责任、文件格式、修正案的承认和应该传阅的路线，要在标准草案上登记检查、作决定的部门、是否确实收回了以前的指导书、新的指导书执行得彻底不彻底等程序，而且这些责任是十分重要的。

5.4.6 作业标准的实施和管理

在日本，和作业标准的编制工作一样重要的，是其教育、训练、实施和修改的管理。

确定实施作业标准的是各工作现场、车间的领导，如科长、组长、班长、主任等的责任。为此，教育的重要性已在 1.5 节作过讲述。一般的教育方法有：①集合教育；②日常业务上司的教育；③在 QC 研讨会、QC 工作组、QC 小组等进行讨论；④参加编制工作；⑤权限的委托；⑥进行 QC 检查；⑦其他，小册子、宣传画、标语、QC 小组大会等。我们要把这些方法综合起来使用。

另外，标准不能任何时候都使用。因此，就应该将标准考虑为是活的东西，而要经常考虑到合理的、结合实际地去机动地修改标准草案，即标准的管理是最重要的。

而标准一旦决定下来，那么不经过正规手续就不能在现场等随便进行修改，因此需要考虑下列各项。

（1）标准的修改和管理

1）要明确标准的管理负责人，哪一个项目在什么样的范围内由谁的权限可以改变，按项目、程度的不同决定好。此时修改工作的权限要尽可能地授权好。

2）要决定好修改的手续。

3）要安排好能容易从各工作现场得到意见的体制。

现场的组长、班长和作业人员等还是最清楚工作现场实情的，因为他们经常和现场有实际的接触，所以应该有各种改善方案。为了充分活用这种关系，就要把 QC 小组活动、创造思考运动、发明创造运动等和标准的修改结合起来进行。

4）一定要把修改的内容、理由、年月日、负责人姓名等明确记在标准草案中。特别是技术标准和设计标准的修改的工程和理由一定要整理得一目了然。

5）在修改时一定要把旧的标准和图纸全部收回，改成新的东西或是加上注解（盖章）后再重新颁布。

（2）应该修改标准的场合

1）在管理图中的点超出界限外时，表示下列情况。

① 没有遵守标准的时候。

② 标准的指示不完整的时候。

③ 标准中没有说明作业具体做法的时候。

④ 由原料和其他工程等其他的责任造成的时候。

⑤ 原因不明的时候。

［注］要区分在工作现场能管理的问题（operator controllable）和由管理人员来进行管理才行的问题（management controllable）。在工作现场产生某种失败时，追究其工作现场的人的责任，即前者是一般是占 1/3 或 1/5。这是上述①的一部分。②～⑤是主要是责任在管理人员的问题，这占了 2/3 或 4/5。对①的事情也要问为什么没有能被遵守，对②～⑤的事情也要和工作现场的人一起寻找其要因、由管理人员来采取措施才行。因此，在这里要强调的是，对工作现场的人的失败是绝对不能动气的。

2）工作现场有申请意见的时候。

3）发现了作业标准的差错、不完备的时候。

4）质量标准有了变化的时候。

5）对设备、装置、方法进行了技术上的改善的时候。

6）设置和改善了计测器和装置时。

7）原料和其他的要因（作业标准）发生了变化时。

8）实施了作业标准之后过了一定时期。

5.5 管理水准

5.5.1 管理项目的选定

要想进行管理，那么检查是非常重要的，这在 1.5 节中介绍过，如果具体的由各部门的负责人把检查的大纲在整个公司有组织地进行布局之后再建立管理体系，那么在想实际地进行管理时就会有很多问题。对这个管理特性的选定是根据人、公司的不同而使用着各种分类和说法的，所谓"有关经营管理的说法在全世界都是混乱的"的常识在日本也存在，这是把管理项目的分类分得太细而造成的。因此不要去过分地计较用词，要以想法为中心去做分类，再根据相应的不同立场去灵活运用和考虑。

（1）管理项目的分类

1）根据原因和结果的分类。

正如在 1.5 节 5.2.1 的（1）、5.4.2 节中讲述的那样，我们在进行管理时，检查需要明确原因和结果的区别才行。对原因的检查被称为检查点，而检查结果时关注的特性被定名为管理特性或管理点。把这些综合起来就成了管理项目。

管理项目{原因——检查点
结果——管理特性，管理点

但这个原因和结果不是绝对的，根据负责人的职位或作业标准给法的不同，原因和结果会发生互换。例如，在图 5-1 中，因为干燥水分是工程的结果，所以这毫无疑问是现场的班组长的管理点。该场合因为温度是其原因，所以就成为检查点。可是对调节干燥机温度的作业人员来说，压力和阀门的开口度就是原因和检查点，在该场合温度是作为结果出现的，所以温度就成为管理点。可如果作业标准指向事后处置，即看了温度之后应该调节阀门等的作业，那温度就是检查点，干燥时间就成了管理点。

而如果是非常差的作业标准，看着水分调节着阀门的开口度，其中水分就是检查点，干燥时间就是结果、管理点。

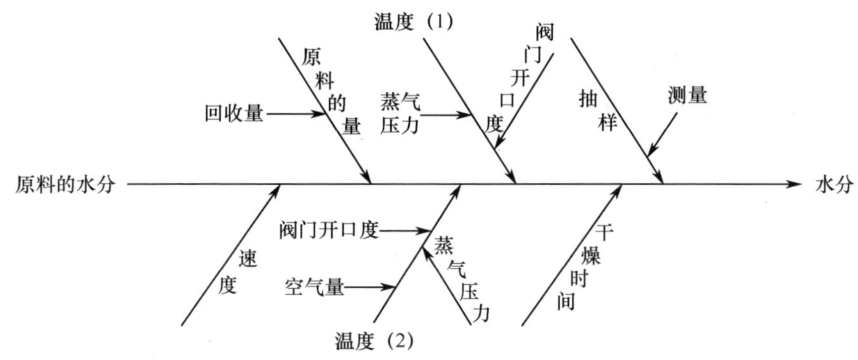

图 5-1　原因和结果的区别

以上所述的那样的情况，在部长和科长或是科长和组长之间也是完全可以同样地考虑。

一般来说，职位越低检查点的数量就越要增加，管理点就越要减少。至于原因方面的检查点，应该是由下级管理人员进行，上级管理人员多去关注这些是不合适的。这是因为上级管理人员要根据管理点做检查，在大局上考虑未来的情况来进行管理。对于当了部门经理或董事以后还想了解和检查微细的原因的数据的那些人，笔者称呼他们为工人经理、工人董事；他们应该只在成为结果的管理点中出现了异常时检查一下原因就行了，而且应该早就有下级管理人员发来有关异常原因的报告那样的管理体制。

因为检查点主要是和作业标准和规定类进行比较后做检查的，所以通常是使用检查表等来做检查。

管理点作为结果来说是有离散的，因此原则上是用管理图来表示的，至少要进行图表化。该场合的图表是在检查中使用去发现异常和例外的东西，因此，在图表中要绘制好根据统计的方法求得的控制界限。如果这样还有困难，那至少也要把标准线、规格值、必达目标和努力目标线或是计划线绘制进去。

[注] 也有部长和科长使用同样的管理点的场合，但检查的时间间隔不同（如科长是每天，部长是 1 个月 1 次）或是采取的措施不同。

2）根据采取的措施分类。

① 调节或是调整。

② 消除现象。

③ 消除原因。

④ 消除根本原因。

这个区分不是很明确，其中①、②主要是检查点（含调整基准）而③、④是管理点。但①、②也会成为管理点或根据检查点采取③、④的措施。

3）根据责任和权限的分类。

① 部下有采取措施的责任和权限的项目。

② 自己有采取措施的责任和权限的项目。

③ 上司有采取措施的责任和权限的项目。

④ 其他部门有采取措施的责任和权限的项目。

这是根据责任和权限及当事人的能力和熟练程度的不同而经常变化的。另外也可以说③、④在管理人员自己来采取措施时可以包括在②中。这就是说不能推动其他部门和上司的人不能称为管理人员。笔者是在开始质量管理以前就坚定认为：**"不会使用部下的管理人员（技术人员）只是半个能独立进行工作的人。如果能使上司和其他部门能按照自己的意见行动，才是能独立进行工作的管理者（技术人员）。"**

除上述的1）～3）外，还有各种分类方法，可如果把这些都组合起来后，管理项目的种类就会变成几十种，这样反而不容易理解，因此在这里建议只分成检查点和管理点两种。

（2）关于管理项目的一般的注意事项

下面将讲述在原因的场合和在结果的场合都通用的有关注意事项。

1）因为在工作现场中，不管是多品种小批量生产还是根据订货进行生产都会有反复的工作工程，因此要想做检查就要给出某种尺度、量度。

2）不管调节基准或是管理界限，都要决定好判定的基准和超出该基准时应采取的措施。

3）要决定好发生异常时的责任、权限和报告的方法。

4）把这些事进行标准化后做好充分的教育和训练。

5）上一级的管理人员有责任去检查部下的检查点和管理点是否合适。

6）要定期在工程发生变化和异常时重新研究管理项目是否适合，并不断地进行修改。

7）不管是否是代用特性，都要选择从时间上能很快获得数据且能很快进行反馈的项目。

8）要考虑并决定好每个人的责任和权限、授权程度、作业标准和提供规定的方法。

9）不能忘记目的不是做管理项目一览表而是要具体地进行管理。

10）要决定好检查的周期，如每小时、上下午各1次或每天、每周、每月、每季度、每年等。一般越是下级管理人员周期越短，越是上级周期就越长。同时下级管理者要向上司提出异常报告书。

11）合理地选出了管理项目且可以作检查表和管理图时，即作为管理的工具逐步被准备齐全的活，那就可以不看日报和月报了。也可说是为了不看日、月报而去选择好的管理项目。

（3）检查点的选定

对于检查点，除在（1）中所讲的事情以外，如在前面也反复地讲述过的那样，要考虑下列事情。

1）要针对原因作决定。

2）决定哪些项目要看着其进行调节或调整。

3）针对作业人员、班长、组长等直接现场监督者进行规定。科长以上的领导要尽可能不把原因细分，直接进行检查。就是说对这些人来说，通常是没有检查点而有很多管理点。

4）不是把全部原因都当作检查点，而是有重点地针对认为有问题的点做决定。因此检查点要随时间而变化。现场末端的人会依次接触很多的检查点。

5）检查点要让担任者和班组长自己选的理由如下。

① 思考检查什么事项对班组长来说是很好的学习、训练。

② 负责现场的人是最熟悉其工作现场的实情及危险点。

③ 选定的检查点由上一级的管理人员来检查并把其当作部下的教育和训练用的人事考核来使用。

6）通常是编好检查表或是图表来进行检查。

7）检查表要经常进行修改，同时还要把其结果定期进行汇总，采取帕累托图式的（找出主要项目）防止再发的措施。

（4）管理点的选定

除了在（1）中所讲述的事以外，还要用下列的方法选定管理点。

1）从部下的工作结果中选择。

2）越是下级的管理人员管理点就越是分层的数据，而越是高级的管理人员的管理点就越是汇总的或是平均化的数据。

3）从人、质量、成本、数量、交货期、安全、公害等所有方面考虑日常业务后再进行决定。一般因为只检查一个方面如只检查质量时，其他管理点如效率就会降低，所以要从双方进行检查。如果只去无理地控制一个方面时，那其他的特性就有可能变坏。

4）尽可能选择能很快知道结果的代用特性和中间特性，而不是最终的结果。即选择管理点的方法和计量方法的思考是重要的。

5）如果工程的离散比测量误差小的话，稍微有一点误差也可以。

6）比起使用很多测量值计算出的计算值不如使用测量值本身，即用原始数据要好些，不会发生在计算值中有积累误差等情况。

7）用领导的名义指示的方针和目标的特性要当作管理点处理。

8）绘制好管理图后，从能采取措施的特性中选择。换句话说就是要进行充分的工程分析后再选择。

9）对容易引起差错和不注意的工程来说，要选择能够检查其结果的特性。

10）通常，管理点的数量（观测管理图等的数量）在考虑 2）、3）、7）后大约是：

作业人员	1～3
班长、组长	5～20
科长以上直至社长、董事	15～50

5.5.2 管理水准的确定

正如在 1.5 节及 5.5.1 节中所述，各部门的领导要决定该检查什么管理点，这样尽可能进行数量化，并通过下述的内容来决定管理特性的水准，即管理水准、控制界限。

［注］管理水准和目标值是不同的。管理水准和控制界限是为了进行管理而用的尺度和界限，而目标值是为了进行改善。也可把目标值标记到管理图和图表中，但要注意不要使管理活动和改善活动产生混乱。另外目标值也应像之前介绍的那样区别为必达目标和努力目标。

要想决定管理水准，即控制界限，一般来说就有必要编制为了准备管理用的管理图。用统计的方法决定管理水准的原则的方法如下（见 3.9.2 节）。

1）分析过去的数据后如果基本上编好了标准，那么就暂时实施此标准。在该场合就根据标准所规定的抽样方法、测量方法进行测量之后再进行分子组。

2）如果用 100 个以上的数据绘制管理图，且收集 1 个数据要花很多时间。那么可以只用 20 或 50 个数据，但这样一来控制界限的精度就会变低。

3）检查这个管理图是否处于受控状态，是否满足标准值和目标值。

4）如果这个管理图处于受控状态，那就把控制界限当作将要管理的管理水准采纳。把这条控制界限延长到未来用于工程在内的各种管理时，那在实际中认为大约合格的基准是，超出界限外的点的数量在 25 个点中有 0 个、35 个点中有 1 个以内、100 个点中有 2 个以内。

［注］如果准备用的数据不能满足标准值等时，就要进一步进行分析。可在一般情况下是暂时把该现状当作管理水准采用，并暂时用这个标准开始做工程的管理，另外进行分析和改善活动。

由上述可知，对工程管理的准备，要做下列工作。

① 分析工程。

② 规定出相应的管理状态，并确定标准。

③ 求其控制界限。

在该场合下，如果只是把过去的数据通过简单的分子组后绘制出管理图，这样漠然地获得受控状态的管理图，是不能很好地用于将来的工程管理的。为此就应该用下述的工作来明确管理水准。

① 明确好管理目的。

② 明确好分子组的意义。

③ 编制好作业标准。

④ 明确好责任的所在。

⑤ 决定好使用管理图的方法的标准。

上面讲述的是正式使用管理图的使用方法原则，因此希望尽量照此做，但像日本出现的诸多现状那样，在没有编好作业标准的情况下，或是分析了过去的数据却绘制不出把界限线延长到未来也可使用的处于受控状态的管理图，也能临时决定管理水准进行工程管理且能提高效果。但如果长期持续这种状况就要碰壁，所以尽快地原则性地使用方法。这种场合就要注意下述情况。

1）在没有编好作业标准的情况下，管理图也能用于检查今后是否按照原来的作业标准进行。至少图表化后的精神效果是很大的。

2）分析过去的数据时，如果发现由于原因不明确在 25 个点中有超出界限外的点时，那原封不动地延长后在将来还是有可能出现原因不明的点。因此在这种情况下就不能有信心地去保证未来产品的分布。如果出现了超出延长了的界限外的点就一定要彻底调查其原因，并根据结果一个个地制定作业标准，那么超出界限外的点和不明原因就会逐步减少，这样就能逐渐进入正式的管理。

3）如上所述，在管理水准未确立好时，原则上是从上一个月的数据或是从技术上认为是差不多的最近的数据中，除掉明确知道是异常原因的数据后，再求出管理水准来用于本月的工程管理。

5.5.3　管理水准的管理和修订

因为管理水准是个活的东西，因此在必要的时期就需要进行修改。特别是对编好作业标准后还在继续进行修改的同时进行工程管理的时期来说，如果不把这个修改工作正确无误地进行下去，那管理图就不能起到工程管理工具的作用，只会变成单纯的图表。

应该修改的时间（见 3.9.3 节）要和修改质量标准［见 5.2.1 节的（4）］的时间一致。对各管理图要决定修改管理水准的负责人并登记到管理图账簿。可能的话要决定修改的方式。

1）如果工程和方针等没有变化，那在开始进行工程管理后的相当时间内要按每 1 个月或每 100 个数据就要重新进行计算做修改。

2）当工程长期表示处于受控状态且标的点都在界限内，就按每 3 个月、大约 500 个数据或是更长的时间后做修改。如果能用这些数据来估计管理水准的值，那估计的精度也能变好。

3）如果工程不表示处于受控状态，而点有时候超出界限外时，就按每 1 个月或每 100 个数据进行研究。此场合要追究异常原因，在判明了原因、对采取过措施的数据排除后重新进行计算。原因判明了但是不能采取措施的数据及原因不明的数据，在原则上是不能排除掉重新进行计算的。

［注］对超出界限的点，虽然知道了原因，但如果从使用其工程的管理责任的范围来说，对不能采取措施的数据有很多管理水准及工程管理的责任不明确时就是不适当的。这种场合下就估计由其原因造成的影响修正数据，重新计算界限或分层后求出管理水准，再把它当作其工程的控制界限。

［例］管理水准规定得不好的例子。

① 每天都出现点在相当长的时间的连成线，又超出界限外的管理图。

② 在每月标记点时没有绘制控制界限，而在月末才进行计算和记录。

③ 画好规格值，超出该值就采取措施，主要是在做调节。这是工程管理的检查之间的混乱，或是异常原因的消除和调节之间的混乱。

④ 和过去的数据、工程的实际能力无关系的严格明确的界限。

5.6　异常原因和管理标准

5.6.1　异常原因

在工程中的异常原因可以进行以下分类。

（1）根据标准的异常原因的分类

1）因为没按照标准进行的缘故。

2）因为不能按照标准进行的缘故。

3）因为标准不好的缘故。

4）因为尚未确定标准的缘故。

（2）根据不同的原因的异常原因的分类

1）由于管理不充分而造成的。

① 人的原因。

② 机器的原因。

③ 原料的原因。

④ 计测的原因（含抽样、测量、计算等的误差）。

2）需要进行技术性研究的东西。

3）由于外界的条件而不可避免的东西。

4）原因不明的东西。

通常在推进着质量管理的工厂中由于 1）的原因造成的异常最多，其余是按 2）、3）、4）的顺序减少，如果能绘制好管理图，那么 1）的比例就会增加。4）的原因不明多是由于工程的分析不充分导致标准化进行得不充分、技术差或是绘制管理图的方法有问题，特别是对于分子组不好和管理的想法难以实施等的情况。因不可避免的原因所造成 3）的异常通常是非常少的。一般在公司中总有负责采取措施的人，所以要耐心地去采取措施。例如，完成不好订货工作的责任 60%～70%是在于订货方，而且它是能采取措施的。

（3）根据不同的形式的异常原因的分类

1）系统地发生的异常原因（主要是技术负责人的责任）。

① 系统地、瞬时地发生的原因，如按一定的周期孤零零地发生。

② 系统地、一旦发生就连续地出现异常情况的原因。

2）零散性地发生的异常原因（主要是工作车间的管理责任）。

3）慢性地发生的异常原因（技术或管理的责任）。

1）的问题可以根据分层或是相关分析的方法发现其原因。2）的问题在点超出界限外时细致地去寻找其原因就能很容易地发现。这时如果管理图绘制得好，那么能很容易地和 1）进行比较或探讨研究其原因。3）是没有采取防止再发生异常原因的措施的证据；例如，作业人员工作不小心、工模夹具、计测器、设备机器的问题、原材料不好等都是属于这种问题。

（4）根据统计形式的异常原因的分类

进一步把这些形式从统计上进行分类时，可分下列两种。

1）总体模型式的原因。

2）变量模型式的原因。

（5）工程外的异常原因

异常原因在工程外的情况也有很多。

1）有关批次的问题：异质批次的混入。

2）有关抽样的问题。

① 有偏差的抽样。

② 没有可靠性的抽样。

③ 没有准备好抽样方法标准。

3）有关样品的问题：样品的错误，样品的使用不适当。

4）有关测量、试验的问题。

① 测量和试验没有被管理好：测量等有差错，误读，误用测量试验具，整备不良。

② 不备测量方法标准等。

5）有关数据的问题：记录和计算的差错，标记点的差错，数据的加工，异质数据的点。

（6）异常原因的整理

异常原因可按上述方式进行各种分类，把这些按如下方式整理好后，再采取为了防止同样异常原因重复再发的措施，和编制工程管理所采取措施的基准。

1）为了检查由什么原因最容易发生，就要调查频数、编制帕累托图等。

2）把什么原因、哪一种特性表示怎样的异常等事调查好；例如，在 $\overline{x}$、R 中哪一个有变化时，要确定是否超出界限外、是否连成线、是否表示倾向、其他点的排列的变化情况等。

3）把超出界限外的点的个数或百分数，按周、按月综合起来绘制成图表或管理图，以此调查长期的受控状态。而且要把寻找原因的方法和采取措施的方法预先做好标准化。

5.6.2 管理标准

要想进行好管理就要尽可能地明确进行管理的方法及判断、采取措施的做法等的责任和权限，实施好标准化并进行授权。这就是管理标准。

下面就以使用管理图时的管理标准为中心进行介绍，在不同管理图的场合也可用同样的想法去编制管理标准。

想用管理图把工程的管理作为日常作业顺利地进行下去就要编制好作业标准，也可以说成管理标准。要绘制出一张能在各工作现场使用的管理图并理解其意义。

1）在管理图上标注上整理号，做好登记。

2）记录控制界限，决定好由谁、何时做计算或是重新计算，获得谁的许可后才能记录等问题。

3）决定好由谁在什么时候怎样地抽样后再做测量的问题。并决定好把数据记在哪一种表格上、给谁、在何时之前做报告。

4）把数据标到管理图上。决定由谁在什么时候怎样进行计算并记录。

5）决定好应该由谁、用怎样的周期来看管理图，是谁的管理点的问题。

6）根据标好的点，判断工程是否处于受控状态。要决定好不受控状态的判定基准。

7）要决定好工程不处于受控状态时的处置方法和由谁、怎样寻找原因及发现了原因或是在原因不明时应该如何处置。这要根据下级相应的各个职位来尽可能地进行授权和做好标准化。正如在 1.5 节所讲述的为了进行授权而做的标准化就是管理的一个关键。因此重要的是要从下级就尽可能具体地做好决定。

8）决定好向上级或是给有关部门在什么样的时候怎样去做报告的问题。

9）要决定好每个管理负责人在其权限范围内能采取的措施。

10）必要时要决定好为防止再发生重复原因应采用怎样的措施，同时也要决定好管理图与标准之间的关系。

11）要决定好工程处于长期受控状态时的处置方法。

在这里就简单地介绍处于长期受控状态时应怎样考虑和采取怎样的措施。

① 工程上对非常重要的管理点来说就和以前一样继续使用管理图。

② 工程上对不那么重要的管理点来说就逐步地放宽抽样的间隔，或是逐步地减少抽样的个数。有时虽然是在做测量，但在管理图上停止标记点或停止测量是无法节约管理经费的。

③ 在分层过的管理图中，如果在工程长期处于受控状态并且在层间不出现差，就把这些归纳起来后决定一个管理水准，再把各个数据归纳在一起进行标记。这时在管理图上归纳起来后进行标记时也能用数据进行工程分析，把批次和数据预先进行分层。

④ 要延长修改管理水准、质量标准和作业标准的时间间隔。

⑤ 如果工程处于长期受控状态，且消除了在检查中发现不合格的产品，及不出现消费者对产品特性的意见时，就减少产品的检查次数、检查个数。这样到最后就会变成无检查发货。

6）如果受控状态不能满足质量目标时就进一步进行分析来提高技术。

5.7　工程管理运行状况的核查

（1）根据综合性结果的检查核对

最好的办法是把工程管理结果的好坏根据质量、成本、消耗定额、效率、安全、利润和消费量的增加和市场占有率的提高等来进行最终判断，或是根据工程能力的提高、离散的减少及技术能力的提高等综合结果进行图表化后再作判断。

但是，必须要考虑以下几方面。

1）混合着其他要因的影响（如原材料、零件、设备、作业人员等）。

2）不容易求得的数据，如用感官检查的数据，即使花费大量的时间和进行分层也不能求得。

3）判断基准不明确的理由，对工程管理的好坏的判定尺度，也有不实用的时候。

（2）质量管理诊断

另一方面，对工程管理的做法是否合适，不仅要对结果而且要对方法进行检查。结果是有时会是精神作用或是偶然变好，所以不能保证其结果的永久性。为此把大家的想法和做法作为 TQC 的特征之一的程序进行监察是有效的。

（3）新产品开发的工程管理的检查

新产品对企业来说是重要的，因此如果新产品开发的 TQC 和工程管理能管理好的话，就可以认为该企业的 TQC 和工程都管理得相当好，所以检查新产品开发的工程是否做得好、设计变更在各程序中各有多少次、开始生产新产品时的情况、销售额、顾客意见数量和内容等是有效的。

（4）检查管理图在工程管理中是否被很好地使用

这个检查要半年或是至少要 1 年进行 1 次。

1）做检查时的注意事项。

① 为了管理什么样的工作而使用的。

② 特性值是否妥当。

③ 是否存在异常原因的消除、调节和检查等的混乱。

④ 管理图中所使用的管理标准是否妥当。

⑤ 出现异常原因的形式是否存在变化。

⑥ 采取措施的做法的标准是否制定得妥当。包括是否有必要改善、是否确实地采取了措施、采取了措施的结果、是否确实地改善了等。

⑦ 现在使用的管理图的种类，控制界限，画法，分子组的方法、抽样间隔和测量方法是否适合。

⑧ 是否还有必要继续使用这个管理图。

⑨ 工程能力是否有变化。

⑩ 作业标准是否确实进行了修改。

2）管理图和张数。

大约一年整理一次全厂或全公司的管理图，其种类和张数是很好地反省总结的材料，而且也是很好的观察 TQC 发展状况的尺度。引进质量管理后管理图的张数像图 5-2 所示那样发生变化。

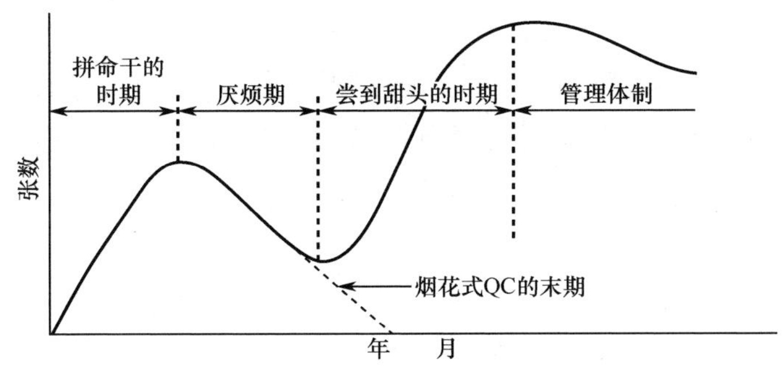

图 5-2　管理图张数的变化

拼命干的时期：由于误认为所谓质量管理就是绘制管理图，因此这时是不考虑要因、检查点、异常原因的除去、调节、作业标准的问题而滥画着管理图的时期，只会在精神上有效果。

厌烦期：画管理图厌烦了就会出现“管理图无用论”的时期，即在口头上说要绘制出能使用的管理图而实际上没有干劲，如果这时不去过问，那么就会出现所谓烟花式质量管理的末期症状而导致管理图自然地消灭。

尝到甜头的时期：能体会到为管理特性检查而使用管理图的真正的意义，并在全公司范围内形成管理网，这时期的管理图的张数在急速地增加。

管理体制：管理能进行得完整，或是变得会进行管理，在一定程度上管理图的张数要逐渐减少。

对管理图的张数和使用状况要在半年或是一年内在全公司进行一次调查，提出如表 5-2 所示那样的报告书，同时进行图表化，检查其长期的变化状况。表中的分类评价基准如下。

表 5-2　管理图诊断报告书

科系名称	管理用	分析用	调节用	图表	消灭	$\bar{x}R$	x	p、pn	e、u	小计
	AA'BC	DE	F	G						
小计百分比										

管理用 A：由于工程在不太细致的管理下也保持稳定，因此采取放宽抽样时间间隔或减少抽样个数，甚至还可以停止绘制管理图。

管理用 A'：工程能力已经充分满足规格和目标，而且管理也进行得很好，因此只要维持现状就可以继续进行管理了。

管理用 B：对于管理来说，工程进行得顺利，可工程能力还是稍微不足。

管理用 C：最近工程混乱。如果维持现状就会出问题，因此有必要进行分析和研究。

分析用 D：管理图用于分析能够灵活使用，也能用于管理。

分析用 E：分析不充分，有进一步作分析的必要。

调节用 F：不能称为管理图，因为是误解了消除异常原因和调节的问题。所以应该把名称改为调节图或重新研究管理项目。

图表 G：不叫管理图，只不过是当作图表观测而已。

消灭：在管理图登记簿上有登记但现在已经不绘制的管理图。

（5）从长期看管理图的方法——工程管理、工程分析、修改标准的关系

把当作问题的管理特性的管理图的一年到几年的资料按月的顺序排列。如果是管理图，那原封不动地进行排列也可以，此时要求出各月的控制界限，然后可以只把这些值按月顺序进行图表化。如果有好几种特性时就把它们平行地排成几个，那就更能清楚地观察。这个看法不仅是工程管理，而且在观测所有的工作是否长期顺利进行时也是有效的，同时这个方法也可用于质量管理诊断。

如果把平均值的中心线顺次排列就会出现大致如下的形状。在图 5-3 中介绍其中一例，对 R 也可说是同样的情况。

根据这些图，大致出现如下那样的形状。

（a）型管理进行得很好，始终生产着具有相同质量的产品，但可以说在技术上已经进入了冬眠状态，几乎没有得到改善。

（b）型管理和分析都没有进行，只根据行情的变动做着相应的质量调节。说得不好听的话，就是不能被相信的公司。

（c）型每月都很好地进行着工程分析，也确实进行了作业标准的修改，这样不断地进行着改善和管理，逐步贯彻着管理思想。可是会在 6～20 个月后达到饱和点，此时就要改善设备或从根本上重新考虑技术问题。

（d）型经常进行设备投资和工厂实验，可是没有充分灵活地运用，也没有很好地进行管理，导致管理进行得不彻底。

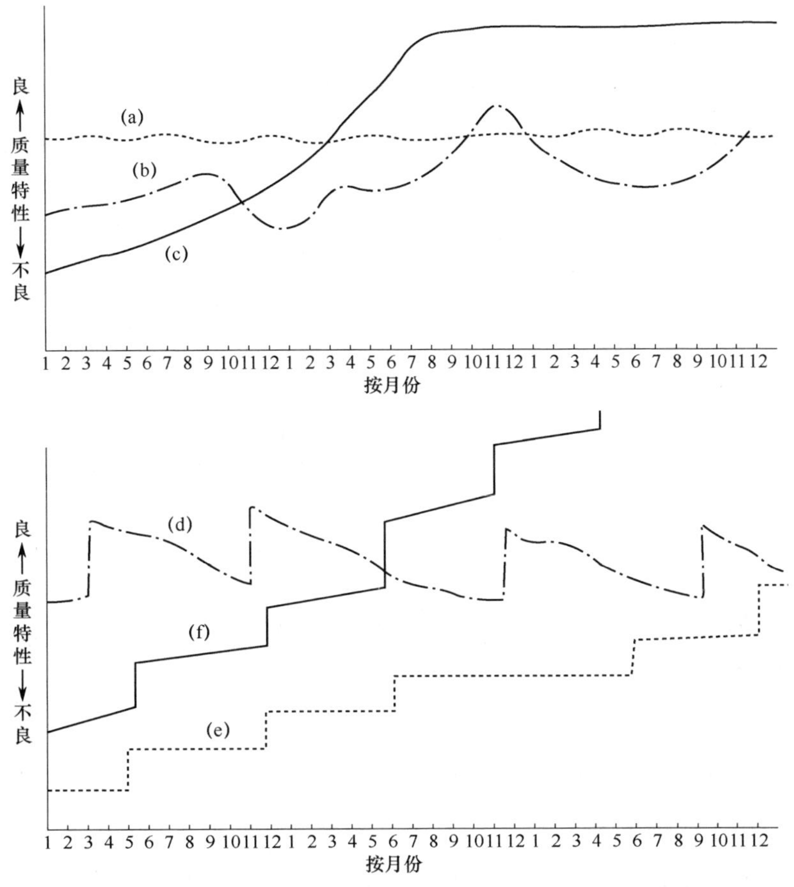

图 5-3　长期性的工程的变化（管理图的长期性的用法）

（e）型积极地进行改善设备、实验设计及其他技术改进和管理提升的活动，是典型的欧美型。

（f）型利用实验设计、设备投资等不断积极地进行改善工程和技术革新式的提高，而且每个月都把过去的数据细致地进行工程分析，管理也进行得好。这是日本式的典型代表。

5.8　管理图及工程受控状态的效益

（1）由于使用了管理图而带来的利益

把管理图作为检查工程的工具合理使用时，和使用以往的排列着很多数字的日报表相比有如下的优势。

1）因为把数据进行了图表化，所以容易取得信息，特别是能很快地得知异常情况随时间的变化，因此就容易进行管理。

2）一看就能掌握长时间的工程的工作情况。

3）容易使作业人员和管理人员理解离散的概念。

4）因为这是用控制界限来作判断的，所以能客观地进行判断，同时也能消除相互扯皮、感情用事的情况。

5）容易检查对异常原因是否确实地采取了措施的情况，以及采取措施后的结果。

6）因为能够有重点地控制异常的离散，所以能改善工程使它处于受控状态来提高广义上的质量。

7）能逐步地明确企业内部的责任和权限。

8）能使包括作业标准在内的标准类被合理化。

9）能把工程保持在受控状态。

10）能够科学地决定工程能力。

11）能使技术人员的工作容易进行。

12）让工作现场容易得到技术部门的援助。

13）因为能使作业人员和班组长、QC 小组容易得知作业标准、工模夹具、量规、计测器和零件等的不合适的情况，所以比较容易采取措施。

14）因为能让作业人员和班组长、QC 小组对工作有兴趣，因而能做到自主管理。

15）由于采取了异常原因统计，因此能对设备和装置进行合理的投资。

16）能使全体工作人员对数据、测量、抽样等问题持有慎重的态度。

17）能使管理人员有时间去考虑将来的事。

（2）因为工程处于受控状态所带来的利益

使在工程中的人、材料、机械、工作及做法都稳定，这样使工程处于受控状态就是管理的一个目标，当处于这种状态时，什么事都能完成得很好，下面将举出由于工程处于受控状态而获得利益的项目。

1）能发挥工程的最大能力。

2）由于操作的标准化，因而就容易进行作业。

3）能减少测量和试验的个数及次数。

4）管理人员能安心地把工作委托给大家去完成。

5）能有信心制订将来的生产计划，能安心地签订契约。

6）能有重点地进行提高技术的工作。

7）能腾出充分的时间来考虑将来的新规划。

8）如果当前受控状态能够充分保证品质，那么即使不作检查也能保证质量，这样就能降低检查成本。

9）对消费者，能安心地进行产品的保证。

10）可容易地进行预算控制和成本管理。

5.9　基准调节方法的确定

前面从 5.3 节开始，讲述了消除异常原因和调节之间的差别，在这里讲述的是决定调节基准的方法。虽然 3σ控制界限对异常状态的判断和消除异常原因都是适用的，但是调节界限和基准要从另外的角度用统计的方法来决定。

首先，应明确如下事项。

1）能对某种状态（仪表读数、厚度、水分）根据某基准作业进行（扭阀门、改变原料配方）的就叫作调节。

2）在工程中没有调节的情况中存在的离散和把其要因进行调节时变动的离散。

3）所谓调节是指改变在无调节的情况下的离散和分布的平均值的意思。因此要想决定调节基准就要调查下列项目。

① 无调节时的离散的标准差和方差等（移动范围、合理的子组、直方图等，也要把抽样误差和测量误差要求好）。

② 调节了几个刻度时的调节效果。不一定是线性的（平均值的差的估计、分层、回归分析）。

③ 从开始调节到出现效果为止的时间差（包括测量时间）。

④ 从收集数据开始判断直到进行调节为止的时间差（反馈时间）。

⑤ 因不注意工程的变化而造成的浪费，为调节而使用的费用，因为调节得过分而造成的损失等相关经费。

为此，在使用自动控制的想法和理论的同时，还需要活用统计的方法从量上去把握数据。

把这些数值结合起来，从理论上要以工程稳定、得到最大利益或是能使成本成为最低为目标去解方程式和决定调节基准，但在实际中会有各种各样的情况发生，所以在这里就不介绍了。但不用很难的数学式子而只要知道上述的数值，在很多情况就能简单地决定调节基准，因此事先作好上述的调查是重要的。

关于调节基准，需要决定好如下的事项。

a）决定按照哪一个数据进行调节。

b）决定收集数据的方法。

在此场合有必要提高精度地估计工程的平均值，因此在无调节时的离散、抽样误差及测量误差大时就要从统计的角度去想办法。通过如连续抽样、系统抽样的应用以及增加测量次数来取平均值，或是从根本上减少在工程无调节时的离散等。

c）决定调节界限。

如果用 b）求得的值不超过某一界限值或调节界限就不进行调节。在以往因为没有明确决定该值，因此经常出现不必要调节或是不应该调节却做调节的这种使工程发生混乱的情况。这种情况就是所谓的过分调节的情况，这是由于受到无调节情况的离散的玩弄而犯了统计上的慌张者的错误。此时如果超出了调节界限值就使用以前调查好的调节量和其效果的关系做必要的调节。下一步就是把这个调节界限值和调节量用统计的方法进行分析之后做决定。

调节界限是以一条中心线来取目标值的，界限的宽度不是数据的平均值的 3σ 界限，根据笔者的经验来说在 $1.5\sigma \sim 2.5\sigma$ 之间存在着最佳值。

调节量包括能连续改变的情况和只能按阶段式的改变的两种情况。在能连续改变的场合，调节可以从界限值调回到目标值的量。在阶段式调节的场合，要预先决定好调节界限，作一段调节，在必要时作第二段调节。这个想法在校正计测器时也是有用的。

为了调查这些情况，就要作好按以往的方法调节时看到什么、调节了多少等数据的记录，并把调节后在相当长的期间内的效果也做好记录。

用上述方法来决定调节基准，但在定好基准后还要检查结果，如此这样来修定调节基准，也就是作业标准。

如果这种调节很复杂而且在每次调节的工程中都需要进行各种计算，那么适合采用在线的计算机控制，如果是简单且经常需要进行同样的调节的场合就适用自动控制。但是不管怎样，总的来说还是将一个要因的变动用另一个要因来进行控制，最终要把其真正的要因消除，实现工程不进行调节也能很好地控制，即不需要计算机控制和自动控制的情况，这才是最理想的状态。

第 6 章

质量保证和检查

6.1　什么叫质量保证

质量保证（quality assurance，QA）才是质量管理的精髓。所谓质量保证，简单地说就是“消费者能够放心、满意地购买，用着它就能够有满足感并保证能够长期地使用”，“所谓质量保证，就是在质量方面与消费者之间做出的某种约定，是一种契约关系”。

以往人们对于质量保证往往存在着以下这样一些误解，例如：

1）如果把质量检查做得严格了，就算是做到质量保证了。

2）发现存在不良品时，如果做到了用合格品进行免费更换，那么企业就算是做到质量保证了。

3）如果在某一期限内提供了无偿保修，就算是做到质量保证了。

等等。

以上这些错误的看法，特别是②、③仅仅是体现了承担质量保证的责任，而不能算是真正做到了质量保证。这些说法实际上等于说是保证着在产品中会存在着不良品，在使用过程中肯定要出现损坏的情况。当然，免费更换或无偿修理这些工作确实也是质量保证的一部分，但仅有这些绝不能涵盖质量保证的全部内容。

［注］关于保证一词的概念

说到质量保证时，经常会涉及“保障”“补偿”“保证”等词语。根据人员、行业（法律和消费者，相关制造部门，QC 部门等）的不同，这些词语在意思上也存在着一些微妙的差异。英语中也有 security、compensation、assurance、guarantee、warranty 等多种提法，而且使用方法也不是特别明确。

在这里说的“补偿”有偿还的意思，所以说补偿期限是指购入商品后，在一定期间内对销售的零件进行无偿修理的期限。例如，对轿车来说，选择出售后 2 年或是行驶到 5 万千米为止进行无偿修理的期限。

另外，所谓“保证”是指能够让消费者长期使用，以获得满意的意思。所谓保证期限其实是指这个商品能使用多少年的意思，也就是指由于质量差或有磨损的零部件，在超过补偿期限之后，还有若干年是以有偿的形式进行修理、服务。当然，由于使用者的使用方法、检查、维修的做法不同，保证期限也会随之发生变化，但是对于轿车的情况来说，因为耐久性提高了，所以保证期限应该最低为 15 年。对于一般商品来说，也有的以法律条文的形式要求销售后要给予零件 3 年、5 年或 7 年的保证承诺，但这是个最低限度的责任目标。按各企业的不同情况，需要制定良好的保修期限承诺，建立能够更长期供应零件的保障体制。也有针对零件进行 lifetime supply（在商品全生命周期内供应零件）的企业。另外，对于耐用消费品常常会附带保证书，比如上面明示着保证期限为 1 年，但这应该理解为补偿期限才是。因为这不意味着超过了 1 年的保证时间，就会发生零件坏掉或不能使用的情况。

某些商品（如照相机胶卷，药品，食品等）由于保存方法的差异，在出售后如果不立即使用，也会出现质量逐渐降低的现象。因此还应考虑注明室内储藏时的注意事项及有几年保质期的保证时限。

6.2　质量保证的原则

所谓质量保证，就是能够让商品在被购买前、购买时和购买后其用途性都能得到充分发挥，而且还能够在某一定期间内充分且持续地发挥其性能，即有必要给消费者提供产品或服务的可靠性。而且通过这种做法能够使消费者对其质量有更广泛的认可，认为购买该企业质量优良的产品或接受了其所提供的优质服务，从而产生对于这家企业的质量的信任。这样才可以说是做到了质量保证。

为了获得这种信任，就需要掌握以下几条原则。

1）以顾客为关注焦点，确实关注消费者的需求。

要确实掌握消费者要求的是什么，希望把什么、如何进行保证的心理。根据国情不同，消费者是分层次的、多样化的，所以今后商品的发展方向应当是多品种少量生产。而且一般消费者大都不是专业人士，所以有时他们提出的要求不可能非常明确或专业。作为推销商品的生产者或销售者是内行，所以有必要采用引导询问的方式以明确消费者的真正要求。与此相反，如果仍然采取只考虑把产品制造出来并卖出去的以生产者为中心的惯性思维方式，就很难赢得消费者的满意，也不可能真正做到质量保证。

2）要明确提出质量第一的企业宗旨，从公司最高管理者直到企业全体员工、销售人员、售后服务人员，乃至供应商和流通机构人员，都要关注产品和服务的质量。

毫无疑问，如果没有保持上述这种心态，就不能真正做到质量保证。因此，需要推行全公司的质量管理（TQC=CWQC），乃至更进一步做到包括订货、物流机构在内的所有人员都通力合作，齐心协力成为为质量保证而战的集团型质量管理的组织。

3）不断实施 PDCA 质量循环（见 1.4.1 节，图 1-2）。

如何能够真正做到以顾客为关注焦点，首先需要进行充分的市场调查，经过细致思考后进行产品的质量设计，但即使想做好质量保证也很有可能会遗漏掉某些事情，而且消费者的期望也会不断提升和变化，所以必须要不断地实施 PDCA 质量循环，进行质量改善。

4）质量保证的责任在于生产者（销售者）。

质量保证的责任在生产者，即产品的制造者。而当销售公司、超级市场或百货公司委托其他企业制定产品标准时，这时质量保证的责任者就是销售单位。

如果是数家企业协作进行生产，那么质量保证的责任就应当是供货方。

如果供货方企业已经实施了全面质量管理，并确实进行了质量保证，那么采购方就能够放心地进行免检采购。在日本实施 TQC 的企业有 80%～90%采取了这种采购方式。

在一般情况下，企业内部的质量保证责任方应当是产品的策划部门、设计部门和生产部门。通常情况下，检查部门和质保部门原则上不承担质量保证的责任。比如说，生产制造部门应当有责任确实实施自主管理、自主检查，做到能够让消费者满意那样程度的质量保证工作。如果生产制造部门能够真正做好这项工作，那么就能大幅减少检查和质保部门的人员。发货检查部门和质保部门是从消费者的角度检查产品质量或是考虑产品责任问题（见 6.6 节）的，因此不应承担质量保证的责任。所以当消费者提出了不满和投诉时，公司最高管理者应该责备的是策划、设计和制造部门，而不是检查部门。当然，在此之前就要明确承担质量保证责任的是策划、设计和制造部门，应当建立完善的质量保证体系。

5）以上考虑的是以消费者为对象的质量保证责任划分，而在企业内部也应建立“下道工程就是顾客”这样一种理念，所以对下一道工程也应遵守上述质量保证原则。

6.3　质量保证的方法和质量保证体系

（1）质量保证的方法

质量保证的流程在 1.3 节已经做过详细的介绍，所以这里仅作简单概述。从前欧美企业将产品的质量检查作为实施质量保证工作的重点，日本企业在刚开始推行质量保证时也是重点从这方面着手，确实实行过以消除不良和缺陷工程为重点的质量保证。这种做法可以成功地提高产品质量和工作效率，从而能够以理想的成本生产出质量优良的产品。但是如果仅凭这些，而新产品的策划和设计不完善，或是原材料的选定不适当，那么无论怎样进行工程管理，也不能做到良好的质量保证。因此，从 20 世纪 50 年代后期开始，日本企业就考虑溯源，把重点放在策划、设计、试制、量产试制等阶段，在新产品开发阶段就在推进质量保证工作了。

如上所述，如果没有在新产品开发阶段就建立完备的质量保证体系，那么即使在生产制造产品的过程中严格实施了工程管理，但由于所生产的产品中可能会存在不良品，也必须进行全数检查才行。

此外还需要进一步推进包括从订货、供应商和外包方（包括物流和售后服务）在内的所有关联企业都实施 TQC 所谓的集团型质量管理，才能形成真正的质量保证体系。

要建立这样一套质量保证体系，可能需要花费 10 年以上的时间。

（2）质量保证体系

从新产品开发到销售，再到售后服务为止的质量保证的做法，即关于质量保证体系的问题在 1.6.2 节已经做过介绍，更详细的内容请参考关于质量保证能力[⊖]等方面内容的介绍。

在这里关注的重点是新产品开发，只对其中重要的部分举出具体的案例。图 6-1 和图 1-16 内容基本上相同。

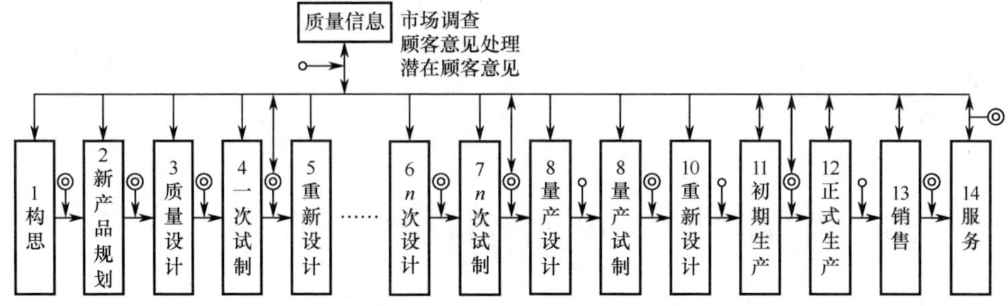

图 6-1　质量保证的步骤

质量保证实际上是按产品的不同种类进行的。为了质量保证的各步骤的标准化，因此编制了检查表，具体规定了这些管理方式并加以实施。但也不能保证这些工作一次就获得成功，需要不断总结经验教训保证在下一次的产品开发中不发生类似的失败，并把防止再次发生的做法进行标准化，积累技术和经验。不断进行完善并加以有效控制，才能真正建立起完善的质量保证体系。

新产品策划　在开发新产品时，首先要制定周密的新产品策划书，因此需要做好以下工作。

① 明确目标客户是哪类消费群体。

② 明确销售价格及目标成本（成本策划）。

③ 预估月销售量和销售周期。

⊖ 朝香，石川编:『品質保証ガイドブック』，日科技連出版社 1974。

④ 实施质量策划（尽可能使用消费者能够理解的语言，以及真实的质量特性）。

⑤ 确定希望的销售周期。

⑥ 其他。

质量设计　首先要确实把握好 1.4 节中所述的有关质量的内容，进行质量分析，这样就需要进行从图 6-1 的步骤 3 到步骤 10 的设计和重新设计。

① 要详细调查应该保证的特性有哪些内容。不仅要进行充分的市场调查，还要进行产品研究或了解购买方的产品标准，明确真正的质量要求，特别是要与采购方充分协商质量的重要度和测量方法。

② 确定大致的产品寿命周期。

③ 考虑在安全性、误用、产品责任方面是否存在问题。

④ 确定哪些是易损件，确定这些需要更换的零件的使用寿命和更换频度。根据这些信息决定产品的质量标准，确定测量是否满足了质量标准的方法，即确定检查方式、耐久性试验方式和条件。

⑤ 在这个阶段需要编制 QC 工程图 I，确定如何进行生产制造，如何进行工程管理的全面策划。这时需要确定有关的原材料规格、产品全距等内容，并调查了解为此而必需的公司内外部（包括供应商在内）的工程能力。

⑥ 进行产品试制，为调查了解其性能、寿命等进行实用试验，由各部门协作进行质量评审。必要时，请在购买方处做实用试验。

⑦ 编制使用、检查和维修方法的作业指导书。

⑧ 分析制造、检查、供销、营业、服务等方面的信息以及各种工程能力，并及时进行质量的重新设计。

设计评审　设计评审从狭义的角度来说就是对图纸进行审查，而从更广义的角度来理解应该是对从步骤 2 确定新产品规格直到步骤 12 进入正式生产的（在图 6-1 中有◎标记及○标记印处）所有环节进行检查并做出简单的评述。

① 性能、可靠性、可维护性、服务性、安全性（特别是产品责任对策，见 6.6 节）、环境污染、设计样式、易制造性、QC 工程表、成本、

全寿命成本 life circle cost、法规、专利等。

② 应参加的部门：销售、策划、设计、设计样式、质量保证、检查、试制、实验、采购、生产工艺、制造、运输、包装、成本、法律、专利等方面的专业人员。

③ 在进行评审时应从消费者的角度考虑哪些是能够令消费者接受的卖点、能否充分保证质量及可靠性、是否能够满足新产品策划书的要求、所策划的质量目标是否易于生产制造、是否能以目标成本进行生产等，并且满足在①中所述的各个项目的审查。要从消费者的角度出发来进行评审，而不是要为难设计试制部门，目的是为了生产制造出质量优良的产品而由大家协作进行评审。

④ 在评审时要明确性能和可靠性方面的试验数据，包括原材料采购订货、易制造性以及有关工程能力的相关数据，特别是对质量目标和成本方面考虑不周的数据，以及在设计、试制过程中的遗留问题。

⑤ 特别重要的是在第一次设计、第一次试制时，应尽可能让更多的相关人员参与，尽可能让更多的问题点暴露出来，这样会使设计变更的数量像图 6-2 的 A 曲线那样。如有可能，所进行的设计评审尽量做到在量产试制阶段，至少是在初期生产阶段使设计变更为零。如果像图 6-2 的 B 曲线那样的话，就意味着新产品开发做得不好；如果是这样的企业所推出的新产品，很有可能会形成“新产品就不买”的局面。

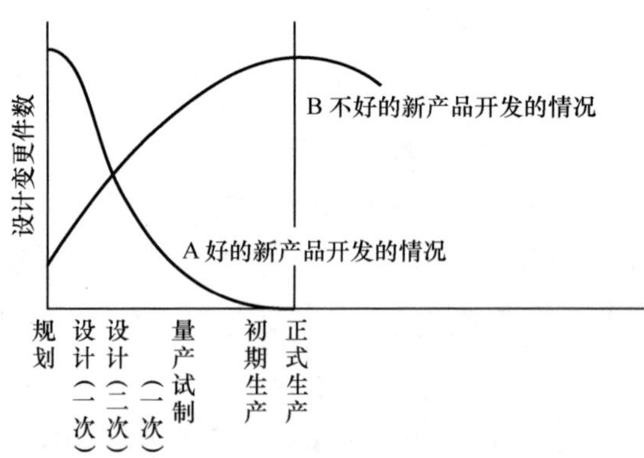

图 6-2　设计变更件数

⑥ 在新产品开发过程中，为了保证产品的质量及可靠性，需要完成多项试验，即使像圆珠笔那样简单的产品也需要做几百项试验，而像轿车那样的复杂产品有可能达到 2 000～3 000 个项目。这些试验项目中的试验条件是企业的技术诀窍，需要逐步完备，而且积累了这些技术的企业，才能进行质量保证及可靠性方面的新产品开发并取得成功。这些试验数据还要从产品责任预防角度，进行必要的确定和整理并加以保存。

⑦ 对于材料类或产业类产品，在本企业进行产品自主研发的同时，还可以寻找理想用户进行共同的研发和评审。

工程设计和管理

① 在量产试制前编制 QC 工程图 II，并应在小批量生产前编制完成。

② 采购满足质量标准和工程要求的原材料和零部件。

③ 实施充分、全面的工程控制，在生产制造过程中考虑对产品质量进行分散性控制工程。特别是产品寿命，也就是可靠性问题很难通过质量检查进行保证，所以反而可以通过对生产制造过程保持分散而精细的管理状态，来保证产品的可靠性。实际上可以这样讲，产品的可靠性只有依靠良好的管理状态才能实现。

④ 通过生产制造过程中的工程检查，尽可能在早期阶段把不良品除去。

⑤ 确定在生产制造过程中用何物、在何处、何时、如何进行何种可靠性试验工程。

检查

① 将在何处、何时、如何实施检查的工作进行规范化和标准化。

② 尽可能安排制造部门完成全数检查及代用特性的检查工作。

③ 检查部门主要完成产品的性能检查，从消费者的角度对产品质量进行检查，也就是像制造部门的检查那样地进行质量检查。

④ 在质量规格书或图纸尺寸中确定质量特性的重要程度、哪些应列为检查项目、由谁来判定检验的结果以及如何实施检查。

⑤ 根据从消费者及企业内各相关部门所收集到的各种信息，不断完善检查标准。特别是在质检机构进行感官检查时，必须要把消费者水

平和检查水平进行很好的协调。

⑥ 如有必要，应进行寿命、性能方面的检查。这样就可以对可靠性的管理状态以及代用检查特性进行评审。

⑦ 全数检查的自动化。

服务

① 确定服务方式及服务网络。

② 培养服务技术人员。

③ 确保长期贮存必要的备品、备件。

④ 以易于整理分析的形式收集有关零部件更换、维修、服务、顾客投诉反馈信息处置等方面的信息，并及时向有关部门反馈。

如有必要，在企业中能保持客观立场的部门，如总公司质量管理部门设置 QC 组或质量保证组（quality assurance group）等机构，从多种渠道都全面获取各种质量信息，让该部门承担从产品设计开发到消费者使用状况的各个环节中的质量督查（quality audit）工作。可以授予他们暂停发货的权限，使该部门成为控制整个企业质量保证循环的枢纽。

［注 1］与以上的情况完全相同，对成本问题也必须首先设定成本目标，然后按步骤进行成本管理，把在开发过程中容易变高的那部分成本想办法进行有效控制，尽可能与成本目标保持一致。

［注 2］一般情况下，新产品开发的过程很难做到按照预先设定的计划进行，而且时间上很容易滞后，为此就容易出现质量和可靠性保证不充分的情况。所以有必要对新产品的设计开发过程进行进度管理和供货期管理。在多数情况下，相似性较强的新产品开发是按系列来进行的，因此最好确定新产品开发的标准日程。例如，可以规定从提出新产品策划书后的第 8 个月开始量产试制，第 10 个月时开始正式生产，第 11 个月时开始销售。

6.4 不良品产生的原因及对策

如果能够做到不是针对厂家来减少不良品，而是让消费者不会遇到不良品，才算是真正做到了质量保证。下面简要说明一下在怎样的情况下会出现不良品及其对策。

① 在生产制造过程中或出厂检查时出现不良品。

② 生产出不符合消费者所要求的质量的产品。

③ 产品尚未交付给消费者手中就出现质量问题。

④ 在接受消费者检查时出现不良品。

⑤ 消费者在刚一使用产品时就出现质量问题。

⑥ 消费者在使用产品过程中出现质量问题。

⑦ 因为消费者的使用产品的方法不当出现质量问题。

由此可知，实际上对于不良品也有各种各样的不同含义，要完成质量保证就需要做好下列各项工作。

① 要掌握对方所要求的质量特性及其水平。

② 要防止不良品出厂。

③ 确定产品质量的寿命周期的定义和期限。

④ 确定一旦出现不良品时的对策。

下面就考虑一下这些原因和对策。

（1）为什么会使不良品出厂

1）因为生产出不良品，所以要从不生产出不良品的立场出发去进行管理。

2）质量标准和检查标准的不确定性、质量特性的选择方法（性能和代用特性的选择方法）及其数值不恰当、市场调查和产品研究不充分，总之就是对良品和不良品没有明确的定义。因此需要进行质量分析和质量功能展开，确认其是否准确。如果采用质量特性要因图和质量功能展开表进行分析也不能确定产品的质量标准和质量特性，那么后续的工作就很难开展。

3）不了解消费者的真正需求，或不能针对产品性能进行出厂检查。为此应开展产品研究、实用试验及检查方式的研究。

4）无法做全数检查。对此应把重点放到管理上去或者去发现合适的代用特性，实现产品检查的自动化。在实现产品检查自动化的场合，要注意传感器的误差和自动检查设备的可靠性。

5）差错（在设计、试制、生产、销售、检查、包装、测量设备、抽样、测量、数据整理和计量等各个环节中均可能出现各种各样的差错）。对此需要对这些环节的工作进行有效的管理。比如，发生像发错货的情况就证明在这一工作环节没有进行有效的管理。

6）由抽样检查所造成的错误。这种错误是由于抽样检查中统计概率的原因引起混入不良品所造成的。在确定了检查的指导方针、决定检查水平后进行抽样检查的情况下，不可避免地会存在不良品（见 6.9 节），虽然这种情况通常事先与对方做出过约定，但与此同时还是很有必要从统计上作好检查方案的设计。近年来，在日本企业中因为依靠抽样检查导致产品的不良率过高，因此这种检查方法逐渐被淘汰。

7）故意让不良品放行出厂，这种情况不在本书所讨论的范围之内。

（2）有关产品寿命的问题

1）寿命的定义：首先要明确所谓产品的寿命到底是什么。呈现出了什么样的状态就算是产品的寿命到头了呢。以往人们总认为是产品坏了之后不能继续使用就算是到了产品寿命的终点，但这种看法并不准确。如果产品达到了不能充分发挥其性能的状态时，例如，不能达到它所应保证的精度和工程能力时，就算是达到了它的产品寿命终点。因此，需要事先和消费者进行协商，明确其产品寿命的准确定义。

2）需要明确通知产品寿命：以往某些企业通常有在产品发货时就计算好产品的寿命、如果对方在购买时没有注意到就算默认了等不负责的做法，但是如果这样做就会失去消费者的信任，这当然是不值得肯定的。人们常说，信用在一天内就可以去掉，可是要想获得信用则需要 10 年。对于这个问题，我们最近将其归结为可靠性的范畴，作为质量管理的一环被特别加以重视。这个问题对于高价商品或耐用消费品而言尤其重要。

在质量设计的阶段，企业质量管理的指导方针中就有必要明确产品应该具有大约多少年寿命的问题。

3）如果想给寿命明确的定义，就要确定产品的保存、储存、检查、维修和使用方法，维修用备品备件补给，以及售后服务方式。上述这些内容有必要以产品说明书的形式，通俗易懂地进行表述。特别是对于机械类或 IT 类产品，还应附上定期检查和维修方法的说明，也就是预防性维护的方法，这相当于设备管理标准的范畴，是生产厂家应当承担的责任。如果消费者不是该类产品的专业人员，就有必要提供方便进行定期检修的服务机构和技术人员。还有在物流行业，如在搬运过程中、仓库、批发商或零售商处容易造成质量损坏的商品，有必要完善与产品包装有关的质量管理工作，提供妥善的产品储存方法及相关的设备。此外，如果不能保证长期提供产品所需的备品备件，也不能算作是做到了质量保证。

4）产品寿命并不是越长越好。企业最应关注的是那些分散而细微的环节。例如，对于因技术发展迅速而不断延长的电视机显像管的寿命，如果 1 个月寿命就完结了，那当然不行，但是显像管如果有 100 年的寿命也毫无意义。而且因为把产品的寿命提高到 100 年还需要提高产品的价格，那就宁可把寿命保持在 5～10 年，这样做对消费者来说也是有利的。

另外也有寿命和性能相互发生矛盾的情况。例如，在某一定条件下，把电灯变亮时其寿命就变短，变暗时寿命就会变长。这时就需要与消费者进行协商，在产品寿命和性能之间找出一种平衡关系，作为管理产品寿命的指导方针加以确定。

另一方面，根据每个产品不同，其产品寿命也有相当大的离散性。例如，同类轴承的寿命：有的可能 3 个月就会损坏，也有的 1 年才会损坏。对于消费者而言，如果出现这种情况，则很难判断出何时应该进行替换，而且也无法判断轴承何时会损坏，因此对这类产品总会提心吊胆，这样也就无法取得顾客的信任。如果能够做到所有同类产品都在 200 天±10 天失效，那么消费者就可以在 190 天左右对产品一起进行更换，这对于消费者来说是非常有益的。也就是说，有必要确定适当的产品寿命期限，而且离散性一定要小。

5）寿命要在总体上取得平衡。如果某个产品是用多种零件装配起来时，就可能会出现不同零件之间的寿命存在差异，几种不同性能的零件寿命存在离散性，即有所谓寿命平衡的问题。如果损坏了某一个关键的零件时，即使其他零件比它的寿命还长，也不过是过剩的质量而已。例如电冰箱的冷冻能力的寿命，如果它的门把手和密封圈发生了损坏，这台电冰箱也只能报废了。当然，在这种情况下可以采取在 3）中所讲述的那样，对寿命较短的零件更换备品备件的方式进行处置。

（3）出现不良品时的对策

如前所述，不良品有各种各样的出现方式，这里主要讨论在消费者手中出现不良品时，从质量保证的角度所应采取的对策。实际上相当于对顾客投诉进行处理的方式（见 1.4.1 节、6.14 节）。在这种情况下，如图 4-2 中所述的那样，首先应当把顾客潜在不满和投诉进行显性化。

1）处理速度和理解。不管是什么原因造成的投诉，反正是给顾客造成了不满意的后果，因此应当充分理解顾客的心情并迅速加以解决，这是处理顾客投诉的首要任务。

2）迅速用合格品替换不良品。但如果仅仅认为像在百货公司把不良品用合格品进行了替换就算是完成了质量保证，那这种看法也是不正确的。还必须要采取相应的措施，确保今后不再向消费者提供这种不良品，并能控制其产生原因，也就是在 9）中所介绍的所谓防止顾客投诉再次发生的对策。

3）在合同中需要增加有关违约赔偿的相关条款。很多日本企业在销售合同中对于一旦发生这种违反合同的情况如何进行赔偿的具体条件没有做出明确的约定，所以应该对合同的相关条款进一步做出合理和明确的约定。

4）规定免费修理的期限。免费修理所需的费用肯定是包含在产品的销售价格中，所以是否把这笔费用分摊在生产的产品上，需要在产品的策划阶段就认真考虑：是把产品做得特别坚固耐用，还是适当降低产品质量标准但易于维护修理更为合算。

在有些情况下，某些产品与其由顾客逐一把出现故障的产品送来修理，还不如先为顾客把发生故障的模块或部件进行替换，然后再把故障模块或部件集中起来统一进行修理。无论从维修成本、维修技术以及售后服务质量等各个角度来看，这种做法都更为有利。随着当前零部件电子化、模块化的发展趋势的不断加剧，这种处置方式显得尤为重要。在有些情况下，也可以考虑取消免费服务期；也可考虑把产品价格适当降低一些，使售后服务都成为有偿服务。

5）设置售后服务网点。近年来所生产的耐用消费品等产品的寿命都比较长，很多产品过了免费保修期后，如果出现性能降低或发生故障时，就需要进行带有预防维护性质的定期检查或是调换零部件，因此有必要配置完善的服务网点及技能过硬的售后技术服务人员。

6）印发产品的规范性使用方法的说明书和宣传册（public relation，PR）。在很多情况下，产品不能发挥应有的性能或造成损坏，往往是使用者的使用方法不当所导致的。为此就需要编制通俗易懂、简单易学的使用方法说明书，并在产品设计时充分考虑在使用产品时的防误操作设计。这一点与 6.6 节的产品责任有密切的关系。

7）编制带有预防性维护性质的定期检查标准作业指导书。以往我们对很多的产品不是没有编制类似的标准作业指导书，就是即使编制了也很不规范，或检查周期规定得不合理，造成定期检查的间隔过短，实施起来过于烦琐因而很难操作。还有些情况是需要特殊的检查技术，但却没有配备合适的服务网络和受过良好训练的技术服务人员。令人感到困惑的是，很多日本企业尽管有了这种标准，也不愿意按照它去实施，而往往养成了等到产品坏了之后才去修理的不良习惯。由此就存在着检查标准过细或是检查费用太高等问题，因此必须进一步向消费者进行充分的宣传，从确保长期正常使用角度考虑定期检查的好处，而以往这种宣传往往做得很不得力。另外，如果考虑到这一点，就需要在设计和新产品试制时从服务的角度作好产品的评审，采取适当的应对措施。如果消费者无论如何也不愿意做定期预防性维护，也需要考虑好要不要做定期检查维护，如定期注油等工作，预先在产品的质量设计阶段就考虑使用者能够简单地操作，或预先做好积极主动地为顾客提供定期维修服务的准备工作。

8）调换零件的长期准备。由于使用方法的差异、是否进行定期检查保养维护及产品自身质量的优劣等因素的影响，产品寿命会有很大的不同，但是至少可以认为如果希望延长产品的寿命，长期准备好备品备件是一项重要的质量保证措施。当出现零件损坏或磨损时，如果出现 1 年前生产的产品，到今年就没有修理所需的备品备件的情况，等于没有做到质量保证，这样的企业就不值得信赖。正如在 6.1 节中所述那样，推出所谓的全生命周期内供应零件的工作方针，也就是只要产品还在工作就一定要保证提供产品的备品备件的方针，是必要的。但如果不仔细测算、稍有疏忽，这些备品备件库存所占用的资金和费用就会非常庞大，相应的办公经费也会很多。因此，在推出新产品时，必须充分考虑包括产品的标准化在内的备品备件调配服务工作和相关的成本等问题。

9）防止出现顾客重复投诉的对策。这和在 1.5.3 节中所讲述的防止顾客投诉重复发生的问题完全相同。在这里想再次强调的是，以往那样仅仅做到只是用好零件替换就算了，或是作了无偿修理后就不管了，乃至只是在售后服务网点作些例行的检查修理的做法，这些都不能提高质量保证水平。这里想强调的是，如果这些信息不是向需要这些信息的相关部门进行反馈，或者企业即使制定了多么完善的顾客反馈信息处理规定，但实际上也没有做到把顾客的真实反馈信息整理好后，在必要的时间向必要的部门做出反馈，并采取防止再发同样差错的纠正措施的话，那么上述做法就没有从根本上解决问题；例如，在售后服务网点或修理工厂等处收集到的维修数据、产品寿命或产品损坏情况的数据是提高可靠性的宝贵的基础数据。当然，收集到这些数据后，还必须进行帕累托分析，把防止错误重复发生的纠正措施一直推进到底。

6.5 可靠性

（1）什么是可靠性

根据 JIS 的定义，所谓可靠性是指在一定的产品条件下，在规定的期间内能够具有完成被要求的机能的性质。可靠度的定义为：在一定的产品条件下，在规定期间内完成被要求的机能的概率。因此可用很简单的常识来理解为：可靠性就是该产品能否放心地购买或放心地长期使用的问题。

因此，可靠性是质量特性之一，也是质量保证活动的内容之一。下面围绕着质量管理来讲述可靠性。

需要说明的是，可靠性这个质量特性与通常的质量特性有所不同，因为它需要重现使用条件的差异和时间性因素的质量特性，因而为测量可靠性需要花费较多的时间和费用，在有些情况下可能会出现难于实施检查或是根本就无法实施可靠性试验的情况。

因此，要在从设计新产品开发开始的各个阶段就确实做好各种零部件的可靠性试验，并且充分进行生产制造工程管理。在生产过程处于受控状态的同时，把已出售产品的市场反馈信息充分加以利用、采取防止不合格品重复出现的纠正措施的工作就变得尤为重要了。美国的休哈特博士在统计型质量管理的开始阶段，就提出过如下观点：

“管理的水平可以决定预测性和可靠性。”

“统计的管理状态，才是可靠性的基础问题。”

从历史上看，由于以下列四个方面原因使可靠性问题成了研究的对象。

① 需要极长寿命的产品，如海底电缆的寿命。

② 苛刻的使用条件。

③ 新产品开发周期大幅度缩短。

④ 使用零件非常多的产品。例如，使用了 130 万个零件的导弹、大型电子计算机，配备有很多自动控制装置的大型化工厂等。在装配有很多零件的产品中，即使零件的不良率只有 100 万分之 1，也会使整个产品无法正常运转。这种情况下就需要推行不良率在 100 万分之 1 以下的 ppm 管理。

这种场合，如果假定损坏了任何一个产品都可能造成不良后果，那么这枚导弹能正常工作的概率就如下式所示：

$$\left(1-\frac{1}{1\ 000\ 000}\right)^{1\ 300\ 000} \approx 0.27$$

即这时概率只有 27%，这样发射出了 100 枚导弹也只可能有 27 枚发射成功。举更简单的例子来说，在不良率 1/100 的产品中使用了 100 个零件，其成功的概率是：

$$\left(1-\frac{1}{100}\right)^{100} \approx 0.37$$

即 37%，用了 10 个的情况成功的概率是：

$$\left(1-\frac{1}{100}\right)^{10} \approx 0.904$$

大约只有 90%，由此可知，产品的结构非常复杂时，如果还是采用与以往相同质量水平的零件或是做着相同水平的设计，是绝不能获得很高的可靠度的。因此，就需要考虑产品中使用的每个零件的不良率都非常小，或在设计时就考虑了冗余度（redundancy；用一句话来说，就是要做附加预备电路或备份品了）。而且提高产品可靠度水平已成了各个国家和各企业间竞争的内容了。关于这些具有更高专业性的可靠性问题，大家可以参阅各种有关可靠性的专业书籍。在这里仅针对最基础、最常见的可靠性问题进行讨论。

从消费者或使用者的角度来考虑可靠性问题时，可将可靠性进行如下分类。

1）购买前的可靠性：公司产品质量是否始终良好，是否具有能让人放心购买的可靠性。

2）购买时的可靠性：在购买时产品质量是否良好，产品的初期特性是否具有良好的可靠性。

3）购买之后的可靠性：是否能够让人放心并具有长期使用的可靠性。

上述这些内容可以用图 6-3 的特性要因图来表示。

在这种情况下，利用统计方法进行数据处理当然非常重要，但最关键的做法还是要把专业技术和 QC 进行确实的结合，不断提高原材料和零部件的产品质量，大幅度降低产品的不良率，同时使生产过程始终处于受控状态下，这样才能够真正获得更高的可靠性。

（2）可靠性的用语

这里只对有关可靠性的简单用语加以说明（参考 JIS8115-1981）。

固有可靠性（inherent reliability，R_I）：在设计、制造、试验等过程中的产品可靠性。定量的来说，就是在设计时被赋予的可靠性目标值、预测值或是由可靠性试验的结果获得的可靠性特性值（见图 6-3）。

运行可靠性（operational reliability，$R_O=R_I\times k$）：在运行或使用状态下

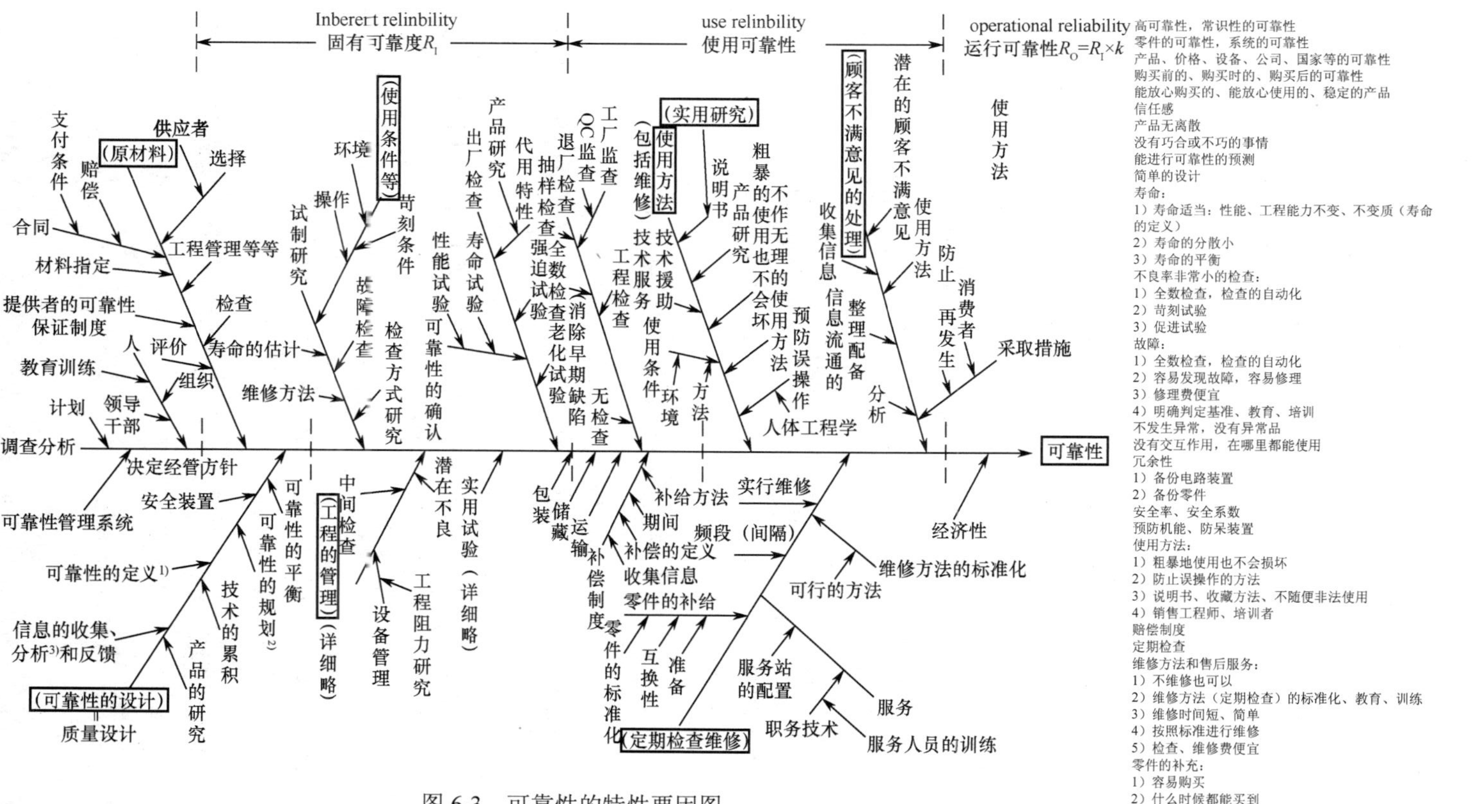

图 6-3　可靠性的特性要因图

1）指箭头右端的各可靠性项目

2）指和 1）相关的，为了保证可靠性所制订的各种计划

3）指对消费者和与 1）、2）有关的信息收集和分析，这对所有的起始箭头都适用。

的产品的可靠性。在此也是根据使用和维护保养条件而改变的系数，通常的场合是 $k<1$（见图 6-3）。

使用可靠性（use reliability）：该词在 JIS 中没有专门的定义，这里是指在固有可靠性中，在试验等环节中被嵌入产品中的可靠性。广义的来说它包含在固有可靠性中。

平均故障间隔时间（mean time between failures，MTBF）：MTBF 是指可以修理的设备从故障起到下一次故障为止，若干次的时间平均值。

初期故障（initial or early failure）：在使用开始后的较早时期内，由于设计或制造上的缺陷和使用环境的不适合等原因造成的故障。

偶发故障（random on or chance failure）：过了初期故障时期后直到磨耗故障时期以前，偶然引发的故障。

磨损故障（wear out failure）：由于疲劳、磨损、老化等原因，随着时间的推移导致故障率变大时期的故障。

使用寿命（useful life）：经过一系列修理后故障率显著增大，直到从经济上认为不合算为止的时期。

渐变故障（gradual failure）：特性逐渐劣化，由事前检查或监视能够预知的故障。

突发故障（sudden failure）：突然发生，事前检查或监视不能够预知的故障。

可维护性（maintainability）：在规定的产品维护条件下，在规定时间内完成维修的概率。

故障（failure）；产品失去了规定的机能。

故障率（failure rate）：故障率是工作到某时刻尚未失效的产品，在该时刻后单位时间内发生故障的概率。

冗余度（redundancy）：为了完成规定功能的附加多余的构成要素或手段，这样即使其中一部分发生故障，而产品也是不会全部失效。

并列冗余（parallel redundancy）：所有构成要素机能都并列着结合的冗余。

待机冗余（stand-by redundancy）：某构成要素在完成规定的机能期间，

具有直到被替换为止，一直作为预备待机的构成要素的冗余。

初期故障，偶发故障，磨损故障三者之间的相互关系如图 6-4 所示。这条曲线是因为很像西式浴盆，所以也称为“浴盆曲线”。此外，这条曲线也很像人的寿命曲线。在婴幼儿期，由于先天原因或是缺乏抵抗力而造成死亡的就是初期故障，在青、壮年期，由于交通事故和传染病而造成死亡的就是偶发故障，而最后衰老而死亡的就是磨损故障。

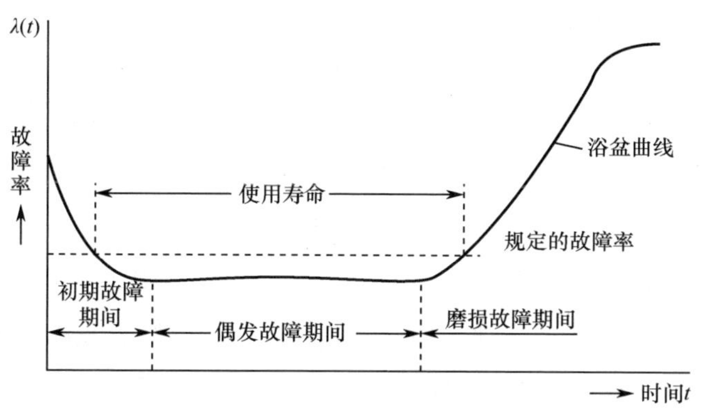

图 6-4　故障和用语

6.6　质量保证和社会的责任（产品责任和产品公害）

在完成质量保证时，必须考虑避免因产品缺陷危及社会或消费者的安全（受伤、生病、死亡、火灾、爆炸等）和产生公害（排气、噪音、振动、电磁波、食品、药品、产品废物等）。这些问题是企业应当承担的社会责任，既要进行充分的质量保证活动，又要考虑一旦发生了诉讼如何进行应对。这个问题不仅与企业和个人消费者有关，也是该行业及社会大众的普遍性问题，因此必须要慎重处理。社会责任的基本出发点就是尊重人的权利，因此必须要保证社会性的产品质量。

上述有关产品公害的问题，因为靠常识就容易懂，所以在这里就省略了。

（1）什么是产品责任

有关产品责任的问题，在所谓“协商社会”的日本有很多人不太清楚。

这个问题会牵扯到法律问题，所以特别是向美国出口产品的企业，要在质量保证部或法务部设置 PL 专家，认真学习研究并考虑好相应的对策。有关这个问题已经有很多专业书籍出版，请参考相关著作。㊀

所谓产品责任（法律界人士称为制造物责任）是指，如果销售了有缺陷的产品，一旦发生最终消费者使用后造成人身伤害或财产损失等情况时，由销售者承担赔偿责任的问题。日本是协商型的社会，因此这类的诉讼相对比较少，但是也发生过カネミ事件、砷牛奶事件、萨力多胺（thalidomide）事件、缺陷车问题、食品中毒等产品责任的诉讼案件。美国是典型的诉讼契约社会，一旦发生这类事件立即就提起诉讼，所以从 20 世纪 60 年代后期开始 PL 诉讼就急增到 100 万件以上，赔偿金额有时甚至会达到 10 亿日元以上。有人说这是因为在美国律师很多，而 1960 年前后对交通事故不大需要请律师代理诉讼了，所以律师就从 PL 案件诉讼中寻找工作机会，如果胜诉，律师就能获得相当于赔偿额的 30%～50%的报酬。因此，对生产者或是销售者来说，不用说是对美国的出口，就是作为企业应当承担的社会责任，也有必要预先做好产品责任预防对策。为此，把视野再放远一点，需要做好三件事。

1）不要让可能引发 PL 问题的产品（包括印刷品）或文字流出企业。

2）为了防备遇到诉讼问题，提前准备好证明，通过证据和数据来说明不是产品的缺陷。

3）为了防备万一，投保 PL 保险。据说最近在美国这个保险金额变得非常高，有时还有可能被拒绝加入保险；例如，商业信誉不佳的从业者、医生等，据说有些医生因为赔偿费太高而停止了接生和做手术。

这里就讲述几个在美国发生的典型案例。

［**例 1**］在美国，很多家庭有“星期日木匠”（星期日在家中做木匠活之意）的习惯，需在家中涂抹涂料，所以梯子比较畅销。某家梯子制作企业为了让使用者在涂装作业时操作方便，在梯子上加装了能放涂料的台子。

㊀ 推荐以下三本入门书。

石川馨編：『プロダクト・ライアビリティノー——製品責任問題をせ探ゐ』，日科技連出版社，1973.

水野滋編：『製品責任時代の品質表示』，日科技連出版社，1974.

朝香鐵一，石川馨編：『品質保證ガイドブック』，第 18 章「品質と社会的責任」，日科技連出版社，1974.

然而某位客户误坐在台子上，结果台子垮塌造成使用者摔下来受了重伤。正是因为没有写明不能坐到台子上的警示语，这是厂家的责任，因而消费者提起了诉讼，结果是原告胜诉，作为被告的梯子厂因败诉而支付了赔偿金。这是一个因为厂家没有在产品上提供注意、警示标识而发生事故的典型案例。

［**例 2**］销售石油暖炉的案例。消费者不是向石油暖炉中灌灯油而是灌进了汽油，因而点火后引起了火灾烧掉了房子。因为厂家在暖炉上没有标识不能灌汽油的警告语而被提起了诉讼。在暖炉的燃油槽上只是写了要灌灯油，但没有写不能灌汽油，所以此案中被告败诉。

［**例 3**］在很早以前，轿车的挡风玻璃从强化玻璃改成了安全玻璃。所以推销员就向消费者介绍说，这次生产的车子挡风玻璃是绝对安全的。结果在消费者开着这辆车子的时候，从前面卡车上掉下的铁锹砸坏挡风玻璃飞进了车内，造成汽车司机失明了。于是消费者就提起了诉讼，结果被告败诉。推销员是千万不能用绝对安全等言辞进行推销宣传的。因此，企业有必要规定推销员的禁止用语。

［**例 4**］某摩托车工厂作产品宣传时，绘制了穿着喇叭裤的美女乘坐摩托车的广告画。可是后来发现穿着喇叭裤乘车会发生伤害事故，因而急忙把所有的广告撤掉了。如果贴出这样的广告画，将证明穿着宽脚裤子也能乘坐这种摩托车。因此宣传广告、广告画也要注意。

［**例 5**］某学生在开车上大学的途中被其他车辆轻微追碰，其车辆只是达到轻微碰伤的程度，除此之外对人体没有任何损害。到大学后，该学生立即到 PL 专家的教授那里去咨询，询问能否拿到赔偿金。教授答复说，这种情况只能拿到修理费。可是据说该学生去了医生那里，请求开具了“由于这个原因休息了 10 天并附加精神痛苦的损失”的证明。PL 诉讼就如此这样被编造出来了。

［**例 6**］某厂家销售机械设备的案例。使用者在使用某厂家销售的机械设备的过程中受了伤。可是当时其他公司的这种机械设备安装了防止这种事故发生的安全装置。因此，由于没有附加安全装置而引发了消费者的诉讼，结果被告败诉。把安全装置附加到什么程度，这需要根据当时的技术

水平和社会接受程度来决定。当然，所谓的安全汽车，如果想搞成绝对安全的话，1 辆车的价格就要变成 1 亿日元，所以这里有个程度的问题。美国的朱兰博士曾经生气地说，如果像以前拉尔夫·纳德等消费者活动家所提出的那样，在车上附加安全气囊及很多警报器，其结果是消费者不得不购买昂贵的车子。与其相比，如果使系安全带和禁止酒后开车变为法定义务的话，效果可能会更好。

通过以上介绍，可以对 PL 问题有了大概的了解。不过现在美国也出现了反省 PL 诉讼的倾向。虽然稍微有点啰嗦，但在这里还是将 PL 的法律用语给予简单的说明。

（2）PL 的法律用语

过失责任（negligence）；指因任何疏忽或过失违反法律规定应尽的义务，或违背社会公共生活准则而导致他人财产损失或人身损害时，应对受害人进行赔偿的责任。因此，原告有必要举证被告存在过失的行为。但这在美国是以前的事情了，后来改为无过失责任的诉讼，也就是必须由被告方举证自身没有存在过失。这对于 PLP 是非常难的事情。

担保责任（warranty）：分为两种情况，一是“明示性担保”，就是卖主承诺对于某种产品在确认某种情况发生时承担某种责任，如果这种承诺能够促使买主产生想购买其产品的想法时，就变成提供了明示的保证。例如，绝对安全、安全有效、保证安全等。二是“隐含性担保”，就是指如果以某个品牌生产某种产品时，通常在销售时就相当于做出了某种目的的保证。美国从 20 世纪 30 年代出现了这种责任。

严格责任（strict liability）：与合同无关的，近似于无过失的责任。即应由原告举证的责任。

① 因产品自身原因造成的损害。

② 产品中存在显著的危险。

③ 其缺陷在产品脱离厂家管理范围前就已经存在，属于该类责任。这种判例早在 1944 年就曾出现过。此后在 1966 年时出现了由于缺陷商品造成消费者受到伤害，而弥补伤害的费用不应由没有自我防御能力的被害者承担，而应由向市场提供了这类商品的厂家来承担的

判例，这样就明确了严格责任。从此 PL 诉讼的案件数量激增。

在日本也有违法行为责任（民法第 709 条）和瑕疵担保责任（民法第 570 条）等法律条文。

产品责任预防（PLP）：考虑到上述那种情况，因此有必要制定好万全之策。为此，就需要像 TQC 一样，从策划、设计部门，直至开发、采购、制造、质量保证、PLP 主管部门、销售、售后服务等各个部门，以及包括销售商和代理商在内的全体相关人员，都要接受有关 PLP 重要性的教育培训。通过全员参与来群策群力，考虑制定相应的对策措施并加以实施。

1）避免引起 PL 问题。通过实施充分周密的前期调查，避免出现产品安全性和非预期使用等方面的设计缺陷问题。调查在产品的安全性方面不如竞争对手产品的情况。针对可能发生 PL 问题的重要产品（如汽车的安全性零件）进行可靠性及故障分析，研究产品在全生命周期内的安全性，确实做好试验（在销售后经过了相当时间后，也可能会发生 PL 问题）。在产品的生产制造过程中，对于具有充分的工程能力的工程实施严格的工程管理，切实落实产品的防呆措施。要确保外购零件的质量及可靠性。对产品中可能存在危险、误用等情况的风险点，使用能让使用者通俗易懂的警示语加以告知。对于使用说明书、样本、服务手册、检查维修方法手册、宣传广告之类的工作文件，应从 PLP 的角度对文字描述及图片、图解等内容进行详细讨论。明示对危险的预防方法，以及一旦受到伤害时的紧急处理方法。尽量使消费者在使用产品的过程中能够很好地保存使用说明书和风险提示的相关文件。应规定推销员的推销用语的注意事项和禁止用语。上述各类工作文件中，如果包含英语等外国语言文字，还有必要请专业法律顾问检查把关。

2）购买 PLP 保险。

3）发生诉讼时的准备工作：做好准备，收集表明在产品中不存在缺陷的证据。迅速回收进行事故调查的产品。保存在新产品开发中有关安全性、可靠性的试验数据。图纸和现场物证要保持一致。按不同批次对工程管理数据进行保管；保存按作业标准完成生产作业的证据。按批次保存检查数据（原材料采购、中间过程、发货、销售商发货检查等）。在某些无需检查的场合也有可能发生为PLP而不得不进行检查的情况，因此有必要从质量保证的角度考虑需要保存哪些数据，提前做好准备。

此外，因为外购零件或企业自身原因以及代理商的发货检查不完备等原因造成PL问题时，可能会出现赔偿金应由哪一方承担的问题，通过与法律专家进行讨论后得出的结论是，如果在订货方、厂家、代理商之间事先做出过合同约定，那么可以由厂家统一负责交付赔偿金。当然，在这种情况下厂家有必要购买PL保险，由订货方和代理商分担一部分保险费。

6.7 检查

所谓**检查**（inspection），过去曾经有过各种各样的解释，质量管理中检查所起的作用在JIS里有如下定义。

所谓检查是指“把采用某种方法对物品进行试验后的结果，与质量判定标准进行比较，判定出物品是良品或不良品；或是与批次判定标准进行比较之后，判定出批次的合格、不合格的过程”。

［注］测量、试验和检查这几个词经常被混淆。在质量管理中只把测量之后得出数据的操作称为试验。所以测量和检查有着严格的区别。在国外检查这个词有多种意思，因而我们在实施质量管理时常常会感到困惑。

由上可知，进行检查的目的是为了质量的保证。但是如在6.3节中所讲的那样，虽然检查是质量保证的第一步，可是它仅仅是质量保证职能中很少的一部分。另外，在这里讲的所谓检查的这个职能并不都是由检查部门来完成的，而且也不是说检查部门只作检查就可以了。正如6.12节所描述的那样，要把什么是检查和检查部门应该做什么这两个问题区别开来考虑才行。

根据质量管理的原则，即“质量是设计和制造出来的，而不是检查出来的”。因此，再怎样去严格地进行检查也不能制造出物美价廉的产品，特别是具有高可靠性的产品。通过检查不良品也不会立即将不良品变成为良品，而且由于返工或报废，还会使成本增加。这不仅对生产者不利，最终也会使购买者负担这些成本，因而对消费者来说也是不利的。

另外，从管理图上看，即使工程处于受控状态下也不能说它就相当于得到了质量保证。在工程表示处于受控状态的情况下，即使其确实具备工程能力，但如果产品不能满足质量标准的要求，也还是有必要做成品检查的。

如上所述，工程管理和检查不能混为一谈。需要切记的是，对工程所采取的措施应根据作业标准和管理界限来进行控制，而对于产品、批次所采取的措施应该根据检查的判定标准来进行控制。

6.8　检查种类

检查有各种分类方法，下面对此作简要说明。

进行质量保证时，需要确定在何时进行何种类型的检查。通常对检查需要进行周密的策划，必要时应编制检查计划。

（1）按照检查个数进行分类

1）全数检查：这种检查就是把全部产品逐个检查之后，挑选出其中的良品和不良品。但通常这类检查容易出现错检，因此可以把这种检查方法看作是一道作业工序，而正确的思路应当是对生产工程采取有重点的分层控制，并进一步采用抽样的方法进行检查。由于在全数检查时采取感官检查的方式很多，因此要经常调整全数检查的判定标准。

2）抽样检查：在这里所说的抽样检查是指采用新型统计理论所实施的抽样检查，而不是以往那种随意地抽取些样品进行的检查。这种检查方法是利用样本进行结果判定，并对所检查的产品批次采取相应措施。抽样检查有很多种形式。

3）为检验而作的检查：为检查质量水准是否存在较大变化，利用极少量的样品而作的检查。在多数情况下，它不是为了针对某种情况发生而采取相应措施而实施的检查，而通常是作为一种工程管理或核查检查方式是否得当的管理手段而采用的。

4）免检：如果全部产品都在满意的质量水准上，工程都处于受控状态下则不需要做检查。

（2）按照物流分类

1）进货检查：为了购买符合进货检验标准的原材料、防止不合格品进入生产制造过程而作的检查。但是只靠这种检查想来经济地购买合格的原材料是比较困难的，因此要对采购合同的内容做出合理的约定，慎重选择供应商或促使供应商积极主动地做好产品出厂检查和质量保证工作。也就是把工作的重点放在对供应商的质量保证体系的管控上，这样做的效果会更好。

2）中间检查：决定把单件产品或批次能否从上道工序向下道工序流转下去而作的工序间的检查，也称为工序检查。根据某一工序所提供的生产制造信息进行的检测，有时也被称为工程检查，但其本质上并不履行检查职能。因此，也可把它称为工程试验或测量，但有时这类检查往往也是检查部门的一项工作任务。

3）产品检查：为确定成品能否成为合格品而做的检查。大多数情况下这类检查与发货检查同时进行，所以也可以把它称为最终检查。如果把产品原封不动地发货，成品检查也就是发货检查。

4）发货检查：决定产品发货时能否满足所保证的质量水准或消费者的要求以及能否发货的检查。一般来说，单凭发货检查很难做到合理的质量保证，必须进行充分的工程管理才行。如果与产品检查分开进行检查时，这类检查只对致命的或重大的产品缺陷以及对储存过程中可能发生变化的特性进行检查。对这类检查应该尽可能创造条件采取抽样检查的方式进行检查。

5）交收试验：把产品交给订货方时所做的检查。

6）库存检查：长期在仓库中储存时所做的检查。根据储存期限的不同，确定应该检查什么特性。

7）监督检查：为了检验和诊断是否顺利地进行着质量保证和检查所作的检查。一般来说，这类检查应由质量保证部门来做。

8）第三方检查：由国家质检机构、进出口商检机构、专业检验机构、行业协会、消费者团体等实施的检查。这种检查通常是从保护消费者的角度并为了避免夸大宣传或非法竞争，由第三方站在裁判者的立场对日常消费品进行的检查。在日本这类检查制度相对比较落后。

（3）按照检查内容分类

1）认定、型式检查：试制或首次交货时，为判定产品是否有能力时所做的检查。这类检查的主要目的是为了检查设计的质量和工程能力。

2）性能检查：为了检查产品能否发挥其性能所做的检查。

3）耐久检查：为了检查产品能否长时间发挥其性能的检查，也就是可靠性的检查。多数场合 2）和 3）是单纯的试验。

4）严苟检查：在苛刻条件下进行的检查。主要是对可靠性的检查。

5）利用代用特性的检查。

6）分解检查（精密检查）；通常在决定产品合格与否的检查中，当一个产品具有很多质量特性时，如果对一个特性判定为不合格就停止检查，不再做其他特性的检查；这样检查数据就不能真正用于工程分析和改善。另外，有时在抽样检查中不良品达到不合格判定个数时就停止检查，这时为了在分析和管理中有效地利用到这些检查数据，就需要收集到所有样本的所有特性的检查数据，这类检查就称为分解检查。以往的检查数据之所以不能充分用于分析和管理，就有这方面的原因。此外，为了调整检查也有必要进行分解检查。

（4）按照判定法分类

1）计量检查：采用计量值做判定的检查。

2）计数检查：与量规、标准品、规格等做比较后，逐个把物品分成好、坏或一级、二级、三级品等进行判定的检查。

（5）按照被检查物品能否使用分类

1）破坏检查：用测量、试验把产品破坏掉的检查。当然这类检查不可能实施全数检查。

2）非破坏检查：进行测量、试验但不破坏产品的检查。

（6）按照检查地点分类

1）集中检查：把产品集中在一定地点进行的检查。

2）巡回检查：由检查员巡回作检查。但随着 QC 的进展，正逐步演变为自主检查或工程检查。

（7）按照能否选择供应商分类

1）不能选择供应商时：在企业内部各个工程之间的检查、发货检查或特定外包商所提供产品的进货检查等场合是不能选择供应商的。特别是定制生产的产品、机械、设备等就属于这种情况。这时检验合格的批次要原封不动地发货或收货，而不合格批次需要采取全数挑选、返工（返修）、作别的用途、降级、报废等方式进行处理。对于这种情况，如果把管理的重点放在供应商的工程管理上，对产品的质量控制会更为有效。

2）可以选择供应商时：一般企业或政府机构进货检查的产品，不仅从特定供应商那里采购，还有很多是从挑选后的其他供应商或专业厂家购买的产品。在这种情况下就需要事先充分调查供应商的信用状况及质量管理水平。在此基础上还有必要进一步考虑进货检查的实际效果，采用确保能够筛选出在受控状态下提供合格产品的企业的检查方式，同时还有必要对检查的宽严尺度不断做出调整。

一般在采购原材料时，如果能够做到合理地调查和挑选，按照 2）的方式采购会比较有利。但往往在很多情况下，即使是采用 2）的方式采购比较有利，但由于企业需要平衡各方面的关系而采取 1）的方式采购。

6.9 抽样检查

本节概要介绍根据统计理论所设计的统计型抽样检查。但在一般情况下，采用抽样检查的方式很难保证批次不良率在 1%以下，特别是 0.1%以下或是 ppm 不良率的保证。因此，现在日本企业除了一部分破坏性检查的情况，基本上不采用抽样检查的方式进行检查。不过作为统计质量管理的基本常识有必要了解这种方法，所以简单地介绍一下这种检查方式。

6.9.1 抽样误差

现在有混有 100 个不良品的由 1 000 个产品组成的一批产品，其不良率为 10%。如果从这一批产品中随机取出 10 个样本进行检查时[一]，将会获得怎样的结果呢[二]？根据常识可知，这时可能会出现 10 个都是良品，或是有 1 个、2 个……9 个不良品，以及 10 个都是不良品的情况。现将求出的概率结果记载在表 6-1 中。

表 6-1　在样本中出现不良品的概率

（N=1 000，P=10%，n=10）

样品中的不良品个数	0	1	2	3	4	5	6	7	8	9	10	合计
概率	0.35	0.39	0.19	0.06	0.01	—	—	—	—	—	—	1.00

注：表中的一标记表示概率非常小。

这时，如果把不良率 10%以上的一批产品定为不合格时（此时把 10%称为批次容许不良率，lot tolerance percent defective，LTPD），采用如下的检查方案：即选择抽取 10 个样本，如果其中的不良品数为 0［这时在抽样检查中用 n=10，a（或是 c）=0 表示[三]］就判定该批次为合格，而当不良品有 1 个或以上（r=1）时，就判定该批次不合格。那么在不良率 10%的这一批产品中，就有大约 35%的概率被判定为合格，这是因为采用了抽样检查的方法而所带来的不可避免的错误。就这个例子来说，不顾消费者的要求，批次容许不良率 10%的产品有可能以 35%的概率判定为合格，因此把这种错误称为消费者风险（consumer's risk）[四]，把这个误判为合格的概率 35%称为消费者风险率，并用 β 表示。LTPD 大的话 β 就会小。

下面考虑一个批次数量为 1 000 个，不良率为 5%的情况。这批产品如果 LTPD 是 10%，那么生产者可以把这批产品当作合格产品，但是如果这时采取了 n=10，a=0 的抽样方案，那么有怎样的情况发生呢？

由表 6-2 可知，这批产品将以 100%−60%=40%的概率判定为不合格。也就是发生了原本应该判定为合格的一批产品，却把它误判为不合格的错误[五]，

㊀ 以下论述是基于所有数据都是以随机抽样而得所讲的。一般所用的抽样检查表，是以从总体中进行完全覆盖式的随机抽样为前提而作成的。

㊁ 以下论述，是指检查得以被充分严格的管理，不会出现任何检查错误的情形。

㊂ 在抽样检查中，把 a 叫做合格判定个数，c+1 或 r 叫做不合格判定个数。有时也用 c 代替 a。

㊃ 这就是第二类错误，相当于发呆者的错误。

㊄ 这就是第一类错误，相当于慌张者的错误。

这种错误被称为生产者风险（producer's risk），犯这个错误的概率被称为生产者风险率㊀，用 a 表示。

表 6-2　在样本中出现不良品的概率

（N=1 000，P=5%，n=10）

样品中的不良品个数	0	1	2	3	4	5	6	7	8	9	10	合计
概率	0.60	0.32	0.07	0.01	0.001	—	—	—	—	—	—	1.00

由上例可知，如果我们采用从一批产品中取出样本后进行检查，然后判定该批产品合格与否的抽样检查，就不可避免地要犯上述这两类错误。在这种情况下，要想变小 β 就要把 a 变小，要想变小 α 就要把 a 变大。要想把 α、β 两者都变小，那么就把 n 变大。但如果这样做，检查成本就相应会提高。因而就有必要综合考虑可以接受的质量、希望保证的质量、各种概率以及企业经营的策略等多方面的因素，从经济及技术的角度去权衡采用什么样的抽样检查最有利。

综上所述，抽样检查显然就是通过所抽取的样本来决定批次合格与否的一种检查方法。

［注］以上介绍的是计数值的情况，对于计量值的情况，如果考虑了计量值的分布状况，讨论的过程与计数值的情况类似。

6.9.2　OC 曲线

实际上，无论是发货批还是收货批，不管工程处于何种管理状态，批注的不良率都是离散的，如从 3%直到 10%以上的情况都有可能出现。这样，在批次不良率 p 变化时，如果采用 n=10，a=0 的检查方案，对应各个 p，批次被判定为合格或不合格的概率的就是如图 6-5 所示的曲线。图中的曲线被称为在这个抽样方式下的检查特性曲线（operating characteristic curve，OC 曲线）。

图中，如果对不良率 5%的批次进行 n=10，a=0 的抽样检查时，该批次被判定为合格的概率是 60%。由左纵轴的刻度来表示，该批次被判定为

㊀ 决定合格质量水准 AQC 时，也有被当作 AQC 的一批产品不合格的情况，有关 AQC 问题请参考 6.9.5 节。

不合格的概率 40%由右纵轴的刻度来表示。因此，通过这条曲线可以比较方便地粗略了解到采用某种抽样方式进行检查时的状况。

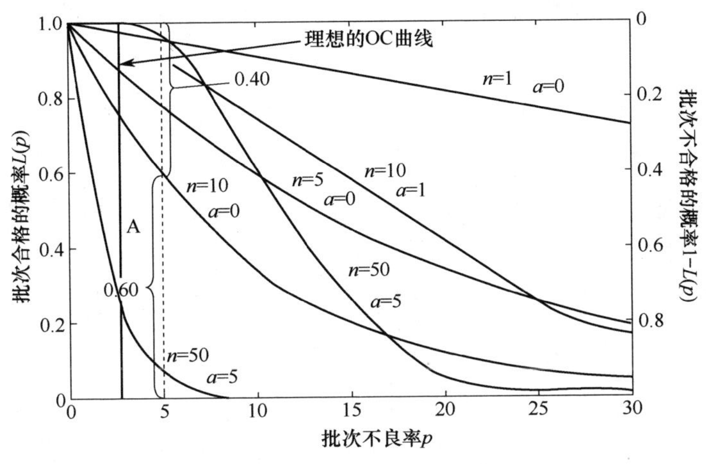

图 6-5　OC 曲线的例子

另外，在图中还标记着 n=1，n=5，n=50 时的 a=0 的情况，以及 n=10，a=1；n=50，n=5 的 OC 曲线。由图可知，如果把 n 取得小，如取 1 个样品，这时不良品数等于 0 就判定为合格，n=1，a=0 的检查几乎不能成为挑选批次的检查[㊀]。n 变大时，曲线逐渐急速变为倾斜状态，这样检验能力就能变好。同时还可以了解进行所谓的“百分比抽样检查”，并按批的大小比例取出 n=10，n=50 的样本，将不良率定为 1/10，即各为 a=1，a=5 的场合，检查特性就会出现相当不同的情况。在 n 相同时，a 越大曲线就越向右位移。

这条 OC 曲线决定了应该检查的个数 n，合格判定个数 a 或不合格判定个数 r。如果取 n 个样品，不良品数在 9 个以下时，该批次就判定为合格而被接受了。

对于检查而言，如果不考虑经济方面的问题，那么 OC 曲线的倾斜度愈急就越能使第二类错误变小，因而也就越有利。在理想状态下，令不良品率 3%以下的批次就算合格，超过了 3%的批次就算不合格时，形成如图 6-5A 那样的垂直线最好。这种情况只有在无检查错误并实行了全数

㊀ 批次不良率为 0%或 100%那样有较大变化的场合，n=1 的抽样检查也有意义。

检查时才能做到。

［注］接收检查和进货检查

在抽样检查中是根据其结果来判定批次是否合格的，因此常使用接收检查（acceptance inspection）这个词。这个词无论在进货检查、中间检查、还是在发货检查中，都是在把批次判定为合格或不合格时使用。一般说“接收检查”时，很容易与在接收采购品时做的检查混淆，所以在本书中是把购入时的检查称为进货检查。这样就可以尽可能避免使用接收检查一词。

6.9.3 平均出厂质量（AOQ）

从前节的 OC 曲线中所知，采用某种抽样方式进行检查时，不良率小的批次判为不合格的概率就小，不良率大的批次判为不合格的概率就大。因此，检查合格的发货批次的长期的平均质量要比检查前的好。

［注］但在这种场合要注意以下情况，即陆续抽样检查不良率等于 3%的批次时，如果不良率 20%的一批产品被判定为不合格，合格批次的平均不良率也是不变的。即如果批次不良率几乎不变时，单进行某些抽样检查也几乎不会降低不良率，因而意义不大。

这个差随着检查个数 n 的变大而变大。换一句话说，就是 OC 曲线变得急倾斜。即主要根据 n 的大小决定批次的好坏的能力，和批次的大小 N 没有太大关系。

例如，做 n=50 检查的场合，无论产品有 1 000 个还是 2 000 个，如果它的不良率相同，那么它们被判为合格的概率几乎不变。此外，以往常常采用根据批次的大小按比例进行抽样的方法，如抽取批次的 1/20 的样本的检查，但从图 6-5 中可知，这样 n 就会发生变化，检验不良批次的能力也要有很大的变化，所以这在很多情况下并不适用。

我们把上述检查后批次的长期平均质量称为平均出厂质量（average outgoing quality，AOQ）。如果进货批次的不良率有较大离散时，这个平均出厂质量采用通常的抽样检查也能提高，但如果进一步检查后对判定为不合格的批次做全数挑选后除掉不良品，采取只接收良品的措施，那么 AOQ 就能得到进一步的提高。

［例］对 N=100 的批次用 n=5，a=0 的方法进行抽样检查后，对判定为不合格的批次中的不良品进行挑选，并用良品进行调换时，AOQ 可用表 6-3 的方法求出。把这个 AOQ 对应检查前的批次不良率 p 标出时，就能获得如图 6-6 所示的曲线。这个 AOQ 曲线表示了下面所述的挑选型抽样检查的特性。此外，这时最大的 AOQ 称为 QOAL（平均出厂质量上限）（见 6.9.5 节）。

表 6-3　AOQ 的计算法

（N=100，n=5，a=0，挑选型）

检查前的不良率/%	批次合格的比例/%	批次不合格的比例/%	计算法	AOQ/%
5	77	23	5%×0.77+0%×0.23	3.9
10	59	41	10%×0.59+0%×0.41	5.9
15	44	56	15%×0.44+0%×0.56	6.6
20	33	67	20%×0.33+0%×0.67	6.6
25	24	76	25%×0.24+0%×0.76	6.0
30	17	83	30%×0.17+0%×0.83	5.1
40	7.8	92.2	40%×0.078+0%×0.922	3.1
50	3.1	96.9	50%×0.031+0%×0.969	1.6
60	1.0	99.0	60%×0.000+0%×0.99	0.6
70	0.2	99.8	70%×0.002+0%×0.998	0.2

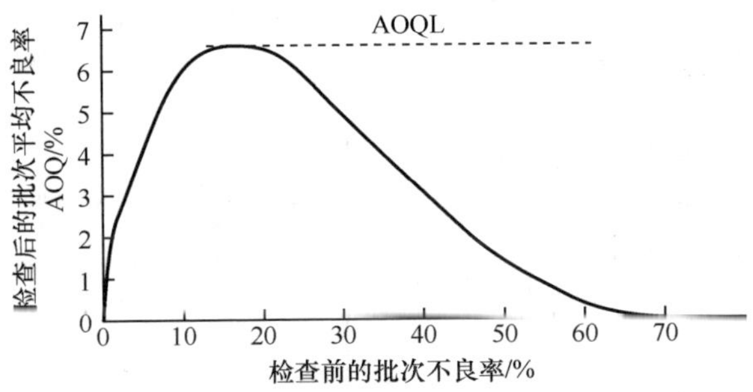

图 6-6　检查前的批次不良率和 AOQ（n=5，a=0，挑选型）

6.9.4　抽样检查的类别

自从美国贝尔电话实验室的道奇和罗明从 1930 年前后利用统计学原理进行抽样检查方法的研究开始，抽样检查就从以前那种毫无规律地取出检查进行判定的阶段，进入到了全新的利用统计学原理进行科学的统计型抽样检查的时代。此后，很多研究者又陆续发表了各种关于抽样方式的论著，这里仅把其中主要的抽样方法分类进行介绍（见表 6-4）。如果希望详细了解这些检查方法的情况，请参考相关的专业书籍。

（1）按照判定法分类

1）计量抽样检查：根据计量值做出判定的抽样检查方法。

2）计数抽样检查；根据不良品个数或缺陷数做出判定的抽样检查方法。

表 6-4　抽样检查方式一览表

试验法	种类	有代表性的抽样检查表	形式	假设检验方法	年份
计数	标准型	JIS Z 9002	1 次	p_0，x；p_1，β；	1956 年
		JIS Z 9009	逐次	p_0，x；p_1，β；	1962 年
		Paul peach 表	1、2 次，逐次	p_0，x；p_1，β；	1942 年
	挑选型	JIS Z 9006	1 次	LTPD 或 AOQL	1956 年
		道奇-罗明抽样检查表	1、2 次	LTPD 或 AOQL	1944 年
	调整型	JIS Z 9011	1 次	p_b（临界不良率）	1963 年
		MIL-STD105D	1、2、多次	AQL，检查标准（3 或 4）	1963 年
		（ISO 2859）			1974 年
		JIS Z 9015			1980 年
		MIL-STD1235A			1974 年
	连续生产型	JIS Z 9008	—	AOQL（把单个产品作为保证单位）	1957 年
		Dodge CSP-1	—	AOQL（把单个产品作为保证单位）	1951 年
		Dodge CSP-2	—	AOQL（把单个产品作为保证单位）	1951 年
		Dodge CSP-3	—	AOQL（把单个产品作为保证单位）	1951 年
		Dodge SKSP-1	—	AOQL（把一批产品作为保证单位）	1955 年
计量	标准型	JIS Z 9003（σ已知）	1 次	p_0，a；p_1，β；	1979 年
		JIS Z 9004（σ未知）	1 次	或是	1955 年
		JIS Z 9010	逐次	m_1，a；m_2，β	1979 年
	调整型	MIL-STD414（ISO 3951）	1 次	AQL，检查标准（5）	1957 年
			1 次	AQL，检查标准（5）	1980 年
		电电公社计量抽样检查规格	1 次	AQL，检查标准（3）	1952 年

（2）按照检查实施方式分类

1）标准型：采用某种抽样方式进行检查时，根据其判定基准只对批次的合格与否做出判定的检查方法。这可以理解为是最基本的抽样检查方式。应用这种方法可以进行各种检查方案的设计，但在实际中完全采用标准型检查的场合并不太多。

2）挑选型：采用某种抽样方式进行检查后，根据其判定基准进行结果判定。如果其判定值在基准以下，就算该批次合格。如果超出判定基准就要对该批次进行全数挑选。这个方式常用于不能选择供应者的进货检查、工程之间的中间检查、发货检查等。也可以考虑只选择其中的一部分来做挑选型检查。

3）调整型：首先采用正常的检查方式（即普通的标准型）进行检查，分析其数据，对检查结果不好的供应商的批次调整为严苛检查、对检查结果较好的供应商采用减少检查个数、放宽检查的方式。迄今为止大部分的检查都属于正常、严苛、放宽检查，但还可以进一步考虑免检、跳批检查、复核检查或全数检查等多种调整方式。调整型检查方式可用于选择供应商的进货检查，因此它可以起到促进供应商加强质量管理的作用。

上述三种检查方式分别适用于不同的场合：标准型检查可用于临时采购的产品批次的检查，但多数情况下还是采用 2）、3）的检查方式。挑选型检查主要用于不能选择供应商时的进货检查以及工程之间的检查和发货检查。调整型检查主要用于可以选择供应商时的进货检查。

4)连续生产型：对连续生产而放在传送带上传送的产品进行中途检查，并把通过检查后的产品平均不良率控制在某值（AOQL）以下的检查方法。开始时是连续把每个产品进行 100%的检查，如果检查的结果表明不良品数是在某值以下时，那么就改成一定间隔的抽样检查。如果检查的结果又出现不良品超标的情况，就重新再改为 100%检查。另外“SKSP”是在批产品陆续进货时对其作上述那样的检查时使用的。

（3）按照检查次数分类

这是在检查一批产品时，把样本分成 *n* 次而进行检查的分类方法。

1）1 次抽样检查：调查从一批产品中取出的 *n* 个样本，根据其结果，对批次做出处置的检查。

2）2 次抽样检查：例如，在第 1 次对 5 个（n_1）样本进行检查，不良品个数为 1 个（a_1）以下就算合格，如果 3 个（r_1）以上就算不合格。如果超过 1 个（a_1）但同时小于 3 个（r_1），就进一步在第 2 次时对 10 个（n_2）样本进行检查，如果 15 个（n_1+n_2）样本中的不良品个数在 2 个（$a_2=r_1-1$）以下就算合格，3 个（r_1）以上就算不合格。即通过 2 次的检查决定一批产品合格与否。

3）多数抽样检查：使用和 2）相同的方法，分成 2 次以上直至 n 次进行检查的方法，如 4 次抽样检查的场合如下表所示。

样本编号	检查个数（n_i）	检查个数累计	合格判定个数（a_i）	不合格判定个数（r_i）
1	50	50	1	6
2	50	100	3	8
3	50	150	7	11
4	50	200	13	14

4）逐次抽样检查：这种方法是与 3）同样的检查，对一个或 n 个产品顺次进行检查并把每次累计的结果与各合格判定个数 a_i、不合格判定个数 r_1 进行比较。如果不良品个数的累计数在合格判定个数以下时，就把这批产品判定为合格；如果在不合格判定个数以上时，就算不合格；在其中间数值时就需要进一步取样继续进行检查。

将 1）～4）进行比较时，平均样本个数（average sample number，ASN）一般来说 4）最少，并按 4）→3）→2）→1）的次序增加。但到 4）也就会变得非常复杂。因此，根据检查目的和试验方法的不同，有时采用 1）或 2）的方法反而更为方便。

6.9.5 对检查后批次的处置和质量水准

做抽样检查的目的就是为了对该批产品采取措施。对合格批次就原封不动地当作合格品让其通过检查，但对不合格批次的处置却需要根据不同情况采取不同的处置。例如：

1）全部退货。

2）全数挑选后去除掉不合格品，进行返工、返修或者退换。

3）全数挑选后或返工返修后的产品还需要再重新进行检查。在这种场合要特别注意加强管理，监控挑选和返工、返修作业。

［注］因为不合格的批次如果不把它进行处理，作多次抽样检查时总会成为合格。

4）报废。

5）降级、降价。

以上几种对批次所采取的处置措施要明确写成标准，或在签订合同时明确做出约定，并按照约定的内容实施。如果不对产品、批次或价格采取措施，那么所进行的各种检查就毫无意义。

这时经过检查后被判定为合格产品的不良率是怎样的呢？把不良率控制在一定范围内是检查目的之一。对于平均值 AOQ 的问题已在 6.9.3 节介绍过，但是还需要进一步考虑其他一些问题；例如，根据购买者对质量的要求或发货者想保证什么程度的质量等因素而制定的经营策略，对不合格批采取怎样的处置措施就会有所不同。在多数情况下，首先应考虑工程平均值，决定下列中的 1 个或 2 个参数。

a）AQL　b）LTPD　c）AOQL　d）p_o，a；p_1，β　e）$p_{0.50}$

下面对这些参数作简要说明。

AQL（可接受的质量水平，acceptable quality level）　能够判定为合格的最低质量水平；是在进行进货检查时常被使用的质量水平；是购入者在考虑了其原材料的使用目的，不想购买比这更多的不良品时的平均质量水平。有时是考虑了供应商的实力之后作的决定。例如，AQL=2%的抽样方案就意味着从工程平均不良率大约在 1.5%的供应商那里继续购入产品，但是从工程平均不良率 2%以上的供应商采购时，批次被判定为不合格的概率就会增加，结果就是不再从这样的供应商那里继续采购。这也是一种在选择供应商的抽样方案。如表 6-4 所示，调整型是确定好 AQL 后，根据检查的平均成绩 $\bar{p}$ 来进一步调整抽样方法的做法（MIL-STD-105D）。

LTPD（批次容许不良率）　变成不合格批的不良率下限。这是不想让合格的任何批次的不良率变成该值以上时，将批次判定为合格的概率 β，也就是消费者风险率。如果检查后判定为合格的批原封不动地用于下道工程，或是在消费者场合来决定这个 LTPD，最好在确定 β 之后再决定抽样方案。这种情况在挑选型中比较常见（见图 6-7）。

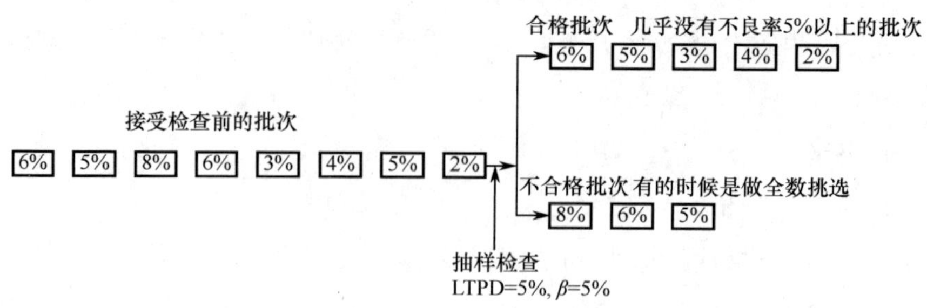

图 6-7 LTPD 的抽样检查

AOQL（平均出厂质量上限，average out-going quality limit） 通过了检查的批次的平均质量 AOQ 的最大值、最差值。

通过了检查的批次的平均不良率 AOQ，如图 6-6 所示。用 AOQL 时应该更进一步考虑工程平均不良率和检查成本。这个方法常用于挑选型和连续生产型检查，即常用于工程之间的检查和批次被零散消费时的发货检查（见图 6-8）。

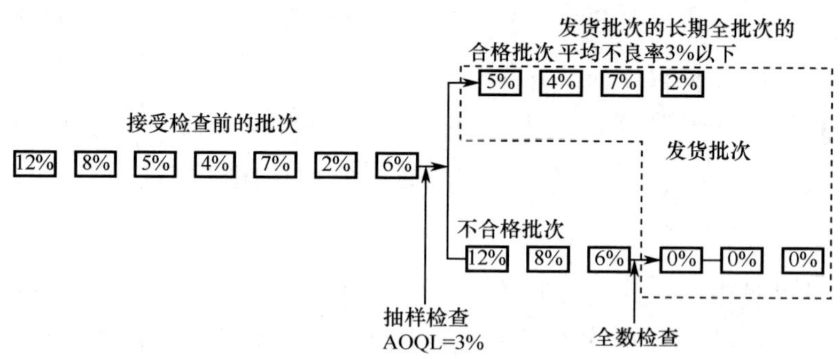

图 6-8 AOQL 的抽样检查

以 LTPD 或 AOQL 为基准作判定的著名方法是道奇-罗明抽样检查表。这种方法常用于工程之间或在发货检查时，也就是不能选择供应商的情况。另外在道奇-罗明法中发现的不良品是以进行了返工或用合格品替换为前提而编成的（见图 6-8）。

p_0，a；p_1，β 已知判定为不合格的一批产品的不良率 p_1 和这批产品被判定为合格的概率 $L_{p1}=\beta$（消费者风险率），以及判定为合格的一批产品的不良率 p_0 和这批产品被判定为不合格的概率 $1-L_{p0}=\alpha$（生产者风险率），确定检查方案的一种方法。使用标准型抽样检查时经常采用这种方法（见图 6-9）。

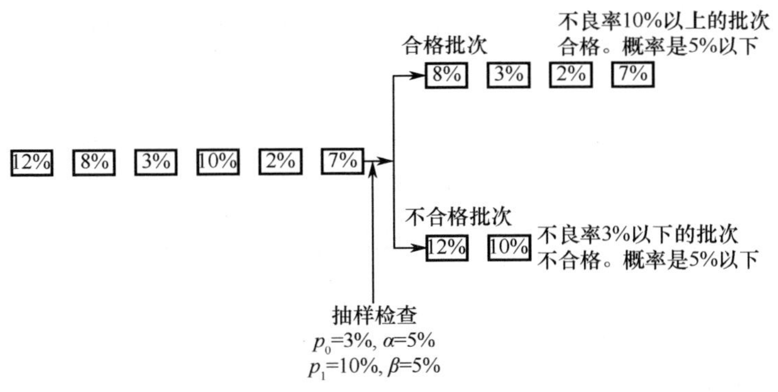

图 6-9　p_0，a；p_1，β 的抽样检查

$\boldsymbol{p_{0.50}}$　将把不良批次误判为合格批次的概率假定为 50%，据此决定抽样选取的方法。

综上所述，选择哪种质量水准，需要根据检查的目的及接受检查的这批产品的条件和企业的经营策略来决定。因为选定哪种质量水平对于检查来说是最重要的前提条件，所以要进行充分的研究和讨论后再做出决定。

6.10　全数检查与抽样检查

如果要想保证全部产品都是合格品，那么如果工程能力指数 C_p 不是在 1.67 以上，而且工程也不是完全处于受控状态，就需要作全数检查。但人工的全数检查可能会出现很多差错，通常大约有 10%～30%的概率会把不良品错判成合格品，或者把合格品错判成不良品。在很多日本的企业中，形式上进行了全数检查，可是复查一下已经通过检查的批次时，大部分都包含着相当多的不良品，或者在不良品中也包含着合格品。因此，如果想凭借人工检查来确保不良品为 0 的话，就必须仔细地反复检查 7～8 遍才行，这样一来就要大大提高检查成本。因为机械比人做检查更准确得多，所以要大力推进检查的自动化。在使用自动检查机时，由于检查设备也可能会存在可靠性和误差的问题，所以为了做到万无一失就需要通过两次自动检查机或复核检查的结果。有的产品如果进行检查就必须做破坏性试验，因此这种场合是不可能做到全数检查的。

另外，根据产品的种类或对于产品的某些质量特性来说，有时即使混入了百分之几的不良品，在使用时也不会造成太大的危害。因此在进行检查时，就需要考虑采用全数检查、抽样检查或是免检等检查方式中哪一种检查方式最为合适的问题。这些问题都应该全面地从质量保证值的必要性和经济效益的角度综合进行考虑后做出决定。随着检查方式的不断自动化，还需要考虑如下几种情况。

（1）需要进行全数检查的场合

1）如果必须要做到确保不良品为零时，例如，如果有不良品可能会给人造成致命性影响的产品，或者即使有 1 个不良品在经济上或在商业信誉上也会有重大影响的场合。

［注］如果在运输过程中会出现不良品，即使采取了保证不良品为零的全数检查也意义不大。

2）产品价值非常高的场合，如飞机、轮船、工程机械设备和汽车等产品。

3）如果不装配就不能知道其性能的产品。这种产品需要装配好以后再作全数检查。

4）如果在出厂批次中会有不良品的场合，原则上出厂检查就要做全数检查。

（2）作全数检查比较有利的场合

1）容易而且确实能够作全数检查的场合；例如，灯泡的开关试验、有可靠的自动挑选机。

2）每批次中所包含的产品数量较少，因而即使使用抽样检查也没有太大经济价值的场合。

3）批次的平均不良率比起所要求的不良率大得多的场合。

（3）作抽样检查比较有利的场合

1）不完全的全数检查的场合。

2）需要检查的特性较多的场合。

3）检查费用较高的场合。

4）希望在某一不良率范围内保证批次的质量水平的场合。

5）对生产者造成提高质量的刺激，促使他们实施质量管理的场合。

6）进货检查的场合。进货检查原则上应是抽样检查或免检。全数检查原则上应该由供应商负责实施。

（4）需要进行抽样检查的场合

1）破坏性检查的场合。

2）化学分析的场合。

3）因为产品数量非常多，因而不可能进行全数检查的场合。

4）采购方不能相信供货方的质量保证能力的场合。

（5）可以免检的场合

工程稳定并处于受控状态，而且

1）产品的任何特性都充分符合标准要求，因而能判断全部产品都是合格品的场合；例如，工程能力指数 C_p 在 1.67 以上，并且工程处于受控状态的场合。

2）批次的不良率明显比所要求的不良率低的场合。但在这种场合最好也经常对产品质量进行核查性检查。

6.11　工程管理与检查

应该把重点放在工程管理上还是放在检查上，这个问题正如在 1.3 节及 6.3 节中所介绍的那样，简单地说，工程管理应该是经常做的工作，而检查在必要时再实施就可以了。

（1）不需要做检查的场合

工程处于受控状态，而且从工程中生产出的产品能充分保证质量时（一般来说 C_p=1.33 或以上），这时不进行检查也可以。

（2）不需要进行工程管理的场合

通常不存在这种情况。当然，如果作业标准编得很好，员工的教育培训工作做得很彻底，工程管理得也很充分，并能够长期持续保持受控状态，那么就可以把有关质量的检测和管理图的标记时间间隔延长甚至也可以停止，不过工程的管理应该持续进行下去。

（3）单靠检查来作质量保证就不利的场合

这种情况经常遇到，如以下几种情况。

1）企业提出的质量方针是不让一个不良品出现，希望确保产品不良率降得很低时也大体会采取相同的做法。

2）可靠性，特别是把耐久性等产品寿命作为关注点时。

3）检查成本过高时。

4）产品的离散性较大时，或检测和抽样误差较大时。

5）进行破坏性检查时。

在上述这些场合，往往单纯利用检查来保证质量从经济上并不划算。因此，如果采用以下这些措施反而比较有利。

a）把重点放在工程管理上。

b）把重点放在工程技术的提高上。

c）使用可靠性高的产品，把重点放在提高可靠性的设计上。

d）如果现有的技术暂时无法达到，可以适当降低质量保证的要求。

6.12 检查部门的任务

6.12.1 关于检查部门的任务

正如 6.7 节中介绍的那样，检查的功能和检查部门的任务以及其应该履行的职责需要分别进行考虑。因为如果把两者不加区别地混为一谈，往往很容易造成混乱。这里首先简要介绍一下检查部门应当完成的各种任务。

1）对原材料、半成品、成品的批次进行检测，把它们与所确定的检查标准进行比较，判定是否合格，并按照规定的方法决定对该批次的处置。这是检查的最基本的职能，也就是检查部门本来应当完成的任务。所以在完成这项任务时，要特别注意不能掺杂进检查员和检查部门的主观意志。工程水平提高以后，产品质量能够充分满足标准的要求，工程可以长期持续保持受控状态，这时检查的尺度也可以适当放宽或进行合并检查、简单核查或免检，检查的工作量因而也会相应减少。而当工程不能满足规格要求而发生混乱时，就要进行严格的检查。这时检查的工作量就会变得很大。因此，检查部门也需要经常到工作现场去查看工程管理图，了解工程控制的相关信息。

2）对原料、半成品、成品等单个产品进行检测并与所确定的检查标准进行比较，判定合格与否；还有就是在进行全数检查的过程中挑选出合格品、消除不良品。但随着 TQC 的普及，对半成品和成品来说，这项任务由制造部门来完成更合适。这就是所谓的自主管理、自主检查的机制。如果由检查部门来做这项工作，那么制造部门就会认为，反正出现一些不良品时也会由检查部来挑选，因而就会对产品质量不太重视，而只把注意力的重点放在产量上。还有就是如果挑拣不良品的工作由检查部门来完成，有可能出现因信息反馈迟缓而造成工程管理失控的情况，所以这项工作最好是由直接承担保证质量责任的制造部门来完成。此外，全数检查的数据也可以用于工程管理工作的改善，因为如果在全数检查时发现较多不良品，也可以把它作为核查工程受控状态的一种手段。

3）对原材料、半成品、成品进行检测并把检查信息通报给相关部门的工作。随着生产技术的进步和企业内专业化分工的不断细化，很多情况下会出现作业人员不进行检测或不做记录，而由检查员来做检测和记录。但实际上这项工作其实本来应由制造部门来完成。因此这时应当把检查员的工作岗位进行调换，安排工程检查员处于现场监督者的领导之下，并使制造部门不断向自主管理的方向推进。如果是检查部门进行检查，因为制造部门不能直接获得有关产品质量的信息，只能由负责检查工作的检查部门把相关信息传递给制造部门，并利用这些信息来进行工程管理。在这种情况下，检查部门就有责任为制造部门提供对工程管理所需的数据。这时应注意下列事项。

① 检查部门是数据的提供者，原则上没有对工程采取措施的权力。

② 收集这些数据的目的是为了用于工程管理和分析，而不是为了产

品检查。因为两者的目的有所不同，所以有必要考虑用于工程管理或分析用的数据是否也适用于检查的目的。对制造部门来说，这些数据应该用在工程管理和消除产生不良品的原因上，所以不能把重点放到批次的处置和不良品的返工上，以避免在管理和检查之间引起混乱。

③ 为了工程管理而提供相关数据时，应当注意把数据充分进行分层，提供的时机应当及时而迅速。

④ 数据的提供有两种方式，一种是把数据原封不动地提供后，由现场管理人员在管理图上标点，还有一种是由检查员在现场的管理图上标点，如果发现了异常就向管理者通报。一般情况下，采用前一种方法比较好。如果采用后一种方法，就要把检查员当作工程检查员，安排他们在现场工作。

4）包装作业。为了降低成本，这项工作也可以让检查部门完成，但要注意避免出现只去关注包装作业的管理和包装，而忽视检查的倾向。一般来说，这项工作让生产部门去做更好一些。

5）根据检查部门收集到的数据，给现场作业者提出建议或采取处置的工作。由检查员在管理图上进行标点的场合，如果发现了工程异常或是不良品突然异常增加时，可以迅速与生产部门进行沟通。但通常还可以由检查部门向制造部门提出处置工程的建议和采取的处置措施，或与制造部门共同探索工程发生故障的原因。此外，在生产部门允许的情况下，检查部门可以按照作业标准，检查制造部门按照作业标准实施的结果，如果超出了某项基准的规定，就应当下令停止工程的运转。

6）顾客投诉的处理。从QC角度来说，顾客投诉处理的工作所包含的内容非常广泛，而且也非常重要。因此，如有可能这项工作最好还是让质量保证或是质量管理部门来做。

7）站在消费者的立场上去做检查产品的工作。这是质量保证、QA工作组和质量管理等部门的任务，一般情况下检查部门不参与为好。

8）检查部门的技术人员的工作。检查部门原本是按检查标准实施检查的部门，因此和制造现场一样不需要大量的技术人员。检查部门技术人员的主要任务是与采购方或供应商进行沟通协商，研究检测的方法和检查标准，编制、修订和管理相关标准。

9）编制决定有关各种检查的计划和标准的工作。根据不同企业的内部的不同情况，让哪个部门去编制检查计划和标准有着不同的规定。一般情况下是由以下几个部门负责。

① 技术部门。

② 质量管理部门。

③ 检查部门。

如果质量管理水平比较成熟，组织机构设置得也比较合理，那么也可以由检查部门编制标准，但是它不能做出决定。最终的决定应该是由技术部门、质量管理部门或质量保证部门来做。

10）管理检查的工作。这是检查部门一定要做的工作。检查管理包括检查方式的管理、相关检查标准文件的管理、检查作业的管理、监视和测量设备的管理以及工模夹具的管理等。

所谓检查方式的管理就是指放宽、正常、严苟检查等灵活调整检查尺度的工作。为此，最好能够做到长期积累检查数据并灵活应用计算机等设备进行自动调整。

对检查标准文件可以采取和作业标准文件完全一样的管理方式进行管理。

检查作业的管理，也就是对检查工程的管理，这是负责实施检查工作的部门负责人和管理者最主要的任务之一。

6.12.2　检查及检查部门的常见失误

上面介绍了检查部门的职能，这里再介绍一些与此有关的容易犯的错误和注意事项。近年来，日本企业由于广泛推行了全面质量管理，因此情况有了很大改观，但是在很多海外企业中还犯着下述一些错误。

1）检查部门很容易忘记它最重要的职责是按照检查标准实施检查作业。在一般情况下，检查人员的职责是完成抽样检查、测量和检验等检查作业，但往往根本没有明确检查作业的工程管理方式，或是没有对检查作业进行任何管控的情况下就实施了检查。极端情况下，如果是制定了明确的检查作业标准，并且按照标准实施了检查，那么如果发出了不良品的货也不是检查员的责任。这应当是决定检查标准的部门及批准人的责任。

2）没有充分研究如果实施了某种检查方式可能会给下道工程或给消费者造成怎样后果。例如，在进货检查中，经常因为没有发现任何不良品而使检查部门感到自豪，但制造部门反而在工程中不断发现不少不良品而受到困扰。还有在某些情况下，虽然在发货检查时发现了不少不良品，但同时接到的顾客投诉一点也没有减少。这些有关不良品检查信息和顾客投诉信息的合理化建议并没有及时反馈给制定检查标准的部门。

3）批次的定义确定得不明确，或是由混入了异质的东西组成了该批次。

4）应该根据检查的结果对批次或单个产品进行处置，但实际上并没有采取处置措施的标准，或是随便改为让步放行。极端的情况是处置的方法也没有被标准化，有时可能就是由生产科长和部长随意作决定。另外还有可能把判定为不合格的批次进行了发货，而且一直也没有停止发货。

5）产品检查部门除了完成产品检查之外，还有提供改进工程管理和分析产品质量所需的数据的责任。但很多情况下，检查部门往往忘记了这一职责，只是把判定为不合格批次或不良产品的信息向生产部门进行通报。至于提供了什么样的数据可以促进工程管理的改善和分析工程存在的薄弱环节，检查部门往往不太关心，也不做分解检查。

6）只对统计型抽样检查感兴趣，而忘记了作为检查人员的检查业务的基本职责是什么。

7）不适应通过检查来改善工程管理水平的工作方式，如 MIL-STD-105D。

8）应在考虑经济效益的前提下，结合当前状况灵活机动地调整各种检查方式。然而实际上往往因为受到惯用的检查方式的影响，或检查人员人数的限制反过来决定着检查的方式。还有就是没有根据实际情况对检查尺度做出放宽或加严的调整。

9）存在顾客投诉时检查就严格，过了一段时间就放松的现象，根据检查员不同时期精神状态的变化而随意改变判定标准，或是根据营销部门的需求擅自改变判定标准。产品质量判定标准是企业经营方针中的重要内容，但有时却能够任由某一个检查员、检查部门或营销人员擅自随意修改，实在是令人不可思议。从这个意义上讲，检查的标准化和管理与工程管理同样重要。

6.13　检查标准和确定检查标准的方法

因为检查也是一种作业，因此也需要编制检查的作业标准。具体地说可以分为试验方法标准、测量方法标准、计测管理标准、工装模具夹具管理标准、抽样检查方法标准、检查标准、检查实施规定和检查标准管理规定等各类标准。分类根据不同行业和各企业的具体情况而定。这里对所有这些标准中可能涉及的重点检查问题进行说明。

（1）应该在检查标准中规定的内容

在标准中必须对以下内容做出明确规定。

1）明确规定批次的构成方法。

2）明确抽样检查的单位、质量保证的单位，以及产品测量和试验的单位。必要时要明确它们之间的区别以及相互之间的关系。

3）对抽样检查，不仅要规定样本的大小，还要确定具体的抽样方法。

4）确定检查项目重要性分类，确定检查顺序及其测量、试验的方法，并确定如何进行分解检查。

5）要明确对每件产品以及每批产品合格与否的判定标准。在设计值、保证质量和判定基准之间是否存在相互矛盾之处，是否合理。在进行具有主观评价性质的感官检查时，应当准备标准样件作为判定每件产品是否合格的判定标准，而且还要经常对标准样件进行确认。

6）要明确规定对单个不良品或不合格批次的处置方法以及负责处置的责任人。对于不合格批次和不良品的处置，特别是做出让步放行的处置决定时，通常授权由部长、厂长这一级别的负责人做出处置决定。对于这方面的处置流程应尽可能制定具有可操作性的规范化管理制度。

7）应当对检查报告的提出、报告检查结果的速度以及检查记录的利用方法等流程进行规范化管理。例如，在调整检查方式以及在工程管理和工程分析中利用检查结果的方法等。

8）必要时，确定将从顾客投诉、质量保证部门以及下道工程等渠道获得的信息应用到检查标准修改中去的方法。

9）考查检查作业的流程，确定对其进行管控的方式。

（2）确定检查方式的方法

在本书中无法详细介绍确定各种实际检查方式的具体做法，所以下面只能介绍基本的流程和思路。当然，受各种因素的影响，这些流程的前后顺序有时可能会发生一些变动。

1）确定的检查目的。调查了解以下这些信息：下道工程或顾客的使用状况，出现不良品或不合格批次时造成的经济损失和因为丧失掉商业信誉而造成的损失，并根据总体的管理思路决定检查的目的。明确真实特性和代用特性之间的关系，明确制造部门实施的检查和检查部门实施的检查如何分担各自应检查的产品质量特性，各自应采取何种方式实施检查，是否存在重复检查的情况。

2）对以往的产品检查数据进行统计分析。必要时可重新调用数据进行分析。这时候利用管理图进行分析是非常有用的。

3）决定保证单位。决定采用什么单位保证产品质量，在集合体的场合尤为重要。

4）编制检查或质量保证工程图。根据产品的物流过程，包括进货检查、中间品检查、成品检查、发货检查等环节，确定检查的节点，确定应该在哪个节点上阻止哪类不良品流通，越在工程的前端设置检查节点就越有利。另外还要确定究竟由制造部门实施检查，还是检查部门实施检查。此外，还要明确是巡回检查，还是集中检查。

5）确定抽样单位和测量单位。

6）确定应该检查的质量特性及检查顺序。确定测量方法和试验方法。如果图纸中有很多尺寸时，应该明确应测量哪些尺寸以及由谁来确定。

7）确定每个产品的各个质量特性值的判定标准。

8）确定必要的质量水准。例如，对批次来说，就是确定 AQL、LTPD、AOQL；p_0，p_1，α，β；$p_{0.50}$中的哪个值。因为选择其中的哪个值、大约决定为多大，都是非常重要的。因此要充分了解和考虑在 1）中所描述的检查目的、抽样检查、工程管理、不良品、不合格批次的处置方法及其经济性等内容。

9）确定批次的构成。如果能够在批次的内部尽量做到均质则有利于分层。

10）确定是全数检查、抽样检查还是免检；是计量检查，还是计数检查等。

11）如果是抽样检查时则需要：

① 确定抽样方案（n_i、a_i、r_i等）。

② 确定批次的判定标准。

③ 尽可能对样本的抽取方法做出具体规定。

12）确定合格批次、不良品、不合格批次的处置方法。如何确定判定标准非常重要，如果处置方法不明确，那么所做的检查就完全没有意义。此外，还要确定对制品表示良、不良、合格、不合格的方法。

13）确定检查作业的管理方式。

14）确定检查的调整方法。必要时还要确定对什么特性、在什么情况下要不要进行调整，以及核查、放宽、正常、加严、全数检查。

15）确定检查标准的修改方式。例如，确定如何根据反馈后的检查数据或前道工程、下道工程、顾客投诉、市场调查等数据，决定何人、何时、采用何种程序对检查标准进行修订。

16）确定检查结果报告书的形式、记录的时间、传阅的方法和利用的方法等。但一般情况下，高层领导不需要过细地查看太具体的检查数据。

6.14 顾客投诉的处理和产品的让步放行

6.14.1 顾客投诉

对于顾客投诉的处理，已在 1.4.1 及 6.4 节中做过介绍。但这个问题对于质量保证来说是非常重要的课题，所以在这里归纳起来做系统的介绍。

（1）顾客投诉的种类

- 有关质量的顾客投诉、有关服务的顾客投诉
- 有关数量的顾客投诉
- 有关交货期的顾客投诉
- 有关价格的顾客投诉

- 与费用有关的顾客投诉
- 与费用无关的顾客投诉

- 显性的顾客投诉
- 潜在的顾客投诉

- 错选
- 错送
- 误操作、误修理、误判定
- 不良品

- 对单个产品
- 对批次产品

- 对设计质量
- 因为漏检或错检
- 因为制造工程不良
- 因为采购的零部件不良
- 因为售后服务不良
- 因为销售方法不良

（2）处理顾客投诉时易发生的问题和一般注意事项

下面从 QC 的角度讲述顾客投诉处理过程中易发生的问题和一般注意事项。

1）由于家丑不可外扬的思想作祟，往往在销售部门和代理商那里对顾客投诉做一些简单的处理就不再继续深究了。这种处理方式不可能深入了

解顾客投诉的深层次原因，因而也就不能采取相应的纠正或预防措施。

2）我们在开展 QC 活动时，往往会主动了解消费者提出的抱怨和不满，使潜在的顾客投诉显性化，通过这种方式来寻求采取消除顾客投诉的具体措施。因此，一般情况下在全公司内开始搞 QC 活动时，顾客投诉反而有可能会增加（见图 4-2）。

3）制定出处理顾客投诉的规定，不仅在表面上要处理，更要解决以下一些深层次的问题。

① 只能收到可能与产生费用有关的顾客投诉信息。

② 没有去努力使潜在的顾客投诉显性化。

③ 没有把想提出意见的人的意见，传达到企业内最应当知道这些意见的人那里去。

4）对顾客的意见，特别基层部门对顾客投诉的处理方式不恰当。如果不能妥善地处理顾客投诉，就有可能使简单的顾客投诉问题演化成为产品责任问题。

5）抱有“如果顾客有了投诉，那么就用好的东西给换一下就可以了吧”的态度。

6）在处理顾客投诉的过程中，对与费用有关的问题花费时间较多，而对于顾客投诉信息中有关产品质量的信息反馈得却非常缓慢。

7）对营销人员偶尔听来的那些似乎微不足道的零散的顾客投诉，不知该如何去处理。

8）不能认为顾客投诉总是有道理的，因此调查实情非常重要。

［例］当经济环境不景气时，顾客投诉可能会增加 10 倍，在对零件的顾客投诉中，真正属于产品不良的质量问题大约只占 1/100～1/10。

9）对顾客投诉需要考虑到数量、内容和重要度等因素，如果其值在某界限内，那么就可以认为对产品质量的控制尚处于正常状况。

10）没有顾客的投诉并不代表顾客认可产品的质量，可能反而是处于危险的状态。有些情况下，收不到顾客投诉的信息，可能是因为顾客对企业所提供的产品或服务非常失望，因而就不提意见。

11）产品的单价越高就越容易产生顾客投诉，而对于廉价的产品很多顾客往往就不去投诉，但实际上顾客存在着潜在的投诉，最终的结果就变成没有人去购买这类产品了。

12）销售部门和代理商存在的问题。

① 没有积极主动地把潜在的顾客投诉显性化的质量意识。

② 不具备把顾客投诉信息进行收集整理，使其成为制定纠正措施的信息，从而改进商品的知识能力和技术能力。

③ 销售工程师的数量不足或能力不够。

13）营销部门没有建立完善的主动收集产品质量信息的体系。

14）为了制定防止顾客投诉重复发生的措施，要求设计开发部门在没有慎重评审的情况下就匆忙更改某些产品设计。

15）QC 的管理理念是“下一道工程就是顾客”。因此，企业内部的各部门之间也可能会存在很多不满意见。对这些意见或投诉同样也应该制定处理的管理规定，对这类投诉同样也应当进行管控。

6.14.2 顾客投诉的处理

对顾客投诉的处理可以从以下两个方面进行讨论并加以落实。

公司外处理——满足消费者要求，迅速而公正地加以处理，并进行充分的调查，防止重复发生。

公司内处理——防止再次发生：

消除现象。

消除原因。

消除根本原因。

负责人的处理机制：责任成本制。

对发生顾客投诉的产品的处理。

对公司外处理，我们已在 6.4 节做过介绍；对公司内处理，特别是防止重复发生也在 1.5.3 节介绍过了。为了确实做好这项工作，有必要把下列内容进行标准化并实施有效管理。

1）详细制定顾客投诉处理的管理规定，绘制处理工作的流程图。

2）根据不同的产品类别，编制不同的调查表格，确定详细的调查项目，包括产品名称、发生状况、使用状况、地点、调查者姓名、使用者姓名、发生时间、编制报告书日期、产品档案（制造日期，批号）、交付日期、运输方法、数量、金额、内容（技术方面详细的内容）、对方的检查方式、判定标准、推测要因、应急措施、防止再次发生的措施和有无现品退货等。

3）确定负责接收顾客投诉的部门。

4）确定由哪个部门、如何判定顾客投诉信息的真实性以及负责处理的部门，即 QA 部门。

5）确定哪个部门负责顾客投诉信息的收集、汇总、统计、向企业最高管理者报告，以及向其他相关部门进行信息通报，即 QA 部门。

6）接收和登记顾客投诉信息，并确定是否按照 PDCA 循环的方式完成了处理顾客投诉的各项工作，特别是是否制定了防止类似问题重复发生的具体措施，这也是 QA 部门的职责。

6.14.3　让步放行

所谓让步放行是指在原材料、中间品及成品发货的检查过程中判定为不合格的产品，特别采用后当作合格的情况。让步放行的原因可能有以下几种情况：

① 产品标准过于苛刻。

② 在设计质量和图纸中存在不合理的地方。

③ 工程能力不足。

④ 工程管理不充分。

⑤ 没有很好地区分质量特性的重要程度。

一般来说，由于产品标准过于苛刻而造成的情况多，所以很多情况下采用让步放行在质量和成本上都不会造成任何影响。像这样把产品标准和其他问题规定得不合理是很普遍的现象，或者是如下 5）中所述那样，如果超出标准值就马上不能使用的情况也是不太可能的。因而出现让步放行也是常有的事，问题在于对让步放行应当怎样妥善处理。

一般来说，需要注意以下几方面的问题。

1）把让步放行的产品分为几个层次。例如，微缺陷就可以让步放行，但如果产品存在致命缺陷和重大缺陷时，原则上（规格值合理时）不存在让步放行。还有所谓附带条件的让步放行；例如，应该干燥之后使用，或是对某种用途来说不成问题等。要决定好判定让步放行的负责部门。

2）把让步放行的规定进行标准化，这样就不必每次发生这种情况时都必须要经过部长和厂长的批准。

3）因为让步放行是一种实验，因此要确实做好相关的记录并跟踪其结果，在分层后能够获取相关的数据。根据其结果的不同，有时还有可能放松标准。

4）要考虑防止让步放行重复发生的对策。

5）有时能让步放行的原因就是因为标准值是一个固定值：例如，为什么 10.00 毫米能用，而 10.01 毫米就不能用呢？这时可能只是不好用而已。因此，让步放行要和赔偿条款结合起来考虑才行。

6)如果滥用让步放行这种方式,很有可能使从业人员的质量意识降低，因此必须充分注意这方面的问题。

7）必要时设置批准让步放行的委员会。

6.15 总结

因为质量保证是 TQC 的目的，是它的精髓。所以既然是生产、销售产品，质量保证就要永久做下去。只要是存在不良品就需要做检查，但是检查不是质量保证的全部内容，遗憾的是在现实情况下需要检查的场合还很多。

另外，不能忘记检查这项工作和制造现场一样也同样需要进行管理。特别是在全数检查和采用主观评价的所谓感官检查的场合，要注意如下事项。

1）要使消费者的标准和检查员的标准符合。

2）不是使用通用型的样本而是使用针对特定产品检查的标准样本。

3）检查标准的合理化。

4）对挑选工程要充分地进行管理。例如，从挑选后的良品和不良品中取出样品后做检查，并绘制管理图。

5）与质量保证信息和顾客反馈意见的对比。

既然想实施质量管理，就要像在本章所介绍的那样，通过检查以外的所有质量保证活动来保证产品的质量才行。**没有质量保证的质量管理就不能称为质量管理。**

第 7 章

全公司质量管理的组织运营

7.1 公司的质量管理

由前面的章节可知，全公司的质量管理（TQC）应该结合人事管理、成本管理、利润管理、生产量和交货期管理，在全公司范围内有组织地实施运作方能生效。为此，需要在全体员工充分理解前述六个章节的前提下，综合考量公司的历史和现状，由公司的最高级领导提出并确定切实可行的方针，通过激发所有成员的智慧，群策群力地加以实施。本书旨在聚焦具体的实施层面，即尽可能详细地阐述相关的操作方法。关于如何进行组织整体经营运作方面的话题，不妨参阅本人所著的《日本的质量管理》（增补版，日本科学技术联盟出版社，1984）一书。本章仅简述一下相关内容提要。

7.2 全公司质量管理的组织

没有组织的合理化，就不可能推进 TQC；没有真正的技术进步，也实现不了产业的合理化。全面质量管理是要基于所有部门并全员参加方能实施生效的。因此，关键如下。

1）经营者，企业最高级领导者，须明示前行的方向与方针。

2）须对组织的架构予以合理化，并明示责任和权限。

3）特别要充分研究权限的委托范围及其管理方法。

4）要重新认知组织不是为个人所有，而是为公司经营而存续的；形成并健全协作机制。

5）不仅仅是为了进行部门划分，而要重在建立功能属性明确的管理机制。

6）明确区分现场部门与支撑部门，谨防在日本的企业中时常出现的二者互为掣肘状况的发生。对支撑部门来说顾客就是现场。

7）诚然，业务部门占主体的是技术人员。但必要时，则需安排相应的行政事务人员，以实现工作的科学化。

另外，考虑到质量管理归根结底是要在消费者与生产者之间构建起互通互联的桥梁。为此，诸如营销、采购、资材及成本管理等支撑部门也需要引进并安排优秀的技术人员，实现人事交流的双向化，这对公司今后的发展来说是绝对的必要条件。

为了有效地实施质量管理，总体而言应该设立 TQC 推进部门、质量管理部或质量保证部等部门，以期术业有专攻。但就不同公司的具体情况来说，在起始阶段不妨先交由规划部、技术部、检查部、调查部、工务部等接近最高级领导且具有支撑管理性质的部门来牵头负责。经过一段时间的推进熟悉，逐步在公司内获得了相应的默契和认同之后，再行设定分工指向明确的 TQC 推进部门，授予职责权限，这样或许来得更为妥当有效。如果一开始就马上设立 TQC 推进部门，往往会造成误解，让大家觉得 TQC 是专属于这个部门的事情，与他人无关。这样，部门壁垒的影响会阻碍质量管理的推进。所以，起步之初，由哪个部门作为窗口都可以，只要能够把职责明确到位就好。当然，如果首脑层思想信念一致，加之总裁的强力领导，那么起步伊始就应该设立 TQC 推进部门等专职部门，作为总裁的助手参谋部。

（1）TQC 及质量管理部门的任务

相关中心工作如下。

1）TQC 的相关推进事宜方面。

① 方针管理的实施推进与联络沟通事务。

② QC 教育、训练计划的研究决定及实施的跟进。

③ 公司首脑对 QC 诊断计划的实施、推进。

④ QC 小组活动的组织与推进。

⑤ 各部门的 TQC 推进状况的调查和协调。

⑥ 供应链上下游中 TQC 的整体推进（原料、流通、关联公司）。

⑦ 外部相关 QC 部门的联络和协作。

2）质量保证。

① 质量保证的中心。

② 顾客投诉及不满的接纳处置。

③ 新品开发的质量保证。

同时涵盖新品开发的成本管理和进度管理。

④ 质量诊断的实施。

⑤ 采购、制造等中间环节以及交付等的检查检验。

⑥ 在制品及新品的交付中止权。

3）QC 管理者。

① 作为质量管理的总管部门，将质量问题向总裁、各部门领导、厂长、支店长等进行通报并提请予以协同处理、警示劝告。

② 为公司内的各个支撑服务/间接部门给予质量保证协助。

③ 对供应商、流通机构、业务往来企业给予 QC 推进方面的指导和协助，进而面向包括上下游在内的供应链予以整体性质量保证。

在条件成熟的企业，以上各项可以全部交给 TQC 推进部门负责。在一些大型企业，上述职责是由 TQC 推进部门、质量保证部、检验检查部等三个部门分别承担。不过，实践证明，如果能够将检验检查部纳入到质量保证部，作为二级部门则更为妥当。

就 TQC 推进部门及质量保证部所承担的部门职责来看，相对于一线直接部门，其更应属于间接支撑类的综合管理及服务部门。

（2）TQC 的推进人员及部门负责人

我们以往常常把会用数理统计方法的人员等同于质量管理者。这其实是个误解。从发展来看，数理统计方法是所有从业人员必须具备的应知应会的常识，也是进入公司最基本的任职资格条件之一。因此，不能把稍早一步知道或懂得一点数理统计方法就当成了可以承担得起 TQC 或者质量管理推进的能力。即便是真的掌握并能运用数理统计方法，也不过是补上了以往所缺失的一项必备知识而已。

TQC 推进者是指在各工作部门承担 TQC 推进实施的职能负责人员，如工段长、组长、科长、部长、车间主任、支店长、分管常务副总、总裁等。

（3）TQC 推进部门的人选

对刚刚起步导入质量管理时间不长的企业来说，TQC 推进部门成员除了承担有关实施推进方面的日常性行政事务以外，更为重要的中心工作是：肩负起面向全员进行宣传普及的启蒙指导职责。唯此，才能把有关质量管理的思维方式和方法付诸实践。由此，人选条件应基于以下几个方面予以考量。

① 现场经验：资深技术专业人员。至少要拥有在一线直接部门或分部三年以上的任职经历。比如，熟悉工厂或营销网点建设过程，做过销售，同时掌握数理统计方法并具备实践应用资历的则更为理想。经验和经历是必备的首选条件，其他方面，如数理统计知识等可以在今后边干边学，培养和提高。

② 性格阳光：获得大家广泛认同，具有感召力，能够带动并感染他人的人。善解人意，包容大度，秉持公正，坚持原则。不空谈理论、不照本宣科，摆事实，讲道理，重证据，实事求是，以理服人。积极勤勉，阳光向上，自律稳健，情绪平和，不偏激狭隘的人。

③ 健康稳重体力充沛的人。

当然，人无完人，现实中或许不可能有能够完全符合上述条件的人选。但是不妨尽可能挑选条件接近的人作为 TQC 推进部门的成员为宜。这样，借助经验和积累，通过率先模范的拉动领导，全员互相配合，协同一致，积极有序地开展导入及推进工作。

在导入初期，TQC 推进部门或相关担责机构的负责人选，如质量管理研究会会长等，对于质量管理活动的成败至关重要。如果人选不当，TQC 的导入进程将会严重受挫。在日本企业，这样的前车之鉴比比皆是。为此，在此郑重提醒大家，一定要配备选调最优秀的人担任这一要职。

此外，推进部门的组成人员中，应配备 1～2 名拥有数理统计技术特长的成员。就日本的企业现状而言，在生产工厂及重要部门，至少应该配备

1～2 名从事数理统计的专职人员，以便于相关方法的培训及应用推广。需要指出的是，那些原有的、一直以来只是从事单一核对检查工作的检验人员，大多数是不适宜担任 TQC 推进者的。

（4）TQC 及质量管理委员会

在质量管理导入初期，TQC 及质量管理委员会对公司、生产部门的质量管理起着无可替代的核心作用，因此，要高度重视并合理地构建相关的组织机构并确定其相应的运行机制。由最高首脑根据企业的实际情况决策并确定。组成人选及工作内容，一般可从以下几个方面予以考量设定。

公司一级

委员长：由社长或是副社长，即第一首脑或第二首脑出任。

委　员：由销售、生产、技术、采购、财务、人事部门的负责人以及分管质量管理工作的公司领导（董事）出任。

干　事：由负责质量管理的部、科长出任。

生产单位、销售部门一级

委员长：由生产负责人（厂长）或销售主管出任。

委　员：由各部部长、科长（含技术、行政职能人员）出任。

干　事：由负责管理的部长、科长出任。

如规模大、组织机构层级多的话，可考虑分层设置相应的接口部门。TQC 及质量管理委员会应定期至少按月召开例会，进行评审和研讨。不过，在导入初期，各层级委员会应把工作重心定位于对员工进行质量管理理念及方法的培训教育上来。

1）决定 TQC 或质量管理推进计划；包括教育计划，标准化计划。

2）有关方针管理的各项事宜。

3）审定新产品的质量目标、质量水准、试制评审等。

4）审议重要的质量问题、质量标准及目标。

5）有关“重点指向”的分析及审议。

6）协调部门之间存在的问题，处置顾客意见。

7）“工程异常报告”的研讨与审议。

8）其他有关质量管理的重要项目的审议，如横向管理委员会，终止交付等。

9）审议有关 QC 小组活动及 QC 工作组活动。

包括各种类别及形式的质量团队、干事会，以及跨部门横向管理委员会、质量改善项目团队、质量主管等。

7.3 全公司质量管理的推进计划

（1）TQC 长期计划

要想有效地实施并推进 TQC 活动，就要依据公司发展的长期规划（如 5 年计划），分解制定出年度的经营方针。年度方针必须要与公司的长期发展规划相呼应，从属于公司长期发展规划的阶段性步骤。以往，日本企业在制定长期发展规划时，只注重考虑产出效益及销售额方面的增长，却没有提交有关质量提升方面的目标，这是很大的缺陷。质量表述的缺失，很容易误导大家以为推行 TQC 与企业经营没有关联，互不相干，是日常工作业务以外被添加的负担，以致产生出负面抵触情绪。TQC 和日常业务相辅相成，必须要融为一体。TQC 长期计划应包括以下内容。

① 方针管理。

[注] 从广义角度来说，方针管理也包括在 TQC 内。

② 新产品开发和原有产品的终止计划。

③ 质量提高计划。

④ 质量保证计划（广义的）。

⑤ QC 教育、训练，组织，人事计划。

⑥ 推进标准化的计划（物品及规范）。

⑦ 订货、采购、原材料计划。

⑧ 销售、流通、服务、消费者计划。

⑨ QC 小组活动的推进计划。

在质量管理导入初期阶段，可以侧重于②、③、④、⑤项，一旦略有起步进展后，就必须按上述九条，对所有全部的项目计划进行全方位的展开实施。

（2）教育与训练计划（见 1.6.7 节）

推进质量管理，首先要对全员开展教育启蒙。从日本工业企业的实际情况来看，如果不做教育培训，那么质量管理就会沦为少部分人的游戏，对企业的经营发展毫无裨益。

全员教育培训功效如下：

1）使全体员工拥有重视并关注质量管理的心态。

2）使全体员工认知并理解有关质量管理的想法和看法（见 1.4 节、1.6 节）。

3）使全体员工理解并建立起有关数理统计的逻辑思维（见 2.2 节）。

4）学习 QC 小组活动的理念与实践方法（见 1.10 节）等。另外，因为不同的职级岗位需要掌握和应用的不同的方法，所以需采用分门别类的划分方式，实施分层教育：

① 经营者：有关实施质量教育重要性的思维理念（见第 1 章、第 2 章）。

② 中层干部：有关实施质量教育重要性的思维理念、管理图的应用以及常用数理统计技术方法（全书）。

③ 普通技术人员：有关实施质量教育重要性的思维理念、包括管理图在内的初级数理统计技术。

④ 高级技术人员：除上述以外，再增加一些比③难度更为高深一些的数理统计技术方法。

⑤ 一般业务人员：至少要学会并掌握②，部分人员应达到④的程度。

⑥ 工段长级：员工培训的实施、思维理念、QC 七种工具，最好能到③的程度。

⑦ 作业人员（一线员工）：思维理念和几个常用 QC 七种工具（后续再延展至全部）。

⑧ 统计技术人员：能掌握并熟练应用相关的高级数理统计方法。

另外，还应包括实验设计、运筹学、市场调查等。

就实施教育培训的师资来源来说，外聘专家固然可以保证水平效果，但终究不是长久之计。最终还是得依托于企业内部的自有讲师及质量管理人员，特别是在实践应用的自我操作方法转化方面，以及讲座后续的跟进指导方面，依赖外聘专家是不现实的、也是根本不可能的。

预先制订出从时间到内容全方位覆盖的、3～5 年的公司分层教育的实施计划，按步骤条理有序地对全员进行培训。需要注意的是新陈代谢，人员是在不断流动更替的，所以教育培训会伴随着公司的发展及生命历程而延续始终。教育培训计划必定要与人力资源的调动安排互为依存，关联结合在一起。应把每位员工接受教育培训的相关记录和评价结果纳入到人事档案及业绩考核中，作为人事调动和职务升迁的参照指标，予以备考。比如，参与 QC 小组活动及质量改善项目团队的资历与表现等。

（3）标准化计划

应包括并对下列事项予以明确。

① 标准化的分类原则及方式，确立标准化体系。

② 务必在截止到何时之前，编制出什么标准。

③ 标准编制的管理规程，文本格式和序号的命名规则及方法。

标准和规程在内容方面应具备的条件及要素，请参考 1.5.2 节及 5.4 节。

对有关标准的分类称谓及其含义必须要加以规定和明示。比如什么叫规定、什么叫规格；什么属于标准；什么属于手续等。各个公司应根据自己公司的实际状况和约定俗成的习惯来各自定义。标准体系的起源及编制，应基于和从属于体现和表述了公司立业之本的相关证照及规章（社训、经营理念等）而展开。标准的分类和涵盖的范围可以细分至无限，所以一定要以“有效可操作”为尺度，进行审视和编制，并不断地根据变化和需要予以更新、新增、废止。

与质量密切相关的标准类别如下。

1）产品质量标准，规定各工程的质量标准。

最终成品或是半成品的标准，抽样检查方法，测量计量方法，试验方法等。

2）原材料质量标准，规定各类各种购入的原材料、辅助材料、零件等质量的标准。其中也包括订购原材料、成品交货期限等在内的处置规定。

3）试验方法标准、测量方法标准、计测管理标准、抽样检查方法标准、检查标准、标准的核定确认方式等。

检查实施规定、试验方法、测量方法标准、计测管理标准、抽样检查方法标准等。检查标准是决定并明示各种检查的方式方法、检查的对象产品、对应比照核验的条款等的。在进行标准分类时，既可以统一归属纳入到检查标准类，也可以按产品一一进行对应划分。

有关检查实施规定相当于检查的作业标准，所以不妨把所应采取的检查方法与作业标准进行对应组合编定。作业标准中应包括合格与否的判定基准、不良品的处理方法、不合格批次的处理方法、让步放行的方法等，规定并明确表述相应的责任内容及权限范围。

4）技术标准（包括标准稼动率，标准消耗定额，标准成品率等），设计标准，设计技术标准，新产品开发规程。

5）作业标准，作业指导书，管理标准。

所谓作业标准的广义解释就是，对全体员工的做事方法予以规范和规定。因此，不仅是制造一线，所有的业务工作都需要作业标准，例如：

检查作业标准（检查实施规定），抽样，测量，试验分析作业标准，编制契约书，计测管理，顾客意见处理，销售管理，库存管理，市场调查，质量信息，为了用管理图管理工程而用的标准，装置，设备，机械管理，工模夹具管理，工厂实验，安全，卫生管理，教育，训练，热效能管理，配送，运输，产量管理，工时管理，预算编制，成本管理，人事管理，事务管理，各种报告、传票类文本等文件的模板及整理归档的作业标准。

6）组织标准，各类委员会、质量管理委员会，新产品委员会的规范规程。

所谓组织标准就是高级职能人员，包括董事在内的负责行政事务管理的职能人员的岗位职责和作业标准（明确权限范围、上下级从属），也称之为“职务权限规定或管理指南”（management guide，MG）。

7）方针管理，表述和传达信息的标准，管理项目的标准，回馈报告制度的标准。

8）标准类的管理规定。

为保证各种各类、涉及方方面面的所有标准得以应用且有效，就必须对标准的管控予以统一规范，即所谓标准的标准化管理规定。

要点如下：

- 由谁、截止到什么时候、怎样编制、需得到谁的批准；教育由谁担当、在什么时候、如何编制实施方案及教材、由谁批准可做改动等。
- 怎样进行归档保存、整理、贯彻、修订、核查验证等。

为了达成目的，要编制包括经营方针在内的各种各样的标准。编制标准是技术人员和行政技术人员的职责任务。追根溯源，只有在首先明确了企业经营的方针和目的之后，才能建立并推进标准化。

不知目标，目的指向混沌的标准化最终只能流于形式，百无一用。

（4）组织的合理化计划，跨部门横向管理计划

当标准化及质量管理有所进展后，便会遭遇到所谓组织合理化，即如何跨越或破除部门壁垒障碍的问题。因此，应提前做出前瞻性预案，制定出时间表，指出大约从什么时候开始着手进行组织合理化的改善。特别是如何消弭生产、技术、检查、支撑管理服务等之间所存在的、互为掣肘的部门壁垒。从日本众多企业的实践来看，要想立刻理顺各个部门间的上下递进关系，营造出理想畅达的流程绝非易事，所以必须要有充分的思想准备，制订出循序渐进的改善计划。

在日本企业中，各个部门的部门内部管理的确都能够做得不错，但是因为宗派主义作祟，部门自我保护意识强而对外协作意识差，造成了企业跨部门横向配合协同一致性薄弱的弊病。因此，借助 QC 导入，依机能（如质量保证、新产品开发、利益、成本、生产量、销售、人事、订货、外联）建立起跨部门的横向委员会，进行组织的整体协作推进，便可有效地克服因部门割据而造成的内耗。

［注］只要有人的地方，就不可能不存在宗派主义。破除宗派主义方法如下。

1）打破宗派主义的关键在于企业的最高领导。

2）横向联通、跨部门协作正是中层干部、部科长的职责所在。

3）全员认知并践行“后一道工序是顾客”的质量思维。

4）建立跨部门专业委员会，明确职责、实现横向协作。

5）大胆放权，激活激发 QC 工作组的功效。

6）组建跨部门 QC 小组，协作改善。

7）构建“事业部”，经营构架细分化。

7.4 设计管理

有关设计管理已在 1.6.2 节及 6.3 节的质量保证体系中阐述，还在 1.1.2 节（5）中推荐了有关格言。在此，仅赘述概要如下。

规划、设计、试制、评价不只是设计部门的工作，而是需要依托由各有关人员共同组建的项目小组、工作团队方能实现的。产品规划书是呈现全公司共同进行设计作业的蓝本。

设计作业是借助图纸呈现通过怎样的构思能够多品种、少批量实现产品的源头工程。设计首先必须要从顾客立场出发，准确地调查把握好顾客使用的限定条件，解析研究构思，同时并行兼顾制造部门现有生产方式的可行性和工程能力的可实现性，基于上述方能落笔构图。

设计输出的产品是图纸。为了简易化和防差错化，必须要下功夫推进并实现设计的标准化、零件的标准化，强化检查、减少不良图纸，降低设计变更频次，致力于图纸的可靠性，一次做对、无须修改。

为此，借助并应用排列图、查核表等 QC 工具手法，便捷而又高效。此外，从原理上来说，“试制”其实等同于“实验”。因此，不妨也可应用“实验计划法”。另外，在推算确定全距、安全率等时，借助数理统计方法同样也又快又好。

7.5 原材料管理、采购管理和中小企业的 TQC

（1）订货管理

日本工业的制造成本中，平均 70%（50%～85%）是被花费在了原材料、零件及委托加工费用上的。因此如果原材料等的质量得不到保障的话，那么无论如何也不可能做出来好的产品。从 20 世纪 60 年代末，日本企业开始与供应厂商、中小企业一起联手导入、推进 TQC。也正是得益于此，大大降低了产品的库存积压，造就了日本产品价廉物美的品牌形象，获得了国际竞争优势。由此在日本，买方和卖方、供方与需方也由锱铢必较的对手演变成了互为帮衬的朋友。

［注］相对于日本，美国企业原材料等在制造成本中所占的比率只有 50%多一点，远低于日本。但是因为美国企业一直仍在把卖方、供方视为敌人，不可信赖。所以原料不良率居高不下，库存积压，导致并加重了企业周转资金的借贷利息负担。

［示例］A 公司有关供应商选育指导的基本方针

1）不从只能独家供货给我们公司，而无其他顾客的供方企业购买；如果目前别无所求，只能勉为其难的话，今后必须找寻其他合作伙伴，想办法将独家供货的采买量压减至 50%以下。

2）不从一直以来从来没给我们公司提出过意见、建议的公司购买。

3）签署供货承诺合约（免检购入制度），只采购实施了质量保证的物料及零部件。

要从长期合作的角度考虑采购的质、量、交货期、成本管理。我们应该明白，培育供应商是一个需要下功夫、投入时间成本的过程。

（2）买方和卖方、需方和供方之间有关质量管理的 10 项原则

为促进买方和卖方、需方与供方的关系趋于互利合作，提升质量保证的水准。1960 年提出了下述 10 项原则（于 1966 年重新修订）。

序言：买卖供需双方的关系是以同根共荣为指南，肩负企业应尽的社会责任，建立在互为信赖、共同合作基石之上的共赢关系。借此，必须诚实地遵循下述 10 条原则。

① 双方要相互理解、明了对方的质量管理制度，负责地进行配合协作，到位地落实相关质量管理的规章要求。

② 双方各自应保持自身的独立性，且相互尊重对方的自主性。

③ 买方有责任向卖方明确传达要求及实施事项。

④ 双方应在签署契约之后，即达成了有关对质、量、价格、交货期、支付条件等的约定并承诺后，再行交易。

⑤ 卖方有责任保证产品能满足买方所要求的质量，并有义务为买方提供客观真实的数据。

⑥ 双方应在签署契约之前，商定并达成双方都愿意接受并认可的评审尺度及方法。

⑦ 双方应在签署契约之前，商定并达成处置各种纠纷的解决方法和程序。

⑧ 双方应从对方的立场出发，互为关照，沟通互换有关实施质量保证所需的资讯信息。

⑨ 双方应本着互利合作的思维，维护双方关系的融洽友好。到位地管理订货、生产、库存计划，顺畅地组织运营，妥当地进行事务处理。

⑩ 双方在合作交易时，必须要自始至终地充分考虑并顾及终端消费者的利益。

买卖供需双方之间的质量保证关系如表 7-1 所示。

表 7-1 买方和卖方的质量保证关系

卖方		买方	
现场	检查	检查	现场
1. —	—	—	全数选定
2. —	—	全数选定	
3. —	全数选定	全数选定	
4. —	全数选定	抽样或是查对检查	
5. 全数选定（自主检查）	抽样检查	抽样或是查对检查	
6. 管理（自主检查）	抽样检查	查对或是无检查	
7. 管理	查对检查	查对或是无检查	
8. 管理	免检查	免检查	

从 1 至 8，排序号码数字越大，说明双方的关系状态越接近理想的 QC 级水准。需要提醒的是，并不是全部都能免检的，千万不要麻痹自己，该做的检验一定要做。

（3）VA 检查表的 10 个项目

进行原材料管理时，采用 VA 价值分析法非常准确而有效。以下示例是美国通用电气公司的检查表。

① 只要使用了该材料，就能提升价值产出吗？

② 该材料的成本花费相对于其所产出的价值而言，真的物有所值吗？

③ 该材料在形状方面没有多余浪费吗？

④ 难道真的没有比其更合适的吗？

⑤ 难道真的没有比其更经济更节省成本的吗？

⑥ 难道真的不能采用标准件吗？

⑦ 生产调度安排合理吗？是否按需适量、没有多余制造？

⑧ 成本测算是否合理？在把材料、人工、间接费用及利润累加计算时有无不当？

⑨ 难道真的不能从比其更为可靠的供应厂商那里拿到更为划算的报价了吗？

⑩ 有没有能用比我们自购更为划算的价格帮我们代购的人？

（4）采用 QC 方式进行供应商选择的选定基准㊀

1）是否已确定好了与供应商合作的基本方针？是专业化还是系列化？选择购买还是培养？

2）比照参考买卖供需双方的质量管理 10 项原则。

3）评定等级的基准项目：质量管理、质量保证的水准及其机制，经营者的能力、人格，经营管理的水准，自主性，财务状况，技术水准，设备状况，合作往来年数，依存度，承包利用度，劳务关系，协作度（交货时间），价格。

4）决定采购的方式是依据 QC 诊断？还是通过检查？

5）对产品按照 A、B、C、D 四个等级进行划分，按质论价。

6）从 20 世纪 50 年代末兴起于一部分行业的全球化采购战略，时至今日已为越来越多的企业所采用。但我们自身是否真的具备这种能力？我们是否已培养和拥有了能够胜任的人才？

㊀ 石川馨：『品質管理』Vo1.15（1964），No.8，p.567。

7）定期对供应商进行重选评估。

供应商教育指导：集中讲解培训（自主性的），委员会，协作会，重叠式质量改善团队，质量管理小组，质量管理研究会和相互走访观摩交流会，单独商洽，提案制度，检查变更调整，奖金和赔偿制度，契约合理化，淘汰不良供应商，有计划地分时降价等。

采用怎样的订购方式呢？采购方式有：定时购入制、按日购入制、集约购入制、定量订货方式、定期订货方式、计划订货方式和临场购买方式等。

采用怎样的库存管理方式呢？

采用怎样的购入制度呢？估算报价制、自由投标制、指名投标制和单独洽商。

是否有必要共同进行实验验证呢？

契约书的合理化。

决策确定到底是自制还是外购，并确定由谁在什么时候怎样进行评价。

成品订货：自制？外购？贴牌代工（original equipment manufacturing，OEM）？海外制造？

（5）中小企业十戒

① 不能服务于社会的经营终究是会被大众所抛弃的。

② 培养接班人，提拔人才，清理无能的裙带关系。

③ 富有建设性、合作性的劳资关系，对员工及家属负有责任感。

④ 经营者的QC意识、质量改善和新产品开发，致力于成为术业有专攻的专业化企业。

⑤ 学习掌握数理统计思维，调查研究，依据统计数据拟定方针和计划方案，活用市场调研所得。对自己公司的工程能力、生产能力是否胸中有数？

⑥ 不要只从一个公司订货。再多也要控制在 50%以下，可能的话要压缩至20%以下。是否拥有有自主性？

⑦ 过大的固定资产，趁机而做得过火的设备扩张。
⑧ 库存管理的不利，销售信用的不利。
}资产的固定化和不足。

⑨ 千万不要企图通过克扣降低劳动者工资的方法，维持经营利润。

⑩ 不良从业习性：作为企业最高领导缺乏热情、指导能力不够，无知、处理问题的尺度暧昧、是非不明，经验欠缺，为自身牟利过多，教育投入不足，人才培育、人才选拔提升乏力。

（6）交货期管理

在实施原材料采购管理的同时，还应关注推进下述事项。

对交货期予以明确定义：规定交货期限，恪守践行承诺、按期交付的信誉。

对延迟、交货期不良予以明确定义。很多交付滞后是因图纸和物料延迟或不可能的交货期限而产生的。物料订购供货不顺的原因何在？不合格、不良、交货期不准的原因何在？一般来讲，买方（需方）责任占 60%～70%，卖方（供方）责任占 30%～40%。

使用排列图进行分析。

及时准确地向供应商提供有关质量的信息。

原料等的质量波动如何？工程能力如何？不合格批次如何？不良品如何？

原料检验的不良率如何？是否有必要改变原料的检查方式？是否有必要更换供货方？

7.6　设备管理、工模夹具管理和测量管理

总体而言，上述三种管理都适用于一致的思维方式（见 1.6.4 及 1.6.6 节）。

1）设备管理的演进发展：坏了之后再修理→无损检查、预防维修→维持保养、借鉴工程能力改善的方式→提高可靠性。以及 TPM。

2）工程能力研究：谁负责巡检？谁负责维护保养？谁负责改善？不基于数理统计数据而进行的预防维修是难以为继的。

3）设备、测量器具的检查维修基准：由谁来做？由生产厂家来做？ 是否拥有掌握检查技术？

4）检查维修后仍故障多发：试运转基准是否妥当？

5）由哪个部门负责设备管理？现场使用时有无野蛮、不当操作？是否未做定期检查？有关人员是否只是应付了事，没有根本改善的意愿？备用零部件库存是否管理不到位？

6）应进行重点管理。

7）设备更新的基准应重在促进提升原有设备的运行能力。热衷于投资额外的新设备、一味购置不必要的测量器具，真的是必须需要的吗？不能假借有关成本折旧的税法之规，而敷衍塞责。绝不能因所谓的技术更新而造成无端的浪费，降低价值产出。

8）对有关设备、工模夹具和测量器具的使用方法是否做出了规定？

9）以为按期进行了检查、进行了校正就等同于实施了设备管理的想法是错误的。整天奔忙不停地修理——其实恰恰证明了管理水准的低下与落后。

10）可靠性管理到位吗？

11）应分别从成本管理的角度、工程能力的角度、生产能力的角度全方位地审视并综合判定——设备投资是否真的有必要？实际上，如若真正扎实地予以了管理之后，通常生产能力可增幅约 50%～100%，工程能力偏差可以简单而又轻松地压缩降低 1/3～1/2 左右。

12）依据结果对投资的正确与否予以查核评判。看看有没有把预算拿到手就完事大吉、只管花钱买设备而不管有用没用等不负责任行为的存在。

13）误差管理的概念是否落实？

14）在自动化，智能化（机器人化）之前，客观地进行工程分析和工程管理，编制出现实可用的质量管理工程图。

7.7　营销、销售及服务的 TQC

基于 TQC 审视一下，营销部门往往存在着如下缺憾，例如：

1）没有意识到营销其实是 TQC 的输入和输出端口。

2）认为营销与 TQC 无关，所以用不着 TQC，也不必做 QC。

3）不懂得应用数据分析的方法，查找畅销及滞销的原因。行事只靠

KKD（感觉、经验、胆量）。

4）商品知识不足。虽说消费者是上帝，但盲目的上帝比比皆是。因此，把有关的商品知识及正确的使用方法向顾客进行解释说明，就成了销售业务人员应尽的义务。

5）把自己的工作定位于货物配送员，或者批发商的店员。

6）没有明确的销售方针和计划，即使有也懒得遵照执行。

7）只做畅销的、不必费力就能拿到的订单。

8）没有质量保证的意识，没有责任感。

9）没有品种管理、品种研究的意识。

10）没有高质高价的概念。

11）一门心思只琢磨着如何降价、卖得便宜，而不愿靠质量来赢得市场。

12）利润意识淡漠。

13）只要达成销售额，其他一概不顾。

14）只求签单金额达到销售额要求，至于货款能不能真的到账与自己无关。表面赚而实际亏。什么利润、什么周转利息支付等，一点都不操心。

15）没有或是很少配置销售工程师。教育培训不足，导致业务人员缺乏相关的商品及专业技能。

16）不愿销售通用标准品，总想着推销“特殊品”。

17）不愿担责推介“从表面成本计算上看，似乎暂时还无盈余”的货品。

18）没有仔细研读理解订购需求及相关限制条件的内容与含义。

19）不知道工程能力、生产能力、制造现场的实际情况。

20）不会从全局思考与企业整体的关联。

21）不关心也不考虑成本及资金周转的效率。

22）营销的首要功能是代表公司调研、把握并传递顾客需求。因为没有认知到营销作为公司窗口的作用，所以既不做也没有能力去做市场质量信息的收集。

23）可靠性差，不可信赖（质量，价格，交货期）。

24）任意夸大，虚假宣传。埋下了今后引发触犯 PL 等法律法规的隐患。为规避风险务必要组织业务人员学习研读 PL 法等方面的知识。

25）售前服务不到位。没有“赢在服务”的销售意识。

26）售后服务无保障。常言道“不要在没有服务之处做销售”。

27）不懂产品库存管理。不会使用帕累托图，从多角度质、量、价格进行的解析不够。

28）市场调查的意识不足。不懂得具体的调研操作方法。

29）没有认真深入地思考研究到底应该与什么样的流通机构进行销售合作。对合作方没有或欠缺有关 TQC 教育培训的指导。

30）对顾客、消费者研究不足。

31）市场宣传、广告投放配合不到位。

32）宣传、广告的构思立意欠缺 TQC 式思维。

33）缺乏果断下架停售的胆略和勇气。

34）怠慢下架停销产品的售后服务，质量保证不充分。

35）总借口没有新品所以完不成销售指标，忘记了提出新产品建议是恰恰是自己该做的事。

36）无视交付期，不管能否实现，盲目签约，胡乱承诺。

37）不懂得按 TQC 的方式方法接纳和处理顾客意见。

38）对营销数据不进行甄别，眉毛胡子一把抓，致使相关记录毫无章法，毫无作用。

39）说明书（使用方法、检修方法）、样品、零件清单等都没有采用 QC 方法。

综上所述，营销、服务部门的确存在着诸多欠缺。改正改善上述所列举的现象和表现，反其道而行之，实际上就是营销、销售部门的 TQC。

就营销部门而言，简单提要如下。

a）窗口作用。要拥有收集市场信息、掌握消费者需求的探知与传递能力。

b）基于质量制订销售计划。不仅关注款额，还要兼顾数量和收益。严格按照计划实施销售、确保货款入账。

c）掌握产品及其使用方法的知识与技术方法，为消费者进行妥当的说明与推介。必要时，应与买方共同实施验证试验。

d）基于 QC 式思维，签订契约。要明确质量保证的对象及保证承诺的水准。此外，还应就使用方法、使用条件、保证和保修期限等予以明示。

e）让消费者了解并倾向采买标准品。

f）提供并反馈新品研发、产品升级、质量改善的信息、提示及建议。

g）质量营销。按质论价，质优价高。

h）运用数理统计方法进行数据的收集、甄别、分析。

i）建立营销独立核算的机制。

7.8　流通机构的 TQC

好不容易做出来好产品，因为流通机构的 QC 做得不好而产生质量损害，变成滞销品，并对营销、生产带来一系列的负面影响。特别是一次性产品，如纤维、塑料、金属材料等，如果一旦加工流通过程完成，即使出现了不良，也不可能进行返工，没有可逆性，只能报废。这种损失，对于中小企业来说是难以承受之重。因此，对于越来越多投资生产一次性产品的企业来说，不仅要重视前期的制造质量，更要确保后续的流通交付质量。此外，即使是非一次性使用的普通商品，如果库存管理跟不上的话，也会造成商品因存储转运不当而劣化变质。由此，不良库存增加、市场退货增加再叠加出现产品缺陷的话，那么，就会白白丧失掉好不容易才得到的销售机会。如果业务人员因为商品知识欠缺，没能很好地向顾客就有关特性、功能以及使用注意事项进行说明解释的话，交付后往往会问题连连，失去顾客的信任。如果销售时没能妥当地进行商品测试、发货检查、安装不良的话，就会让顾客感觉不安、不满、不踏实。如果售后服务不好的话，那将会再也没有重复购买的回头客。为此，不妨重点关注以下几点。

1）协助合作方进行 QC 导入及培训，如贸易商、销售公司、批发商店、零售店等。

2）质量为先的思维理念。只采购好的，只销售好的，只选售后有质量保证（包括维修服务）的。

3）甄选流通机构。

4）因为搬运、包装、储藏方法、库存管理得不好，不仅不能有好的质量保证，而且会使企业经营危机四伏。

5）不懂得用 QC 方式应对处理顾客意见。没有“防止再发”的意识。对顾客的意见和不满采取息事宁人的态度，要不就是说“给您换一个吧”，再不然就是低头道歉。

6）在确实做好原料检查的同时，还要确实做好顾客交付（发货）检查。

7.9 研究开发管理

如果没有好的研究，那么也不会有好的新产品开发，也不会有好的产品制造。当今已进入到了新产品研发竞争日趋激烈的时代。有关研究开发，我最喜欢引用“哥伦布的鸡蛋”这一典故。畅想与实践、想与做，知行合一。大家常常喜欢使用检查表对构想、新产品规划进行审视和研讨。检查表作为梳理归纳的工具，使用它也不失为一种便捷有效的方法，不过我总觉得不能太过于依赖这种程式化的评估。因为在现实中，真正的奇思妙想都不是被评审出来的。其实想想看，再好的创意经过了评审也就被归结成了四平八稳理所应当的结论，哪有什么新奇可言。应当想到了就立即行动，大胆尝试。真正的突破和创新，往往是在历经了重复不断的失败之后才得以实现的。营造不惧失败勇于挑战的研发创新氛围，是成功企业最难能可贵的文化品德。唯有如此，才能产生出大量的新产品、新技术。

研究开发管理提要如下。

1）对研究内容予以甄别（基础研究、应用研究、开发研究、服务研究、产品研究、短期研究、中期研究、长期研究、临时紧急研究），改变研发管理的方式。

允许科研人员自由选择基础研究的课题，并不要过于限制预算。遗憾的是，在现在日本企业几乎都没有开展基础研究。对于应用研究则应从课题选定、目的、目标、组织、完成日期及预算等方方面面进行全程跟进管理。

2）明确由谁来审批决策自主研发或委托研发；外购专利引进专家还是并购。

3）要建立能够进行应急研发的机制。

4）培育“不惧失败，创意构思，敢想敢干”的企业文化。

5）确定题目、目的和目标的方式方法。

6）人员编制应机动灵活。组建项目团队活动。

7）研究人员的选定和轮岗交流。

8）培养富有创造性的发明家。

9）具备数理统计的逻辑思考素养。深入浅出，拥有能够把技术高深的研究成果报告撰写得简明易懂的能力，让即便是最高领导也能够一下子就能明白。为人坦荡态度诚恳，能够正确地对待批评意见，爽快地接受意见和建议。

10）当断则断，拥有决策和担当的勇气。对于无谓的课题项目，能够适时评估、果断终止。

11）研究需要长期计划并投资。

12）下工夫强化提升研究所内部相关支撑服务部门（事务、管理、图书、调查、试制、设备、分析、测量）的能力。

13）活用统计方法和项目计划评审技术（PERT）等。

14）开发研究的方式应该如同上大下小的水缸敞开而又透明（开放型），千万不能倒置陷进下大上小的水井中（封闭型）。通过实验，掌控偏差分布的影响程度。

15）不可忽视产品研究。

16）要将研究成果的评价方式和分配方式予以标准化。

企业最高领导只责备失败而不褒奖成功的企业，是不会创造出新产品、新技术来的，顶多只能推出一些模仿产品和模仿技术。创意设想成功转化为现实的概率一般高不过 5%。因此，唯有经过一次一次的失败，一次一次的琢磨总结，锲而不舍、坚忍顽强地研究改进，才能获得最后的成功。由此，笔者认为拥有丰富营销资历且积极乐观的人，比只懂专业的科学家或纯技术出身的人来说，更适宜担任研究开发所所长。

7.10 质量诊断

所谓质量诊断是指为了验证和把握产品和服务的质量，从企业内及市场上进行抽样，实施样品试验。借此，获知顾客、消费者的满意度。

质量诊断实施过程中的注意事项如下。

1）要想进行质量管理、质量保证，那么一定要建立机制给予质量诊断完全的自由和充分的授权。设立相应的职责部门，如质量诊断（或是质量保证）部，并由企业最高领导直接管辖。让其可以自由进出任何地方、无论到哪里都能畅通无阻地采集数据、拥有叫停交付的权限等。

2）QA（质量保证）部门对设计、生产、成本、计划不负有任何责任。

3）有计划地培养质量方面的自有专家。培育开发研究、营销、服务、设计、生产、QC 及检查方面的自身行家和骨干。

4）只是更新涂改相关检查看板是不行的。重要的是要改变言行举止。

5）创建营造质量信息的采集回馈体系，收集公司内外所有顾客的所有意见和不满。投入花费换取质量信息。

6）营造全员参与的氛围与机制。大家共同推进新产品的计划、设计、试制、生产、库存以及市场质量评价。

7）各个部门必须接受并根据 QA 部门发出的要求指令，按期进行整改。

8）QA 部门对试制的实施，产品的制造、交付及下架停售拥有管理权限。

9）向评审员授权，使其拥有抽样试验的权限。

10）对第一级厂商的质量保证实施诊断。第一级厂商的输出诊断对象为第二级厂商和第二级产品。

11）要以消费者、外行的视角进行诊断。

12）致力于质量（含可靠性）诊断实施过程及方法的标准化。

13）质量诊断完成后需撰写提交“质量诊断报告书”，必须包括对本企业产品及其他企业产品怎样进行定期评审的内容，并载有相应劝告警示方面的内容。

14）应为诊断评价配备所需的设备器材。

15）既然诊断，就必须要撰写并提交劝告书，这是义不容辞的义务。

7.11　质量管理诊断和 TQC 诊断

所谓 QC 诊断，如同医生治病一样，就是对实施质量管理的程序、方式方法予以评判，指出不足不当，通过劝告及提示获得纠正并改善。由此，相比而言，层级更高、范围更广、涉及全公司的诊断活动，就被称之为 TQC 诊断（全公司的质量管理诊断），即所谓的广义的 TQC，由社长亲自挂帅。

QC 诊断分类如下。

（1）外部专家 QC 诊断

① 由买方主导，如美军、防卫厅、NTT（日本电信电话公社）、JR（日本国铁）等，对卖方即供方进行评估诊断。

② 资格评审诊断（JIS 标志，ASME）。

③ 戴明奖实施奖及日本质量管理奖 QC 评审。

④ 第三方（咨询公司）顾问的 QC 指导或 TQC 诊断。

上述当中只有③是日本独有的，①、②、④是世界上很多国家已采用实施的方式。就①和②来说，如果诊断专家并不具备 QC 实践经验，而申请方也只是为了获得资格认证，觉得就是花钱买证的话，那么诊断就会演变成一场 QC 部门编制文件的大会战，最终沦落为书面化形式化的 QC。为避免得不偿失，不妨借助外审诊断的机会，在全公司推进 QC、TQC，客观地重新查验、评估、认知自身 QC 的真实状态，从而找到改善与提升的突破口。

（2）内部专家实施 QC 诊断

① 社长挂帅的 QC 诊断或 TQC 诊断。

② 所属部门负责人担纲的 QC 诊断或 TQC 诊断。

③ QC 职能人员负责的 QC 诊断。

④ 相互 QC 诊断（如前工程和后工程之间）。

这种内审方式的 QC 诊断在海外极为鲜见，尤其是社长亲自挂帅，或许是因为在海外，经营首脑一般都不太懂 QC 的缘故吧。采用内审方式实施 QC 诊断是日本独有的质量管理特色。也正是由于日本企业通过实施公司最高层领导定期 QC 诊断的方式，使得 TQC 活动获得了大的效果。实践证明，采用内审方式的 QC 诊断可以让公司获益如下。

1）使接受诊断的一方感受到刺激与激励。从而更加重视并加倍努力地持续推进 QC 活动和质量保证活动。避免时续时断、疲劳应付现象的发生。TQC 只有持之以恒才能见效，所以时常不断地点拨与提醒非常必要。

2）优化和谐公司人际关系的友好度。对最高级领导及其周围的人来说，可以直接接触了解现场的实际状态，当面听取一线员工、基层管理人员、科长、组长的感受和建议，使得下情得以上达。

3）为最高经营者真实地了解公司状况提供了通道。高层首脑往往对于基层一线的现实缺乏最直接的感触，通过诊断获益最大的是社长。原来“我们的差距这么大”，由此痛定思痛，社长自然高度重视，发挥着领导力推进 QC。

4）为各级各部门管理者沟通交流提供良机，有利于后续经营人才的培养。随行诊断的各部门负责人及管理者，通过对其他部门的走访，学会从公司整体全局的高度思考看待问题，拓展视野、比对了解、借鉴学习、成长进步。

5）促使最高领导深入学习掌握 QC 知识与方法。为了能够有效地实施诊断，就必须要率先认知理解 QC。借此，最高领导自然就会钻研和认同 QC，从而更加热心并坚定地推进质量管理活动的开展。

（3）QC 诊断实施注意事项

1）一定要由社长亲自领队。至少，也应由第一副总牵头。

2）参与成员应跨部门。除诊断对象部门、QC 主管外，还应召集其他部门及其他高层管理者、董事以及部长、科长一同随行。在初期阶段，不妨聘请外部 QC 专家、质量顾问共同诊断。

3）明确诊断目的。

4）QC 诊断的重点应在于质量管理活动的实施与推进，尽可能地聚焦于实际存在的具体的质量问题，以点带面。若进行 TQC 诊断的话，广度和深度则要更进一步。

5）要站在全局全公司立场上，从长期可持续的视角实施 QC 诊断。

6）诊断范围应涵盖全公司的所有部门。此外，不仅仅局限于公司内部，还应包括涉及采购、营销的供应商等合作单位。

7）纳入质量管理计划，制定年度工作日程，定期按时实施 QC 诊断。而且要在事前，尽可能早地（至少 2 个月前）把具体时间、参加人员、诊断对象范围予以通知提醒。以便大家梳理思考并预先做好相应的器材文档等方面的准备，确保诊断的有效性与水准。不过，为了防止应付掩饰、刻意而为地进行整理的现象的出现，不宜提倡进行预先演练，呈现出日常最真实的原貌就好。随着 TQC 的逐步推进落实，事前准备会越来越变得不再需要。

8）基于目的，确定诊断重点事项。

9）关于名称。因为从含义和感官上来说，与检查相比，监察一词的监视、看管色彩更浓。为此，用 QC 诊断替代高层监察的称谓会更贴切、更具亲和力。只有营造出面对高层领导大家也可以无所顾忌地畅所欲言的轻松氛围，才能上下同心共同推进 QC，才能做好质量管理。

10）诊断结束后，每位诊断成员都须提交诊断建议报告书。因此，责任部门应事前予以知会，说明相关要求、分发文本表单及现场检查记录表的格式样张。为诊断成员提供便利与服务，让诊断过程同时成为学习的机会。

11）诊断报告书应明确表述应该采取整改措施的项目及缘由，报送质量管理委员会审定后，提交至诊断对象及相关各方。

12）实施 QC 诊断不应设立专职部门及人员，根据实际情况抽调并临时组建团队即可。

13）QC 诊断的首要目的是现状调查。因此不要拘泥于形式、规定限制条件。不要为了诊断而诊断，诊断规定编制得再好也不等于公司质量管理做得好。之所以诊断就是为了验证有关质量管理的要求是否在组织上得到了执行与落实，所以切忌本末倒置。

14）诊断时必须要对前次的整改状况予以查核。

15）要把诊断报告书中所提出的整改建议立即纳入到质量管理计划中，跟进改善。

16）诊断时要透过被刻意粉饰的表面现象探查真相。聚焦于日常业务的实务。针对一个问题点进行深入辨析、追踪到底，即顺藤摸瓜、深入调查。

17）客观现实。不要带着成见和敌对的情绪进行诊断。

18）有关整改建议，即劝告的措辞表述应该是富有建设性的正向引导。诊断不是为了微不足道的小事而啰嗦挑剔、指责教训。诊断的功效体现在保健治病，正是因为要帮助对方强化体质、增进健康，所以才要诊断并加以劝告。

19）被诊断方须对所提及的问题和被询问的事项做出应答，并提交截至目前实际运行状况的报告书，内容包括本部门所实施的方针、成果、问题点及接下来的打算，对公司或其他部门的期望及协助要求等。

20）QC 诊断，不能只在办公桌上听汇报，必须要走到现场直接与一线基层人员，如员工、班组长、工段长进行交谈，眼见为实地观察作业、核查在用的表单及实时数据，切实掌握第一手材料。

21）诊断除了分部门排序外，还应跨部门按照横向功能进行。

22）正因为是 QC 诊断，所以核查的重心当然要放在产品制造上，即是否能够满足需求、获得消费者的欢迎、源源不断地畅销？质量保证是否有效？在满足要求方面存在着哪些问题？大处着眼，目的指向明确；小处着手，点评指导细化到具体的工程操作方法。换而言之，实际上诊断的并非是某个局部部门，而是在对企业整体的质量经营运作望闻问切。

示例：质量管理诊断检查表（见表 7-2）。

7.12 方针管理

方针管理的想法看法及相关推进实施方法参见前述 1.5 节。有鉴于近来诸如目标管理、方针管理、重点管理、日常管理等名词和提法大量涌现并流行，所以借此想接着谈一下本人的见解。

按理说，没有方针和目的，就不可能有管理，所谓管理就是切实地依据既定的方针和目的加以管控。但是，如果最高领导不明就里、望文生义地去解读“目标管理”“方针管理”的话，就会很容易产生错觉和误解，轻松地认为只要把目标和方针一下达，余下的就是要发出号召，不停地向部下喊话：努力！努力！管理工作的重心只要转移到加油鞭策的精神层面，就万事大吉了。这样就使管理丧失了科学性。例如，曾几何时在美国广为流行的目标管理（management by objective，MBO），到如今已不再被人提及。本人之所以构思特性要因图（鱼骨图），无非是想要强调过程步骤的重要（见 1.5.2 节）。本人之所以同意使用“方针管理”的称谓，缘由有二：其一，因管理始于方针的确立；其二，因其朗朗上口，便于表述。但要声明的是，本人所推举的有关“方针管理”的含义及定义为：从方针开始管理。即从制定方针起步，依序循环、螺旋上升（见 1.5.2 节）。

接着再谈谈所谓“重点管理”“日常管理”，如下所述，依据长期方针及年度方针制订长期计划和年度计划，分层划分为二个类别，即重点实施项目与日常实施项目。为避免歧义及误解，特说明如下。

方针管理：从方针开始的管理。

- 重点管理：企业或是部门有重点地进行推进的项目的管理。
- 日常管理：虽然不是重点，但作为当然要做的事情而对QCDS等作为日常业务进行的管理。

有关方针和计划、目的、目标的确定方法，请参考 1.5.2（1）（2），具体如下。

方针及计划、目标的制订排序为：

企业的方针政策→长期方针→年度方针→季度方针→月度方针

长期计划→年度计划→季度计划

机动×个月计划→月度计划

年度方针是长期方针的年度分解。年度计划是长期计划的年度分解。长期方针、长期计划需根据变化每年滚动修订。长期计划的期限跨度一般以 5 年为单位。根据需要也可延长至 10～15 年，中期计划一般为 3～5 年。

制定长期方针、长期计划的有用性及益处如下。

表 7-2　质量管理诊断

项目	检查点
1．方针	（1）经营及质量，对质量管理的方针 （2）决定方针的方法 （3）方针的内容的妥当性、一贯性 （4）统计的方法的活用 （5）方针的传达和理解 （6）方针及其达成状况的检查 （7）和长期计划、短期计划之间的关联
2．组织和运营	（1）责任权限的明确性 （2）权限委托的确实性 （3）部门间的联系 （4）委员会活动 （5）管理部门的活用 （6）QC 小组活动的活用 （7）质量管理诊断
3．教育、普及	（1）教育计划和实绩 （2）对于质量意识、管理意识、质量管理的理解度 （3）统计的想法及方法的教育状况 （4）效果的把握 （5）对于供货方等公司外的教育 （6）QC 小组活动 （7）改善提案
4．信息的收集传递和其活用	（1）公司外信息的收集 （2）部门间的信息传递 （3）信息传递的速度（计算机的活用） （4）信息整理（统计性的）分析和活用
5．分析	（1）重要问题和课题的选定 （2）分析方法的适当性 （3）统计性方法的活用 （4）和专业技术之间的相结合 （5）质量分析、工程分析 （6）分析结果的活用 （7）改善提案的积极性

检查表（戴明奖实施奖）

项目	检查点
6．标准化	（1）标准的体系 （2）标准的制定，更改废除的方法 （3）标准的制定，更改废除的实绩 （4）标准的内容 （5）统计性的方法的活用 （6）技术的积累 （7）标准的活用
7．管理	（1）质量及和其有关联的成本、量等的管理系统 （2）管理点，管理项目 （3）管理图等的统计性的方法、想法的活用 （4）QC 小组活动的寄语 （5）管理活动的实态 （6）管理状态
8．质量保证	（1）新产品开发的方法 （2）质量展开和分析，可靠性，设计审查 （3）安全性，产品责任预防 （4）工程管理和改善 （5）工程能力 （6）计测，检查 （7）设备管理，订货管理，销售管理，服务管理 （8）质量保证体系及其诊断 （9）统计性的方法的活用 （10）质量评价，检查 （11）质量的保证状态
9．效果	（1）效果的测量 （2）有形的效果、质量、服务、交货期、成本、利益、安全、环境等 （3）无形的效果 （4）效果的预测和实绩之间的一致性
10．将来的计划	（1）对现状的把握和具体化 （2）解决缺点的方案 （3）为了今后而推进的计划 （4）与长期计划之间的关联

① 制定过程本身就是富有价值的。

② 能从永续经营的角度，引导大家放远眼光，向前看。

③ 方便分阶段短期计划的制订。

④ 从第 1 个年度开始，依序把每个年度的实施计划予以分解排定。由此，为了能在 5 年后达成期望，策划制订出实施计划。

⑤ 奠定经营的基石，确立发展愿景。

⑥ 构筑企业的核心竞争力及存续模式→以新产品开发为先导。

制定长期方针、长期计划的要点（概要列举）：

经营者的所有决断都必须是面向未来而考量的。

要基于目的，即指向明确（质量、利益、数量、资金、人）地制定长期方针和计划。在确定目的之后，再考虑方式方法（技术和设备）。

目的旨在提升管理活动的效率，保持和保证企业长期可持续地有序专注地发展。千万不要误解成是可以慢慢来的意思。

方针由长期计划和年度计划方针组成，内容包括用文字表述的方针和计划以及用数值表明的目标值。文字和数字必须互相组合，不能单一罗列。

确定制定方针和计划的程序（长期计划改变的基准、方针管理规程等）。

制定方针和计划的资讯信息是否充分？来源根据是否确凿准确？分析是否得当充分？

结合此前上一轮有关方针、计划、实施、结果及验证结论，判定管理是否能够循环到位，运行是否顺畅。存留的问题是否纳入到了下一期的方针计划中？

信息是制定方针和计划的依据，现实中信息所能提供的预测精度不可能达到 100%。但百分比过小的话，会造成盲目、不科学。一般来说如果能达到 70%～95%的话，则可信度较高。至于另外余下的 5%～30%，就只能取决于经营者的胸怀与胆量了。

方针和计划是否具体？是否给出了评价的尺度？与管理项目是否对应匹配？是否筛选锁定了真正重要的关键点？

QC 的方针、计划和经营的方针、计划是否融合统一为了一体？质量管理方针是否得到了明确而又强有力的贯彻？

方针是否彻底到位地贯彻到了基层一线？方针展开与传递的方法是否妥当有效？方针下行展开是否越向下越具体？下级的方针和计划如果层层都能达成的话，累加效果是否就等于能够实现公司最高领导的方针和计划了？上级的方针和下级的方针之间的衔接是否对应匹配？有无偏差？是否展开贯穿到了一线基层的最远端？

方针的策划提出与责任、权限是否匹配充分？

方针的展开不能是直线前行的隧道。制定方针时，要充分调动各级各层的积极性，发挥主观能动性，出主意、想办法、激发创造性思维。

各级各层依据授权范围，充分行使自己的权利，进行了拓展独创吗？上级是否审定并认可了下级的方针、计划？

方针是否飘忽不定？是否建立好了管控方针的机制？是否持续不断地进行着推进？

方针管理的成功与否不是以年度为评价尺度的。起始第一年的成功导入并不意味着以后也会一帆风顺，随着时间的延续必定会遭遇到各种各样的问题和障碍；针对每一次的失败，须进行防止再发的努力，循序渐进方能走上正轨。

7.13　总结

最后想再强调以下几点。

1）实施质量管理，需要依靠全公司全体员工的共同努力，需要大家的相互配合、相互协作。不是单单只靠 TQC 推进部门、质量管理部门或是质量管理职能人员就能做到的。

2）因此，需要企业最高经营者，特别是社长拥有极大热情、坚韧的信念、率先推行的领导力。

3）实施质量管理不是因为时下流行，而是为了使得产业更趋合理化，培育核心技术实力，打造国际竞争优势。不靠倾销等不正当的手段投机取巧、有违良心地谋一时之利，而是靠质量的力量赢得竞争优势，培育和锤炼能够实实在在地获得价值回报的实力本领，是为了基业长青、可持续发展。这是作为企业永远非做不可的事情。

4）的确，质量管理需要投入一些经费。不过，只要认真扎实地推进实施，那么，只需几个月甚至几天的时间，就能收回这笔投资。

但是，如果如之前在 1.1.3 节所述，在思想认识上存有误解或是推进不力的话，特别是最高领导不积极的话，那么，回收花费将会变得很难，结局就只能落得个昙花一现。

总而言之，本人认为 TQC 对于既往旧有的经营思维来说，相当于掀起了一场思想革命。因此，经营者、中层管理员、技术人员、职能人员乃至全体员工须齐心协力，共同学习、理解、运用基于数理统计的质量管理方法，掌握 QC 的想法与看法，边实践边探索，通过建立、运行并不断完善质量管理体系，使所有的工作场所及方法实现高效合理化，实现推进公司经营的合理化、产业的合理化，从而获得产品及技术的输出的升值，最终造福于全体国民，进而为全人类的进步发展、生活水平的提高做贡献。

现在，由于部分日本产品出口竞争力过强，引发了国际贸易摩擦，导致日元升值，成了发达国家的众矢之的。同时，发展到今天，日本企业也需要脱胎换骨。面对困难和挑战，企业还是得靠实施 TQC、CWQC、GWQC，通过机制改善来完成新产品开发。此外，我们还得致力于向欧美等先进国家推广普及日本式质量管理的想法和做法。籍互利协作，使得西方发达国家的经济重新得以激活，帮助发展中国家增强经济实力。引导各国都能借助 QC 以质量参与国际竞争，从而推动国际化的产业分工，实现世界和平。为全世界人民都能获得幸福，共同努力推进 QC 和 TQC 吧！

作 者 介 绍

石川馨

获得工学博士学位（1958年），获得戴明奖（1952年），获得格兰特奖章（1972年），获得蓝绶褒章（1977年），获得休哈特奖章（1982年），获得勲二等瑞宝章（1988年）。他：

1915年　生于东京

1939年　于东京帝国大学工学部应用化学系毕业

　　　　担任海军技术大尉、在日产液体燃料株式会社就职

1947年　任东京大学副教授

1960年　任东京大学教授

1976年　退休，改任东京理科大学教授

1976年　成为东京大学名誉教授

1978年　任武藏工业大学校长

1989年　去世